금융상품과 세제

이해성 저 · 김명호 감수

SAMIL | 삼일인포마인

2025년 개정판 서문

〈금융상품과 세제〉를 출간하고 4년이 흘렀습니다.

두 번의 개정판이 나오고 작년에는 개정 내용이 많지 않아 정오표로 대신했습니다.

2024년을 지나오면서 많은 변화가 있었습니다. 그중 핵심이 세법에는 이미 반영을 하였지만 몇 년 동안 계속 논란이 이어지며 그 시행 시기가 미루어져 왔던 금융투자소득세의 폐지입니다.

2021년에 이 책을 집필하면서 제가 그렸던 책의 모양이 있었습니다. 금융상품과 세제를 이해하기 위해서는 기본적으로 주요 세법의 내용을 익히고 들어가는 것이 순서라 생각하고 주요 세법의 개론을 다루고자 했습니다. 그런데, 새롭게 떠오른 금융투자소득세 이슈를 담아내느라 예정했던 분량의 한계로 다루지 못했었습니다. 논란 끝에 금융투자소득세가 폐지됨에 따라 본래 기획했던 대로 책의 모양을 갖추어 금융 세제를 이해하는데 좀 더 넓고 체계적인 지식을 전달하고자 노력했습니다.

이번 개정판에서는 먼저 금융투자소득세 관련 내용을 걷어내고 국세기본법뿐만 아니라 법인세법, 소득세법, 부가가치세법의 주요 내용을 다루었으며, 상속세및증여세법은 별도 단락에서 사례와 함께 좀 더 깊이 있는 내용을 담았습니다.

주식 관련 부문에서는 올해 새로이 출범하는 다자간매매체결회사인 넥스트레이드의 거래제도와 관련한 내용을 추가하고, 최근의 국외 투자 붐을 고려하여 국외 투자와 관련하여 발생할 수 있는 세무 문제 및 이월과세와 국외전출세 관련 사항을 보강하였습니다.

채권 부문에서는 2024년부터 새롭게 시행한 개인 투자용 국채와 관련한 내용 및 비거주자와 외국법인의 국채 등 비과세 내용을 추가하였습니다.

집합투자기구와 관련해서는 집합투자기구의 결산 및 ETF 관련 내용을 보충하였고, 신탁 관련 세법 개정 내용도 반영하였습니다.

파생금융상품 관련 세제를 이해하고 쉽게 재정리하고, 연금 분야에서는 공적 연금 분야의 보완과 함께 연금 세제를 일목요연하게 정리했습니다.

보험 부문에서 사회보험 제도를 좀 더 보강하였는데, 4대 보험제도의 내용과 특성을 추가로 정리하였으며, 기타 상품 분야에서는 가상자산이용자보호법의 내용과 회계기준서상 가상자산 공시, NFT 및 가상자산 ETF와 관련한 내용의 추가와 함께 ISA 부문도 보강하였습니다.

또 하나의 개체가 태어났습니다. 많은 분의 도움이 있었기에 가능했습니다. 존경하는 고성효 교수님, 세밀하게 감수해 주신 김명호 세무사님, 회사 내의 고마운 동료들, 그리고 사랑스러운 아내와 소중한 가족들에게 깊은 감사를 보냅니다.

이 책을 더욱 빛나게 만들어주신 이희태 대표이사님을 비롯한 삼일피더블유씨솔루션의 관련자분들께 또한 소중한 고마움을 전합니다.

2025년 3월
저 자

초판 서문

자본시장의 증권 관련 금융공기업에서 30여 년간 근무해 오면서, 실무자들이 이해하기 쉽고, 세법·예규 등의 관련 근거를 바로 찾아볼 수 있도록 간결하게 필요한 부분만 정리한 금융상품 세제 실무 책자가 있으면 좋겠다는 생각을 해왔다.

또한, 회계학을 전공하고 세무회계 관련 논문을 쓰며, 세무업무를 상당 기간 해오면서 세무는 너무 어렵다는 말을 주변 사람들로부터 수도 없이 들어왔다. 이에 우리 일상에서 발생하는 세금과 관련하여 그 근거가 되는 세제를 알기 쉽게 정리하여 최소한 내가 부담하는 세금이 왜 발생하는지를 설명해줄 수 있는 책이 있어서, 세무는 어려운 것이 아니고 우리가 살아가면서 기본적으로 알아야 할 내용이라는 것을 전해주고 싶은 마음을 느끼곤 하였다. 최소한 금융상품 투자에 관심이 있는 투자자들이 참고하고 이해할 수 있는 교재가 있었으면 좋겠다는 생각이었다.

자본시장의 발전으로 다양한 금융상품이 출현하고, 이에 따른 여러 가지 형태의 소득이 발생함에 따라, 소득의 분류와 원천징수 등 세무 관련 이슈가 많아짐에도 불구하고 참고할만한 도서가 시중에 많이 없다는 느낌을 받는다.

주식 발행회사 임직원을 대상으로 한 주식 관련 세제 강의 경험과 17년간의 세무업무 담당 및 채권·펀드·파생금융상품 업무 등 다양한 부서 근무경험을 바탕으로 전공인 세무회계를 기반삼아, 금융상품 관련 세제를 정리한 책을 직접 출간하는 것을 목표로 하여 여러 해 동안 관련 자료 등을 준비하고 이 책을 쓰게 되었다.

특히 최근 주식·펀드 등 금융상품에 대한 일반인(특히 젊은 세대)의 관심이 높아지면서 소위 동학 개미 또는 서학 개미라는 용어가 나올 정도인 상황에서, 증권거래세 폐지 또는 세율 인하 관련 이슈와 더불어 금융투자 소득세 신설을 골자로 하는 소득세법의 개정이 이루어지는 등 어느 때보다 세무에 관심이 많은 시기이다. 이에 개정세법 내용까지 총망라하여 반영하고, 실무경험을 토대로 금융상품 관련 세무에서 필수적인 부분만을 정리한 책을 발간하고자 노력하였다.

본 책의 대상 독자는 우선 금융 관련 기업에 종사하는 직원들과 금융상품에 관심이 있는 투자자를 대상으로 하였다. 따라서, 저자의 근무경험을 바탕으로 실무자가 꼭 필요로 하는 내용 위주로 집필하였다. 특히, 최근에 젊은 세대들이 금융상품에 대한 관심이 많아짐에 따라 대학 등에서 관련 세제를 기초부터 가르치는 교재로 사용할 수도 있을 것이다. 실제로 이 책은 금융상품의 개념 설명과 함께 우리나라 조세체계와 기본적으로 알아두어야 할 세무 내용을 모두 정리하고 있다.

본 책의 구성은 제1장과 제2장으로 나누어져 우리나라 금융시장의 기본구조와 함께 조세체계 및 금융소득과 과세제도, 금융시장의 여러 금융상품과 관련 세제를 실무자 또는 학생들이 이해하기 쉽도록 정리하였다. 먼저 제1장에서는 우리나라 세법 체계와 기본적 세무 내용, 그리고, 금융시장과 금융소득 과세체계를 설명함으로써 금융상품 세제와 관련한 기본적 지식을 함양하도록 하였으며, 2023년 시행 예정인 금융투자 소득세를 현재 반영된 개정세법 내용을 중심으로 정리하여 선제적으로 학습하고, 금융소득에 대한 과세체계를 포괄적으로 정리할 수 있도록 하였다. 다음 제2장에서는 금융시장에서 일반적으로 유통되는 금융상품별(주식, 채권, 집합투자증권, 신탁, 파생금융상품, 연금, 보험, 예금, 가상자산과 금 현물거래) 각각의 주요 내용과 세제를 정리하였다. 또한, 세제의 각 내용마다 근거가 되는 세법과 조항 및 예규 등을 본문에 표기하고 뒤에 관련 조항을 총괄 정리함으로써 세제 근거를 쉽게 찾아볼 수 있도록 하였다.

우리의 삶은 혼자서 이루어지지 않는다.

자신이 그 자리에 서 있기까지는 지금 기억하든 기억하지 못하든 주위의 많은 이들의 도움이 함께 한다. 저자 역시 그렇다. 우선 기억나는 분들에게 고마움을 표한다.

지금의 나를 있게 해주신 고성효 교수님께 맨 먼저 감사의 인사를 올립니다.

부드러운 카리스마로 지도해주신 김갑순 교수님께도 감사드립니다.

바쁘신 가운데도 이 책의 질적 향상을 위해 감수해주신 김명호 세무사님께 감사드립니다. 이 책이 나오기까지 음으로 양으로 많은 도움을 주신 회사 동료 선후배님들께도 감사의 인사를 전합니다. 어려운 출간심사를 통과하게 해주시고 책의 수준을 한층 더 높여주신 삼일인포마인의 이희태 대표이사님, 조원오 전무님, 임연혁 차장님, 그리고 편집에 힘써주신 모든 분들께도 감사를 드립니다. 그리고, 여기서 언급하지 못한 소중한 분들께 깊은 감사의 마음을 전합니다.

마지막으로 나의 존재 이유가 되는 아내와 딸들, 그리고 형제들에게 무한한 사랑과 고마움을 전합니다.

2021년 7월
저 자

차례

차례

차례

차례

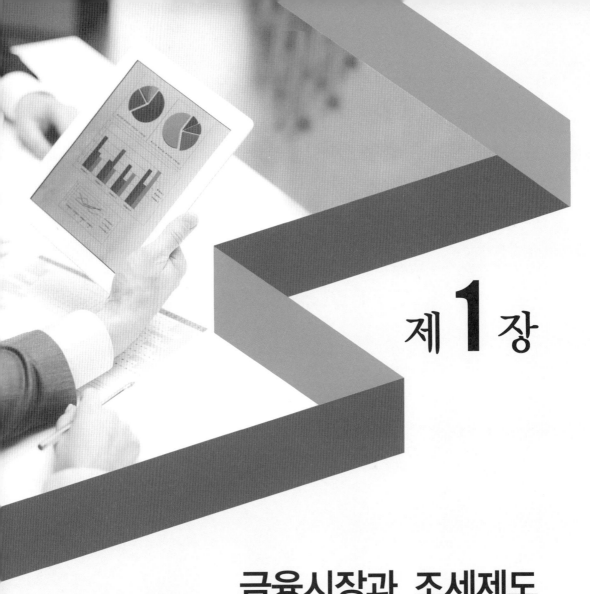

제1장

금융시장과 조세제도

I

금융시장의 기본 구조

① 금융시장의 기본 개념

한 나라의 경제는 가계·기업·정부라는 3대 경제 주체들 간의 유기적 흐름 속에 성장한다. 금융이란 이러한 경제 주체들 사이에서 자금의 여유가 있는 주체와 자금이 부족한 주체가 서로 교류하면서 자금 여유가 있는 곳에서 부족한 곳으로 자금이 이전되는 현상을 말한다. 이러한 금융거래에서는 필연적으로 채권과 채무가 발생하는데, 거래가 제대로 성사되려면 차입자가 채무를 갚아야 하는 의무를 성실히 지킬 것이라는 믿음이, 곧 신용이 전제되어야 한다. 만약 차입자의 상환 능력이나 상환 의지를 확실히 알기 어렵다면 금융거래가 활발하게 이루어지지 않을 것이다. 따라서 금융거래에는 신용평가회사가 존재하고, 신용평가회사는 금융거래 참가자의 사업성, 수익성, 현금흐름 등을 바탕으로 신용등급을 평가한다.

이렇게 자금의 수요자와 공급자 사이에 금융거래가 조직적으로 이루어지는 곳이 바로 금융시장이다. 금융시장은 경제 내에서 자금의 원활한 흐름을 촉진하고 투자와 생산활동을 활성화하는 중요한 역할을 하는데, 그 주요 기능을 보면 아래와 같다.

1) 금융시장의 주요 기능

가. 자금 배분 기능

금융시장에서의 자금 흐름은 자금이 필요한 곳으로 효율적으로 이동하여 생산성을 높이는 역할을 한다.

나. 유동성 제공

금융시장은 투자자가 현금을 필요로 할 때, 금융자산을 현금화할 수 있도록 지원한다.

다. 위험 분산 기능

금융시장에서는 다양한 금융상품이 거래되므로, 이를 활용하여 투자에 따른 리스크를 분산할 수 있도록 그 기회를 제공한다.

라. 가격 결정 기능

금융시장은 자금의 수요와 공급에 따라 금리, 주가, 환율 등의 금융상품 가격을 결정하는
역할도 수행한다.

마. 경제성장 촉진

금융시장은 경제 주체의 자금 조달을 원활하게 하여 경제 발전에 기여한다.

2) 금융시장의 분류

금융시장은 자금의 중개방식에 따라 직접금융시장과 간접금융시장으로 나뉘는데, 직접
금융시장은 다시 거래되는 금융상품의 종류에 따라 자금시장과 자본시장, 외환시장 및
파생금융상품시장 등으로 분류되면서 금융시장의 기본 구조가 형성된다.

| 금융시장의 기본 구조 |

(1) 직접금융시장과 간접금융시장

직접금융시장이란 자금의 최종 차입자가 직접 자금의 최종 대여자에게 주식·사채 등을
발행함으로써 자금을 조달하는 시장을 말하며, 간접금융시장은 자금의 최종 수요자와 최종
공급자 간의 자금 대차를 은행 등의 금융기관이 매개하는 방식의 시장을 가리킨다.

두 시장의 차이를 정리해 보면 다음과 같이 비교해볼 수 있다.

구 분	직접금융시장	간접금융시장
의 의	중개기관이 개입하지 않는 시장으로, 자금 수요자(기업)가 자금 공급자(가계)로부터 직접 자금을 조달한다. 이때 복잡한 사무를 대행하기 위해 증권회사, 투자신탁회사 등이 개입하게 된다. 일반적으로 주식·채권과 같은 유가증권이 거래되는 증권시장이 그 역할을 담당한다.	자금 공급자(가계)와 자금 수요자(기업) 사이에 은행과 같은 금융중개기관이 개입되어 있는 시장을 말한다. 가계에서는 금융기관이 제공하는 금융상품에 저축하여 이자를 받고, 은행은 그 자금을 모아 기업에 대출해주거나 채권을 구입하여 가계와 기업 간의 간접적 금융관계를 지원한다.
장 점	• 기업의 경우, 원하는 금액의 자금을 장기로 조달하기 용이하다.	• 거래 절차를 금융회사가 담당하여 거래가 용이하다. • 자금 수요자의 부도 등으로 인한 피해를 1차적으로 금융회사가 지기 때문에 자금 공급자가 입는 피해가 상대적으로 적다.
단 점	• 주식 발행의 경우, 기업의 지배구조에 영향을 줄 수 있다. • 회사채 발행의 경우, 회사의 신용도에 따라 높은 금리가 요구되거나 발행 자체가 어려울 수 있다.	• 금융회사 이용 시 수수료 등이 부과된다. • 자금 공급자는 금융회사와 약정한 이자 등의 수익만을 받을 수 있다.

(2) 직접금융시장의 구조

직접금융시장은 금융상품의 만기구조 또는 조달방식에 따라 다시 자금시장(Money Market)과 자본시장(Capital Market), 외환시장(Foreign exchange Market) 및 파생금융 상품시장(Financial derivatives Market) 등으로 나누어 볼 수 있다.

가. 자금시장

자금시장은 유동성이 높은 저리스크의 증권이 거래되는 시장으로 콜(Call), MMF(Money Market Fund), 예금증서(CD : Certificate of Deposit), 기업어음(CP : Commercial Paper), 환매조건부채권(RP : Repurchase Agreement) 등의 만기가 1년 이내인 시장성이 매우 높은 단기금융상품이 거래된다.

나. 자본시장

자본시장은 만기가 1년을 초과하고 리스크가 높은 증권이 거래되는 시장이다. 즉, 자본시장은 기업과 정부의 설비자금 또는 사업자금을 조달하는 장기금융시장으로, 만기가 존재하지 않는 주식과 만기가 1년을 초과하는 장기채권 등이 바로 자본시장에서 거래되는 대표적인 상품들이다.

다. 외환시장

외환시장은 외환의 수요와 공급이 이루어지는 장소적 개념과 외환거래의 형성·유통·결제 등 외환거래와 관련된 모든 메커니즘(Mechanism)을 통칭한다. 외화는 외국 화폐를 의미하는 반면, 외환은 외국 화폐는 물론 외국 화폐의 가치를 가진 수표·어음·예금 등 일체를 포괄하여 외환이 외화보다는 훨씬 넓은 개념이다.

라. 파생금융상품시장

파생금융상품시장은 최근 금융시장에서 급속도로 발전하고 있는 시장인데, 상품 (Commodities)의 가격이나 채권 및 주식의 가격 또는 시장지수와 같은 다른 자산의 가치변동에 따라 지급액이 결정되는 선물(Futures)이나 옵션(Option) 또는 이와 결합한 상품들이 대표적인 파생금융상품이다.

본 책에서 다루게 될 금융상품은 주로 자금시장과 자본시장 및 파생금융상품시장에서 거래되는 상품들이 될 것이다.

이러한 직접금융시장은 다시 주식과 채권 등의 증권 등이 신규로 발행되어서 분매(分賣)의 과정을 거쳐 최종 투자자의 손에 들어갈 때까지의 발행시장과 이미 발행된 증권 등이 매매되는 매매시장, 즉 유통시장으로 나누어 볼 수 있는데 여기서는 이러한 증권시장의 대표적인 상품인 주식과 채권을 중심으로 발행시장과 유통시장 구조를 살펴본다.

❷ 발행시장과 유통시장

1) 발행시장

발행시장(Primary Market)이란 주식이나 채권 등의 유가증권을 신규로 발행하는 시장을 말한다. 자본시장 내에서는 자금을 필요로 하는 기업·정부·공공단체 등의 발행 주체가 유가증권을 최초로 발행하여 자금 공급자인 가계나 기관투자자 등의 투자 주체에게 제공하고 자금을 조달하는 일련의 과정으로 이루어진다.

이러한 발행시장은 공모발행과 사모발행의 두 가지 형태로 구분되는데, 공모발행(Public Offering)은 주식이나 채권 등을 다수(50인 이상)의 일반 대중에게 판매하고 그 후 유통시장에서 매매되도록 하는 것이고, 사모발행(Private Placement)은 소수(49인 이하)의 개인이나 기관투자자에게 판매하는데 일반적으로 만기까지 보유한다. 공모는 다수의 투자자가 개입하는 만큼 투자자 보호를 위해 「자본시장과 금융투자업에 관한 법률」(이하 "자본시장법"이라 한다)에서는 사모에 비해 엄격한 절차를 규정하고 있다. 따라서, 주식이나 채권 등을 공모발행하기 위해서는, 발행 주체는 인수기관을 정하여 발행과 관련된 사무절차를 대신하게 하고 동 인수기관은 당해 증권 등의 인수업무 등도 처리하게 된다.

(1) 주식 발행시장

주식의 발행 방식은 보통 기업공개, 유·무상증자, 주식배당 등의 형태로 이루어진다.

가. 기업공개

기업공개(IPO : Initial Public Offering)는 주식회사가 주식을 다수의 투자자로부터 모집을 통해 신규발행하거나 이미 발행되어 있는 주식(구주)을 매출하여 주식을 분산시키는 것으로, 일반적으로 상장을 통하여 기업공개에 참여한 투자자들이 시장에서 보유주식을 유통할 수 있게 한다.

나. 유상증자

유상증자는 회사 성립 후 회사가 정관에 기재한 발행주식총수 범위 내에서 미발행된 주식을 발행하여 자금을 조달하는 방식으로, 신주인수권을 부여하는 방법에 따라 주주배정 또는 제3자 배정 방식과 일반배정의 세 가지로 분류된다.

다. 무상증자와 주식배당

무상증자는 기업의 자본금은 증가하지만 자산의 증가는 이루어지지 않는 증자로, 이사회 또는 주주총회의 결의에 따라 각종 적립금이나 준비금과 같은 자본항목들 가운데 필요에 따라 자본금으로 전환해 영구적으로 회사 자금으로 만들고 싶은 것이 있을 때 이를 실시한다. 현금이 기업에 유입되는 유상증자와 달리 무상증자의 경우는 새로 현금이 유입되는 것이 아니라 잉여금의 자본전입으로, 단지 회계 장부상 자본항목의 이익잉여금 또는 자본잉여금에 있던 금액이 자본금 항목으로 넘어간 것이다. 자본금은 발행주식의 액면총액을 의미하는 것이기 때문에 기존 주주들에게 해당 금액 상당의 주식을 지분에 따라 나누어줌으로써 이러한 회계장부 상의 변경이 완료될 수 있다. 주식배당은 기업의 이익금 배당을 현금배당 외에 주식배당의 형태로 지급하는 것으로 무상증자와 비슷한 실질적 특징을 갖는다.

(2) 채권 발행시장

기업은 이러한 주식 발행 외에 채권 발행을 통해 자금을 조달하기도 하는데 채권의 발행을 통한 자금조달방식은 주주들의 간섭을 받지 않고 더 자유롭게 경영할 수 있는 반면에, 나중에 채권을 구입한 사람들에게 원금과 함께 이자를 돌려주어야 하는 부채라는 단점이 있다. 채권을 발행하는 회사는 보통 두 개 이상의 신용평가회사로부터 신용등급을 평가받아야 한다. 신용등급은 투자자에게 원리금의 회수가능성 정도를 나타내는 것으로 발행자의 사업성, 수익성, 현금흐름, 재무 안정성 등을 기초로 신용평가기관*(한국기업평가, 한국신용평가, 나이스신용평가 등)이 산정하는데, 보통 신용등급이 BBB – 이상인 채권을 투자적격등급채권이라 하고, BB+ 이하인 채권을 투기등급채권이라 한다.

* 세계적인 신용평가기관으로는 무디스(Moody's)사와 스탠더드&푸어스(S&P)사, 피치(Fitch)사 등이 있다.

이러한 주식·채권 등은 예전에는 실물로 발행되어 유통되었지만 2019년 9월 16일 「주식·사채 등의 전자등록에 관한 법률」(이하 "전자증권법"이라 한다)의 시행으로 전자증권제도가 도입되어 증권의 실물발행 없이 증권이 표창하는 권리를 전자적 장부에 등록하고, 장부 기재를 통해, 양도, 담보, 권리행사를 가능하게 하고 있다. 이러한 전자증권제도는 실물증권의 발행 비용 및 위조 분실위험을 줄이고 음성거래에 의한 탈세 등을 줄이는 등 증권거래의 투명성을 제고할 수 있다.

전자증권의 적용대상은 CP, 창고증권 등을 제외하고 자본시장법상 대부분의 증권을 포함하며, 전자등록기관(현재 한국예탁결제원이 수행)이 전자증권제도의 중심 운영기관으로서 법적 장부를 작성·관리하고, 권리 이전·담보 설정 등의 권리관계를 관리하는 등 전자증권 관련 제반 업무를 수행한다.

2) 유통시장

발행시장이 1차 시장이라면 유통시장(Secondary Market)은 2차 시장이라고 할 수 있는데, 발행시장에서 발행된 증권을 사고파는 시장으로, 일반적으로 증권시장이라고 하면 유통시장을 지칭하기도 한다. 이러한 유통시장은 구체적이고 조직화된 거래소시장과 대체거래소, 그리고 조직화되지 않은 장외시장으로 구분해 볼 수 있다.

(1) 주식 유통시장

우리나라 주식시장은 단일 시장으로 주로 거래소시장을 통하여 주식이 유통되어 왔는데, 2025년에 제2의 주식거래 플랫폼, 즉 대체거래소(ATS : Alternative Trading System)인 넥스트레이드(NEXTRADE)가 추가로 개설되었다. 대체거래소란 동시에 다수의 자를 대상으로 상장주권 및 증권예탁증권(DR)의 매매 또는 중개·주선·대리 업무를 하는 자본시장법 제8조의2에 규정한 다자간매매체결회사를 말한다.

거래소시장은 유가증권시장(KOSPI Market), 코스닥시장(KOSDAQ Market), 그리고 코넥스시장(KONEX Market)으로 구성되어 있다. 유가증권시장은 거래소시장 중에서 가장 오래된 시장으로, 규모가 크고 경영 실적도 안정적인 중대형 우량기업의 주식이 거래된다. 코스닥시장은 기술주 중심의 미국 나스닥시장과 유사한 시장으로, 코스닥시장에는 주로 IT(Information Technology, 정보기술), BT(Bio Technology, 바이오기술), CT(Culture Technology, 문화기술)와 같은 기술기업과 벤처기업이 주로 상장되어 있는데, 일반적으로 유가증권시장에 상장된 기업에 비하여 규모는 작으나 성장잠재력은 큰 기업들이라 할 수 있다. 코넥스시장은 시장에 상장되기에는 아직 부족한 기업을 위한 시장으로 창업한 지 얼마 되지 않은 신생기업 및 초기 중소기업에 적합한 시장이다.

대체거래소인 넥스트레이드는 거래소시장, 즉 한국거래소에 상장된 주식을 거래하며, 거래시간이 12시간으로 거래소시장보다 5시간 30분 더 길다. 투자자는 매매주문을 낼 때 두 시장 중 하나의 거래 시장을 선택할 수 있는데, 투자자가 두 시장을 선택하지 않을 경우, 증권회사는 최선집행기준*에 따라 자동주문전송시스템(SOR : Smart Order Routing)을 통해 한국거래소와 대체거래소 중 최선의 거래조건을 제공하는 시장으로 배분하여야 한다.

* 투자자 주문을 최선의 거래조건으로 처리하기 위한 증권회사 최선집행의무 가이드라인

주식의 장외시장은 증권회사 등에서 이루어지는 장외거래 이외에 금융투자협회가 개설한 K-OTC시장이 있는데, K-OTC(Korea Over-The-Counter)시장은 비상장주식 또는 상장폐지된 주식에 대해 유동성을 부여하기 위해 개설한 조직화된 장외시장이다.

(2) 채권 유통시장

채권의 유통시장은 주식과 달리 거래소시장보다는 주로 장외시장에서 거래가 이루어지는데, 채권은 그 거래방식을 표준화하기 힘들기 때문이다. 거래소 채권시장은 국채전문유통시장과 함께 Repo시장, 일반채권시장 등이 존재하는데 이러한 거래소 채권시장에서는 주로 국채를 위주로 하는 거래가 활발하다.

실제로 거래소시장과 장외시장에서의 채권거래 규모를 비교해 보면, 전체 채권거래의 상당부분이 장외시장에서 이루어지고 있다(2024년 총 채권거래금액 6,161조원 중 거래소시장 거래금액이 1,200조원, 장외시장 거래금액은 4,961조원 ─ 한국거래소 및 금융투자협회 홈페이지).

이와 같이 주식과 채권 등이 발행·유통되는 증권시장의 구조를 요약해보면 아래와 같다.

| 증권시장의 구조 |

시장 구분			내 용
증권시장	발행시장		증권을 발행하여 처음 투자자에게 팔릴 때까지의 과정을 의미한다.
	유통시장	거래소시장	구체적이고 조직화된 일정한 매매거래제도에 따라 증권거래가 이루어진다. ex) 주식시장(유가증권·코스닥·코넥스), 채권시장 등
		다자간매매체결회사	제2의 주식 유통 전문 플랫폼인 대체거래소로, 거래소시장 상장종목을 거래한다. ex) 넥스트레이드
		장외시장	거래소시장이 아닌 다른 곳에서 매매되는 비조직적인 시장을 모두 포함한다. ex) 직접거래시장, 창구거래(OTC), 채권시장 등

II

조세제도의 개요

① 조세의 분류 체계

1) 조세의 분류

조세는 국가 또는 지방자치단체가 재정수입을 조달할 목적으로 법률에 규정된 과세요건을 충족한 모든 자에게 반대급부 없이 강제적으로 부과되는 의무이다. 이러한 조세는 과세 주체 또는 세금의 용도, 다른 세목에의 부가 여부 등에 따라 아래와 같이 분류할 수 있다.

(1) 과세 주체에 따른 분류

① 국세 : 국가가 부과하는 조세(내국세와 관세로 분류)
② 지방세 : 지방자치단체가 부과하는 조세(도세와 시·군세로 분류)

(2) 세수의 용도에 따른 분류

① 보통세 : 세수의 용도를 특정하지 않고 일반경비에 충당
② 목적세 : 세수의 용도를 특정하여 당해 특정경비에만 충당

(3) 다른 조세에 부가되는지 여부에 따른 분류

① 독립세 : 부가세 외의 조세
② 부가세(Sur Tax) : 다른 조세에 부가되는 조세*

  * 교육세, 농어촌특별세, 소득할 지방소득세 등

2) 세법 체계 및 납세의무

(1) 개별세법과 일반세법

개별세법	일반세법
국세에 관하여는 각 세목별로 별개의 법률에서 규정하는 "1세목 1세법주의"를 택하고 있는데 (예외적으로 상속세 및 증여세법은 상속세와 증여세라는 두 세목을 규정), 이처럼 각 조세의 종목과 세율을 정한 세법을 개별세법이라고 함. 지방세법 별도	"1세목 1세법주의" 하에서의 각 조세에 공통적으로 적용되는 사항을 규정*한 별도의 세법을 두고 있는데 이를 일반세법이라고 함.

* 국세기본법 – 국세에 관한 기본적 공통적인 사항 및 위법·부당한 국세처분에 대한 불복절차
  국세징수법 – 국세징수에 관하여 필요한 사항
  조세범처벌법 – 조세범죄와 그에 대한 처벌
  조세범처벌절차법 – 조세범죄에 대한 처벌 절차
  조세특례제한법 – 조세의 감면 또는 중과 등 조세특례와 제한
  국제조세조정에 관한 법률 – 국제거래에 관한 조세의 조정 및 국가 간 조세 행정 협조에 관한 사항
  지방세기본법 – 지방세에 관한 기본적 공통적인 사항과 납세자의 권리 의무 및 권리구제에 관한 사항
  지방세징수법 – 지방세징수에 필요한 사항
  지방세특례제한법 – 지방세 감면 및 특례에 관한 사항과 이의 제한에 관한 사항

(2) 납세의무자와 납세자

납세의무자는 세법에 따라 세금을 납부할 의무(세금을 징수하여 납부할 의무가 있는 자 제외)가 있는 자를 말하고, 납세자는 납세의무자(제2차 납세의무자와 보증인 포함)와 세법에 따라 국세를 징수하여 납부할 의무를 지는 자를 합쳐서 이르는 개념이다. 따라서, 납세자는 납세의무자보다 더 포괄적인 개념으로 아래와 같이 요약할 수 있다.

구 분		내 용
납세자	납세의무자	본래 납세의무자
		납세의무를 승계받은 자
		연대납세의무자
		제2차 납세의무자(물적 납세의무자 포함), 납세보증인
	징수납부의무자	원천징수의무자, 부가가치세 대리납부의무자 등

우리나라의 조세 분류

1) 현행 세법상 조세 종류

현행 우리 세법상 조세는 총 25개로 구성되어 있는데, 이 중 국세가 14개, 지방세가 11개이다. 이를 분류 체계에 따라 분류해보면 아래와 같다.

분류				세 목	세 법
조 세	국 세	내 국 세	보 통 세	소득세	소득세법
				법인세	법인세법
				상속세	상속세 및 증여세법
				증여세	
				종합부동산세	종합부동산세법
				부가가치세	부가가치세법
				개별소비세	개별소비세법
				주세	주세법
				인지세	인지세법
				증권거래세	증권거래세법
			목 적 세	교통·에너지·환경세	교통·에너지·환경세법
				교육세	교육세법
				농어촌특별세	농어촌특별세법
	관 세			관세	관세법
세	지 방 세	보통세		취득세	지방세법
				등록면허세	
				레저세	
				담배소비세	
				지방소비세	
				주민세	
				지방소득세	
				재산세	
				자동차세	
		목적세		지역자원시설세	
				지방교육세	

(1) 국세와 지방세의 관할

조세는 그 징수 주체에 따라 국가가 부과하는 국세와 지방자치단체가 부과하는 지방세로 나뉘는데, 이처럼 징수 주체가 다르므로 해당 조세의 관할 관청도 다르다.

| 국세와 지방세의 관할 비교 |

구 분	국 세	지방세
관할 관청	기획재정부, 국세청, 관할 세무서	행정자치부, 각 시·도, 관할 구청
관할 관청 바꿔서 신고 시 가산세	가산세 없음	세목별로 가산세 있음*

* 지방세는 행정자치부에서 총괄적인 관할을 하지만 각 시도에서 실무적인 관할을 하므로 각 세목별로 자치단체 간 해석이 다를 수 있으며 관할구청을 바꿔서 신고·납부한 경우에도 가산세 규정이 적용된다.

예규【세정 13407-83, 2001. 1. 18.】

(질의)

광역시세인 소득할주민세를 주소 착오하여 같은 광역시 내의 다른 자치구에 신고·납부한 경우 가산 대상자인지?

(회신)

1. 지방세는 국세와 달리 지방자치단체 각각이 별개의 재정 주체로 독립되어 있으므로 납세지를 착오하여 정당한 납세지가 아닌 다른 자치단체에 주민세를 납부한 경우에는 지방세법 제177조의2 제3항 규정에 의한 가산세 부과대상이 되는 것임.
2. 질의와 같이 광역시세인 주민세를 관할 구청이 아닌 동일한 광역시의 다른 구청에 납부한 경우라면 주민세의 납세의무를 이행하지 아니하였다고 보기는 어려우므로 가산세 과세 대상이 아닌 것으로 판단함.

---

(2) 법인세와 소득세의 비교

법인세는 법인이 벌어들인 소득에 대하여 법인을 납세의무자로 하여 부과하는 세금이고, 소득세는 개인의 소득에 대하여 당해 개인을 납세의무자로 하여 소득의 성격과 납세자의 부담 능력에 따라 부과하는 세금이다.

우리 세법에서 법인세는 벌어들인 모든 소득을 포괄적으로 정의하여 과세하는 포괄주의를 적용하고, 소득세는 법률에서 과세 대상 소득으로 열거한 소득에 한정해서만 과세하는 열거주의 방식으로 과세한다.

| 법인세와 소득세의 비교 |

구 분	법인세	소득세
적용대상 소득자	법인	개인
과세원칙*	포괄주의	열거주의

* 법인세는 포괄주의에 따라 법인이 얻는 경제적 이익은 전부 과세되지만, 소득세는 열거주의를 원칙으로 하여 세법에 열거된 소득에 대해서만 과세되므로, 소득자가 법인인지 개인인지 여부에 따라 소득의 종류별로 과세 여부가 다르다. 특히 원천징수제도에 있어서 법인과 개인의 소득 구분에 따른 원천징수 대상 소득이 다르므로 유의해야 한다.

2) OECD 분류체계에 따른 국세의 분류

OECD 조세 분류 체계에 따라 우리 국세를 분류해 보면 아래와 같다.

구 분	내 용
소득과세 (income and profit)	소득세, 법인세, 농어촌특별세(소득세·법인세 감면분)
재산과세 (property)	상속·증여세, 증권거래세, 인지세, 종합부동산세, 농어촌특별세(증권거래세·종합부동산세분)
소비과세 (consumption)	부가가치세, 주세, 교통·에너지·환경세, 개별소비세, 관세, 교육세(주세·교통세·개별소비세·금융보험업자 수입분), 농어촌특별세(개별소비세·관세 감면분)

〈출처〉
자료 : "2023 조세 개요". 기획재정부. 2023. 10
원자료 : Revenue Statistics, Special Feature : taxes paid on social transfers, OECD

3) 주요 조세의 납부기한

분류	세 목	납 부 기 한
국 세	종합소득세	• 확정신고 : 다음 연도 5월 31일* • 중간예납 : 11월 30일 * 토지 등 매매차익 예정신고는 매매일이 속하는 달의 말일부터 2월
	양도소득세	• 확정신고 : 다음 연도 5월 31일 • 예정신고 : 양도일이 속한 달의 말일부터 2월* * 주식은 양도일이 속한 반기의 말일부터 2월
	법인세	• 확정신고 : 사업연도 종료일이 속한 달의 말일부터 3월(연결 : 4월) • 중간예납 : 중간예납기간*이 지난 날부터 2월 * 사업개시일부터 6개월 간

분류	세 목	납 부 기 한
국세	부가가치세	(6개월 단위 1기와 2기로 구분 후 매 3개월마다 예정신고와 확정신고) • 1기 예정신고 : 4월 25일 • 1기 확정신고 : 7월 25일 • 2기 예정신고 : 10월 25일 • 2기 확정신고 : 다음 연도 1월 25일
	상속세	• 상속 개시일이 속한 달의 말일부터 6월
	증여세	• 증여받은 날이 속한 달의 말일부터 3월
	종합부동산세	• 12월 15일(과세기준일 : 6월 1일)
	증권거래세	• 증권시장, 금융투자업자를 통한 거래분 : 다음 달 10일 • 개별 양도자 등 : 양도일이 속한 반기의 말일부터 2월
	원천징수세액	• 지급일(원천징수일)이 속하는 달의 다음 달 10일
지방세	취득세	• 취득일로부터 60일(상속취득은 6월)
	지방소득세	• 법인세분 : 사업연도 종료일로부터 4월(연결 : 5월) • 종합소득세분 : 종합소득세 신고기한(다음 연도 5월 31일) • 양도소득세분 : 양도소득세 납부기한 종료 후 2월 • 특별징수 : 특별징수일이 속하는 달의 다음 달 10일
	자동차세 (소유분)	• 정기분 : 제1기분 - 6월 16일~6월 30일, 제2기분 - 12월 16일~12월 31일 • 수시분* : 해당 기분의 세액을 일할 계산하여 징수 * 자동차를 취득(신규·이전)하거나 말소하는 경우 등 • 연세액 일시납부(1,3,6,9월)/분할납부(3,6,9,12월)
	주민세	• 개인분 : 매년 8월 16일~31일(과세기준일 : 7월 1일) • 사업소분 : 매년 8월 1일~31일(과세기준일 : 7월 1일) • 종업원분 : 매월 납부세액을 다음 달 10일

4) 소액부징수와 과세최저한

소액부징수(少額不徵收; non-collection of small tax amount)란 징수할 세액이 일정 금액 이하인 경우, 이를 징수하지 않는 것이고, 과세최저한(課稅最低限; tax threshold)은 과세가 되는 소득의 최저한도액을 말하는데, 세법에서 규정하고 있는 내용은 아래와 같다.

세목	내 용	금액기준	비고
소득세	• 원천징수세액(이자소득과 저술가·작곡가 등의 인적용역사업소득 제외) • 납세조합 징수세액	1천원 미만	소득세법 제86조 (소액부징수)
	• 중간예납세액	50만원 미만	
	• 기타소득 과세최저한		소득세법

세목	내 용	금액기준	비고

소득세	– 복권당첨금(건별)
	– 승마투표권 등 권면합계 10만원 이하이면서,
	  ① 개별환급금이 10만원 이하이거나,
	  ② 투표의 100배 이하 환급금이 200만원 이하
	– 이외의 기타소득금액(기타소득 – 필요경비)
		– 200만원 이하
		– 10만원 이하 또는 200만원 이하
		– 5만원 이하
			제84조 (과세최저한)
			* 가상자산소득은 2027. 1. 1. 이후 시행

	• 가상자산 소득	250만원	
법인세	• 원천징수세액	1천원 미만	법인세법 제73조
부가가치세	• 개인(또는 간이)사업자와 직전 사업연도 1억 5천만원 이하 공급 법인 중간예납 고지	50만원 미만	부가가치세법 제48조, 제66조
상속·증여세	• 상속세와 증여세의 과세표준 과세최저한	50만원 미만	상증법 제25조, 제55조
국세기본법	• 고지할 국세 및 강제징수비 합계	1만원 미만	국기법 제83조
지방세	• 취득세	취득가액 50만원 이하	지방세법 제17조, 제103조의60, 제119조, 제148조
	• 지방소득세(특별징수분 제외), 재산세, 지역자원개발세	2천원 미만	

③ 세제 이해를 위한 주요 내용

금융상품 관련 세제를 이해하고 실무에 적용하기 위해서는 먼저 세법 적용의 일반적인 원칙과 용어에 대한 기본적인 지식 및 주요 세법에서 규정하는 세제 전반에 대한 이해가 필요하다. 여기에서는 국세 부과의 기본이 되는 국세기본법의 주요 내용과 우리나라 세수 규모에서 우위를 차지하면서 금융상품 세제와 관련성이 깊은 법인세, 소득세, 부가가치세 및 상속·증여세의 과세체계를 정리하는데, 좀 더 깊이 있는 지식과 사례 설명이 필요한 상속세 및 증여세와 관련한 주요 내용은 다음 장에서 별도로 정리하였다.

1) 국세기본법 주요 내용

국세기본법은 국세에 관한 기본적이고 공통적인 사항과 납세자의 권리·의무 및 권리구제에 관한 사항을 규정하여 국세의 법률관계를 명확하게 하고, 과세 공정과 납세의무의 원활한 이행을 위한 목적의 법률이다.

(1) 기한과 기간(국세기본법 제4조~)

기간이란 일정 시점에서 다른 일정 시점까지의 시간이고, 기한이란 일정한 시점의 도래로 인하여 법률효과가 발생·소멸하거나 의무를 이행 또는 권리를 행사하여야 할 일정 시점을 말하는데, 세법에서는 사업자등록 신청기한(사업개시일로부터 20일 이내), 국세징수권 소멸시효(5년) 등의 경우에 기간규정을 두고 있다. 기한은 세법이 정하는 바에 따라 적용되지만, 일정한 경우에는 기한이 연장되는데, 공휴일의 경우 익일로 신고·납부 등의 기한을 연장한다거나 천재지변 등으로 인한 직권 또는 신청에 따른 기한의 연장 등이 그것이다.

가. 기간계산의 기본 원칙

세법은 기간계산에 있어서 예외규정을 제외하고는 민법의 규정에 따른다. 기간을 일·주·월·년으로 정한 때에는 초일을 산입하지 아니하는 것이 원칙인데, 이 경우 초일불산입시에는 다음 날 오전 0시부터 기산하나, 당일 오전 0시부터 기산하는 경우와 연령계산의 경우에는 초일산입한다(초일불산입 원칙, 법인세법상 적수계산시는 초일산입).

예규【재경부법인 46012-99, 2001. 5. 18.】
가지급금 지급이자 손금불산입시 가지급금 계산은 매일매일 가지급금 잔액의 누적 합계액으로 계산하므로 가지급금이 발생한 초일은 산입하고 회수된 날은 제외함.

나. 공휴일의 적용

기한이 공휴일*, 토요일 또는 근로자의 날인 경우에는 그 다음 날을 기한으로 하고 우편에 의한 신고의 경우에는 우편법에 의한 통신일부인이 찍힌 날에 신고된 것으로 본다.

*공휴일(관공서의 공휴일에 관한 규정)
  일요일, 국경일 중 3.1절, 광복절, 개천절 및 한글날, 1월 1일, 설날 전날, 설날, 설날 다음 날, 석가탄신일(음력 4월 8일), 어린이날(5월 5일), 현충일(6월 6일), 추석 전날, 추석, 추석 다음 날, 기독탄신일(12월 25일), 공직선거법에 의한 선거일, 기타 정부에서 수시 지정한 날

(2) 국세기본법상 제 원칙(국세기본법 제14조~)

국세기본법에서는 국세부과의 원칙과 세법 적용의 원칙을 규정하고 있다. 국세부과의 원칙은 이미 성립한 납세의무를 확정하는 과정에서 지켜야 할 원칙으로 과세관청과 납세자 쌍방에 그 준수가 요구되고 개별세법에 특례규정을 둘 수 있다. 반면 세법 적용의 원칙은 세법을 해석하고 적용함에 있어서 따라야 할 기본 원칙으로, 과세관청에 그 준수가 요구되고 국세기본법이 개별세법에 우선하므로 개별세법에 특례규정을 둘 수 없다.

가. 국세부과의 원칙

① 실질과세의 원칙

법적 형식이나 외관에 관계없이 아래와 같은 실질 내용에 따라 세법을 해석하고 과세한다는 원칙으로, 헌법상의 기본 이념인 평등의 원칙을 조세법률 관계에 구현하기 위한 실천적 원리로서, 조세의 부담을 회피할 목적으로 과세요건 사실에 관하여 실질과 괴리되는 비합리적인 형식이나 외관을 취하는 경우에 그 형식이나 외관에 불구하고 실질에 따라 담세력이 있는 곳에 과세함으로써, 부당한 조세회피행위를 규제하고 과세의 형평성을 제고하여 조세 정의를 실현하고자 하는 데 주된 목적이 있다(대법원 2008두8499, 2012. 1. 19).

(귀속의 실질) 과세 대상이 되는 소득, 수익, 재산, 행위 또는 거래의 귀속이 명의일 뿐이고 사실상 귀속되는 자가 따로 있을 때에는 사실상의 귀속자를 납세의무자로 본다.

(내용의 실질) 세법 중 과세표준의 계산에 관한 규정은 소득, 수익, 재산, 행위 또는 거래의 명칭이나 형식에 관계없이 그 실질내용에 따라 판단한다.

(경제적 실질) 제3자를 통한 간접적인 방법이나 둘 이상의 행위 또는 거래를 거치는 방법으로 국세기본법 또는 세법의 혜택을 부당하게 받기 위한 것으로 인정되는 경우에는 그 경제적 실질 내용에 따라 당사자가 직접 거래한 것으로 보거나 연속된 하나의 행위 또는 거래를 한 것으로 본다.

② 신의성실의 원칙

납세자가 그 의무를 이행할 때 또는 세무공무원이 직무를 수행할 때에는 신의에 따라 성실하게 행하여야 한다는 원칙인데, 납세자에게는 그 위반에 대한 제재수단(가산세, 조세범 처벌 등)이 마련되어 있으므로 과세관청이 납세자의 신뢰를 저버리지 못하게 제재하는 원칙이라 하겠다.

③ 근거과세의 원칙

장부 등 직접적인 자료에 근거하여 납세의무를 확정지어야 한다는 원칙으로 실지 조사 결정, 과세 관련 사실과 결정 근거의 부기, 결정서의 열람·복사 허용 등의 내용으로 구성된다.

④ 조세감면의 사후관리

국세를 감면한 경우에는 그 감면 취지의 이행 또는 국가정책 수행을 위하여 감면세액의 운용범위 등을 정하고 이를 어길 시 감면을 취소하고 징수할 수도 있다.

나. 세법 적용의 원칙

① 재산권 부당침해금지의 원칙

세법을 해석하거나 적용할 때에는 과세의 형평과 해당 조항의 합목적성에 비추어 납세자의 재산권이 부당하게 침해되지 않도록 하여야 한다는 원칙으로 조세법률주의와 조세평등주의를 강조한다.

② 소급과세 금지의 원칙

국세를 납부할 의무가 성립한 소득, 수익, 재산, 행위 또는 거래에 대해서는 그 성립 후의 새로운 세법에 따라 과세하지 않는다. 또한, 세법의 해석이나 국세 행정의 관행이 일반적으로 납세자에게 받아들여진 경우에는 그 해석이나 관행에 의한 행위 또는 계산은 정당한 것으로 보며 새로운 해석이나 관행에 의하여 소급하여 과세하지 않는다.

③ 세무공무원의 재량의 한계

세무공무원이 재량으로 직무를 수행할 때에는 과세의 형평과 해당 세법의 목적에 비추어 일반적으로 적당하다고 인정되는 한계를 엄수하여야 한다고 하여 과세관청의 재량권 남용을 금지하고 있다.

④ 기업회계의 존중

세무공무원이 국세의 과세표준을 조사·결정할 때에는 해당 납세의무자가 계속적으로 적용해 온 기업회계의 기준 또는 관행으로서 일반적으로 공정·타당하다고 인정되는 것은 존중하여야 한다. 다만, 세법에 특별한 규정이 있는 경우에는 그렇지 않다.

(3) 수정신고와 경정 등의 청구

가. 수정신고(국세기본법 제45조)

수정신고는 이미 신고한 과세표준 및 세액을 과소하게 신고하였거나 결손금액이나 환급세액을 과다하게 신고한 경우 또는 이미 신고한 내용이 불완전한 경우에 납세의무자가 이를 정정하여 신고하는 것이다. 과세표준신고서를 법정신고기한까지 제출한 자 및 기한후과세표준신고서를 제출한 자는 해당 국세의 과세표준과 세액을 결정 또는 경정하여 통지하기 전으로서 국세부과의 제척기간이 끝나기 전까지 과세표준수정신고서를 제출할 수 있다. 하지만, 결정 또는 경정을 할 때 발견되지 않은 과소신고분에 대하여는 그 결정 또는 경정에도 불구하고 제척기간이 끝나기 전까지는 수정신고를 할 수 있다.

나. 경정 등의 청구(국세기본법 제45조의2)

수정신고의 경우와 반대로 이미 신고한 과세표준 및 세액이 과대하게 신고되었거나 결손금액이나 환급세액 또는 세액공제 금액을 과소하게 신고한 경우, 과세표준신고서를 법정신고기한까지 제출한 자 및 기한후과세표준신고서를 제출한 자는 법정신고기한이 지난 후 5년 이내에 최초 신고 및 수정신고한 국세의 과세표준 및 세액의 결정 또는 경정을 관할 세무서장에게 청구할 수 있는데, 이를 경정 등의 청구라 한다. 다만, 결정 또는 경정으로 인하여 증가된 과세표준 및 세액에 대하여는 해당 처분이 있음을 안 날(처분의 통지를 받은 때에는 그 받은 날)부터 3개월 이내(법정신고기한이 지난 후 5년 이내로 한정)에 경정을 청구할 수 있다.

(4) 가산세(국세기본법 제47조~)

가산세란 세법에서 규정하는 의무를 성실하게 이행하지 않았을 경우에 산출한 세액에 가산하여 징수하는 금액으로 해당 국세의 세목으로 한다.

가산세는 개별세법에서 정하는데 국세기본법은 세목별 공통사항인 신고납부 위반에 대한 가산세를 정하고 있으며, 가산세는 납부할 세액에 가산하거나 환급받을 세액에서 차감한다.

| 가산세의 종류 |

가산세의 종류	가산 세율
무신고가산세	• 일반 무신고 : 납부할 세액 × 20%(또는 수입금액의 7/10,000)* • 부정행위 무신고 : 납부할 세액×40%. 국제거래는 60%(또는 수입금액의 14/10,000)*
과소신고·초과환급신고 가산세	• 부정행위 과소신고 : 과소(초과환급)신고세액 × 40%(국제거래 : 60%) • 일반 과소신고 : 과소(초과환급)신고세액×10%
납부지연(초과환급)가산세 (①**+②)	• ① 납부하지 않거나 과소납부(초과환급)한 세액 × 미납일수 × 22/100,000(연 8.03%)*** + ② 납부하지 않거나 과소납부한 세액 × 3/100(납부고지서에 의한 납부기한까지 완납하지 아니한 경우로 한정)
원천징수등납부지연가산세	• 미납세액의 50%(①과 ② 중 납부기한 다음 날부터 납부고지일까지의 기간 금액 합은 10%) 한도로 ①과 ②**를 합한 금액 ① 납부하지 않거나 과소납부한 세액 × 3/100 ② 납부하지 않거나 과소납부한 세액 × 미납일수(납부고지 일부터 고지서 납부기한까지는 제외) × 22/100,000***

* 무신고 납세의무자가 복식부기의무자(개인)이거나 법인인 경우 둘 중 큰 금액
** 체납된 국세의 납부고지서별·세목별 세액(관세의 경우 국세 포함)이 150만원 미만인 경우 적용 배제
*** 2022. 2. 15. 이후 부과하는 분부터 적용(직전 : 25/100,000. 연 9.125% 적용)

이러한 가산세는 천재지변 등의 사유로 인한 의무불이행의 경우에는 부과를 제외하고, 또한 일정 기간 이내에 수정신고 또는 기한 후 신고를 하는 경우에는 일정률을 감면한다.

고지한 세액을 납부기한까지 납부하지 않았을 경우 고지세액에 대하여 징수하는 금액(3%)으로, 체납된 세금을 일정 기한까지 납부하지 않을 경우에는 60개월을 초과하지 않는 범위 내에서 매 1개월마다 일정률(75/10,000)을 추가하여(중가산금) 징수하였다. 국세에 대한 가산금은 국세징수법에서 규정하고 있었는데, 2020년부터 폐지되고 납부지연가산세와 통합되었다. 또한, 지방세징수법에 남아있던 가산금 규정도 납부지연가산세와 통합되면서 2022년 2월 3일로 폐지되었다.

(5) 국세의 부과제척기간과 징수 소멸시효

가. 국세의 부과제척기간(국세기본법 제26조의2)

국세를 부과할 수 있는 기간은 원칙적으로 당해 국세를 부과할 수 있는 날로부터 5년이지만, 국세 포탈 등의 경우에는 다르게 적용되는데, 구체적으로 살펴보면 아래와 같다.

구 분		제척기간
일반세목	• 사기나 그 밖의 부정한 행위로 국세를 포탈하거나 환급·공제받은 경우 • 납세자가 부정행위로 세금계산서·계산서 미발급 등에 대한 가산세 부과시 가산세	10년 (역외거래는 15년)
	• 납세자가 법정신고기한까지 과세표준신고서를 제출하지 아니한 경우	7년 (역외거래는 10년)
	• 그 밖의 경우	5년 (역외거래 등은 7년)
	• 이월결손금 공제 또는 이월세액공제 등을 받는 경우 해당 이월결손금 등이 발생한 과세기간의 소득세 또는 법인세	1년
상속·증여세 부담부증여시 소득세	• 납세자가 부정행위로 상속세·증여세를 포탈 하거나 환급·공제받은 경우 • 법정신고기한까지 상속·증여세 과세표준신고서를 제출하지 아니한 경우 • 법정신고기한까지 상속·증여세 과세표준신고서를 제출한 자가 거짓신고 또는 누락신고를 한 경우(거짓신고 또는 누락신고분만 해당) • 부담부증여에 따른 증여세와 함께 채무액에 해 당하는 양도소득세를 납부하는 경우	15년
	• 그 밖의 경우	10년

나. 국세징수권의 소멸시효(국세기본법 제27조)

국세징수권은 이를 행사할 수 있는 아래의 날로부터 5년(5억원 이상의 국세는 10년)간 행사하지 않으면 그 소멸시효가 자동으로 완성된다.

① 과세표준과 세액을 신고납부하는 경우에는 법정신고기한의 다음 날

② 과세표준과 세액을 정부가 결정·경정 또는 수시부과 결정하는 경우에는 그 납부기한의 다음 날

③ 납부고지한 원천징수세액 또는 납세조합징수세액과 인지세는 그 납부기한의 다음 날

| 부과제척기간과 소멸시효 |

부과제척기간은 과세관청이 과세 부과처분을 할 수 있는 기간을 제한하여 그 기간이 지나면 부과할 수 없도록 함으로써, 조세채권 및 채무 관계를 조속히 확정시키는 것이고, 소멸시효는 납세의무가 이미 확정된 조세채권을 과세관청이 일정한 기간 내에 체납징수를 위하여 필요한 조치를 취하지 않으면 세금을 징수할 수 없도록 하는 것이다.

---

(6) 특수관계인(국세기본법 제2조 및 동법 시행령 제1조의2)

특수관계에 있는 자와의 거래에서, 건전한 사회통념이나 상관행에 비추어 경제적 합리성을 무시한 비정상적인 거래행위(ex : 무상 또는 시가*보다 낮은 가격 또는 요율로 자금 대여 등)로 조세를 부당하게 회피하거나 경감시키는 것으로 인정되는 경우, 세법에서는 해당 거래내용을 부인하고 정상적인 방법의 거래형태로 소득을 재계산하도록 하고 있다.

* 특수관계가 아닌 자 간의 정상적인 거래에서 적용되거나 적용될 것으로 판단되는 가격 또는 요율

특수관계인에 대한 정의는 소득세법, 법인세법, 상속세 및 증여세법 등의 개별세법에서 각기 규정하고 있으나, 아래의 국세기본법상 특수관계인의 정의를 근간으로 한다.

특수관계인	세부 내용
① 혈족·인척 등 친족 관계	• 4촌 이내의 혈족과 3촌 이내의 인척 • 배우자(사실상의 혼인관계에 있는 자를 포함) • 친생자로서 다른 사람에게 친양자로 입양된 자 및 그 배우자·직계비속 • 혼인 외 출생자의 생부나 생모(본인의 금전이나 재산으로 생계유지자 한정)
② 경제적 연관관계 있는 특수관계인	• 임원과 그 밖의 사용인 • 본인의 금전이나 그 밖의 재산으로 생계를 유지하는 자 • 임원과 그 밖의 사용인 및 본인의 금전이나 그 밖의 재산으로 생계를

특수관계인	세부 내용
	유지하는 자와 생계를 함께하는 친족
③ 주주·출자자 등 경영 지배관계*에 있는 특수관계인	• 본인이 개인인 경우 － 본인이 직접 또는 그와 친족관계 또는 경제적 연관관계에 있는 자를 통하여 법인의 경영에 지배적인 영향력을 행사하는 경우 그 법인 또는 그 법인을 통하여 동일한 영향력을 행사하는 경우 그 법인 • 본인이 법인인 경우 ⅰ) 개인 또는 법인이 직접 그와 친족관계 또는 경제적 연관관계에 있는 자를 통하여 본인인 법인의 경영에 대하여 지배적인 영향력을 행사하고 있는 경우 그 개인 또는 법인 ⅱ) 본인이 직접 또는 그와 경제적 연관관계 또는 ⅰ)의 관계에 있는 자를 통하여 어느 법인의 경영에 대하여 지배적인 영향력을 행사하고 있는 그 법인 ⅲ) 본인이 직접 또는 그와 경제적 연관관계, ⅰ) 또는 ⅱ)의 관계에 있는 자를 통하여 어느 법인의 경영에 대하여 지배적인 영향력을 행사하고 있는 그 법인 ⅳ) 본인이 「독점규제 및 공정거래에 관한 법률」에 따른 기업집단에 속하는 경우 그 기업집단에 속하는 다른 계열회사 및 그 임원

* 경영지배 관계
 ㉮ 영리법인인 경우
  － 법인의 발행주식총수 또는 출자총액의 100분의 30 이상을 출자한 경우
  － 임원의 임면권의 행사, 사업방침의 결정 등 법인의 경영에 대하여 사실상 영향력을 행사하고 있다고 인정되는 경우
 ㉯ 비영리법인인 경우
  － 법인의 이사의 과반수를 차지하는 경우
  － 법인의 출연재산(설립을 위한 출연재산)의 100분의 30 이상을 출연하고 그 중 1인이 설립자인 경우

2) 법인세법 주요 내용

법인세는 법인이 경제활동 등을 통하여 벌어들인 소득에 부과하는 법인소득세로서, 해당 법인이 납세의무자가 된다. 법인이란 법으로 정해진 요건을 갖춘 일정 조직체로 민법 제33조에 따라 그 주된 사무소의 소재지에 설립등기를 하면 자연인과 같이 권리와 의무의 주체가 된다.

(1) 법인의 구분과 과세소득의 범위(법인세법 제2조와 제4조)

법인은 본점 또는 주사무소나 사업의 실질적 관리 장소의 위치에 따라 내국법인과 외국법인으로 구분하고, 영리 추구 여부에 따라 영리를 목적으로 하는 영리법인과

학술·종교·자선·기타 공익사업을 목적으로 하는 비영리법인으로 구분한다.

이러한 법인에 대한 법인세법상 과세소득의 범위는 아래와 같다.

① 각 사업연도 소득에 대한 법인세

법인에 귀속되는 소득은 익금 총액에서 손금 총액을 뺀 금액으로, 각 사업연도의 소득에 대한 법인세가 과세되며, 법인이 합병·분할하는 경우에도 피합병법인·분할법인에게 각 사업연도 소득에 대한 법인세가 과세된다.

② 토지 등 양도소득에 대한 법인세

부동산 투기를 방지하기 위하여 법인세법상 일정 요건에 해당하는 건물(부속 시설물과 구축물 포함), 주택(부수토지 포함), 주택을 취득하기 위한 권리, 비사업용 토지 등을 양도하는 경우, 부동산 소유 유형에 따른 세율*을 적용하여 산출한 토지 등 양도소득에 대한 법인세를 각 사업연도 소득에 대한 법인세에 추가하여 납부한다(법인세법 제55조의2).

* 토지 등 양도소득에 대한 법인세율
  ① 주택(그 부수토지 포함) : 양도소득 × 20%(미등기 40%)
  ② 비사업용 토지 : 양도소득 × 10%(미등기 40%)
  ③ 조합원입주권 및 분양권 : 양도소득 × 20%

③ 미환류 소득에 대한 법인세

각 사업연도 종료일 현재 「독점규제 및 공정거래에 관한 법률」 제31조 제1항에 따른 상호출자제한기업집단에 속하는 내국법인이 해당 사업연도의 소득 중 투자, 임금 또는 상생협력출연금 등으로 환류하지 않은 소득이 있는 경우, 그 미환류소득에 대하여 100분의 20을 곱하여 산출한 세액을 각 사업연도 소득에 대한 법인세에 추가하여 납부한다(조특법 제100조의32).

④ 청산소득에 대한 법인세

내국법인이 해산으로 소멸하는 경우, 잔여재산가액에서 해산등기일 현재의 자본금 또는 출자금과 잉여금의 합계액인 자기자본 총액을 공제한 금액을 과세표준으로 하고, 각 사업연도 소득에 대한 법인세율을 적용하여 산출한 청산소득에 대한 법인세가 과세된다.

| 법인의 종류에 따른 과세소득 |

법인의 종류		각 사업연도 소득에 대한 법인세	토지 등 양도소득에 대한 법인세	미환류 소득에 대한 법인세	청산소득
내국 법인	영리법인	국내외 모든 소득	○	○	○
	비영리법인	국내외 수익사업소득	○	×	×*
외국 법인	영리법인	국내원천소득	○	×	×**
	비영리법인	국내 원천 수익사업소득	○	×	×**
국가 지방자치단체		납세의무 없음			

  * 청산시 민법 제80조에 따라 잔여재산을 구성원에게 분배할 수 없고 지정된 자 등 또는 국고에 귀속
** 본점 소재지인 외국에서 청산하기 때문에 우리나라에서 과세할 수 없음.

(2) 법인세 과세표준의 계산

| 법인세 과세체계 |

계 산 절 차	
결산서상 당기순손익	손익계산서상의 기업회계 당기순손익
세무조정	(+) 익금산입 · 손금불산입 (−) 익금불산입 · 손금산입
차가감소득	당기순손익에 세무조정한 후의 금액
기부금 조정	(+) 기부금 한도초과액 (−) 기부금 한도초과 이월액 손금산입
각 사업연도 소득금액	차가감소득에 기부금 한도초과 등 가감
과세표준 계산	(−) 이월결손금 등 차감 • 15년 이내 발생 이월결손금 • 비과세소득(공익신탁재산 소득 등) • 소득공제(유동화전문회사 등에 대한 소득공제 등)
과세표준	각 사업연도 소득금액에서 이월결손금 등 차감
(×) 세율	• 2억원 이하 : 9% • 2억원 초과 200억원 이하분 : 19% • 200억원 초과 3,000억원 이하분 : 21% • 3,000억원 초과분 : 24%
산출세액	과세표준에 구간별 세율 적용

계 산 절 차	
세액공제 등	(-) 세액공제 • 외국납부세액공제 • 재해손실세액공제 등 (+) 가산세
총부담세액	산출세액에 세액공제를 차감하고 가산세 가산
기납부세액	(-) 기납부세액 공제 • 원천납부세액 • 중간예납세액 • 수시부과세액
차감 납부할 세액	총부담세액에서 기납부세액을 차감
토지 등 양도소득에 대한 법인세	법인세법 제55조의2에 따라 계산한 법인세
미환류 소득에 대한 법인세	조특법 제100조의32에 따라 계산한 법인세
차감 납부할 세액 계	차감 납부할 세액 + 토지 등 양도소득에 대한 법인세 + 미환류 소득에 대한 법인세

가. 각 사업연도 소득금액

기업회계와 세무회계의 차이 조정을 위해 법인의 결산서상 당기순이익을 기초로 하여 세법상의 규정에 따라 익금을 가산하고 손금을 차감하는 세무조정의 과정을 거쳐 세무회계상 과세소득인 각 사업연도 소득을 산출한다.

① 결산조정과 신고조정

각 사업연도 소득금액의 계산은 결산서상 당기순손익에 익금산입·손금불산입 항목을 가산하고, 익금불산입·손금산입 항목을 차감하는 세무조정을 통하여 이루어지는데, 이러한 세무조정은 결산조정과 신고조정으로 나눈다.

결산조정은 결산을 확정할 때 수익 또는 비용으로 계상하는 경우에 한하여 익금 또는 손금으로 인정하는 조정 항목이고, 신고조정은 결산을 확정할 때 수익이나 비용으로 계상하지 않더라도 법인세 과세표준 신고시 익금 또는 손금으로 인식하면 익금이나 손금으로 인정하는 조정 항목을 말하는데, 구체적으로 살펴보면 아래와 같다.

	세무조정 내용 예시

결산조정
항목
	• 감가상각비(즉시상각액 포함)(법인세법 제23조)
	
	   * 조세특례제한법 부칙 4조(제10068호, '10.3.12.) 적용자산('04.1.1. 이후 신고분부터), 감가상각
	     의제와 한국채택국제회계기준 적용법인의 유형자산 및 내용연수 비한정 무형자산은 신고조
	     정 가능('10.12.30.이 속하는 사업연도부터)
	
	• 고유목적사업준비금(법인세법 제29조)
	
	   * 외부감사를 받는 비영리법인의 경우 신고조정 가능
	
	• 퇴직급여충당금(법인세법 제33조)
	• 대손충당금(법인세법 제34조)
	• 구상채권상각충당금(법인세법 제35조)
	
	   * 한국채택국제회계기준을 적용하는 법인에 한해 이익처분에 의한 신고조정 가능
	
	• 법인세법 시행령 제19조의2 제1항 (7)부터 (13)의 사유에 해당하는 대손금(법인세법
	  시행령 제19조의2 제3항 2)
	• 파손·부패 등의 사유로 정상가격으로 판매할 수 없는 재고자산의 평가차손(법인세법
	  제42조 제3항 1)
	• 천재지변·화재 등으로 파손되거나 멸실된 유형자산평가차손(법인세법 제42조 제3항
	  2)
	• 다음 주식으로서 발행법인이 부도가 발생한 경우, 회생계획인가의 결정을 받은 경우,
	  부실 징후기업이 된 경우 해당 주식의 평가차손(법인세법 제42조 제3항 3)
	   1. 벤처투자회사 또는 신기술사업금융업자가 보유하는 주식 등 중 창업자·신기술
	     사업자가 발행한 것
	   2. 주권상장법인이 발행한 주식
	   3. 특수관계 없는 비상장법인이 발행한 주식
	• 주식을 발행한 법인이 파산한 경우 해당 주식의 평가차손(법인세법 제42조 제3항 3)
	• 생산설비의 폐기손(법인세법 시행령 제31조 제7항)

신고조정
항목
	• 무상으로 받은 자산의 가액과 채무의 면제 또는 소멸로 인한 부채의 감소액 중
	  이월결손금 보전에 충당한 금액의 익금불산입액(법인세법 제18조 (6))
	• 퇴직보험료·퇴직연금 부담금 등(법인세법 시행령 제44조의2)
	• 국고보조금·공사부담금·보험차익으로 취득한 유형·무형자산가액의 손금
	  산입(법인세법 시행령 제64조 내지 제66조)
	• 자산의 평가손실의 손금불산입(법인세법 제22조)
	• 제 충당금·준비금 등 한도초과액의 손금불산입
	• 감가상각비 손금불산입(법인세법 제23조)
	• 건설자금이자의 손금불산입(법인세법 제28조 제1항 (3))
	• 손익의 귀속 사업연도의 차이로 발생하는 익금산입·손금불산입과 손금산입·
	  익금불산입(법인세법 제40조)
	• 조세특례제한법에 의한 준비금(당해 사업연도의 이익처분 시 당해 준비금을 적립한 경우에
	  한함)

② 자기조정과 외부조정

세무조정은 또한 그 절차를 수행하는 자가 누구냐에 따라 자기조정과 외부조정으로 나눌수 있다. 자기조정은 회사 스스로 세무조정계산서를 직접 작성하여 조정하는 것이고, 외부조정은회사의 외부인인 세무사 등이 조정 업무를 수행하여 세무조정계산서를 작성하는 것을 말한다.법인은 원칙적으로 자기조정을 할 것인지 외부조정을 할 것인지 임의로 선택할 수 있는데,정확한 세무조정 및 성실한 납세가 필요하다고 인정되는 아래 법인에 대하여는 반드시외부조정을 하도록 하고 있다(법인세법 시행령 제97조의2).

- 직전 사업연도의 수입금액이 70억원* 이상인 법인 및 「주식회사 등의 외부감사에 관한 법률」 제4조에 따라 외부의 감사인에게 회계감사를 받아야 하는 법인
- 직전 사업연도의 수입금액이 3억원* 이상인 법인으로서 법인세법 제29조부터 제31조까지, 제45조 또는 「조세특례제한법」에 따른 조세특례(같은 법 제104조의8에 따른 조세특례는 제외한다)를 적용받는 법인
- 직전 사업연도의 수입금액이 3억원* 이상인 법인으로서 해당 사업연도 종료일 현재 법인세법 및 「조세특례제한법」에 따른 준비금 잔액이 3억원 이상인 법인
- 해당 사업연도 종료일부터 2년 이내에 설립된 법인으로서 해당 사업연도 수입금액이 3억원 이상인 법인
- 직전 사업연도의 법인세 과세표준과 세액에 대하여 법인세법 제66조 제3항 단서에 따라 결정 또는 경정받은 법인
- 해당 사업연도 종료일부터 소급하여 3년 이내에 합병 또는 분할한 합병법인, 분할법인, 분할신설법인 및 분할합병의 상대방 법인
- 국외에 사업장을 가지고 있거나 법인세법 제57조 제5항에 따른 외국자회사를 가지고 있는 법인
- 정확한 세무조정을 위하여 세무사가 작성한 세무조정계산서를 첨부하려는 법인

  * 해당 사업연도에 설립된 법인의 경우 해당 사업연도의 수입금액을 1년으로 환산한 금액을 직전 사업연도의 수입금액으로 봄.

나. 주요 세무조정 항목

① 익금 항목

ⅰ) 배당금 또는 분배금의 의제(법인세법 제16조)

법인의 각 사업연도 소득금액 계산 시 아래의 금액은 다른 법인으로부터 이익을 배당받았거나잉여금을 분배받은 금액으로 본다.

- 주식의 소각, 자본감소, 퇴사·탈퇴, 출자의 감소로 발생한 소득

- 잉여금의 자본전입으로 취득하는 주식 또는 출자 가액. 단, 자본준비금과 재평가적립금 (토지분 제외)이 재원인 경우 제외
- 자기주식 또는 자기출자지분을 보유한 상태에서 잉여금의 자본전입을 함에 따라 그 법인 외의 주주 등의 지분비율이 증가한 경우의 당해 주식 등의 가액
- 법인의 해산(조직변경하는 경우 제외)에 따라 발생한 소득
- 법인의 합병에 따라 발생한 소득
- 법인의 분할에 따라 발생한 소득

ii) **평가이익의 익금불산입**(법인세법 제18조)

자산의 평가이익은 원칙적으로 각 사업연도 소득금액 계산 시 익금에 산입하지 아니한다. 다만, 아래 평가이익은 제외한다.
- 보험업법 등에 따른 유·무형자산의 증액 평가
- 재고자산의 평가
- 유가증권의 평가 – 주식 등, 채권, 집합투자재산, 변액보험의 특별계정자산
- 화폐성 외화자산과 부채의 평가
- 은행이 보유한 통화선도, 통화스왑, 환율변동보험과 은행 외의 법인이 화폐성 외화자산·부채의 환위험 회피목적으로 보유한 통화선도, 통화스왑, 환율변동위험
- 가상자산의 평가
- 파손, 부패 또는 멸실된 재고자산이나 유형자산의 감액
- 발행회사의 부도, 회생계획인가, 부실징후기업, 파산 등으로 인한 주식 등 감액

iii) **수입배당금액의 익금불산입**(법인세법 제18조의2, 4)

내국법인(고유목적사업준비금 손금산입 비영리내국법인 제외)이 배당기준일 현재 3개월 이상 계속 보유한 다른 내국법인의 주식 등으로부터 받은 배당금 또는 분배금 중 출자비율에 따른 아래 불산입률의 금액은 익금불산입한다. 다만, 차입금의 이자가 있는 경우에는 당해 차입금 이자 중 출자가액 적수가 자산총액 적수에서 차지하는 비율의 이자에 익금불산입률을 곱한 금액을 차감한 금액으로 한다.

피출자법인에 대한 출자비율	익금불산입률
50퍼센트 이상	100퍼센트
20퍼센트 이상 50퍼센트 미만	80퍼센트
20퍼센트 미만	30퍼센트

그리고, 내국법인이 직접 의결권 있는 발행주식총수 또는 출자총액의 10%(해외자원개발사업을 하는 경우에는 5%) 이상을 배당기준일 현재 6개월 이상 계속하여 보유하고 있는 외국 자회사로부터 받는 수입배당금은 당해 금액의 95%를 익금불산입한다.

② 손금 항목

ⅰ) 대손금의 손금불산입(법인세법 제19조의2)

채무자의 파산 또는 소멸시효 완성 등으로 회수할 수 없는 채권 등은 그 사유에 따라 해당 사유가 발생한 날 또는 해당 사유가 발생하여 손비로 계상한 날이 속하는 사업연도의 소득금액을 계산할 때, 이를 대손금으로 하여 손금에 계산한다. 다만, 채무보증으로 인하여 발생한 구상채권, 특수관계인에 대한 업무무관 가지급금 등에는 이를 적용하지 아니한다. 만약 손금에 산입한 대손금 중 회수되는 금액은 그 회수한 날이 속하는 사업연도의 익금으로 처리한다.

ⅱ) 감가상각비의 손금불산입(법인세법 제23조)

법인이 토지를 제외한 건물, 차량, 기계 등의 유형자산과 영업권, 특허권, 광업권 등의 무형자산과 같은 감가상각 대상 자산을 취득한 경우, 당해 감가상각자산 취득가액은 내용연수 기간 동안 감가상각을 통하여 비용화한다. 다만, 법인세법은 법인이 결산 시 감가상각비로 계상한 경우에 한하여 상각범위액 내에서만 손비로 인정한다.

감가상각 범위액은 법인세법 시행규칙 별표에서 정하는 기준내용연수에 개별자산별로 아래 각 상각방법 중 납세지 관할세무서장에게 신고한 방법에 의하여 계산한 금액으로 한다.

- 건축물과 무형자산 : 정액법
- 건축물 외의 유형자산 : 정률법 또는 정액법(무신고 시 정률법)
- 광업권 또는 폐기물매립시설 : 생산량비례법 또는 정액법(무신고 시 생산량비례법)
- 광업용유형자산 : 생산량비례법·정률법 또는 정액법(무신고 시 생산량비례법)
- 개발비 : 20년 이내 신고내용연수(무신고 시 5년 동안 매년 균등액)
- 사용수익기부자산 : 사용수익기간에 따라 균등하게 안분 계산
- 주파수이용권, 공항시설관리권 및 항만시설관리권 : 주무관청에 고시 또는 등록 기간 내 균등 상각

ⅲ) 기부금의 손금불산입(법인세법 제24조)

기부금은 법인의 사업과 직접적인 관계없이 무상으로 지출하는 금액으로, 특수관계인 외의 자에게 정당한 사유 없이 자산을 정상가액*보다 저가로 양도하거나 고가로 매입하는 거래를 통해 실질적으로 증여한 것으로 인정되는 금액을 포함한다. 기부금은 각 사업연도 소득금액

계산 시 기부받는 단체에 따라 분류한 아래 한도 내에서 손금산입하고 그 초과액은 손금불산입한다.

* 정상가액 : 시가의 100분의 30을 가감한 범위 내의 가액임.

구분	손금한도	기부받는 단체
특례기부금	〈기준 소득금액 - 결손금〉 × 50%	〈법령에 의한 단체〉 • 국가 · 지자체 기증 금품, 국방헌금, 국군장병 위문금품, 천재지변으로 생기는 이재민 구호금품 • 사립학교 · 비영리교육재단 · 기능대학 · 원격대학 · 산학협력단 · 외국교육기관 등에 대한 시설비 · 교육비 · 연구비 · 장학금 • 국립대병원 · 서울대병원 · 사립학교병원 · 대한적십자병원 · 국립암센터 · 지방의료원 등에 대한 시설비 · 교육비 · 연구비 〈지정에 의한 단체(고시)〉 • 한국학교 • 전문모금기관
일반기부금	〈기준 소득금액 - 결손금〉 × 10% (사회적 기업 20%)	〈법령에 의한 단체〉 • 사회복지 · 종교 · 의료법인 • 어린이집, 유치원, 초 · 중 · 고 · 대학교 • 학교등의 장이 추천한 개인의 교육비 등 • 공익신탁으로 신탁하는 기부금 • 사회복지시설 중 무료 · 실비로 이용하는 시설 〈지정에 의한 단체(고시)〉 • 비영리법인, 비영리외국법인, 사회적협동조합, 공공기관, 법률에 따라 직접 설립 또는 등록된 기관 • 사회복지 · 문화 · 예술 · 교육 · 자선 · 학술 등 공익목적 기부금 • 국제기구
비지정기부금	손금 불인정	위 외의 기부금

iv) 기업업무추진비의 손금불산입(법인세법 제25조)

법인세법은 기업업무추진비를 접대, 교제, 사례 또는 그 밖에 어떠한 명목이든 상관없이 이와 유사한 목적으로 지출한 비용으로 직접 또는 간접으로 업무와 관련이 있는 자와 업무를 원활하게 진행하기 위하여 지출한 금액으로 정의하고, 아래 기본 한도와 수입금액별 한도를 합산한 한도금액 내에서 손금산입하되, 그 초과액은 손금에 산입하지 않는다.

| 기업업무추진비 한도 |

구 분	기업업무추진비 한도액(①+②)	
기본 한도(①)	1,200만원(중소기업 3,600만원)×해당 사업연도 월수/12	
수입금액 기준 한도(②)	100억원 이하	0.3%
	100억원 초과 500억원 이하	3천만원+(수입금액-100억원)×0.2%
	500억원 초과	1억1천만원+(수입금액-500억원)×0.03%

* 단, 부동산임대업을 주업으로 하는 등의 일정 요건에 해당하는 법인은 한도액 합계의 50% 적용

다만, 국외 지역 또는 농어민에 대한 지출 등을 제외하고, 1회에 3만원(경조사비는 20만원)을 초과하여 지출하는 기업업무추진비는 신용카드 등*을 사용하여 지출한 경우에만 손금으로 인정한다.

* 여신전문금융업법에 의한 신용카드·직불카드, 계산서 또는 세금계산서 등, 조세특례제한법에 의한 기명식선불카드·직불전자지급수단·기명식선불전자지급수단·기명식전자화폐·현금영수증

2025년 12월 31일까지 문화비로 지출한 기업업무추진비에 대해서는 특례를 두어 기업업무추진비 한도액의 20% 내에서 문화비로 지출한 기업업무추진비를 추가로 손금 인정한다(조특법 제136조).

v) **업무와 관련 없는 비용의 손금불산입**(법인세법 제27조)

법인의 업무와 직접 관련이 없다고 인정되는 업무 무관 부동산이나 동산 등(서화·골동품·자동차·선박 등)을 취득·관리함으로써 생기는 비용과 법인의 업무와 직접 관련이 없다고 인정되는 지출 금액 등의 비용은 각 사업연도 소득금액 계산 시 손금으로 산입하지 아니한다.

업무 무관 부동산은 취득 후 법인의 고유업무에 직접 사용하지 않는 부동산(유예기간에 있는 부동산 예외)과 유예기간 내에 양도하는 부동산(부동산매매업 주업법인 제외)을 말한다.

* 유예기간 : 건축물 또는 시설물 신축용 토지 및 주업이 부동산매매업인 법인의 매매용 부동산 : 5년, 기타 : 2년

업무 무관 동산이란 서화·골동품 등과 법인의 업무에 직접 사용하지 않는 자동차, 선박 및 항공기 등을 말하는데, 장식이나 환경미화 등에 사용하기 위해 사무실·복도 등 여러 사람이 볼 수 있는 공간에 상시 비치하는 서화 및 골동품은 업무 관련 자산으로 본다.

또한, 업무와 관련이 없는 지출이란 아래와 같은 지출 금액 등을 말한다.

- 해당 법인이 직접 사용하지 않고 다른 사람이 주로 사용하는 건축물 또는 물건의 유지비·관리비
- 소액주주를 제외한 주주 등인 임원 또는 그 친족이 사용하는 사택 유지비 등

- 업무 무관 부동산을 취득하기 위하여 지출한 자금의 차입비용
- 뇌물에 해당하는 금전 또는 금전 외 자산과 경제적 이익 합계액
- 「노동조합 및 노동관계조정법」 제24조 제2항 및 제4항의 노동조합 종사자의 근로시간면제 조건을 위반하여 지급하는 급여

vi) 업무용 승용차 관련 비용의 손금불산입 등(법인세법 제27조의2)

법인이 소유·임차한 자동차로서 개별소비세 부과 대상 승용자동차인 업무용 승용차를 취득하거나 임차함에 따라 해당 사업연도에 발생하는 감가상각비, 임차료, 유류비 등의 업무용승용차 관련 비용 중 업무용 사용 금액에 해당하지 아니하는 금액은 해당 사업연도의 소득금액을 계산할 때 손금에 산입하지 아니하고, 업무용 사용 금액은 아래 방법에 따라 손금산입한다. 다만, 법인의 업무용 승용차 전용 자동차등록번호판을 부착하지 않은 차량의 업무용 사용 금액은 영(0)원으로 한다.

- 승용차 관련 비용이 연간 1,500만원 이하인 경우
  - 운행기록 작성 없이 전액 비용 인정
  - 업무 전용 자동차보험 가입* 필요

  * 임대차 계약기간이 30일 이내인 렌터카로서 임직원 등을 운전자로 한정하는 임대차 특약을 체결한 경우, 업무 전용 자동차보험에 가입한 것으로 간주
- 승용차 관련 비용이 연간 1,500만원을 초과하는 경우
  - 업무 전용 자동차보험 가입 시에 1,500만원보다 비용 공제를 더 받으려면 운행기록 작성 필요
  - 업무용 사용 비율에 따라 비용 인정

다만, 업무용 승용차별 사용 금액 중에 감가상각비와 임차료 중 감가상각비 상당액에 해당하는 금액이 연간 800만원을 초과하거나, 업무용 승용차 처분 손실이 업무용 승용차별로 800만원을 초과하는 경우, 그 초과액은 이월하여 손금에 산입한다(부동산임대업 법인 등은 400만원).

이러한 업무용 승용차에 대해 법인세법은 내용연수는 5년, 상각방법은 정액법을 적용하여 감가상각하도록 의무화하고 있다(법인세법 시행령 제52조의2).

③ 준비금 및 충당금의 손금산입

ⅰ) 퇴직급여충당금의 손금산입(법인세법 제33조)

법인은 퇴직하는 근로자에게 퇴직급여를 지급하여야 하고, 이를 위하여 퇴직금제도, 확정급여형 퇴직연금제도, 확정기여형 퇴직연금제도 또는 중소기업 퇴직연금제도 중 하나

이상의 제도를 설정하여야 한다(근로자퇴직급여보장법 제4조 제1항).

기업회계기준은 회계연도 말 현재 전 임직원이 일시에 퇴직할 경우, 지급하여야 할 퇴직금에 상당하는 금액을 퇴직급여충당부채로 계상하도록 하고 있고, 법인세법은 법인이 각 사업연도의 결산을 확정할 때 임직원의 퇴직급여에 충당하기 위하여 퇴직급여충당금을 손비로 계상한 경우, 아래 금액의 범위 내에서 계상한 퇴직급여충당금을 해당 사업연도의 소득금액을 계산할 때 손금에 산입하도록 하고 있다. 그런데, 2016년 이후에는 퇴직금추계액의 누적액 한도가 0%여서 실질적으로 퇴직급여충당금 손금산입 한도는 0원이 되므로, 사외적립제도인 퇴직연금 등의 가입을 통해 법인이 실제로 불입한 금액을 추가적으로 손금에 산입하도록 하고 있다.

- 설정 한도 : 다음 중 적은 금액
  - 각 사업연도 한도 : 임원 또는 직원에게 지급한 총급여액의 5%
  - 누적한도 : [사업연도 종료일 현재 퇴직금 추계액의 0%('16년 귀속 이후) - 세법상 퇴직급여 충당금 이월잔액 + 퇴직전환금 기말잔액]

퇴직급여충당금을 이렇게 손금에 산입한 법인이 임원이나 직원에게 퇴직금을 지급하는 경우에는 그 퇴직급여충당금에서 먼저 지급한 것으로 본다.

㉠ 퇴직급여의 손금불산입(법인세법 시행령 제44조)

법인이 임원 또는 직원에게 지급하는 퇴직급여는 임원 또는 직원이 현실적으로 퇴직하는 경우 지급하는 것에 한하여 손금에 산입한다. 다만, 임원의 퇴직급여는 아래 금액을 한도로 하며 그 초과액은 손금불산입한다.

- 정관에 퇴직급여로 지급할 금액을 정한 경우 : 정관에 정한 금액
- 정관에 퇴직급여로 지급할 금액을 정하지 않은 경우 : 1년간 총급여액 × 1/10 × 근속연수

㉡ 퇴직보험료 등의 손금불산입(법인세법 시행령 제44조의2)

법인이 임원 또는 직원의 퇴직을 퇴직급여의 지급 사유로 하고 임원 또는 직원을 수급자로 하는 퇴직연금 등의 부담금으로서 지출하는 금액은 원칙적으로 해당 사업연도의 소득금액 계산에 있어서 이를 손금에 산입한다. 즉, 퇴직연금 등으로 지출하는 금액 중 확정기여형 퇴직연금의 부담금과 중소기업 퇴직연금기금제도, 개인형 퇴직연금제도 및 「과학기술인공제회법」에 따른 퇴직연금 중 확정기여형 퇴직연금에 해당하는 것의 부담금은 전액 손금에 산입하고, 확정급여형 퇴직연금의 불입액은 아래 기준에 따라 손금에 산입한다. 다만, 임원에 대한 부담금은 법인이 퇴직 시까지 부담한 부담금의 합계액을 퇴직급여로 보아 퇴직급여 한도를 적용한다.

- 확정기여형 퇴직연금(DC형)의 부담금 : 전액 손금산입
- 확정급여형 퇴직연금(DB형)의 부담금 : ㉮과 ㉯의 중 큰 금액에서 ㉰을 차감한 금액 한도 손금산입

㉮ 임원 또는 직원이 전원 퇴직할 경우의 퇴직급여 추계액에서 퇴직급여충당금을 공제한 금액에 상당하는 연금에 대한 부담금

㉯ 근로자퇴직급여보장법에 따른 보험수리적 기준에 따른 퇴직급여 추계액에서 퇴직급여충당금을 공제한 금액에 상당하는 연금에 대한 부담금

㉰ 직전 사업연도 종료일까지 지급한 부담금

ⅱ) 대손충당금의 손금산입(법인세법 제34조)

법인이 각 사업연도의 결산을 확정할 때 외상매출금, 대여금 및 그 밖에 이에 준하는 채권의 대손에 충당하기 위하여 대손충당금을 손비로 계상한 경우, 아래 한도 내에서 계상한 대손충당금을 해당 사업연도의 소득금액을 계산할 때 손금에 산입한다.

- 설정대상 채권 : 외상매출금, 대여금, 기타 이에 준하는 채권으로 하고, 특수관계자 가지급금 등은 제외
- 설정한도 : 다음 중 큰 금액

㉮ 채권잔액 × 1%

㉯ 채권잔액 × 대손 실적률*

    * 해당 사업연도 대손금/전기말 채권잔액

다만, 법인세법 시행령 제61조 제2항에서 정하는 금융회사 등은 금융위원회 또는 행정안전부가 기획재정부장관과 협의하여 정하는 대손충당금 적립 기준에 따라 적립하여야 하는 금액과 위 두 개의 산식에 의한 설정 한도 중 큰 금액으로 한다.

④ 부당행위계산의 부인(법인세법 제52조)

부당행위계산의 부인 규정은 법인의 행위 또는 소득금액의 계산이 특수관계인과의 거래로 인하여 법인의 소득에 대한 조세의 부담을 부당하게 감소시킨 것으로 인정되는 경우에 그 소득금액을 다시 계산하여 과세하는 제도로서, 건전한 사회 통념 및 상거래 관행과 특수관계인이 아닌 자 간의 정상적인 거래에서 적용되거나 적용될 것으로 판단되는 가격·요율·이자율·임대료 및 교환 비율과 그밖에 이에 준하는 시가를 기준으로 판단한다.

즉, 거주자가 특수관계자와 거래하면서 시가를 초과하여 고가로 취득하거나, 시가에 미달하게 저가로 양도하여 조세의 부담을 부당히 감소시킨 것으로 인정되는 때에는 거주자의 행위나

계산을 부인하고 그 취득가액 또는 양도가액을 시가에 의하여 계산하는 것으로, 고가 또는 저가의 판단은 시가와 거래가액의 차액이 3억원 이상이거나 시가의 5% 이상인 경우로 한다.

- 특수관계자의 범위(법인세법 시행령 제2조 제8항)
  - 사실상 영향력 행사자와 그 친족
  - 주주 등과 그 친족, 임원, 직원
  - 계열회사 및 그 임직원 등
- 부당행위의 유형
  - 자산을 시가보다 높거나 낮은 가액으로 거래하는 경우
  - 금전을 무상 또는 저리로 대부하는 경우
  - 자산·용역을 무상 또는 저리로 제공·임대하는 경우 등

⑤ 이월결손금

각 사업연도의 손금 총액이 익금 총액을 초과하는 경우 당해 초과액을 각 사업연도의 결손금이라 하며, 아래 기한 내에 과세표준 계산 시 각 사업연도 소득에서 공제한다.

발생연도	공제대상 결손금
2020. 1. 1. 이후 개시한 사업연도	당해 사업연도 개시일 전 15년
2019.12.31. 이전 개시한 사업연도	당해 사업연도 개시일 전 10년
2008.12.31. 이전 개시한 사업연도	당해 사업연도 개시일 전 5년

그런데, 법인세법은 각 사업연도 소득에서 공제할 수 있는 이월결손금의 한도를 정하고 있는데, 조특법 제6조 제1항에 따른 중소기업과 법인세법 시행령 제10조 제1항의 회생계획을 이행 중인 기업 등은 각 사업연도 소득의 100%, 이를 제외한 내국법인과 과세표준 신고의무가 있는 외국법인은 각 사업연도 소득의 80%를 한도로 한다(법인세법 제13조).

(3) 법인세 신고 및 납부

납세의무가 있는 법인은 각 사업연도의 종료일이 속하는 달의 말일부터 3개월 이내에 그 사업연도의 소득에 대한 법인세의 과세표준과 세액을 납세지 관할 세무서장에게 신고하고, 납부서를 작성하여 은행 또는 우체국 등에 납부하여야 한다.

결산월	법정신고기한	제출서류
12월 결산법인	3월 31일	• 법인세 과세표준 및 세액신고서 • 재무상태표 • 포괄손익계산서 • 이익잉여금처분계산서(결손금처리계산서) • 세무조정계산서 • 세무조정계산서 부속서류 및 현금흐름표
3월 결산법인	6월 30일	
6월 결산법인	9월 30일	
9월 결산법인	12월 31일	

납부할 법인세액이 1천만원을 초과하는 경우에는 아래의 금액을 납부기한이 지난 날부터 1개월(중소기업은 2개월) 이내에 분납할 수 있다.

- 납부할 세액이 2천만원 이하 : 1천만원 초과 금액
- 납부할 세액이 2천만원 초과 : 그 세액의 50% 이하의 금액

3) 소득세법 주요 내용

소득세는 개인의 소득에 대하여 그 소득의 성격과 납세자의 부담 능력 등에 따라 부과하는 세금으로써, 열거주의와 종합과세, 분리과세 및 분류과세와 같은 고유의 기본적 특성을 가진다. 이러한 특성을 기초로 종합과세제도와 양도소득 및 퇴직소득 제도로 나누어 간단히 알아본다.

(1) 소득세법의 기본적 특성

가. 열거주의 방식

과세소득을 규정하는 방식에는 열거주의와 포괄주의가 있는데, 열거주의는 법률에서 과세 대상으로 열거된 소득에 한정해서 과세하는 방식이고, 포괄주의는 포괄적인 정의에 의한 규정으로 과세하는 방식인데, 우리 법인세법이 포괄주의로 과세 범위를 정한다.

하지만, 우리 소득세법은 포괄주의(미국, 일본 등)가 아닌 열거주의(한국, 영국, 독일 등)를 채택하고 있는데, 현행 소득세법에서 규정하는 과세 대상은 아래 8개 소득이다.

| 소득세법상 소득의 종류 |

소득의 종류	내 용
이자소득	금전 사용에 대한 대가의 성격(소득세법 제16조)
배당소득	주식 또는 출자금에 대한 이익의 분배 성격(소득세법 제17조)

소득의 종류	내 용
사업소득	영리를 목적으로 자기의 계산과 책임하에 행하는 계속적·반복적 활동에서 발생하는 소득(소득세법 제19조)
근로소득	근로계약에 의한 비독립적 지위에서 근로를 제공하고 받는 봉급, 급료, 보수, 임금, 상여, 수당 등(소득세법 제20조)
연금소득	국민연금 등의 공적연금소득과 연금저축 및 퇴직연금 등의 사적연금소득 (소득세법 제20조의3)
기타소득	이자·배당·사업·근로·연금·퇴직 및 양도소득 외의 소득(소득세법 제21조)
퇴직소득	현실적인 퇴직을 원인으로 지급받는 소득과 국민연금 반환일시금(소득세법 제22조)
양도소득	과세 대상 자산을 유상으로 이전함으로써 얻는 소득(소득세법 제94조)

나. 종합과세와 분류과세 및 분리과세

소득세는 그 과세 방식에 따라 종합과세와 분류과세, 그리고 분리과세로 구분한다.

과세 방식	내 용	소득 종류
종합과세	소득의 원천이나 종류에 관계없이 모든 소득을 종합하여 누진세율에 따라 과세	연간 2천만원을 초과하는 이자소득과 배당소득의 합계액, 사업소득, 근로소득, 연금소득, 기타소득
분류과세	소득을 각 발생 원천별로 분류하고 단일 또는 복수의 비례세율을 적용하여 과세	퇴직소득, 양도소득
분리과세	종합과세하는 소득을 지급받을 때, 그 원천에 따라 일정률의 원천징수로 그 납세의무를 종결하고, 종합소득 신고 시 합산하지 않는 소득	소득세법 및 조세특례제한법 등에서 그 대상을 세부적으로 열거

(2) 종합소득 과세

종합소득은 소득의 원천이나 종류와 관계없이 모든 소득을 종합하여 누진세율에 따라 과세하는 소득으로, 연간 2천만원을 초과하는 이자소득과 배당소득의 합계액, 사업소득, 근로소득, 연금소득 및 기타소득 등이 종합소득으로 과세되는데, 그 과세체계를 보면 아래와 같이 요약할 수 있다.

계 산 절 차	
종합소득	연 2천만원 초과 이자·배당소득 합계, 사업소득, 근로소득, 연금소득, 기타소득(소득금액 3백만원 이하 시 분리과세 선택 가능)
종합소득금액	• 이자·배당소득금액 : 총수입금액＝소득금액 • 사업소득금액 : 총수입금액 － 필요경비 • 근로소득금액 : 총급여 － 근로소득공제 • 연금소득금액 : 총연금액 － 연금소득공제 • 기타소득금액 : 총수입금액 － 필요경비

(－)종합소득공제	• 기본공제 : 1인당 연 150만원
	• 추가공제 : 경로우대 100만원, 장애인 200만원, 부녀자 50만원, 한부모 100만원
	• 연금보험료 공제 : 공적 연금 개인부담금
	• 주택담보 노후연금 이자비용 공제 : 200만원 한도
	• 특별소득공제(근로자)
	  ① 사회보험 보험료(건강보험료, 고용보험료 등) 개인부담금
	  ② 주택자금공제(주택임차 차입금의 원리금 상환액의 40%, 장기주택 저당 차입금 이자 상환액)
	• 그 밖의 소득공제
	  ① 소기업·소상공인 공제부금 공제(200만원~600만원)
	  ② 주택청약종합저축 공제(납입금액의 40%, 300만원 한도)
	  ③ 신용카드 등 사용금액 공제 : 총급여액의 25%를 초과하는 금액의 15~40% 공제(연간 한도 이내)
	  ④ 우리사주조합 출연금(연 400만원) 등

과세표준	종합소득금액에서 종합소득공제 차감
(×) 세율	• 1천 4백만원 이하 : 6% • 1천 4백만원 초과 5천만원 이하분 : 15% • 5천만원 초과 8천 8백만원 이하분 : 24% • 8천 8백만원 초과 1억 5천만원 이하분 : 35% • 1억 5천만원 초과 3억원 이하분 : 38% • 3억원 초과 5억원 이하분 : 40% • 5억원 초과 10억원 이하분 : 42% • 10억원 초과분 : 45%
산출세액	과세표준에 구간별 세율적용
(－) 세액공제·세액감면	• 근로소득세액공제 : 산출세액 130만원 이하분 55%, 초과분 30% 공제(총 급여액에 따라 74만원, 66만원, 50만원, 20만원의 한도 적용)

계 산 절 차	
	• 자녀세액공제 : ① 1명 연 25만원, 2명 연 55만원, 3명 이상 연 〈55만원+ 2명 초과 1인당 40만원〉, ② 첫째 출산입양 연 30만원, 둘째 출산입양 연 60만원, 셋째 이상 출산입양 연 70만원
	• 특별세액공제
	① 보험료 : 100만원 한도. 12%(장애인전용 추가 15%)
	② 의료비 : 총급여액의 3% 초과 금액 700만원(장애인 등 한도 없음) 한도. 15%(미숙아 등 20%, 난임시술 30%)
	③ 교육비 : 본인 교육비 전액, 취학전 · 초중고생 1인당 연 300만원, 대학생 1인당 연 900만원. 15%
	④ 기부금 : 기부처별 근로소득금액의 10~100% 한도. 15% (1천만원 초과분 30%)
	⑤ 표준세액공제 : 연 13만원(근로소득 없는 종합소득 성실 사업자 12만원, 그 외 7만원)
	• 월세액세액공제 : 월세액의 15% 또는 17%
(+) 가산세	무신고 가산세, 납부지연 가산세, 증빙불비 가산세 등
총결정세액	산출세액에 세액공제 · 세액감면을 차감하고 가산세 가산
기납부세액	• 원천징수세액 • 중간예납세액 • 수시부과세액
납부할세액	총결정세액에서 기납부세액을 차감

(3) 양도소득 과세

양도소득이란 개인이 양도소득세 과세 대상 자산을 양도함으로 인하여 얻는 소득으로, 여기서 양도란 자산에 대한 등기 · 등록에 관계없이 매도 · 교환 또는 법인에 대한 현물출자 등으로 인하여 그 자산이 유상으로 사실상 이전되는 것을 말한다. 다만, 부동산매매업자 등이 사업적으로 행해지는 부동산 등을 판매하여 발생하는 소득은 사업소득으로 분류한다.

가. 양도소득세 과세 대상(소득세법 제94조)

소득세법은 아래의 자산으로부터 발생하는 소득을 양도소득세 과세 대상으로 규정한다.

① 토지와 건물

토지는 지적법에 따라 지적공부에 등록하여야 할 지목에 해당하는 것을 말하고, 건물은 그 부속 시설물과 구축물을 포함한다.

② 부동산에 관한 권리

부동산을 취득할 수 있는 권리, 지상권, 전세권과 등기된 부동산임차권

③ 주식 또는 출자지분

ⅰ) 주권상장법인 주식 등의 대주주 양도분 및 장외 양도

직전 사업연도 종료일 현재 지분율 1% 이상(코스닥 주식 2%, 코넥스 주식 4%) 또는 시가총액 50억원 이상 등의 요건을 충족하는 대주주가 양도하는 주식과 장외 거래하는 주식

ⅱ) 주권비상장법인의 주식 등

주권 비상장법인의 주식 등의 양도는 대주주 여부와 관계없이 과세. 다만, 한국금융투자협회가 설립한 K-OTC 시장에서 거래되는 중소기업 및 중견기업 주식으로서, 직전 사업연도 종료일 현재 대주주(지분율 4% 이상 또는 시가총액 50억원 이상)가 아닌 주주의 양도는 제외한다.

ⅲ) 외국법인이 발행하였거나 외국에 있는 시장에 상장된 주식 등

외국법인이 발행한 주식으로 국내 증권시장에서 양도하는 주식 등은 제외하며, 외국에 있는 시장에 상장된 주식 등은 내국법인이 외국 증권시장에 상장한 주식 등을 말한다.

④ 기타자산

ⅰ) 사업에 사용하는 토지, 건물 또는 부동산에 관한 권리와 함께 양도하는 영업권

ⅱ) 특정 시설물 이용권, 회원권 등

이용권, 회원권, 그 밖에 그 명칭에 관계없이 시설물을 배타적으로 이용하거나 일반이용자에 비하여 유리한 조건으로 이용할 수 있도록 약정한 단체의 일원이 된 자에게 부여되는 시설물 이용권을 말하는 것으로, 골프장 회원권, 콘도미니엄 회원권, 종합체육시설 회원권 등이 있다.

ⅲ) 특정주식 등

해당 법인의 자산총액 중 토지, 건물 및 부동산에 관한 권리의 가액과 해당 법인이 직·간접으로 보유한 다른 법인의 주식 가액에 다른 법인의 부동산 등 보유 비율을 곱하여 산출한 가액의 합계액이 차지하는 비율이 50% 이상이고, 해당 법인의 주식 합계액 중 주주(출자자 포함) 1인과 기타주주(주주 또는 출자자 1인과 특수관계에 있는 자)가 소유하는 주식 합계액이 50%를 초과하는 과점주주가 해당 법인의 주식을 과점주주 외의 자에게 3년간 누계 기준으로 50% 이상 양도하는 경우, 당해 주식의 양도는 양도소득세 과세 대상으로 한다.

iv) 부동산 과다 보유 법인의 주식

골프장, 스키장, 휴양콘도미니엄 또는 전문휴양시설을 건설 또는 취득하여 직접 경영하거나 분양 또는 임대하는 사업을 영위하는 법인 중 토지, 건물 및 부동산에 관한 권리의 가액과 해당 법인이 직·간접으로 보유한 다른 법인의 주식 가액에 다른 법인의 부동산 등 보유 비율을 곱하여 산출한 가액의 합계액이 차지하는 비율이 자산총액의 80% 이상인 법인의 주식으로서, 해당 법인의 주식을 단 1주라도 보유하다가 양도해도 양도소득세 과세 대상에 해당한다.

v) 이축권

토지, 건물과 함께 양도하는 이축을 할 수 있는 권리의 양도는 양도소득세 과세 대상에 해당한다. 다만, 감정평가를 통해 별도로 평가하여 신고하는 경우는 제외한다.

⑤ 파생상품 등

ⅰ) 국내 모든 주가지수 관련 파생상품의 양도로 발생하는 소득

ⅱ) 해외 파생상품시장에서 거래되는 파생상품 및 주가지수 관련 장외파생상품의 양도로 발생하는 소득

ⅲ) 차액결제거래(Contract For Difference) : 기초자산의 가격(국내외 주식, 지수 등)과 연계하여 계약체결 당시 약정가격과 계약에 따른 약정을 소멸시키는 반대거래 약정가격 간의 차액을 현금으로 결제하고 계약 종료 시점을 미리 정하지 않고 일방의 의사표시로 계약이 종료되는 상품

ⅳ) 파생결합증권 중 주가지수 주식워런트증권(ELW)

⑥ 신탁의 이익을 받을 권리

자본시장법에 따른 수익증권 및 투자신탁의 수익권 등의 수익권(이하 "신탁 수익권")은 제외하며, 신탁 수익권의 양도를 통하여 신탁재산에 대한 지배·통제권이 사실상 이전되는 경우는 신탁재산 자체의 양도로 본다.

나. 양도 또는 취득의 시기(소득세법 제98조)

양도소득세 과세 대상 자산의 양도 또는 취득 시기는 원칙적으로 해당 자산의 대금을 청산한 날로 한다. 다만, 대금 청산일이 불분명한 경우 등기부·등록부 또는 명부 등에 기재된 등기·등록접수일 또는 명의개서일로 하며, 대금 청산 전에 소유권이전등기(등록 및 명의개서 포함)를 한 경우에는 등기부·등록부 또는 명부 등에 기재된 등기접수일로 한다.

소득세법에서 정하고 있는 주요 취득 시기는 아래와 같이 정리해 볼 수 있다.

① 장기할부조건으로 매매하는 경우

소유권 이전 등기(등록 및 명의개서 포함) 접수일, 인도일 또는 사용수익일 중 빠른 날

② 자기가 건설한 건축물의 취득 시기

사용승인서 교부일. 그러나 사용승인서 교부일 전에 사실상 사용하거나 임시 사용 승인을 받은 경우에는 그 사실상의 사용일 또는 임시 사용 승인일 중 빠른 날. 건축허가를 받지 않고 건축하는 건축물에 있어서는 그 사실상의 사용일

③ 상속 또는 증여에 따라 취득한 자산의 취득 시기

그 상속이 개시된 날 또는 증여를 받은 날

④ 민법 제245조 제1항의 규정에 의하여 점유 취득한 경우

당해 부동산의 점유를 개시한 날

⑤ 공익사업을 위하여 수용되는 경우

대금을 청산한 날, 수용의 개시일 또는 소유권 이전 등기 접수일 중 빠른 날

⑥ 완성 또는 확정되지 아니한 자산을 취득 또는 양도한 경우

당해 자산의 대금을 청산한 날까지 그 목적물이 완성 또는 확정되지 아니한 경우에는 그 목적물이 완성 또는 확정된 날

⑦ 「도시개발법」 또는 그 밖의 법률에 의한 환지처분으로 인하여 취득한 토지의 취득 시기

환지 전의 토지의 취득일. 다만, 교부받은 토지의 면적이 환지처분에 의한 권리 면적보다 증가 또는 감소된 경우에는 그 증가 또는 감소된 면적의 토지에 대한 취득 시기 또는 양도 시기는 환지처분의 공고가 있은 날의 다음 날

⑧ 의제취득시기

ⅰ) 양도소득세 과세 대상 자산 중 토지, 건물, 부동산에 관한 권리 및 기타자산으로서, 1984년 12월 31일 이전에 취득한 것은 1985년 1월 1일에 취득한 것으로 본다.

ⅱ) 2001년 1월 1일 이후 양도하는 상장주식으로서, 1985년 12월 31일 이전에 취득한 것은 1986년 1월 1일에 취득한 것으로 본다.

다. 양도차익의 계산(소득세법 제97조)

양도차익은 양도가액에서 취득가액, 자본적 지출액, 양도비 등의 필요경비를 차감한 금액으로 한다. 만약, 양도 또는 취득 당시의 실지거래가액 확인을 위한 장부, 매매계약서, 영수증 등 증빙서류가 미비한 경우에는 실지거래가액을 확인할 수 없는 것으로 보아 매매사례가액, 감정가액, 환산취득가액, 기준시가 등으로 추계 결정한다.

① 취득가액

자산의 취득가액은 취득에 들어간 실지거래가액으로 한다. 다만, 실지거래가액을 확인할 수 없는 경우에는 매매사례가액, 감정가액 또는 환산취득가액을 순차적으로 적용한다.

ⅰ) 실지거래가액의 범위

타인으로부터 매입한 자산은 매입가액에 취득세·등록면허세 기타 부대비용을 가산한 금액으로 하고, 자기가 행한 제조·생산 또는 건설 등에 의하여 취득한 자산은 원재료비, 노무비, 운임, 하역비, 보험료, 수수료, 공과금(취득세, 등록면허세 포함), 설치비 및 기타 부대비용의 합계액으로 하되, 아래 금액을 취득가액에 가산한다.

- 장기할부조건 매입에 따른 현재가치할인차금, 면세 전용·폐업 시 잔존 재화의 부가가치세
- 취득에 관한 쟁송이 있는 자산의 소유권 등 확보를 위하여 직접 소요된 소송비용·화해비용
- 당사자 약정에 의한 대금 지급 방법에 따라 이자 상당액을 가산하여 거래가액을 확정하는 경우 그 이자 상당액
- 상속세나 증여세를 과세받은 경우 상속재산가액 또는 증여재산가액
- 특수관계법인으로부터 저가 양수 시 시가와의 차액을 소득처분(배당·상여 등)받은 경우 그 소득처분 금액(부당행위계산에 의한 고가매입 시 시가와의 차액은 차감)

ⅱ) 의제 취득일과 의제 취득가액(소득세법 시행령 제162조)

취득한 지 오래된 자산(상속·증여 자산 포함)의 경우 양도차익의 과다로 인한 세 부담을 완화하기 위하여 의제 취득일을 규정하고 있다. 1984년 이전에 취득한 부동산과 부동산에 관한 권리 및 기타자산의 경우에는 1985년 1월 1일을 취득일로 하고, 1985년 이전에 취득한 주식은 1986년 1월 1일을 취득일로 보는데, 의제 취득일 현재의 취득가액은 아래 둘의 가액 중 큰 것으로 한다.

- 의제 취득일 현재 매매사례가액, 감정가액, 환산취득가액을 순차적으로 적용한 가액
- 취득 당시 실지거래가액, 매매사례가액, 감정가액 × (1+의제 취득일 전일까지 물가상승률)

iii) 부담부증여 시 또는 특수한 경우의 주식거래 시 취득가액

부담부증여로 증여자의 채무를 수증자가 인수하는 경우, 증여가액 중 그 채무액에 해당하는 부분은 양도로 보아 양도소득을 계산한다(소득세법 제88조). 이때, 양도(취득)가액은 상증법에 따라 평가한 가액(실제 취득가액)에 당해 채무액이 증여가액에서 차지하는 비율을 곱한 금액으로 한다.

특수한 형태의 주식거래 시 취득가액은 아래와 같이 정한다.

특수한 사례 주식	취득가액	근거
주식매수선택권 행사 주식	주식매수선택권 행사 당시 시가	소득세법 시행령 제163조
무상감자 잔여 주식	무상감자 주식 취득에 소요된 실지거래가액	재산세제과-1495, 2004.11.10.
의제배당 취득 주식	의제배당 과세 주식 : 0원 의제배당 미과세 주식 : 액면가액	재산세과-723, 2009.4.10.
취득 시기가 다른 주식	양도자산의 취득 시기가 장부 등으로 확인되면 그 확인되는 날. 불분명 시 선입선출 의제	부동산납세과-535, 2014.7.29.

② 자본적 지출액과 양도비 등

자산의 양도 시 필요경비로 공제할 수 있는 자본적 지출이란 당해 자산의 내용연수를 연장시키거나 가치를 현실적으로 증가시키기 위하여 지출한 비용으로, 세금계산서, 카드전표 등의 적격 증명서류나 금융거래 증명으로 확인되는 경우를 말한다. 자본적 지출에는 아래 해당하는 비용을 포함한다(소득세법 시행령 제163조).

- 본래의 용도를 변경하기 위한 개조
- 엘리베이터 또는 냉난방장치의 설치
- 빌딩 등의 피난시설 등의 설치
- 재해 등으로 인하여 건물·기계·설비 등이 멸실 또는 훼손되어 당해 자산의 본래 용도로의 이용 가치가 없는 것의 복구
- 기타 개량·확장·증설 등 이와 유사한 성질의 것

또한, 양도와 관련하여 지급의무가 있거나 지출이 불가피한 아래 비용 등은 자산의 양도 시 필요경비로 공제할 수 있다.

- 증권거래세법에 따라 납부한 증권거래세
- 양도소득세 과세표준 신고서 작성 비용 및 계약서 작성 비용

- 공증 비용, 인지대 및 소개비
- 매매계약에 따른 인도 의무를 이행하기 위하여 양도자가 지출하는 명도비용
- 이와 비용과 유사한 비용으로서 기획재정부령으로 정하는 비용

라. 배우자 등 증여재산에 대한 이월과세(소득세법 제97조의2)

부동산 등을 배우자나 직계존비속 등에게 증여 후 양도하는 방법으로 취득 시기를 임의로 조정하여 양도소득세 부담을 회피하는 것을 방지하기 위하여, 소득세법은 배우자 또는 직계존비속 등으로부터 증여받은 재산을 양도할 때의 필요경비 계산 시 이월공제 규정을 두고 있다. 즉, 배우자 또는 직계존비속으로부터 아래 자산을 증여받은 후 증여일로부터 10년 이내(주식 등은 1년)에 타인에게 양도하는 경우, 증여받은 자산의 양도에 따른 양도차익 계산 시 증여 당시 가액을 공제하는 것이 아니라, 증여한 배우자 또는 직계존비속의 당초 취득가액을 이월하여 공제한다.

- 토지 또는 건물
- 이용권·회원권, 시설물 이용권 등
- 부동산을 취득할 수 있는 권리
- 주식 등(대주주 또는 장외 양도 상장주식, 비상장주식, 외국법인 발행 또는 외국시장 상장주식)

다만, 아래 사례 중 어느 하나에 해당하는 경우에는 이를 적용하지 아니하며, 납세의무자는 증여자가 아니라 증여재산을 양도한 수증자이다.

① 사업인정고시일부터 소급하여 2년 이전 증여받은 재산이 관련 법률에 따라 협의 매수·수용
② 이월과세 적용 시 1세대 1주택 또는 일시적 2주택에 해당하여 비과세되는 경우
③ 이월과세를 적용한 양도세 결정세액이 적용하지 않은 양도세 결정세액보다 적은 경우

마. 양도소득세율(소득세법 제104조)

구 분		양도소득세율
토지, 건물, 부동산에 관한 권리	보유기간, 등기 여부 등에 따라 세율 다르게 적용	기본세율(6%~45%)* 또는 40%~70%
기타자산	보유기간 무관 기본세율 적용	기본세율(6%~45%)**

구 분			양도소득세율
상장주식의 대주주 양도, 장외양도, 비상장주식 의 양도	대주주	1년 미만 보유 중소기업 외의 주식	30%
		위 외의 주식 과세표준 3억원 이하	20%
		위 외의 주식 과세표준 3억원 초과	6천만원+(3억원 초과분×25%)
	대주주가 아닌 경우	중소기업*** 주식	10%
		중소기업 주식이 아닌 경우	20%
파생상품 등			20%(탄력세율 10%)
신탁의 이익을 받을 권리		과세표준 3억원 이하	20%
		과세표준 3억원 초과	6천만원+(3억원 초과분×25%)

(지방소득세 별도)
   * 비사업용토지는 기본세율에 10% 추가 과세
  ** 부동산과다보유법인의 주식 양도 시 해당 법인 자산총액 중 비사업용토지의 가액이 50% 이상을 차지할 경우 10% 추가 과세(16%~55%)
*** 중소기업기본법 제2조에 따른 중소기업

바. 연금계좌 납입에 대한 양도소득세의 과세특례(조특법 제99조의14)

아래 요건을 모두 충족하는 거주자가 10년 이상 보유한 주택·토지·건물 등의 부동산을 2027년 12월 31일까지 양도하고, 그 양도일로부터 6개월 이내에 양도가액의 전부 또는 일부를 연금계좌에 납입하는 경우 연금계좌 납입액의 10%에 상당하는 금액을 해당 부동산의 양도소득 산출세액에서 당해 산출세액을 한도로 공제한다.

① 기초연금 수급자일 것
② 부동산 양도 시 부부 합산 1주택 또는 무주택자일 것

이렇게 양도소득세 공제를 받은 자가 연금계좌 납입일로부터 5년 내에 해당 연금계좌에서 연금외수령의 방식으로 인출 시 그 공제받은 세액을 양도소득세로 추징한다.

(4) 퇴직소득 과세

소득세법은 퇴직소득을 아래 발생한 소득의 합계액으로 규정한다.
① 공적 연금 관련법에 따라 받는 일시금(2002년 1월 1일 이후 기여분 등에 한함)
② 사용자 부담금을 기초로 하여 현실적인 퇴직을 원인으로 지급받는 소득
③ 퇴직소득 지연지급이자, 과학기술인공제회법에 의한 과학기술발전장려금, 건설근로자 퇴직공제금, 종교단체 종사자가 퇴직을 원인으로 받는 소득 등
④ 폐업 등의 사유로 지급받는 소기업·소상공인 공제금(조세특례제한법 제86조의3. '16년

이후 가입분부터)

가. 현실적인 퇴직의 범위(소득세법 기본통칙 22-0…1, 법인세법 기본통칙 26-44…1)

사용자 부담금을 기초로 하여 현실적인 퇴직을 원인으로 지급받는 소득은 퇴직소득에 해당한다. 다만, 현실적인 퇴직 사유가 발생하였으나 퇴직급여를 실제로 지급받지 않는 경우 퇴직으로 보지 않고, 현실적인 퇴직 사유에는 해당하지 않지만, 퇴직금 중간정산 사유에 해당하여 지급받는 퇴직금은 퇴직소득으로 본다(소득세법 시행령 제43조).

현실적인 퇴직에 해당하는 경우	현실적인 퇴직에 해당하지 않는 경우
* 현실적인 퇴직 사유가 발생하였으나 퇴직금 미수령 시 퇴직으로 보지 않는 경우 ① 종업원이 임원이 된 경우 ② 합병·분할 등 조직변경, 사업양도 또는 직·간접으로 출자 관계에 있는 법인으로의 전출 ③ 동일한 사업자가 경영하는 다른 사업장으로의 전출 ④ 법인의 상근임원이 비상근임원이 된 경우 ⑤ 비정규직 근로자(기간제근로자 또는 단시간 근로자)가 정규직 근로자로 전환된 경우 * 계속근로기간 중 미리 퇴직금을 수령하여 퇴직으로 보는 경우 ⑥ 근로자 퇴직급여보장법에 따른 퇴직금 중간 정산 사유에 해당하는 경우 ⑦ 근로자 퇴직급여보장법에 따라 퇴직연금제도가 폐지되는 경우 * 기타 ⑧ 법인의 직영차량 운전기사가 법인소속 지입 차량의 운전기사로 전직하는 경우 ⑨ 법인의 임원 또는 사용인이 사규에 의하여 정년퇴직을 한 후 다음 날 동 법인의 별정직 사원(촉탁)으로 채용된 경우 ⑩ 합병으로 소멸하는 피합병법인의 임원이 퇴직급여지급규정에 따라 퇴직급여를 실제로 지급받고 합병법인의 임원이 된 경우	① 임원이 연임된 경우 ② 법인의 대주주 변동으로 인하여 계산의 편의, 기타 사유로 전 근로자에게 퇴직금을 지급한 경우 ③ 기업의 제도·기타 사정 등을 이유로 퇴직금을 1년 기준으로 매년 지급하는 경우(퇴직금 중간 정산 사유에 해당하는 경우 제외) ④ 비거주자의 국내사업장 또는 외국법인의 국내 지점의 근로자가 본점(본국)으로 전출하는 경우 ⑤ 정부 또는 산업은행 관리기업체가 민영화됨에 따라 전 근로자의 사표를 일단 수리한 후 재채용한 경우 ⑥ 2 이상의 사업장이 있는 사용자의 근로자가 한 사업장에서 다른 사업장으로 전출하는 경우 ⑦ 퇴직급여를 중간정산하기로 하였으나 이를 실제로 지급하지 아니한 경우. 다만, 확정된 중간정산 퇴직급여를 회사의 자금 사정 등을 이유로 퇴직급여 전액을 일시에 지급하지 못 하고 노사 합의에 따라 일정 기간 분할하여 지급하기로 한 경우에는 그 최초 지급일이 속하는 사업연도의 손금에 산입한다.

나. 퇴직소득세의 원천징수와 과세이연

국내에서 퇴직소득을 지급하는 원천징수의무자는 퇴직소득세를 원천징수하여 그 징수일이 속하는 달의 다음 달 10일까지 납부하고, 그 지급일이 속하는 달의 다음 달 말일까지 퇴직소득을 지급받는 자에게 퇴직소득의 금액과 그 밖에 필요한 사항을 적은 원천징수 영수증을 발급하여야 한다.

다만, 거주자의 퇴직소득이 아래 하나에 해당하는 경우, 퇴직소득을 지급하더라도 해당 퇴직소득에 대한 소득세를 연금외수령하기 전까지는 원천징수하지 아니한다(소득세법 제146조).

① 퇴직일 현재 연금계좌에 있거나 연금계좌로 지급되는 경우

② 퇴직하여 지급받은 날부터 60일 이내에 연금계좌에 입금되는 경우

이렇게 원천징수 시기 이연에 따라 퇴직소득에 대한 소득세를 원천징수하지 아니한 때에는 원천징수영수증을 발급할 때 그 사유를 함께 적어 발급하여야 한다.

다. 퇴직소득의 지급시기 의제(소득세법 제147조)

퇴직소득을 지급하여야 할 원천징수의무자가 1월부터 11월 사이에 퇴직한 사람의 퇴직소득을 해당연도 12월 31일까지 지급하지 아니한 경우, 그 퇴직소득을 12월 31일에 지급한 것으로 보아 원천징수하고, 12월에 퇴직한 사람의 퇴직소득을 다음 연도 2월 말일까지 지급하지 아니한 경우에는 다음 연도 2월 말일에 지급한 것으로 보아 원천징수한다. 다만, 국민연금법에 따른 반환일시금 또는 사망일시금, 공무원연금법·군인연금법·사립학교 교직원연금법·별정우체국법에 따른 일시금은 본 지급시기 의제 규정을 적용하지 아니한다.

라. 퇴직소득세 계산구조

퇴직소득세 : [(퇴직소득 - ①)/근속연수 × 12 - ②] × 기본세율/12 × 근속연수

① 근속연수에 따른 다음의 금액

근속연수	공제액	근속연수	공제액
5년 이하	100만원×근속연수	5년 초과 10년 이하	500만원+200만원×(근속연수-5년)
10년 초과 20년 이하	1천500만원+250만원×(근속연수-10년)	20년 초과	4천만원+300만원×(근속연수-20년)

② 환산급여*에 따라 정한 다음의 금액

환산급여	공제액	환산급여	공제액
8백만원 이하	환산급여의 100%	8백만원 초과 7천만원 이하	8백만원+(8백만원 초과분의 60%)
7천만원 초과 1억원 이하	4천520만원+(7천만원 초과분의 55%)	1억원 초과 3억원 이하	6천170만원+(1억원 초과분의 45%)
3억원 초과	1억5천170만원+ (3억원 초과분의 35%)		

* 환산급여 : (퇴직급여 - ①의 금액)/근속연수 × 12

(5) 소득세 신고 및 납부

가. 종합소득 신고납부

당해연도의 종합소득 금액이 있는 거주자는 그 과세표준을 당해연도의 다음 연도 5월 1일부터 5월 31일까지 납세지 관할세무서장에게 신고하여야 한다. 다만, 성실신고확인서 제출사업자는 5월 1일부터 6월 30일까지 신고한다(소득세법 제70조).

① 신고방식

ⅰ) 장부기장에 의한 신고

사업소득자는 복식부기에 의한 장부기장을 하여 이를 근거로 과세표준과 세액을 신고납부하여야 하고, 무신고시에도 원칙적으로 장부를 근거로 결정한다. 다만, 직전 연도 수입금액의 합계액이 일정 규모 미만*인 소규모사업자의 경우에는 수입 및 지출 등에 관한 간단한 장부만을 기장·보관하고, 이를 근거로 간편장부 소득금액 계산서에 의하여 간편하게 신고할 수 있다(소득세법 제160조).

* 농업, 어업, 임업, 도·소매업 및 부동산매매업 등 : 3억원, 제조업·숙박 및 음식점업 등 : 1억5천만원, 부동산임대업 및 서비스업 등 : 7천5백만원

ⅱ) 추계방식에 의한 신고

과세표준 계산에 필요한 장부와 증빙서류가 없거나 그 중요 부분이 미비 또는 허위일 경우에는 기준경비율 및 단순경비율 등에 의하여 추계방식으로 신고 또는 결정한다.

② 확정신고 납부

과세표준에 대한 종합소득 산출세액에서 공제·감면세액과 기납부세액을 차감한 금액을 과세표준 확정신고 기한까지 자진납부한다. 이때, 납부할 세액이 1천만원을 초과하는 경우

납부기한 경과 후 2개월 이내에 아래와 같이 분납할 수 있다.

- 납부할 세액이 2천만원 이하 : 1천만원을 초과하는 금액
- 납부할 세액이 2천만원 초과 : 그 세액의 50% 이하의 금액

나. 양도소득 신고납부

① 예정신고납부

양도소득세 과세 대상 자산을 양도한 경우에는 양도일이 속하는 달의 말일부터 2월이 되는 날까지 양도차익에서 양도소득 기본공제[㉮부동산 등(부동산에 관한 권리 및 기타자산 포함), ㉯주식, ㉰파생상품, ㉱신탁의 이익을 받을 권리의 각 자산별 250만원]를 차감한 양도소득세 과세표준을 신고하고, 산출세액에서 감면세액을 차감한 세액을 납부하여야 한다. 다만, 국내 주식거래 시는 주식양도일이 속하는 반기의 말일부터 2개월 이내에 신고하여야 한다(소득세법 제106조).

② 확정신고납부

과세기간 중 양도소득이 있는 거주자는 다음 연도 5월 1일부터 5월 31일까지 양도소득 과세표준 확정신고를 하고 산출세액에서 감면세액을 차감한 세액을 납부하여야 하며, 예정신고를 이행한 경우에는 확정신고를 하지 않을 수 있으나, 누진세율이 적용되는 자산의 예정신고를 2회 이상 이행한 경우 등에는 확정신고를 하여야 한다(소득세법 제111조).

③ 분납

납부할 세액이 1천만원을 초과하는 경우에는 납부할 세액의 일부를 납부기한 경과 후 2개월 이내에 분할납부할 수 있다(소득세법 제112조).

- 납부할 세액이 2천만원 이하 : 1천만원을 초과하는 금액
- 납부할 세액이 2천만원 초과 : 그 세액의 50% 이하의 금액

4) 부가가치세법 주요 내용

부가가치세는 재화나 용역의 공급 또는 재화의 수입을 과세 대상으로 하여 각 거래 단계별로 창출된 부가가치에 대해 거래단계마다 사업자 또는 재화 수입자에게 부과하는 세금으로, 아래와 같은 세 가지 특징을 가진다.

① 일반 소비세

부가가치세는 재화나 용역의 소비에 대해 부과하는 일반 소비세이다.

② 단계별 과세 방식

부가가치세는 재화나 용역의 공급에 대해 창출되는 부가가치에 대해 각 거래 단계별로 과세하는 다단계 과세 방식이다. 이때 각 거래 단계별로 전 단계까지 이미 과세된 부가가치세를 공제하는 과세체계이기 때문에 실질적으로 최종소비자에게 부가가치세가 전가된다.

③ 간접세

부가가치세는 실제 최종소비자에게 전가되는 체계이므로 최종소지자가 담세자이지만, 법률상 사업자가 납세의무를 지는 간접세의 성격을 띤다.

(1) 과세 대상과 납세의무자

가. 과세 대상(부가가치세법 제4조)

① 재화의 공급

재화란 재산 가치가 있는 물건 및 권리를 말하는데, 재화의 공급은 계약상 또는 법률상의 모든 원인에 따라 재화를 인도하거나 양도하는 것으로, 구체적으로 아래와 같은 거래이다.

- 현금 · 외상 · 할부판매 등 매매계약에 의한 재화의 인도
- 가공계약에 의한 재화의 인도
- 교환계약에 의한 재화의 인도 또는 양도
- 경매, 수용, 현물출자와 그 밖의 계약상 또는 법률상의 원인에 따라 재화를 인도하거나 양도하는 것
- 국내로부터 보세구역에 있는 창고에 임치된 임치물을 국내로 다시 반입하는 것
- 자가공급 · 개인적 공급 · 사업상 증여 · 폐업 시 잔존 재화
- 「신탁법」 제10조에 따라 위탁자의 지위가 이전되는 경우에는 기존 위탁자가 새로운 위탁자에게 신탁재산을 공급한 것으로 봄.

다만, 아래와 같은 경우는 재화의 공급으로 보지 아니한다.

- 담보제공 : 질권, 저당권 또는 양도담보*의 목적으로 동산 · 부동산 및 부동산상의 권리를 제공하는 경우

  * 담보물의 소유권을 채권자에게 양도하고, 일정기간 내에 변제하면 담보물의 소유권을 반환받는 담보
- 사업의 양도 : 사업장별로 사업에 관한 모든 권리와 의무를 포괄적으로 승계하는 경우
- 조세의 물납[상속세 · 지방세(재산세)]

- 신탁재산의 소유권 이전으로서 아래의 하나에 해당하는 경우 재화의 공급으로 보지 않음.
  - 위탁자로부터 수탁자에게 신탁재산을 이전하는 경우
  - 신탁의 종료로 인하여 수탁자로부터 위탁자에게 신탁재산을 이전하는 경우
  - 수탁자가 변경되어 새로운 수탁자에게 신탁재산을 이전하는 경우

② 용역의 공급

용역이란 재화 외에 재산 가치가 있는 모든 역무와 그 밖의 행위를 말하는데, 용역의 공급은 계약상 또는 법률상 모든 원인에 의한 역무의 제공, 재화·시설물 또는 권리를 사용하게 하는 것으로, 아래에 해당하는 것은 용역의 공급으로 본다.
- 건설업의 경우 건설사업자가 건설자재의 전부 또는 일부를 부담하는 것
- 자기가 주요 자재를 전혀 부담하지 아니하고 상대방으로부터 인도받은 재화를 단순히 가공만 해주는 것
- 산업상·상업상 또는 과학상의 지식·경험 또는 숙련에 관한 정보를 제공하는 것

다만, 아래와 같은 경우는 용역의 공급으로 보지 아니한다.
- 무상공급*
- 고용관계에 의한 근로의 제공

  * 다만, 특수관계자에게 제공하는 사업용 부동산의 무상임대용역은 과세

③ 재화의 수입

재화의 수입은 아래에 해당하는 물품을 국내에 반입하는 것(보세구역을 거치는 것은 보세구역에서 반입하는 것)을 말한다.
- 외국으로부터 국내에 도착한 물품(외국의 선박에 의하여 공해에서 채집되거나 잡힌 수산물을 포함)으로서 수입신고가 수리되기 전의 것
- 수출신고가 수리된 물품(선적되지 아니한 물품을 보세구역에서 반입하는 경우는 제외)

나. 납세의무자(부가가치세법 제3조)

① 사업자 또는 재화를 수입하는 자

부가가치세의 납세의무자가 되는 사업자란 사업목적의 영리 유무 및 사업자등록의 유무, 부가가치세의 거래징수 여부와 관계없이 사업상 독립적으로 재화 또는 용역을 공급하는 자로서, 신규사업 개시자는 사업장마다 사업개시일부터 20일 이내에 사업자등록을 하여야 하고,

사업개시 전에도 등록이 허용된다. 사업자는 개인, 법인(국가·지방자치단체와 지방자치단체 조합 포함), 법인격이 없는 사단·재단 또는 그 밖의 단체 등이 모두 해당하는데, 아래와 같이 분류한다.

ⅰ) 간이과세자

직전 연도의 재화와 용역의 공급에 대한 대가(부가가치세가 포함된 대가를 말하며, 이하 "공급대가"라 한다)의 합계액이 1억 4백만원에 미달하는 사업자로서, 간편한 절차로 부가가치세를 신고·납부하는 개인사업자를 말한다. 다만, 간이과세가 적용되지 아니하는 다른 사업장을 보유하고 있는 사업자 또는 광업, 제조업, 도매업, 상품중개업, 부동산매매업, 개별소비세가 과세되는 과세 유흥장소, 변호사·세무사 등 전문 인적 용역, 전기·가스·증기 및 수도사업, 사업의 소재 지역과 종류·규모 등을 고려하여 국세청장이 정하는 기준에 해당하는 사업 등을 영위하는 사업자 등은 간이과세에서 제외한다.

ⅱ) 일반과세자

간이과세자가 아닌 모든 사업자

② 신탁재산과 관련된 재화 또는 용역을 공급하는 때에는 「신탁법」 제2조에 따른 수탁자

③ 아래의 어느 하나에 해당하는 경우에는 「신탁법」 제2조에 따른 위탁자

• 신탁재산과 관련된 재화 또는 용역을 위탁자 명의로 공급하는 경우
• 수탁자가 재개발·재건축사업의 사업대행자인 경우 등으로서 위탁자가 신탁재산을 실질적으로 지배·통제하는 경우
• 그 밖에 신탁의 유형, 신탁설정의 내용, 수탁자의 임무 및 신탁사무 범위 등을 고려하여 시행령에서 정하는 경우

(2) 재화와 용역의 공급 시기

공급 시기는 재화나 용역의 공급이 어느 시점에 이루어진 것으로 할 것인지를 결정하는 것으로 세금계산서 발급 시기와 귀속 과세기간을 결정하는 기준이 된다.

가. 재화의 공급 시기(부가가치세법 제15조)

재화가 공급되는 시기는 아래에 해당하는 때를 원칙으로 한다.

① 재화의 이동이 필요한 경우 : 재화가 인도되는 때

② 재화의 이동이 필요하지 아니한 경우 : 재화가 이용 가능하게 되는 때

③ 위의 ①, ②를 적용할 수 없는 경우 : 재화의 공급이 확정되는 때

구체적인 거래 형태별 재화의 공급 시기를 알아보면 아래와 같다.

- 현금판매·외상판매·할부판매 : 재화가 인도되거나 이용 가능하게 되는 때
- 상품권 등을 현금 또는 외상으로 판매하고 그 후 그 상품권 등이 현물과 교환되는 경우 : 재화가 실제로 인도되는 때
- 재화의 공급으로 보는 가공의 경우 : 가공된 재화를 인도하는 때
- 반환 조건부·동의 조건부·기타 조건부 및 기한부 판매 : 조건이 성취되거나 기한이 경과되어 판매가 확정되는 때 등
- 장기할부판매·완성도 지급 기준·중간 지급 조건부 공급 또는 전력 기타 공급 단위를 구획할 수 없는 재화의 계속적 공급 : 대가의 각 부분을 받기로 한 때

나. 용역의 공급 시기(부가가치세법 제16조)

용역의 공급 시기는 원칙적으로 아래 하나에 해당하는 때로 한다.

① 역무의 제공이 완료되는 때

② 시설물, 권리 등 재화가 사용되는 때

구체적인 거래 형태별 용역의 공급 시기를 알아보면 아래와 같다.

- 완성도기준지급·중간지급·장기할부·그 밖의 조건부 공급 또는 그 공급 단위를 구획할 수 없는 용역 : 대가의 각 부분을 받기로 한 때
- 부동산 임대용역의 간주임대료 : 예정신고기간의 종료일 또는 과세기간의 종료일 등

(3) 영세율과 면세

가. 영세율(부가가치세법 제21조~제25조)

영세율은 세율을 영(0)으로 하는 것으로, 매출세액은 영으로 하여 부가가치세를 징수하지 않아도 되고 매입세액은 전액 공제하여 환급받는 제도이다.

① 영세율 적용 대상

- 수출하는 재화 : 외국으로 반출하는 내국물품, 중계무역 방식의 거래 등으로 국내사업장에서 계약과 대가 수령 등 거래가 이루어지는 것 및 내국신용장 또는 구매확인서에 의해

공급하는 재화 등

- 국외에서 공급하는 용역
- 선박 또는 항공기에 의한 외국항행용역
- 기타 외화획득 재화 또는 용역의 공급

② 영세율 적용 대상 사업자

영세율 적용 대상은 거주자 또는 내국법인이 원칙이나, 상호주의원칙에 의해 그 외국에서 대한민국의 거주자 또는 법인에게 동일 영세율을 적용하는 경우와 그 외국에 우리나라의 부가가치세 또는 이와 유사한 성질의 조세가 없는 경우 비거주자 또는 외국법인도 적용한다.

③ 영세율의 적용 방법

영세율이 적용되는 재화 또는 용역을 공급하는 사업자는 예정신고 또는 확정신고 시에 신고서에 영세율 적용 증명서류*를 첨부하여 제출하여야 한다.

* 영세율 증명서류 : 직접수출의 경우 수출실적명세서, 중계·위탁판매수출의 경우 수출계약서 사본 또는 외화입금 증명서 등

나. 면세(부가가치세법 제26조~제28조)

면세는 재화나 용역의 공급에 대해 부가가치세 납부 의무를 면제하는 것으로, 기초생활필수품, 국민 후생 용역, 문화 관련 재화·용역 등의 거래에서 소비자의 부담을 경감하기 위한 제도이다.

① 면세 대상 재화 또는 용역의 공급

ⅰ) 기초생활 필수 재화 및 용역 : 미가공 식료품과 농·축·수·임산물, 수돗물, 연탄, 무연탄, 여객운송용역(항공기·우등고속버스·전세버스·택시·특수자동차·특종 선박·고속철도·삭도·유람선 제외)

ⅱ) 국민 후생을 위한 재화 및 용역 : 의료보건용역(미용성형 의료용역 등 제외)·교육용역 (무도학원, 자동차운전학원 제외)

ⅲ) 문화 관련 재화 및 용역 : 문화 관련 재화(도서·신문·잡지 등), 예술창작품, 문화행사, 비직업 운동경기, 도서관·박물관·동물원 등의 입장

ⅳ) 생산요소 관련 재화 및 용역 : 토지, 금융·보험용역

ⅴ) 인적 용역 : 개인이 기획재정부령이 정하는 물적 시설 없이 근로자를 고용하지 아니하고 독립된 자격으로 공급하는 인적 용역(연예인·작곡가 등)

ⅵ) 과세 주체의 공공성에 따른 면세 : 국가·지방자치단체 또는 지방자치단체조합, 정부

업무 대행단체 등이 제공하는 재화 또는 용역

* 2007. 1. 1부터 국가·지자체·지자체조합이 공급하는 부동산임대업, 도·소매업, 음식·숙박업, 골프장, 스키장운영업, 기타 운동시설 운영업은 과세로 전환

vii) 과세 객체의 용도에 따른 면세 : 국민주택 공급 및 건설 용역, 주택 및 부속 토지 임대 용역, 특수용도 유류(농기계 등, 연근해 어업용 선박, 연안여객선, 도서지방 자가발전용), 공장·광산·건설현장·학교 구내식당 음식 용역, 공동주택 일반관리·경비·청소 용역, 천연가스 시내버스 등

viii) 면세 대상이 되는 재화의 수입
  • 미가공식료품(식용으로 제공되는 농·축·수·임산물 포함)
  • 문화 관련 재화(도서·신문, 학술·교육·문화단체가 과학·교육·문화용으로 수입하는 재화)
  • 외국으로부터 국가·지방자치단체 또는 지방자치단체조합에 기증되는 재화
  • 관세가 면제되는 여행자 휴대품, 별송물품, 우송물품 등

② 면세사업자의 매입세액 공제

면세사업자는 부가가치세법상의 제 의무(사업자등록, 거래징수, 신고·납부)가 없으므로, 전 단계에서 부담한 매입세액은 공제받지 못한다.

③ 면세포기

부가가치세가 면제되는 재화 또는 용역의 공급으로서 아래의 경우에는 면세를 포기하고 일반과세자로 전환하여 매입세액공제 및 환급 신청이 가능한데, 면세포기를 하고자 하는 자는 면세포기 신고를 하고 사업자등록을 신청하여야 한다. 다만, 면세의 포기를 신고한 사업자는 신고한 날로부터 3년간 부가가치세를 면제받지 못한다.
  • 영세율 적용이 되는 경우
  • 주택과 이에 부수되는 토지의 임대용역, 인적용역, 종교·자선·학술·구호 등 그 밖의 공익을 목적으로 하는 단체가 공급하는 재화 또는 용역

(4) 세금계산서(부가가치세법 제32조~)

사업자가 재화 또는 용역을 공급하는 때에는 공급가액과 부가가치세액을 표시한 세금계산서를 작성하여 거래 상대방에게 교부하여야 하며, 매입할 때는 매출자로부터 세금계산서를 교부받아야 한다.

가. 세금계산서 교부 시기와 선발행

세금계산서의 교부는 재화나 용역의 공급 시 또는 거래처별로 1역월의 공급가액을 합계하여 해당하는 달의 말일을 발행일자로 익월 10일까지 교부하거나, 1역월 이내에서 사업자가 임의로 정한 기간의 공급가액을 합계하여 그 기간의 종료 일자로 익월 10일까지도 교부가 가능하다.

한편, 아래의 경우와 같이 재화와 용역의 공급 시기 전에 대가의 전부 또는 일부를 받고 그 대가에 대하여 세금계산서를 발급하는 경우 그 발급하는 때를 재화와 용역의 공급 시기로 본다(부가가치세법 제17조).

① 대가를 받고 세금계산서를 발급하는 경우
② 세금계산서 발급 후 7일 이내에 대가를 받는 경우
③ 세금계산서 발급 후 7일 이후 대가를 받는 경우

- 계약서, 약정서에 대금 청구·지급 시기를 따로 적고, 대금 청구·지급 시기 사이 기간이 30일 이내인 경우
- 재화 또는 용역의 공급 시기가 세금계산서 발급일이 속하는 과세기간 내*에 도래하는 경우

  * 조기환급을 받기 위해서는 30일 이내에 대가를 지급받아야 함.

만약 사업자가 재화나 용역을 공급하고 세금계산서를 발급하지 아니한 경우, 공급받은 자가 관할 세무서장에 신청 후 공급자 관할 세무서장이 확인한 거래일자에 발급할 수 있다.

ⅰ) 신청시기 : 공급 시기가 속하는 과세기간 종료 후 1년 이내
ⅱ) 대상거래 : 거래 건당 공급대가 5만원 이상

나. 전자세금계산서

2011년부터 사업자*는 의무적으로 세금계산서를 전자적 방법[기존 민간시스템(ERP)을 활용하는 방법, 교부대행사업자(ASP)를 이용하여 발행하는 방법, 국세청 전자세금계산서 시스템을 이용하여 발행하는 방법 등]으로 발급하고, 발급일 다음 날까지 국세청에 해당 전자세금계산서를 전송해야 한다.

* 법인, 사업장별 과세·면세 공급가액 합계 8천만원 이상인 개인사업자('24. 12월 기준)

부가가치세법은 전자세금계산서를 발행하고 국세청에 전송한 분에 대해서는 세금계산서 합계표 제출 및 세금계산서 보관 의무를 면제한다.

다. 수정세금계산서

세금계산서를 교부한 후 그 기재 사항에 착오나 정정 등 아래와 같은 사유가 발생한 경우에는 세금계산서를 수정하여 교부하여야 한다.

① 당초 공급한 재화가 환입된 경우

② 계약의 해제로 인하여 재화 또는 용역이 공급되지 아니한 경우

③ 공급가액에 추가 또는 차감되는 금액이 발생한 경우

④ 재화 또는 용역을 공급한 후 공급 시기가 속하는 과세기간 종료 후 25일 내에 내국신용장이 개설되거나 구매확인서가 발급된 경우

⑤ 필요적 기재 사항 등이 착오 및 착오 외의 사유로 잘못 발급한 경우

⑥ 면세 등 발급 대상 거래가 아닌 거래에 대해 발급한 경우

⑦ 세율 적용을 잘못한 경우(영세율 ↔ 10%)

라. 영수증

영수증은 영세사업자 및 세금계산서를 현실적으로 교부할 수 없는 자가 쉽게 교부할 수 있도록 공급받는 자와 부가가치세액을 별도로 기재하지 아니한 계산서로서, 아래와 같은 사업을 영위하는 자가 발행할 수 있다.

① 소매업, 음식점업, 숙박업, 변호사업, 변리사업, 공인회계사업, 의사업, 약사업 등 주로 사업자가 아닌 소비자에게 공급하는 사업

② 미용·욕탕 및 유사서비스업, 여객운송업, 입장권을 발행하는 사업 등

마. 세금계산서합계표 등 제출

사업자는 교부하였거나 교부받은 세금계산서의 매출처별 또는 매입처별 세금계산서 합계표를 부가가치세 예정신고 및 확정신고와 함께 제출하여야 한다. 이때, 예정신고와 함께 제출하지 아니한 것은 해당 기간의 확정신고와 함께 제출한다.

다만, 전자세금계산서 발행·전송분은 세금계산서합계표 제출 의무를 면제한다.

(5) 과세기간과 신고납부

가. 과세기간

① 일반과세자 : 1기와 2기로 구분

• 제1기 : 1월 1일부터 6월 30일까지

- 제2기 : 7월 1일부터 12월 31일까지

② 간이과세자 : 1월 1일부터 12월 31일까지

③ 신규사업자 : 사업개시일부터 해당 과세기간 종료일까지

④ 폐업자 : 해당 과세기간 개시일부터 폐업일까지

⑤ 유형 전환자 : 해당 과세기간 개시일부터 당초 유형이 속하는 달의 말일까지

나. 과세표준과 세액의 계산(부가가치세법 제29조~)

① 과세표준의 계산

재화 또는 용역의 공급에 대한 부가가치세의 과세표준은 해당 과세기간에 공급한 재화 또는 용역의 공급가액을 합한 금액으로 하는데, 아래 가액의 합계액(부가가치세 미포함 공급가액)을 말한다.

- 금전으로 대가를 받는 경우 : 그 대가
- 금전 이외의 대가를 받는 경우 : 자기가 공급한 재화 또는 용역의 시가
- 폐업한 경우 : 폐업 시 남아있는 재화의 시가

ⅰ) 과세표준에 포함하지 않는 금액

에누리액, 환입된 재화의 가액, 공급받는 자에게 도달하기 전에 파손·훼손·멸실된 재화의 가액, 재화 또는 용역과 직접 관련되지 아니하는 국고보조금과 공공보조금, 연체이자, 할인액 등

ⅱ) 과세표준에 포함되는 금액

장려금이나 이와 유사한 금액, 대손 금액 등

② 세율

부가가치세 세율은 10%

③ 납부할 세액의 계산

납부할 세액 = 매출세액 − 매입세액

- 매출세액 : 재화 또는 용역의 공급에 대한 과세표준×10%
- 매입세액 : 사업을 위하여 사용되었거나 사용될 재화 또는 용역공급에 대한 세액과 자기의 사업을 위하여 사용되었거나 사용될 재화의 수입에 대한 세액
- 계산방식 : 각 과세기간 또는 예정신고기간 단위로 계산

④ 간이과세자의 납부세액(부가가치세법 제61조~)

ⅰ) 과세표준 : 공급대가(부가가치세를 포함한 금액)

ⅱ) 세율 : 10%

ⅲ) 납부세액 = 과세표준 × 해당 업종 부가가치율 × 10%

ⅳ) 부가가치율

업 종	부가가치율
소매업, 재생용 재료수집 및 판매업, 음식점업	15%
제조업, 농업·임업 및 어업, 소화물 전문 운송업	20%
숙박업	25%
건설업, 운수 및 창고업(소화물 전문 운송업 제외), 정보통신업	30%
금융 및 보험 관련 서비스업, 전문·과학 및 기술서비스업(인물사진 및 행사용 영상 촬영업 제외), 사업시설관리·사업지원 및 임대서비스업, 부동산 관련 서비스업, 부동산임대업	40%
그 밖의 서비스업	30%

다. 신고납부(부가가치세법 제48조, 제49조)

신고	신고대상기간	신고납부기한
예정신고	제1기분 : 1월1일~3월31일 제2기분 : 7월1일~9월30일	각 예정신고 기간 종료 후 25일 이내(다만, 개인사업자와 직전기 공급가액 합계액 1억 5천만원 미만 법인사업자는 예정신고 대신 직전기 납부세액의 1/2을 예정 고지)
확정신고	제1기분 : 1월1일~6월30일 제2기분 : 7월1일~12월31일	각 과세기간 종료 후 25일 이내(다만, 예정신고 및 영세율 등 조기환급 신고분으로 기 신고한 내용 제외)

* 간이과세자는 과세기간(1.1~12.31) 종료 후 25일 이내 신고·납부[직전기 납부세액의 1/2을 예정부과기간 (1.1~6.30) 종료 후 25일 이내 징수]

라. 간이과세와 일반과세 비교

구 분	일반과세자	간이과세자
사업자	간이과세자가 아닌 모든 사업자	직전연도 재화·용역 공급대가가 1억 4백만원 미만 개인사업자
과세표준	공급가액	공급대가
세율	10%, 0%	업종별 부가가치율×10%, 0%
세금계산서	세금계산서 또는 영수증 교부	영수증 교부 (직전 연도 공급대가 합계액이 4,800만원 이상인 간이과세자는 세금계산서 발급)
납부세액	매출세액 – 매입세액	과세표준(공급대가)×해당 업종별 부가가치율×10%
예정신고납부	• 직전기 공급가액 합계액 1억 5천만원 이상 법인 : 해당 예정신고 기간의 과세표준과 세액 자진신고·납부 • 직전기 공급가액 합계액 1억 5천만원 미만 법인, 개인 : 직전 과세기간 납부세액의 1/2 예정 고지 납부 단, 50만원 이하는 고지 생략	• 직전기 납부세액의 1/2 예정 부과 납부 단, 50만원 이하는 고지 생략 * 예정부과기간에 세금계산서를 발급한 간이과세자는 예정부과 기한까지 신고 의무
매입세금계산서 등	매입세액으로 공제	세금계산서 등을 발급받은 재화와 용역의 공급대가에 0.5%를 곱하여 계산한 금액을 납부세액에서 공제
납부의무면제	적용 대상 아님	과세기간 공급대가가 4,800만원 미만인 경우 납부 의무 면제

III

상속세와 증여세

 상속세

1) 상속의 개념

상속세 및 증여세법(이하 "상증법"이라 한다)에서는 상속의 개념을 민법 제5편에 따른 상속*을 말하며 다음의 것을 포함한다고 규정한다.

* 사망을 원인으로 법정상속인에 재산 이전(피상속인의 의지와 무관)

- 유증(遺贈) : 피상속인의 유언에 의하여 유산의 전부 또는 일부를 무상으로 수유자*
  (상속인**이 아닌 자 포함)에게 사망을 원인으로 증여(일방)하는 것

  * 유언이나 증여계약 후 증여자의 사망으로 재산을 취득하는 자
  ** 혈족인 법정상속인과 배우자 등으로 상속을 원인으로 재산을 물려받는 자

- 사인증여(死因贈與) : 피상속인의 생전에 당사자 합의에 의하여 증여계약이 체결되어
  피상속인의 사망으로 효력이 발생하는 증여를 말하며, 채무로 공제되는 증여채무 이행
  중 증여자가 사망한 경우를 포함(쌍방)

  * 상속인에게 상속개시 전 10년(상속인 아닌 자는 5년) 이내에 진 증여 채무 이행 중에 증여자가 사망한
    경우의 그 증여 포함

- 법정상속인 부재 시 특별연고자*에 대한 상속재산의 분여(민법 제1057조의2)

  * 피상속인과 생계를 같이 하고 있던 자, 피상속인의 요양 간호를 한 자, 그 밖에 피상속인과 특별한 연고가
    있던 자(ex : 사실혼 배우자)

- 유언대용신탁(신탁법) : 위탁자의 사망 시에 수익자가 될 자로 지정된 자가 수익권을
  취득하거나 기한 급부를 받는 신탁으로, 실질은 유증이나, 형식적으로 신탁

- 수익자연속신탁(신탁법) : 수익자가 사망한 경우 타인이 차례로 새로 수익권을 취득하는
  신탁으로, 실질은 유증이나, 형식적으로 신탁

2) 상속세 과세 대상

상속 개시일 현재 피상속인이 거주자인 경우, 국내외에 소재하는 모든 상속재산이 과세 대상에 포함되고, 비거주자인 경우는 국내에 있는 모든 상속재산에 대하여 상속세 납부 의무가 있다.

상속 또는 증여재산의 소재지 판단은 상속개시 또는 증여 당시의 그 재산 현황별로 아래 기준에 따른다. 여기에 규정되지 않은 재산의 소재지는 그 권리자의 주소로 한다(상증법 제5조).

구 분	소재지
부동산	부동산의 소재지
광업권 또는 조광권	광구의 소재지
어업권, 양식업권 등	어장에서 가까운 연안
선박	선적의 소재지
항공기	항공기 정치장의 소재지
주식 및 사채	주식 등을 발행한 법인의 본점 또는 주된 사무소의 소재지. 단, 외국법인이 국내에서 발행한 주식 등은 그 거래를 취급하는 금융회사 영업장의 소재지
신탁재산	금전신탁 : 신탁재산을 인수한 사업장의 소재지 그 외 신탁 : 신탁한 재산의 소재지
그 밖의 금융재산	재산을 취급하는 금융회사 영업장의 소재지
금전채권	채무자의 주소지(금융재산에 해당하는 경우는 제외)
특허권, 상표권	권리를 등록한 기관의 소재지
저작권	저작물의 목적물이 발행되었을 경우 그 발행장소
위 외의 영업권리	그 영업장의 소재지

이러한 상속세 과세 대상에는 아래 상속재산과 추정상속재산, 그리고 사전증여재산이 모두 포함된다.

(1) 상속재산(상증법 제2조 제3호)

상속재산은 피상속인에게 귀속되는 모든 재산을 말하며, 다음의 물건과 권리를 포함한다. 다만, 피상속인의 일신에 전속하는 것으로서 피상속인의 사망으로 인하여 소멸하는 것은 제외한다.

- 금전으로 환산할 수 있는 경제적 가치가 있는 모든 물건
- 재산적 가치가 있는 법률상 사실상의 모든 권리

(2) 간주상속재산(상증법 제8조~제10조)

상속 또는 유증이나 사인증여를 원인으로 취득하는 본래적 의미의 상속재산은 아니더라도, 아래와 같이 이와 동일한 경제적 이익이 발생하는 경우는 실질과세원칙에 따라 상속재산으로 본다.

① 피상속인이 보험계약자*인 보험계약으로, 피상속인의 사망으로 인하여 받는 생명보험 또는 손해보험의 보험금

　＊ 보험계약자가 아닌 경우에는 피상속인이 실질적으로 보험료를 납부한 경우 포함

② 피상속인이 신탁한 신탁재산. 다만, 타인을 수익자로 하는 신탁의 이익을 받을 권리를 제외하고, 타인으로부터 피상속인이 소유한 신탁의 이익을 받을 권리 포함

③ 피상속인에게 지급되는 퇴직금, 퇴직수당, 공로금, 연금 또는 이와 유사한 것이 피상속인의 사망으로 포함되는 경우 포함. 단, 공적 연금의 유족연금, 반환 일시금, 사망보상금 및 근로기준법을 준용하여 지급한 유족보상금, 재해보상금 등 제외

(3) 추정상속재산(상증법 제15조)

상속 개시일 전에 피상속인이 재산을 처분하였거나 인출한 금액이 재산 종류별*로 상속 개시일 전 1년 내 2억원 또는 2년 내 5억원 이상인 경우이거나, 피상속인이 부담한 채무를 합친 금액이 상속 개시일 전 1년 내 2억원 또는 2년 내 5억원 이상인 경우로서, 그 사용 용도가 객관적으로 명백하지 아니한 금액이 기준 금액**을 초과하면 그 초과 금액을 상속인이 상속받은 것으로 추정한다.

＊ ① 현금・예금 및 유가증권, ② 부동산 및 부동산에 관한 권리, ③ 그 외의 기타재산
＊＊ Min(처분 또는 인출 금액 등의 20%, 2억원)

요 건	추정상속재산 기준 금액
피상속인이 1년 내 2억원 또는 2년 내 5억원 이상 재산 처분 또는 인출 금액 중 용도 불분명 금액	미입증 금액이 [Min(처분 또는 인출 금액 등의 20%, 2억원)]을 초과하는 금액
피상속인이 1년 내 2억원 또는 2년 내 5억원 이상 부담한 채무 중 용도 불분명 금액	

(4) 사전증여재산(상증법 제13조)

피상속인이 상속인에게 상속 개시일 전 10년(상속인 이외의 자는 5년) 이내에 증여한 재산은 상속재산에 합산한다. 이렇게 사전증여재산을 합산하는 이유는 상속세와 증여세의 세율체계는 동일하나 누진세 구조이므로 세액이 달라질 수 있기 때문이다.

- 피상속인 A - 사전증여 없이 상속재산 50억원
- 피상속인 B - 자녀 갑과 을에게 5년 전 각각 10억원씩 증여 후 상속재산 30억원
  * 세율만 고려한다.
  (A) 상속세 : 10억4천만원+20억원×50%=**20억4천만원**
  (B) 상속세 : 2억4천만원+20억원×40%=10억4천만원.
    증여세 : (9천만원+5억원×30%)×2=4억8천만원.
    ☞ B의 부담세액 : 4억8천만원+10억4천만원=**15억2천만원**(△5억2천만원)

다만, 다음의 사전증여재산은 합산 대상에서 제외한다.

- 비과세 증여재산(상증법 제46조)
- 공익법인 등이 출연받은 재산(상증법 제48조)
- 공익신탁재산(상증법 제52조)
- 장애인이 증여받은 재산(상증법 제52조의2)
- 합산배제 증여재산(상증법 제47조)
- 피상속인으로부터 증여받은 수증자가 피상속인 사망 전에 먼저 사망한 경우 등(상증법 집행기준 13-0-6)

3) 비과세 상속재산

아래 재산에 대해서는 상속세를 부과하지 아니한다(상증법 제12조).

- 국가, 지방자치단체 또는 공공단체*에 유증(사인증여 포함)을 한 재산

  * 지방자치단체조합, 공공도서관, 공공박물관 등

- 피상속인이 제사를 주재하던 선조의 분묘에 속한 9,900㎡ 이내의 금양임야와 1,980㎡ 이내의 묘토인 농지로서, 두 재산 가액의 합계액이 2억원 한도, 족보와 제구로서 1천만원 한도
- 「정당법」에 따른 정당에 유증(사인증여 포함)을 한 재산
- 「근로복지기본법」에 따른 사내근로복지기금 등*에 유증(사인증여 포함)을 한 재산

  * 우리사주조합, 공동근로복지기금, 근로복지진흥기금 등 포함

- 사회 통념상 인정되는 이재구호금품, 치료비 및 불우이웃을 위한 유증 재산 등
- 상속재산 중 상속인이 상속세 과세표준 신고기한까지 국가, 지방자치단체 또는 공공단체에 증여한 재산

집행기준 13-0-4 【상속세 과세가액에 합산하지 않는 증여재산】

구 분	재산종류	관련규정
증여세 비과세재산	비과세되는 증여재산	상증법 제46조
과세가액에 불산입되는 재산	공익법인 등에 출연한 재산	상증법 제48조 ①
	공익신탁한 재산	상증법 제52조
	장애인이 증여받은 재산	상증법 제52조의2 ①
합산배제증여재산	재산취득 후 해당 재산의 가치 증가	상증법 제31조 ① 3
	전환사채 등의 주식전환이익, 양도이익	상증법 제40조 ① 2, 3
	주식의 상장 등에 따른 이익의 증여	상증법 제41조의3
	합병에 따른 상장 등 이익의 증여	상증법 제41조의5
	재산취득 후 재산가치 증가에 따른 이익의 증여	상증법 제42조의3
	재산 취득자금 등의 증여 추정	상증법 제45조
	명의신탁재산의 증여 의제	상증법 제45조의2
	특수관계법인과의 거래를 통한 이익의 증여의제	상증법 제45조의3
	특수관계법인으로부터 제공받은 사업기회로 발생한 이익의 증여의제	상증법 제45조의4
조특법상 특례	영농자녀가 증여받은 농지 등	조특법 제71조 ⑤
비실명 특정채권	금융실명법 부칙에 따라 조세특례가 적용되는 특정채권	「금융실명거래 및 비밀보장에 관한 법률」 제3조 및 부칙 제9조

4) 상속재산에서 차감하는 공과금 등

상속 개시일 현재 피상속인이나 상속재산과 관련된 아래의 비용 등은 상속재산 가액에서 차감한다.

- 피상속인에게 납부의무가 있는 공과금으로 상속인에게 승계된 조세·공공요금 등
- 피상속인의 사망일부터 장례일까지 장례에 직접 소요된 금액(봉안시설 또는 자연장지에 소요된 금액 제외)으로 천만원 한도(500만원 미만인 경우 500만원)의 금액과 봉안시설 또는 자연장지의 사용에 소요된 금액으로 500만원 한도 내의 금액을 합한 장례비용
- 채무(상속 개시일 전 10년 이내 상속인에게 진 증여채무와 5년 이내 상속인이 아닌 자에게 진 증여채무 제외)

다만, 비거주자의 사망으로 인한 상속의 경우에는 해당 상속재산에 관한 공과금, 해당

상속재산을 목적으로 하는 유치권·질권·전세권·임차권·담보권으로 담보된 채무, 국내사업장의 장부에 의해 확인 가능한 사업상의 공과금 및 채무를 공과금 등으로 차감한다.

5) 상속세 납세의무자

상속세는 사망으로 인해 재산이 가족이나 친족에게 무상으로 이전되는 경우 부과하는 세금으로, 상속인 또는 수유자는 상속재산의 상속 비율 기준으로 상속세 납부 및 연대납부 의무가 있다.

현행 상증법은 상속재산을 이처럼 유산세로 과세하고 있는데, 유산취득세로 과세해야 한다는 주장도 있다. 이를 비교해 보면 아래와 같다.

구 분	유산세	유산취득세
과세 대상	피상속인 유산 총액	유산 취득자별 취득 재산
장점	조세 행정 용이	납세자의 부담 능력에 맞춰 응능부담 (ability-to-pay) 원칙에 적합
단점	부의 분산 유도 부족	위장분할 우려

민법상 상속 순위는 피상속자와의 관계에 따라 상속 순위와 법정 상속 비율을 아래와 같이 정하고 있다(민법 제1000조~).

우선순위	피상속자와의 관계	상속인 해당 여부	법정 상속비율
1순위	직계비속과 배우자	항상 상속인	직계비속(1), 배우자(1.5)
2순위	직계존속과 배우자	직계비속이 없는 경우 상속인	직계존속(1), 배우자(1.5)
3순위	형제자매	1, 2순위가 없는 경우 상속인	형제자매(1)
4순위	4촌 이내의 방계혈족	1, 2, 3순위가 없는 경우 상속인	4촌 이내의 방계혈족(1)

① 배우자와 자녀 1인인 경우 : 자녀=1/(1+1.5), 배우자=1.5/(1+1.5)

② 배우자, 자녀1, 손자녀1일 때 자녀가 상속 포기한 경우 : 배우자가 단독 상속

③ 배우자, 자녀1, 손자녀1일 때 자녀가 사망한 경우 : 배우자(1.5), 손자녀(1)

상증법 집행기준 3의2-0-4【민법상 상속분의 비율】

구 분	상속인	상속분	비율
자녀 및 배우자가 있는 피상속인의 경우	장남, 배우자만 있는 경우	장남 1	2/5
		배우자 1.5	3/5
	장남, 장녀(미혼), 배우자만 있는 경우	장남 1	2/7
		장녀 1	2/7
		배우자 1.5	3/7
	장남, 장녀(출가), 2남, 2녀, 배우자가 있는 경우	장남 1	2/11
		장녀 1	2/11
		2남 1	2/11
		2녀 1	2/11
		배우자 1.5	3/11
자녀는 없고 배우자 및 직계존속(부, 모)이 있는 피상속인의 경우		부 1	2/7
		모 1	2/7
		배우자 1.5	3/7

하지만, 상속인은 상속개시 있음을 안 날로부터 3월 내에 단순승인이나 한정승인 또는 포기를 할 수 있다.

* 상속포기 : 상속포기 시 처음부터 상속인이 아니었던 것으로 되고, 포기상속분은 다른 상속인의 상속 비율에 귀속됨(공동상속 시에도 각 상속인이 개별적으로 상속포기 가능)
** 한정상속 : 상속인이 상속재산의 한도 내에서 피상속인의 채무를 변제할 조건으로 상속을 승인하는 것(과도한 채무 상속으로 인한 상속인 피해 보호). 상속채무가 상속재산을 초과하는 사실을 중대한 과실 없이 상속개시가 있음을 안 날로부터 3개월 이내에 알지 못하고 단순상속을 한 경우에는 그 사실을 안 날로부터 3개월 이내에 한정승인을 할 수 있다.

한편, 민법은 유류분 제도를 두어 유언 내용에도 불구하고 상속인이 최소 한도로 받을 수 있는 아래의 상속분을 보장함으로써 상속 과정에서 발생할 수도 있는 사회적 부작용을 방지하고자 하고 있다.

• 배우자 및 직계비속 : 법정상속분의 1/2
• 직계존속 및 형제자매* : 법정상속분의 1/3

  *형제자매 유류분청구는 헌법불합치 판결 → 2025.12.31.까지 개정

6) 상속공제(상증법 제18조~)

(1) 배우자 상속공제

배우자(민법상 혼인 관계에 있는 배우자. 사실혼 관계 제외)가 상속인으로서 상속받는 경우 아래 금액을 한도로 하여 배우자가 실제로 상속받은 금액에서 공제한다.

> Min[(상속재산 × 배우자 법정상속분 − 배우자 사전증여분), 30억원]
>
> * 단 상속재산이 없거나 5억원 미만이어도 최소한 5억원 공제

배우자 상속공제는 상속세 과세표준 신고기한의 다음 날부터 9개월이 되는 날까지 배우자의 상속재산을 분할(등기·등록·명의개서 등이 필요한 재산은 등기·등록·명의개서 등이 된 것에 한정)한 경우에 적용한다. 다만, 법령이 정하는 부득이한 사유에 해당하는 경우 6개월을 연장할 수 있다.

- 부모가 동시에 사망한 경우 부와 모의 재산에 대하여 각각 개별로 계산하여 과세하며, 배우자 상속공제는 미적용(상증법 통칙 13-0-2)
- 부모가 시차를 두고 사망한 경우 부와 모의 재산에 대하여 각각 개별로 계산하여 과세하되, 먼저 사망한 자의 상속세 계산 시 배우자 상속공제를 적용하고, 나중에 사망한 자의 상속세 과세 가액에는 먼저 사망한 자의 상속재산 중 그의 지분을 합산하고 단기 재상속 세액공제* 적용(상증법 통칙 13-0-1)

  * 상속개시 후 10년 이내에 상속인이나 수유자의 사망으로 다시 상속이 개시되는 경우 이전에 상속세가 부과된 상속재산 중 재상속분에 해당하는 금액에 해당하는 세액을 연수에 따라 10%씩 감액 공제 (1년 이내 100%, 2년 이내 90%, …, 10년 이내 10%)

(2) 기초공제와 그 밖의 인적공제

거주자의 사망으로 상속이 개시되는 경우에 상속세 과세 가액에서 기초공제로 2억원을 공제한다. 그리고 그 밖의 인적공제로서, 자녀 및 동거가족*에 대하여 아래의 해당 금액을 과세 가액에서 추가로 공제한다.

* 상속 개시일 현재 피상속인이 사실상 부양하고 있는 직계존비속(배우자의 직계존속 포함) 및 형제자매

- 자녀(태아 포함) 1명당 5천만원
- 상속인(배우자 제외) 및 동거가족 중 미성년자(태아 포함)에 대해서는 만 19세가 될 때까지의 연수(1년 미만은 1년)에 1천만원을 곱한 금액

- 상속인(배우자 제외) 및 동거가족 중 65세 이상인 사람에 대해서는 5천만원
- 상속인 및 동거가족 중 장애인에 대해서는 통계청장이 고시하는 기대여명의 연수(1년 미만은 1년)에 1천만원을 곱한 금액

이때, 자녀 공제는 미성년자 공제와 중복 적용하고, 장애인 공제는 자녀·미성년자·연로자 및 배우자공제와 중복하여 적용할 수 있다.

공제 구분		공제금액
기초공제		2억원
그 밖의 인적공제	자녀 공제	1인당 5천만원
	미성년자 공제	1천만원 × 만 19세까지의 연수
	연로자 공제	65세 이상 시 1인당 5천만원
	장애인 공제	1천만원 × 통계청장 고시 기대여명연수

(3) 일괄공제

위와 같은 기초공제와 그 밖의 인적공제에도 불구하고 상속이 개시되는 경우 상속인이나 수유자는 ① [기초공제(2억원) + 그 밖의 인적공제]와 ② 5억원 중 큰 금액을 선택하여 공제 신청이 가능하다.

- 무신고하는 경우 : 일괄공제 5억원만 적용. 배우자공제 추가 가능
- 배우자가 단독 상속하는 경우 : [기초공제(2억원) + 그 밖의 인적공제]만 적용

사 례

무신고한 상속인 A의 상속인 현황에 따른 공제금액 (기초, 배우자, 일괄공제만 고려)
- 상속인 자녀 1명만 있는 경우 : 5억원(일괄공제)
- 상속인 배우자만 있는 경우 : 기초공제 2억원 + 배우자공제 5억원 = 7억원
- 상속인 배우자, 자녀 1명인 경우 : 5억원(일괄공제) + 5억원(배우자공제) = 10억원

(4) 금융재산 상속공제

상속재산 중에 금융재산이 있는 경우에는 금융재산 상속공제를 받을 수 있는데, 금융재산에서 금융부채를 차감한 당해 순 금융재산이 2천만원 이하 시 그 금액 전액을, 2천만원 초과 시는 2억원을 한도로 하여 동 금융재산의 20%와 2천만원 중 큰 금액을 공제한다. 여기에서 금융재산은

예금과 적금, 부금, 계금, 출자금, 금전신탁재산, 보험금, 공제금, 주식, 채권, 수익증권, 어음 등의 금전 및 유가증권 등을 말한다(상증법 집행기준 22-19-2).

또한, 공제 대상이 되는 금융재산에는 최대주주 또는 최대출자자가 보유하고 있는 주식 등과 상속세 과세표준 신고 기한까지 신고하지 아니한 타인 명의의 금융재산은 포함하지 아니한다.

순 금융재산 가액	금융재산 상속공제
2천만원 이하	순 금융재산 전액
2천만원 초과 1억원 이하	2천만원
1억원 초과 10억원 이하	해당 순 금융재산의 20%
10억원 초과	2억원

(5) 동거주택 상속공제

상속 개시일 현재 무주택자인 상속인(직계비속 및 그의 배우자에 한함)이 피상속인과 상속개시 전 10년(미성년자 기간 제외, 무주택 기간 포함) 이상 계속하여 1세대 1주택으로 동거한 주택의 전부 또는 일부를 상속받을 경우, 6억원을 한도로 하여 상속 주택가격에 해당하는 금액을 상속세 과세가액에서 공제한다. 이때, 상속인이 징집 또는 취학·근무상 형편·1년 이상의 치료나 요양이 필요한 질병 요양 등의 사유에 해당하여 동거하지 못한 경우에는 계속하여 동거한 것으로 본다.

(6) 가업상속공제

특정 중소기업*과 직전 3개년도의 매출액 평균 금액이 5천억원 미만인 중견기업**으로서, 피상속인이 계속하여 10년 이상 경영한 기업을 상속하는 경우 아래 금액을 한도로 하는 가업상속 재산 가액을 상속재산에서 공제한다.

① 피상속인이 10년 이상 20년 미만 계속하여 경영한 경우 : 300억원
② 피상속인이 20년 이상 30년 미만 계속하여 경영한 경우 : 400억원
③ 피상속인이 30년 이상 계속하여 경영한 경우 : 600억원

* 상증법 별표의 업종 제한과 조특법 중소기업 일부 요건을 충족하면서 자산총액이 5천억원 미만인 기업
** 상증법 별표의 업종 제한과 조특법 중견기업 일부 요건을 충족하면서 직전 3개 연도 매출액 평균이 5천억원 미만인 기업

가업상속공제를 받은 상속인이 상속 개시일로부터 5년 이내에 상증법 시행령에서 정하는 정당한 사유 없이 가업에 종사하지 아니하거나, 가업용 자산을 40/100 이상 처분하는 등의 행위를 하는 경우, 공제받은 금액과 그 금액에 해당일까지의 기간 이자율*을 곱한 이자 상당액을 합한 금액을 상속세 과세가액에 합산하여 상속세를 부과한다.

* 2025년 2월 현재 : 연 35/1,000

(7) 영농상속공제

18세 이상으로서 상속 개시일 2년 전부터 계속하여 직접 영농에 종사(단, 피상속인이 65세 이전에 사망한 경우 등 제외)한 상속인이 피상속인으로부터 일정 요건*을 갖춘 농업, 어업, 임업을 주된 업종으로 하는 영농사업을 상속받는 경우, 30억원을 한도로 하는 영농상속 재산가액에 해당하는 금액을 상속세 과세표준에서 공제한다.

* 상속 개시일 8년 전부터 계속하여 영농에 종사하고 농지 등으로부터 직선거리 30킬로미터 이내 거주 등

영농상속공제를 받은 상속인이 상속 개시일로부터 5년 이내에 정당한 사유 없이 영농 상속재산을 처분하거나 상속인이 영농에 종사하지 않는 경우, 공제받은 금액에 기간에 따라 일정률을 곱한 금액을 상속세 과세가액에 산입하여 상속세를 부과한다.

7) 세액공제

(1) 증여세액공제

상속재산에 가산한 증여재산에 대한 증여세는 상속세 산출세액에서 공제한다. 다만, 가산하는 당해 증여재산에 대하여 「국세기본법」에 따른 국세부과제척기간의 만료로 인하여 증여세가 부과되지 아니하는 경우와 상속세 과세가액이 5억원 이하인 경우는 제외한다.

증여세액공제는 상속세 산출세액에 대하여 상속재산 과세표준 중 상속재산에 가산한 증여재산의 과세표준이 차지하는 비율을 한도로 한다.

(2) 외국 납부세액 공제

외국에 있는 상속재산에 대하여 외국의 법령에 따라 상속세를 부과받은 경우, 동 외국납부세액을 초과하지 않는 범위 내에서, 상속세 산출세액에 대하여 외국에 납부한 당해 상속재산의 과세표준이 전체 상속세 과세표준에서 차지하는 비율의 금액을 한도로 상속세 산출세액에서 공제한다.

(3) 단기 재상속에 대한 세액공제

상속개시 후 10년 이내에 상속인이나 수유자의 사망으로 다시 상속이 개시되는 경우, 이전 상속세가 부과된 상속재산 중 재상속되는 상속재산에 대해 이전에 부과된 상속세 상당액을 상속세 산출세액에서 공제한다. 다만, 이에 따라 공제되는 세액은 이전의 산출세액에 대하여, 동 재상속분에 대한 과세가액이 이전 상속세 과세가액에서 차지하는 비율의 금액에 아래 공제율을 곱한 금액으로 한다.

재상속 기간	1년 이내	2년 이내	3년 이내	4년 이내	5년 이내	6년 이내	7년 이내	8년 이내	9년 이내	10년 이내
공제율	100/100	90/100	80/100	70/100	60/100	50/100	40/100	30/100	20/100	10/100

(4) 신고세액공제

상속세나 증여세 과세표준을 신고한 경우, 상속세 또는 증여세 산출세액에서 아래 금액을 공제한 금액의 3/100에 상당하는 금액을 공제한다.
① 지정문화유산 등에 해당하여 징수유예받은 금액
② 이 법 또는 법률에 따라 산출세액에서 공제 또는 감면받은 세액

8) 상속세 과세체계

총 상속재산 가액	• 상속재산가액 : 국내외 소재 모든 재산. 상속 개시일 현재의 시가로 평가 　- 본래의 상속재산(사망 또는 유증·사인증여로 취득한 자산) • 간주상속재산 : 보험금, 신탁재산, 퇴직금 등 • 추정상속재산 : 피상속인이 사망 전 1년 이내 2억원(2년 5억원) 이상 처분한 재산 또는 부담 채무로 용도 불분명 금액
(-) 비과세 및 과세가액 불산입액	• 비과세 : 국가·지방자치단체에 유증한 재산, 금양임야, 문화재 등 • 과세가액 불산입 : 공익법인 등에 출연한 재산 등
(-) 공과금·장례비용·채무	장례비용 한도 : 1,500만원, 상속인이 실제 부담한 피상속인 채무
(+) 사전증여재산	피상속인이 상속 개시일 전 10년 이내에 상속인에게 증여한 재산(상속인이 아닌 자에게는 5년 이내). 단, 증여세 특례세율 적용 대상인 창업자금, 가업승계주식 등은 기한 없이 합산

상속세 과세가액	
(-) 상속공제	• (기초공제 2억원+그 밖의 인적공제*)와 일괄공제(5억원) 중 큰 금액 　* 그 밖의 인적공제 : 자녀 1인당 5천만원, 미성년자는 1천만원 × 　19세까지 연수, 65세 이상 1인당 5천만원, 장애인은 1천만원 × 기대 　여명연수 • 배우자 상속공제 : 배우자가 실제 상속받은 금액. 아래 한도 　Min[(상속재산 × 배우자 법정상속분 - 배우자사전증여분), 　30억원] 　단, 상속재산이 없거나 5억원 미만이어도 최소 5억원 공제 • 가업·영농상속공제 : 10년 이상 경영 중소·중견기업 600억원 　한도, 2년 이상 영농 농지 등 30억원 한도 • 금융재산 상속공제 : 순금융재산이 2천만원 초과 시는 2억원 　한도로 순금융재산의 20%와 2천만원 중 큰 금액, 순금융재산이 　2천만원 이하 시는 그 순금융재산가액 • 재해손실공제 : 상속세 신고기한 내에 사고 및 재난으로 　상속재산이 멸실되거나 훼손된 경우 그 손실가액 • 동거주택 상속공제 : 피상속인과 상속인(직계비속 및 그의 　배우자 한정)이 10년(미성년자 기간 제외) 이상 계속하여 1세대 　1주택인 상태로 동거하는 등의 요건을 갖춘 상속주택가액의 　100%(6억원 한도)
(-) 감정평가수수료	• 감정평가업자 수수료 : 5백만원 한도 • 비상상주식 평가수수료 : 평가대상법인 및 평가전문기관별 　1천만원 한도 • 서화·골동품 등 : 5백만원 한도
상속세 과세표준	
(×) 세율	10%~50%의 5단계 누진세율(30억원 초과 시 최고세율 적용)
상속세 산출세액	(상속세 과세표준×세율) - 누진공제액
(+) 세대생략 할증세액	• 상속인이나 수유자가 세대를 건너뛴 직계비속이면 30% 　할증(단, 미성년자가 20억원을 초과하여 상속받은 경우에는 　40% 할증) • 직계비속의 사망으로 최근친 직계비속이 되는 경우는 적용 제외
(-) 세액공제	증여세액공제, 단기재상속세액공제, 신고세액공제, 지정문화유산 등 징수유예
납부할 세액	상속 개시일이 속하는 달의 말일부터 6개월(피상속인 또는 상속인이 외국에 주소를 둔 경우 9개월) 이내 신고·납부

☞ 상속세는 신고납부제도(협조사항)가 아니고 정부 결정 제도 : 결정에 의해 상속세 확정

　* 상속재산이 고액이면 세무조사 가능성 매우 확대

② 증여세

1) 증여의 개념

상증법에서는 증여를 "그 행위 또는 거래의 명칭·형식·목적 등과 관계없이 직접 또는 간접적인 방법으로 타인에게

① 무상으로 유형·무형의 재산 또는 이익을 이전하거나,

② 현저히 낮은 대가를 주고 이전받거나 높은 대가를 받고 이전하여 이익이 발생하는 경우,

③ 타인의 재산가치를 증가시키는 경우의 이익"으로 한다고 정의한다.

다만, 유증, 사인증여, 유언대용신탁 및 수익자연속신탁은 제외한다.

- 승낙 의사와 관계없이 증여에 의해 재산을 취득하는 때 납세의무가 성립한다.
- 수증자가 증여재산(금전 제외)을 증여자와의 합의하에 증여세 과세표준 신고기한 전까지 반환 시에는 해당 증여를 무효로 보고, 신고기한 경과 후 3개월 이내 반환하거나 재증여하는 경우는 당해 증여세를 부과하지 아니한다.

2) 증여세 과세 대상

편법 및 변칙 증여에 대처하기 위해 2003년 상증법에 완전포괄주의를 도입하였는데, 행위 또는 거래의 명칭, 형식, 목적 등에 관계없이 "모든 부의 무상 이전"을 증여세 과세 대상으로 하였다.

상증법에서는 증여재산을 "증여로 인하여 수증자에게 귀속되는 모든 재산 또는 이익을 말하며, 아래의 물건, 권리 및 이익을 포함한다"고 정의한다.

① 금전으로 환산할 수 있는 경제적 가치가 있는 모든 물건

② 재산적 가치가 있는 법률상 또는 사실상의 모든 권리

③ 금전으로 환산할 수 있는 모든 경제적 이익

수증자가 거주자(국내 비영리법인 포함)인 경우, 아래 증여세 과세 대상이 되는 모든 증여재산에 대해 과세하지만, 수증자가 비거주자(외국 비영리법인 포함)인 경우에는 국내에 있는 과세 대상 증여재산에 대해서만 과세한다.

그리고, 증여재산에 대하여 수증자에게 소득세나 법인세가 부과(비과세·감면 포함)되는 경우에는 증여세를 부과하지 아니한다.

(1) 증여의 정의에 따른 과세 대상(상증법 제4조 제1항 제1호~제3호)

① 재산 또는 이익의 무상 이전

② 재산 또는 이익을 현저히 낮거나 높은 대가로 이전(대가와 시가의 차이가 3억 이상이거나 시가의 30/100 이상인 경우 한정)함으로써 발생하는 이익

③ 재산 취득 후 해당 재산의 가치 증가 이익(가치상승 금액이 3억원 이상이거나 취득가액에 통상적인 가치상승분 등을 더한 금액의 30/100 이상인 경우 한정)

　⇒ 합산배제증여재산(ex : 비상장주식의 상장 등)

* ②와 ③의 경우 특수관계자와의 거래가 아니라면 거래 관행상 정당한 사유 없는 경우에 한정

(2) 증여예시(상증법 제4조 제1항 제4호)

• 상증법 제33조【신탁이익의 증여】
• 상증법 제34조【보험금의 증여】
• 상증법 제35조【저가 양수 또는 고가 양도에 따른 이익의 증여】
• 상증법 제36조【채무면제 등에 따른 증여】
• 상증법 제37조【부동산 무상사용에 따른 이익의 증여】
• 상증법 제38조【합병에 따른 이익의 증여】
• 상증법 제39조【증자에 따른 이익의 증여】
• 상증법 제39조의2【감자에 따른 이익의 증여】
• 상증법 제39조의3【현물출자에 따른 이익의 증여】
• 상증법 제40조【전환사채 등의 주식전환 등에 따른 이익의 증여】
• 상증법 제41조의2【초과배당에 따른 이익의 증여】
• 상증법 제41조의3【주식등의 상장 등에 따른 이익의 증여】
• 상증법 제41조의4【금전 무상대출 등에 따른 이익의 증여】
• 상증법 제41조의5【합병에 따른 상장 등 이익의 증여】
• 상증법 제42조【재산사용 및 용역제공 등에 따른 이익의 증여】
• 상증법 제42조의2【법인의 조직 변경 등에 따른 이익의 증여】
• 상증법 제42조의3【재산 취득 후 재산가치 증가에 따른 이익의 증여】

(3) 증여추정(상증법 제4조 제1항 제5호)

- 상증법 제44조【배우자 등에게 양도한 재산의 증여추정】
- 상증법 제45조【재산 취득자금 등의 증여추정】

(4) 증여예시와 경제적 실질이 유사한 경우(상증법 제4조 제1항 제6호)

증여예시의 내용과 경제적 실질이 유사한 경우로서, 증여예시의 각 규정을 준용하여 증여재산의 가액을 계산할 수 있는 경우의 그 재산 또는 이익

(5) 증여의제(상증법 제4조 제2항)

- 상증법 제45조의2【명의신탁재산의 증여의제】
- 상증법 제45조의3【특수관계법인과의 거래를 통한 이익의 증여의제】
- 상증법 제45조의4【특수관계법인으로부터 제공받은 사업기회로 발생한 이익의 증여의제】
- 상증법 제45조의5【특정법인과의 거래를 통한 이익의 증여의제】

(6) 상속의 조정(상증법 제4조 제3항)

상속분이 확정된 후, 공동상속인이 협의하여 분할한 결과 특정 상속인이 당초 상속분을 초과하여 취득하게 되는 재산은 상속분이 감소한 상속인으로부터 증여받은 것으로 보아 증여세를 부과한다. 단, 과세표준 상속세 신고기한까지 분할에 의하여 당초 상속분을 초과하여 취득한 경우와 당초 상속재산의 분할에 대하여 무효 또는 취소 등의 정당한 사유가 있는 경우는 제외한다.

(7) 증여의 조정(상증법 제4조 제4항)

수증자가 증여재산(금전 제외)을 당사자 간의 합의에 따라 증여세 과세표준 신고기한까지 증여자에게 반환하는 경우(반환하기 전에 세액 결정받은 경우 제외)에는 처음부터 증여가 없었던 것으로 보며,

증여세 과세표준 신고기한이 지난 후 3개월 이내에 증여자에게 반환하거나 증여자에게 다시 증여하는 경우에는 반환 또는 재증여분에 대하여 증여세를 부과하지 아니한다.

구 분	반환 시기		과세 여부	
			당초 증여	반환·재증여
금전 외	증여세 신고 기한 내	과세표준 결정 전	과세 않음	과세 않음
	증여세 신고 기한 경과 후	3월 이내	과세	과세 않음
		3월 경과 후	과세	과세
금전	반환 시기와 무관		과세	과세

- 증여세 과세 대상 재산이 취득 원인 무효의 판결에 따라 그 재산상의 권리가 말소된 때에는 증여세 과세 제외. 단, 형식적인 재판절차만 거친 것이 확인된 경우는 증여세 과세
- 수증자가 증여받은 재산을 유류분* 권리자에게 반환한 경우 반환한 재산가액은 당초부터 증여가 없었던 것으로 함.

*최소한의 법정 상속 보장분(배우자와 직계비속은 1/2, 직계존속은 1/3)

3) 증여세 납세의무자

증여세는 타인으로부터 재산을 무상으로 증여받은 수증자에게 부과되는 세금으로, 수증자별로 납세의무가 부여된다. (참고 : 미국은 증여자에 납세의무 부여)

따라서, 수증자가 거주자 또는 비거주자 여부에 따라 납세의무자와 증여세 납부 대상에 아래와 같이 차이가 있다(상증법 제4조의2).

수증자	증여세 납부 대상	납세의무자	법령
거주자	국내·국외에 있는 증여세 과세 대상 모든 증여재산	수증자(거주자)	상증법 제4조의2
비거주자	국내에 있는 증여세 과세 대상 모든 증여재산	수증자(비거주자)	
	국외에 있는 재산을 거주자로부터 증여받는 경우 * 수증자와 증여자가 국세기본법상 특수관계인이 아니면서, 해당 증여재산에 대한 증여세가 외국법령에 따라 부과된 경우 제외(면제받은 경우 포함)	증여자(거주자)	국조법 제35조

다만, 특정 증여 유형*에서 아래에 해당하는 때에는 증여자에 연대납부 의무를 부여한다.

① 수증자의 주소 또는 거소가 불분명하여 조세채권 확보가 어려운 경우

② 수증자가 납부할 재산이 없어 조세채권 확보가 곤란한 경우

③ 수증자가 비거주자인 경우

* 증여자에게 연대납부 의무가 부여되는 증여 유형

- 무상으로 이전받은 재산 또는 이익(상증법 제4조 제1항 제1호)
- 상속재산 재분할로 인한 증여(상증법 제4조 제3항)
- 증여에 해당하는 증여재산 반환(상증법 제4조 제4항)
- 증여예시 중 상증법 제33조【신탁이익의 증여】, 상증법 제34조【보험금의 증여】
- 증여추정 중 상증법 제44조【배우자 등에게 양도한 재산의 증여 추정】

만약 수인으로부터 증여받은 경우에는 증여자별로 세율을 적용하여 증여세를 산출(증여자별 과세)하며, 증여가 있을 때마다 수증자를 기준으로 증여자별, 증여 시기별로 과세한다(대법원 2005두17058, 2006. 4. 27.).

4) 비과세되는 증여재산

상증법에서는 아래 어느 하나에 해당하는 금액에 대해서는 증여세를 부과하지 않는다고 규정하고 있다(상증법 제46조).

① 국가나 지방자치단체로부터 증여받은 재산의 가액
② 내국법인의 종업원으로서 대통령령으로 정하는 요건을 갖춘 종업원단체(이하 "우리사주조합")에 가입한 자가 해당 법인의 주식을 우리사주조합을 통하여 취득한 경우로서 그 조합원이 대통령령으로 정하는 소액주주*의 기준에 해당하는 경우 그 주식의 취득가액과 시가의 차액으로 인하여 받은 이익에 상당하는 가액

　*　발행주식총수 등의 100분의 1 미만을 소유하는 경우로서 주식 등의 액면가액의 합계액이 3억원 미만인 주주

③ 「정당법」에 따른 정당이 증여받은 재산의 가액
④ 「근로복지기본법」에 따른 사내근로복지기금이나 그밖에 이와 유사한 것으로서 대통령령으로 정하는 단체*가 증여받은 재산의 가액

　*　「근로복지기본법」에 따른 우리사주조합, 공동근로복지기금 및 근로복지진흥기금

⑤ 사회통념상 인정되는 이재구호금품, 치료비, 피부양자의 생활비, 교육비, 그밖에 이와 유사한 것으로서 대통령령으로 정하는 것*

　*　㉠ 학자금 또는 장학금 기타 이와 유사한 금품
　　㉡ 기념품·축하금·부의금 기타 이와 유사한 금품으로서 통상 필요하다고 인정되는 금품
　　㉢ 혼수용품으로서 통상 필요하다고 인정되는 금품
　　㉣ 타인으로부터 기증받아 외국에서 국내에 반입된 물품으로 관세 과세가액이 100만원 이하인 물품
　　㉤ 무주택근로자가 건물의 총연면적이 85제곱미터 이하인 주택(주택에 부수되는 토지로서 건물연면적의 5배 이내의 토지를 포함한다)을 취득 또는 임차하기 위하여 법 제46조 제4호의 규정에 의한 사내근로복지기금 및 공동근로복지기금으로부터 증여받은 주택취득보조금 중 그 주택취득가액의 100분의 5 이하의 것과 주택임차보조금 중 전세가액의 100분의 10 이하의 것
　　㉥ 불우한 자를 돕기 위하여 언론기관을 통하여 증여한 금품

⑥ 「신용보증기금법」에 따라 설립된 신용보증기금이나 그밖에 이와 유사한 것으로서 대통령령으로 정하는 단체*가 증여받은 재산의 가액

* 기술보증기금, 신용보증재단 및 신용보증재단중앙회, 예금보험기금 및 예금보험기금채권상환기금, 주택금융신용보증기금, 서민금융진흥원

⑦ 국가, 지방자치단체 또는 공공단체가 증여받은 재산의 가액

⑧ 장애인을 보험금 수령인으로 하는 보험으로서 대통령령으로 정하는 보험의 보험금

* 아래에 해당하는 자를 수익자로 한 보험의 보험금으로 연 4천만원 한도
㉠ 「장애인복지법」에 따른 장애인 및 「장애아동 복지지원법」에 따른 장애아동 중 「장애아동 복지지원법」 제21조 제1항에 따른 발달재활서비스를 지원받고 있는 사람
㉡ 「국가유공자 등 예우 및 지원에 관한 법률」에 의한 상이자 및 이와 유사한 사람으로서 근로능력이 없는 사람
㉢ 항시 치료를 요하는 중증환자

⑨ 「국가유공자 등 예우 및 지원에 관한 법률」에 따른 국가유공자의 유족이나 「의사상자 등 예우 및 지원에 관한 법률」에 따른 의사자(義死者)의 유족이 증여받은 성금 및 물품 등 재산의 가액

⑩ 비영리법인의 설립근거가 되는 법령의 변경으로 비영리법인이 해산되거나 업무가 변경됨에 따라 해당 비영리법인의 재산과 권리·의무를 다른 비영리법인이 승계받은 경우 승계받은 해당 재산의 가액

이 중 자주 논란이 되는 게 축의금, 치료비, 생활비, 교육비 등의 비과세 관련 문제이다. 기본통칙 또는 예규 등을 살펴보면 결혼축의금은 하객이 혼주에게 주는 사회 통념상 인정되는 정도, 혼주가 신랑·신부에게 주는 통상적으로 필요한 혼수용품 정도는 비과세하나, 하객이 신랑·신부에게 주는 축의금은 입증이 필요하다고 하고 있다.

상증법 기본통칙 46-35…1【비과세 증여재산의 범위】

① 법 제46조 제5호에 따른 증여세가 비과세되는 생활비 또는 교육비는 필요시마다 직접 이러한 비용에 충당하기 위하여 증여로 취득한 재산을 말하는 것이며, 생활비 또는 교육비의 명목으로 취득한 재산의 경우에도 그 재산을 정기예금·적금 등에 사용하거나 주식, 토지, 주택 등의 매입자금 등으로 사용하는 경우에는 증여세가 비과세되는 생활비 또는 교육비로 보지 아니한다.

② 영 제35조 제4항 제2호에 따른 학자금 또는 장학금은 학업수행을 위해 해당 자금을 사용하는 경우의 수증받은 재산을 말한다.

③ 영 제35조 제4항 제3호에 따른 기념품, 축하금, 부의금은 그 물품 또는 금액을 지급한 자별로 사회통념상 인정되는 물품 또는 금액을 기준으로 한다.

④ 영 제35조 제4항 제4호에 따른 통상 필요하다고 인정하는 혼수용품은 일상생활에 필요한 가사용품에 한하며, 호화·사치용품이나 주택·차량등은 포함하지 아니한다.

[서울행법 99구928 1999. 10. 1.]

결혼축의금이란 우리사회의 전통적인 미풍양속으로 확립되어 온 사회적 관행으로서 혼사가 있을 때 일시에 많은 비용이 소요되는 혼주인 부모의 경제적 부담을 덜어주려는 목적에서 대부분 그들과 친분관계에 있는 손님들이 혼주인 부모에게 성의의 표시로 조건없이 무상으로 건네는 금품을 가리킨다고 할 것인바, 그 교부의 주체나 교부의 취지에 비추어 이 중 신랑, 신부인 결혼당사자와의 친분관계에 기초하여 결혼당사자에게 직접 건네진 것이라고 볼 부분을 제외한 나머지는 전액 혼주인 부모에게 귀속된다고 봄이 상당하다.

[서면4팀-1642, 2005. 9. 12.]

통상 필요하다고 인정되는 혼수용품은 일상생활에 필요한 가사용품에 한하며, 호화·사치용품이나 주택·차량 등을 포함하지 아니하며, 결혼축의금이 누구에게 귀속되는지 등에 대하여는 사회통념 등을 고려하여 구체적인 사실에 따라 판단하는 것임.

[조심 2013서3275, 2013. 11. 28.]

어머니인 홍○○ 예금계좌로 일부 금액이 입금된 내역은 나타나지만 해당 금액이 청구인 본인의 축의금인지와 본인의 축의금이라고 인정한다 하더라도 청구인에게 실제 귀속되었는지가 불분명할 뿐더러 설령 청구인 본인의 축의금으로써 청구인에게 귀속되었다고 하더라도 결혼일(2004. 5. 9.)과 쟁점부동산 취득일(2007. 11. 20.) 사이에는 상당한 시일이 경과되었고, 청구주장을 입증할 수 있는 다른 증빙도 제시되지 아니하고 있으므로 해당 금액이 쟁점부동산 취득대금으로 사용되었다고 보기도 어렵다.

교육비와 생활비는 민법상 부양의무가 있는 자에게 지급한 것으로 한정하고, 치료비는 부양의무와 관계없다. 다만, 교육비와 생활비, 치료비 모두 그 용도에 직접 지출되어야 증여세를 비과세한다.

[서울행법 2020구합82185, 2021. 7. 13.]

(구)상속세 및 증여세법(2003. 12. 30. 법률 제7010호로 개정되기 전의 것) 제46조 제5호는 '사회통념상 인정되는 이재구호금품, 치료비 기타 이와 유사한 것으로서 대통령령으로 정하는 것'을 비과세되는 증여재산으로 규정하고 있었고, 그 위임에 따라 (구)상속세 및 증여세법 시행령(2003. 12. 30. 대통령령 제18177호로 개정되기 전의 것) 제35조 제4항 제1호에서 위 '대통령령으로 정하는 것'의 하나로 '민법상 부양의무자 상호간의 생활비 또는 교육비로서 통상 필요하다고 인정되는 금품'을 규정하고 있었는데, 2003. 12. 30. 법률 제7010호로 개정된 상속세 및 증여세법 제46조 제5호가 '사회통념상 인정되는 이재구호금품, 치료비, 피부양자의

생활비, 교육비 기타 이와 유사한 것으로서 대통령령이 정하는 것'으로 개정됨에 따라 같은 날 대통령령 제18177호로 개정된 상속세 및 증여세법 시행령에서 제35조 제4항 제1호가 삭제되었음.

문언 내용과 체계, 개정 연혁과 구 상속세 및 증여세법 제46조는 증여재산의 공익성 또는 사회정책적 고려에서 증여세의 과세를 배제하는 규정이므로 부양의무 여부를 불문하고 교육비에 해당하는 금액이 비과세되는 증여재산이라고 해석하는 것은 위 규정의 취지에 부합하지 않는 점 등을 종합적으로 고려하여 보면, 위 규정의 '피부양자의' 부분은 '생활비, 교육비'를 모두 수식하는 것으로 봄이 타당함.

[서면4팀-958, 2005. 6. 16.]

【질의】 해외거주 특수관계인(형제자매)이 노환 및 질환으로 치료를 받고 있으며, 동생이 그에 대한 치료비 연간 미화 108,000불을 해외송금 시 증여세 과세 대상 여부

【회신】 상속세 및 증여세법 제46조(비과세되는 증여재산) 제5호의 규정에 의하여 사회 통념상 인정되는 이재 구호금품, 치료비, 피부양자의 생활비, 교육비 기타 이와 유사한 것으로서 당해 용도에 직접 지출한 것에 한하여 증여세가 비과세되며, 당해 용도에 직접 지출 여부는 사실판단할 사항임.

[조심 2009서2856, 2009. 11. 20.]

부양의무자 사이의 생활비와 교육비로서 통상 필요하다고 인정되는 금품은 증여세 비과세 대상이고, 비록 생활비 또는 교육비의 명목으로 증여받은 재산이라 할지라도 예·적금하거나 주식, 토지, 주택 등의 매입자금 등으로 사용하는 경우에는 비과세 대상이 아니라고 할 것인 바, 피상속인은 처인 청구인 명의의 대출금 등을 자금원으로 하여 약 30억원 상당의 부동산을 취득·보유한 상태에서 목돈 형태로 청구인에게 생활비로 쟁점 금액을 지급하였고, 청구인은 쟁점 금액을 자녀 교육비와 아파트관리비, 의료보험료, 통신비 등 생활비로 사용한 사실이 확인되므로 부양의무자인 피상속인이 부담한 생활비에 해당한다고 할 것이다. 다만, 청구인은 쟁점 금액을 자금원으로 하여 2,288만원(2003. 1. 22. 500만원, 2003. 2. 24. 1,788만원) 상당의 콘도회원권을 취득하고, 상호저축적금 1,200만원(2005. 9. 5.)을 가입하였으므로 3,488만원은 청구인에 대한 증여가액이며, 자(子)인 강○진 명의로 임차한 오락기계임차료 2,000만원(2005. 8. 24. 500만원, 2005. 9. 14. 1,500만원)은 실질귀속자가 피상속인인지 여부가 확인되지 아니하여 자(子)인 강○진에 대한 증여가액에 해당한다고 할 것이므로 합계 5,488만원은 증여세 비과세 대상인 생활비로 보기 어렵다고 할 것이다.

[서면상속증여-4354, 2021. 11. 30.]

증여세가 비과세되는 피부양자의 생활비 및 교육비에 해당되는지 여부는 귀하와 수증자와의 관계, 수증자가 귀하의 민법상 피부양자에 해당하는지 여부, 수증자의 직업·연령·소득·재산상태 등 구체적인 사실을 확인하여 판단할 사항임.

> ※ 민법상 피부양자
>
> **민법 제974조【부양의무】**
> 다음 각 호의 친족은 서로 부양의 의무가 있다.
> 직계혈족 및 그 배우자간
> 3. 기타 친족간(생계를 같이 하는 경우에 한한다)
>
> **민법 제975조【부양의무와 생활능력】**
> 부양의 의무는 부양을 받을 자가 자기의 자력 또는 근로에 의하여 생활을 유지할 수 없는
> 경우에 한하여 이를 이행할 책임이 있다.

5) 동일인 합산과세(상증법 제47조)

동일인 합산과세란 여러 번에 나누어서 증여하는 "분할증여"로 인해 발생할 수 있는 세액계산의 차이를 배제하기 위하여, 해당 증여일 전 10년 이내에 동일인(직계존속 배우자 포함)으로부터 받은 증여재산가액을 합친 금액이 1천만원 이상인 경우에는 해당 금액을 증여세 과세가액에 합산하는 것이다.

> **사 례**
>
> • 증여자 A – 2024년 10월 10억원을 자녀에게 증여
> • 증여자 B – 자녀에게 2023년 10월 5억원, 2024년 10월 5억원 분할증여
> (A) 증여세 : 10억원×30% −6천만원 = **2억4천만원**
> (B) 증여세 : (5억원×20% −1천만원)×2 = **1억8천만원**
> ☞ (B)의 부담세액 : 분할증여에 따라 (A)보다 6천만원 감소
>
> (B 동일인 합산과세)
> 2023.10. 증여 시 : 5억원×20% −1천만원 = **9천만원**
> 2024.10. 증여 시 : (5억원+5억원)×30% −6천만원 −9천만원 = **1억5천만원**

다만, 이때 합산배제증여재산*은 동일인 합산과세 대상에서 제외한다. 또한, 증여세 과세표준 산출 시 합산배제증여재산은 증여재산에서 감정평가수수료만 차감하여 계산한다(단, ⑦, ⑧, ⑨ 외의 합산배제증여재산은 3천만원 공제 후 감정평가수수료 차감).

* 합산배제증여재산 : 상속세 과세가액에 포함하지 않고, 증여재산에도 합산하지 않음.
  ① 재산취득 후 해당 재산의 가치가 증가하는 경우(상증법 제31조 제1항 제3호)
  ② 전환사채 등의 주식전환 등 또는 양도에 따른 이익(상증법 제40조 제1항 제2호 및 제3호)

③ 주식 등의 상장 등에 따른 이익의 증여(상증법 제41조의3)
④ 합병에 따른 상장 등 이익의 증여(상증법 제41조의5)
⑤ 재산취득 후 재산 가치 증가 이익의 증여(상증법 제42조의3)
⑥ 재산취득 자금 등의 증여추정(상증법 제45조)
⑦ 명의신탁재산의 증여의제(상증법 제45조의2)
⑧ 특수관계법인과의 거래를 통한 이익의 증여의제(상증법 제45조의3)
⑨ 특수관계법인으로부터 제공받은 사업기회로 발생한 이익의 증여의제(상증법 제45조의4)

동일인 합산과세 적용 시 증여자가 직계존속이면 그 직계존속의 배우자를 포함하여 동일인 여부를 판단하는데 그 세부 내용은 아래와 같다.

- 증여자가 직계존속인 경우에는 그 직계존속의 배우자를 포함
  ⇒ 단, 조부와 부, 조부와 모, 조모와 부, 조모와 모의 경우는 동일인이 아님
- 증여일 전, 부 또는 모가 사망한 경우 생전에 증여받은 재산은 합산과세 아니함
- 부와 계모 또는 모와 계부는 동일인으로 보지 않음 ☞ 재차 증여 가능

6) 증여재산의 취득시기

증여재산의 취득시기 판단은 아래처럼 각 증여재산의 종류에 따라 다르게 적용한다(상증법 시행령 제24조).

증여재산 종류	증여 시기
권리 이전에 등기 · 등록을 요하는 재산	등기 · 등록부에 기재된 등기 · 등록 접수일
건물을 신축하여 증여할 목적으로 건물을 완성하거나, 증여할 목적으로 수증자의 명의로 분양권을 취득한 경우	아래 ①, ② 중 빠른 날 또는 ③ ① 건물의 사용승인서 교부일 ② 사용승인 전 사실상 사용 또는 임시 사용승인 시 사용일 또는 승인일 ③ 무허가 건축물인 경우 그 사실상 사용일
타인의 기여에 의하여 재산 가치가 증가한 경우	개발구역 지정 고시일, 형질변경 허가일, 상장일, 합병등기일 등 재산 가치 증가 사유가 발생한 날
주식 또는 출자지분	인도받은 사실이 객관적으로 확인되는 날(인도받은 날이 불분명하거나, 인도받기 전에 주주명부 등에 명의개서 등을 한 경우에는 그 날)
무기명채권	이자 지급 사실 등으로 취득사실이 객관적으로 확인되는 날(취득일이 불분명한 경우에는 이자 지급이나 채권 상환을 청구한 날)
위 외의 자산(현금 등)	인도한 날 또는 사실상의 사용일

* 단, 증여예시, 증여추정, 증여의제 등의 경우는 각 해당 규정에 따라 취득 시기 판단

7) 증여공제

(1) 증여재산 공제

증여재산 공제는 수증자(거주자)를 기준으로 하여 증여자 그룹별로 10년간 아래의 증여재산 공제 한도를 적용한다. 그리고, 동시에 증여자 그룹 내에서 동일인이 아닌 자들로부터 2 이상의 증여가 있는 경우 각각의 증여세 과세가액을 기준으로 공제할 금액을 안분하여 공제한다(상증법 제53조).

증여자 그룹	배우자	직계존속*	직계비속	기타 친족**
공제 한도	6억원	5천만원 (미성년자 2천만원)***	5천만원	1천만원
내용	• 법률혼만 가능 (사실혼 불가)	• 양부모 포함 • 계부모 포함	• 양자녀 포함 • 계자녀 포함	• 4촌 이내 혈족 • 3촌 이내 인척****
예시 (수증자 기준)	배우자	부모, 조부모, 외조부모	아들, 딸	동생, 제수, 조카, 며느리, 숙모, 시부모

* 부모, 조부모, 외조부모, 계부, 계모(계부, 계모는 2010.1.1. 이후 증여분). 계부모의 직계존속은 불가
** 배우자와 직계존비속을 제외한 4촌 이내의 혈족과 3촌 이내의 인척, 친생자로서 다른 사람에게 친양자로 입양된 자 및 그 배우자·직계비속, 혼인 외 출생자의 생부나 생모(본인의 금전이나 재산으로 생계유지자 한정). 시부모와 며느리, 장인·장모와 사위는 각각 기타 친족 관계(재산세과-1473, 2009.7.17.)
*** 미성년자가 직계존속으로부터 증여를 받은 경우는 2천만원
**** 인척 : 배우자의 혈족, 혈족의 배우자, 배우자 혈족의 배우자

> **사 례**
>
> 사례 1) 수증인 A가 2020년 부친 1억원, 2022년 조부 5천만원, 2024년 모친 1억원 증여받은 경우 과세표준
>   • 2020년 부친 증여 시 : 1억원 − 5천만원 = 5천만원
>   • 2022년 조부 증여 시 : 5천만원 − 0 = 5천만원
>   • 2024년 모친 증여 시 : (1억원+1억원) − 5천만원 = 1억5천만원(동일인* 증여재산 가산)
>
> 사례 2) 사례 1의 조건에서 2023년 부모가 이혼한 경우 과세표준
>   • 2024년 모친 증여 시 : 1억원* − 0(부친 증여 시 기공제)** = 1억원
>   * 이혼 시 증여재산 동일인 합산 없음.
>   ** 증여재산공제는 이혼과 무관하게 그룹별 공제

증여자	2003~2007	2008~2013	2014~2015	2016.1.1. 이후
직계존속 (미성년자인 경우)	3천만원 (15백만원)	3천만원 (15백만원)	5천만원 (2천만원)	5천만원 (2천만원)
직계비속			3천만원	5천만원
배우자	3억원	6억원	6억원	6억원
기타 친족	5백만원	5백만원	5백만원	1천만원

(2) 혼인·출산 증여재산 공제

수증자의 혼인일 전·후 2년(총 4년) 이내 혹은 자녀 출생·입양일로부터 2년 이내에 직계존속으로부터 재산을 증여받는 경우 증여재산 공제와 별개로 각 1억원을 공제*한다. 단, 혼인과 출산 공제를 합하여 합계 1억원을 한도로 한다(상증법 제53조의2).

* 2024.1.1. 이후 증여하는 분부터 적용

이때, 직계존속은 나의 혈족으로서 친가·외가뿐만 아니라 직계존속과 법률상 혼인 중인 배우자도 포함한다.

구 분	혼인 공제	출산 공제
공제한도	1억원	1억원
	혼인과 출산 공제 합계 1억원 한도	
공제가능 증여시기	혼인일 전·후 2년(총 4년) 이내	자녀 출생·입양일로부터 2년 이내
증여자 범위	직계존속	
요건	수증자 나이·혼인 횟수·증여 횟수·공제 적용 기간과 무관	수증자 나이·혼인 여부·자녀 수·증여 횟수·공제 적용 기간과 무관

다만, 아래 증여재산에 대해서는 혼인·출산 공제를 적용하지 아니한다.

※ 혼인·출산 증여재산공제가 적용되지 않는 증여재산 : 증여세 과세 대상 중 증여예시, 증여추정, 증여의제
- 보험을 이용한 증여 행위
- 저가 또는 고가 매매에 따라 얻은 이익
- 채무면제 또는 변제를 받아 얻은 이익
- 부동산을 무상으로 사용하여 얻은 이익
- 금전을 무이자 또는 저리로 대출받아 얻은 이익
- 재산을 자력으로 취득한 것으로 보기 어려운 자가 취득자금을 증여받아 얻은 이익
- 재산의 실제 소유자와 명의자가 다를 때 명의자에게 증여한 것으로 보는 것

사 례

사례 1) A는 2021년 5월 결혼, 2022년 5월 혼인신고, 2024년 2월 부모님이 현금증여 1억원
- 상증법상 결혼·출산 증여재산공제에서 혼인은 혼인관계증명서상 신고일 의미
- 2022년 5월에 혼인신고하고 2024년 2월 증여를 받아, 혼인 후 2년 경과 전
  ⇒ 공제 가능
  * 혼인·출산 증여재산공제는 2024년 1월 1일 이후 증여분부터 적용. 혼인은 혼인관계증명서상 신고일

사례 2) B는 2023년 12월 혼인, 부모로부터 1억원 차입. 2024년 동 자금을 안 받기로 하고 혼인·출산 증여재산공제 신청
- 채무면제로 발생한 이익은 혼인·출산 증여재산공제가 적용되지 않음.
- 채무면제로 얻은 이익에 대해서는 증여세 납부 의무 발생

8) 조특법상 증여세 과세특례

(1) 창업자금에 대한 증여세 과세특례

18세 이상인 거주자가 중소기업(조특법 제6조 제3항의 업종 한정)을 창업할 목적으로 60세 이상의 부모(부모가 사망한 경우 조부모 포함)로부터 토지, 건물 등의 재산*을 제외한 재산을 증여받는 경우, 해당 증여재산의 가액 중 창업자금**에 대해서는 증여세 과세가액에서 5억원을 공제하고, 세율을 10/100으로 하여 증여세를 부과한다. 2회 이상 창업자금 증여를 받는 경우 각 증여세 과세가액을 합산하여 적용한다(조특법 제30조의5).

창업자금을 증여받은 자는 증여받은 날로부터 2년 이내에 창업을 하여야 하며, 4년이 되는 날까지 창업자금을 모두 해당 목적에 사용하여야 한다.

* 토지, 건물, 부동산에 관한 권리 등 소득세법 제94조 제1항의 양도소득세 과세 대상 재산
** ① 증여세 과세가액 50억원(창업을 통해 10명 이상의 신규고용 시 100억원) 한도
　　② 창업에 직접 사용되는 사업용 자산의 취득자금 또는 임차보증금(전세금 포함)과 임차료

(2) 가업의 승계에 대한 증여세 과세특례

18세 이상인 거주자가 60세 이상의 부모(부모가 사망한 경우 조부모 포함)로부터 가업 상속공제 대상이 되는 가업의 승계를 목적으로 해당 중소기업 또는 중견기업의 주식 또는 출자지분("주식 등")을 증여받고 당해 가업을 승계한 경우, 그 상속받은 주식 등의 가액 중 아래 금액을 한도로 증여세 과세가액에서 10억원을 공제하고, 10/100(과세표준 120억원 초과 시 초과분은 20/100)의 세율을 적용하여 증여세를 부과한다. 다만, 최대주주 또는 최대 출자자로부터 증여받는 경우는 제외한다(조특법 제30조의6).

① 부모가 10년 이상 20년 미만 계속하여 경영한 경우 : 300억원

② 부모가 20년 이상 30년 미만 계속하여 경영한 경우 : 400억원

③ 부모가 30년 이상 계속하여 경영한 경우 : 600억원

위에 따른 주식 등을 증여받은 자가 가업을 승계하지 않거나 가업을 승계한 후 5년 이내에 정당한 사유 없이 가업에 종사하지 않거나 휴업 또는 폐업을 하는 경우, 증여받은 주식 등의 지분이 줄어드는 경우 등의 경우에는 증여세와 이자 상당액을 부과한다.

9) 기타 증여세 과세 관련 주요 내용

(1) 재산의 자력 취득 인정 기준

재산 취득자 또는 채무자의 직업, 연령, 소득 및 재산 상태 등으로 볼 때 자력으로 취득 또는 상환하였다고 인정하기 어려운 경우로서, 다음에 의한 입증 금액의 합계액이 취득 재산 가액 또는 채무상환 금액에 미달하는 경우 당해 자금을 취득자 또는 상환자가 증여받은 것으로 추정한다(상증법 제45조).

① 신고하였거나 과세(비과세 또는 감면받은 경우를 포함)받은 소득금액

② 신고하였거나 과세받은 상속 또는 수증재산의 가액

③ 재산을 처분한 대가로 받은 금전이나 부채를 부담하고 받은 금전으로 당해 재산의 취득 또는 당해 채무의 상환에 직접 사용한 금액

* 배우자 또는 직계비속 간 소비대차는 원칙적으로 인정하지 아니하나, 입증 내용에 따라 명백하게 인정되는 경우에는 제외

다만, 미입증금액이 취득 재산의 가액 또는 채무의 상환금액의 100분의 20에 상당하는 금액과 2억원 중 적은 금액에 미달하는 경우를 제외한다.

| 자금출처 증여추정 사례(상증법 집행기준 45 - 34 - 2) |

재산취득 (채무상환)	입증금액	미입증금액	증여추정
8억원	7억원	1억원〈Min(8억원×20%, 2억원)=1.6억원	제외
9억원	6.5억원	2.5억원≥Min(9억원×20%, 2억원)=1.8억원	2.5억원
15억원	13.5억원	1.5억원〈Min(15억원×20%, 2억원)=2억원	제외
19억원	16.5억원	2.5억원≥Min(19억원×20%, 2억원)=2억원	2.5억원

하지만, 재산취득일 전 또는 채무상환일 전 10년 이내에 해당 재산의 취득 자금 또는 해당 채무의 상환 자금의 합계액이 연령·직업·재산상태·사회경제적 지위 등을 고려하여 국세청장이 정하는 아래 금액 이하인 경우와 취득 자금 또는 상환 자금의 출처에 관한 충분한 소명이 있는 경우에는 위의 자금출처에 대한 소명을 배제한다(상증법 집행기준 45 - 34 - 3). 다만, 동 기준 금액 이하라 하더라도 증여받은 사실이 확인되면 증여세를 과세한다.

| 자금출처 증여추정 배제기준 |

구 분	재산취득		채무상환	총액한도
	주택	기타재산		
30세 미만	5천만원	5천만원	5천만원	1억원
30세 이상	1억5천만원	5천만원	5천만원	2억원
40세 이상	3억원	1억원	5천만원	4억원

(2) 금전 무상대출 등에 대한 이익의 증여

특수관계인*으로부터 또는 거래 관행상 정당한 사유 없이 타인으로부터 금전을 무상 또는 적정이자율**보다 낮은 이자율로 대출받은 경우에는, 그 금전을 대출받은 자가 아래의 금액을 해당 대출을 받은 날에 증여받은 것으로 보아 증여세를 신고·납부한다(상증법 제41조의4).

다만, 아래의 각 금액이 1천만원 미만인 경우에는 증여세 과세 대상에서 제외한다. 만약 대출 기간이 정하여지지 않은 경우에는 그 대출 기간을 1년으로 보고, 대출 기간이 1년 이상인 경우에는 1년이 되는 날의 다음 날에 매년 새로 대출받은 것으로 보아 해당 증여재산가액을 계산한다.

① 무상대출의 경우 : 대출금액×적정이자율
② 적정이자율보다 낮은 이자율 대출의 경우 : (대출금액×적정이자율) - 실제 지급이자

* 상증법 시행령 제2조의2에 의한 특수관계인
  ⅰ) 혈족·인척 등 친족 관계에 있는 자
    - 4촌 이내의 혈족
    - 3촌 이내의 인척
    - 배우자
    - 친생자로서 다른 사람에게 친양자 입양된 자 및 그 배우자·직계비속
    - 혼외 출생자의 생부나 생모
    - 직계비속의 배우자의 2촌 이내 혈족과 그 배우자
  ⅱ) 사용인(출자지배법인의 사용인 포함)이나 사용인 외의 자로서 본인의 재산으로 생계를 유지하는 자
  ⅲ) 아래의 어느 하나에 해당하는 자
    ㉠ 본인이 개인인 경우
      - 본인이 직접 또는 본인과 ⅰ)의 관계에 있는 자가 임원에 대한 임면권의 행사 및 사업방침의 결정 등을 통하여 그 경영에 대하여 사실상의 영향력을 행사하고 있는 기업집단의 소속기업(해당 기업의 임원과 퇴직 후 3년이 지나지 않은 퇴직임원 포함)
    ㉡ 본인이 법인인 경우
      - 본인이 속한 기업집단의 소속기업과 해당 기업의 임원에 대한 임면권의 행사 및 사업방침의 결정 등을 통하여 그 경영에 관하여 사실상의 영향력을 행사하고 있는 자 및 그와 ⅰ)의 관계에 있는 자
  ⅳ) 본인 또는 ⅰ)~ⅲ)의 자가 단독 또는 공동으로 재산을 출연하여 설립하거나 이사의 과반수를 차지하는 비영리법인
  ⅴ) ⅲ)에 해당하는 기업의 임원 또는 퇴직임원이 이사장인 비영리법인
  ⅵ) 본인 또는 ⅰ)~ⅴ)의 자가 단독 또는 공동으로 발행주식총수 또는 출자총액(이하 "발행주식총수 등")의 100분의 30 이상을 출자하고 있는 법인
  ⅶ) 본인 또는 ⅰ)~ⅵ)의 자가 단독 또는 공동으로 발행주식총수 등의 100분의 50 이상을 출자하고 있는 법인
  ⅷ) 본인 또는 ⅰ)~ⅶ)의 자가 단독 또는 공동으로 재산을 출연하여 설립하거나 이사의 과반수를 차지하는 비영리법인
** 적정이자율 : 2025년 2월 현재 4.6%

10) 증여세 과세체계

증여재산 가액	• 증여재산가액 　- 재산 또는 이익 무상 이전 : 시가로 평가한 가액 　- 현저히 높거나 낮은 대가 이전 : 대가와 시가의 차이(차액이 　　3억 이상이거나 시가의 30/100 이상인 경우 한정) 　- 재산 취득 후 해당 재산의 가치 증가 이익(가치상승 금액이 　　3억원 이상이거나 취득가액에 통상적인 가치상승분 등을 　　더한 금액의 30/100 이상인 경우 한정)
(-) 비과세 및 과세가액 불산입액	• 비과세 : 국가·지방자치단체로부터 증여받은 재산 등 • 과세가액 불산입 : 공익법인 등에 출연한 재산 등
(-) 채무	그 증여재산에 담보된 채무(임대보증금 포함)로서 수증자가 해당 채무를 인수한 것 : 금융회사 등의 서류, 채무부담계약서 등의 증빙 확인
(+) 증여재산 가산액	수증자가 해당 증여일 전 10년 이내에 동일인(직계존속인 경우 배우자 포함)으로부터 받은 증여재산가액을 합친 금액이 1천만원 이상인 경우 증여세 과세가액 합산. 단, 합산배제증여재산 제외
증여세 과세가액	
(-) 증여재산공제 등	• 증여재산공제 : 수증자 기준 증여자에 따라 10년간 아래 금액 공제 가능 　- 증여자가 배우자 : 6억원 　- 증여자가 직계존속(배우자 포함) : 5천만원 (단, 수증자가 　　미성년자인 경우에는 2천만원) 　- 증여자가 직계비속(배우자의 직계비속 포함) : 5천만원 　- 증여자가 위 외에 6촌 이내 혈족, 4촌 이내 인척 : 1천만원 • 혼인·출산 증여재산공제 : 혼인일 전후 2년(총 4년) 이내 또는 자녀의 출생·입양일로부터 2년 이내에 받은 증여는 일반공제와 별개로 1억원 공제. 단, 혼인, 출산 공제 합계 1억원 한도 • 재해손실공제 : 신고기한 내 재난으로 멸실·훼손된 손실가액 공제
(-) 감정평가수수료	• 감정평가업자 수수료 : 5백만원 한도 • 비상장주식 평가수수료 : 평가대상법인 및 평가전문기관별 1천만원 한도 • 서화·골동품 등 : 5백만원 한도
증여세 과세표준	합산배제증여재산 중 증여의제는 감정평가수수료만 차감하고 이외 합산배제증여재산은 3천만원 공제 후 감정평가수수료만 차감
(×) 세율	10%~50%의 5단계 누진세율(상속세율과 동일)

증여세 산출세액	(증여세 과세표준×세율) − 누진공제액
(+) 세대생략 할증세액	• 수증자가 증여자의 자녀가 아닌 직계비속이면 산출세액의 30% 할증(단, 미성년자가 20억원을 초과하여 증여받은 경우에는 40% 할증) • 직계비속의 사망으로 최근친 직계비속이 증여받는 경우는 적용 제외
(−) 세액공제	납부세액공제, 신고세액공제, 박물관 자료 등 징수 유예
납부할 세액	증여받은 날이 속하는 달(비상장주식 상장·법인 합병 등 사유의 경우 정산기준일 등)의 말일부터 3개월 이내 신고·납부

❸ 재산평가

1) 주요 용어의 정의

가. 평가기준일

상속세 또는 증여세가 부과되는 재산의 평가기준일은 상속 개시일 또는 증여일(증여재산 취득시기)를 의미한다.

나. 해당 재산과 동일·유사 재산

재산평가에서 해당 재산은 상속 또는 증여가 이루어진 그 재산(예 : 101동 101호)을 말하고, 동일하거나 유사한 재산이란 상속 또는 증여가 이루어진 재산과 동일하거나 유사한 재산(예 : 101동 102호, 103호 104호 등)을 의미한다.

---

* 유사성 판단 기준 (상증법 시행규칙 제15조 【평가의 원칙 등】)
  ① 공동주택 : 아래 세 가지를 모두 충족해야
     • 평가대상 주택과 동일한 공동주택단지 내에 있을 것
     • 평가대상 주택과 주거전용면적 차이가 5% 이내일 것
     • 평가대상 주택과 공동주택가격의 차이가 5% 이내일 것
  ② 일반재산 : 평가대상 재산과 면적·위치·용도·종목 및 기준시가가 동일하거나 유사한 다른 재산
  ☞ 시가로 보는 가액이 둘 이상인 경우, 공동주택은 평가대상 주택과 공동주택가격 차이가 가장 적은 주택으로 하고, 그 외 일반재산은 평가기준일을 전후하여 가장 가까운 날에 해당하는 가액으로 한다(상증법 시행령 제49조).

다. 평가 기간

상속재산의 평가 기간은 "평가기준일(상속일) 전후 6개월"이고 증여재산의 평가 기간은 "평가기준일(증여일) 전 6개월 후 3개월"인데, 이를 계산할 때 초일불산입(평가기준일 미포함)한다.

라. 매매 등의 가액

재산평가에서 "매매 등의 가액"이란 매매가액과 수용 또는 공매가액, 감정가액 등을 의미한다.

마. 법정결정기한

세무서장 등은 상속세나 증여세의 과세표준 신고를 받은 날부터 대통령령으로 정하는 기간(이하 "법정결정기한") 이내에 과세표준과 세액을 결정하여야 한다(상증법 제76조 제3항). 여기에서 법정결정기간이란, 상속세는 신고 기한부터 9개월, 증여세는 신고 기한부터 6개월을 말한다.

2) 평가의 원칙(상증법 제60조)

상속세나 증여세가 부과되는 재산의 가액은 상속 개시일 또는 증여일(이하 "평가기준일") 현재의 시가로 평가하는 것을 원칙으로 한다. 여기서 시가는 불특정다수인 사이에 자유롭게 거래가 이루어지는 경우에 통상적으로 성립된다고 인정되는 가액으로, 수용가액과 공매가격, 감정가격 등 아래 순서에 따른 가액을 시가에 포함한다. 시가 산정이 어려운 경우에는, 해당 자산의 종류, 규모, 거래 상황 등을 고려하여 규정한 보충적 평가방법에 의한다.

(1) 시가 적용의 순서

① 평가기간* 이내 재산의 매매·감정·수용·공매 또는 경매(이하 "매매 등") 가액

   * 상속은 평가기준일 전 6개월부터 후 6개월, 증여는 평가기준일 전 6개월부터 후 3개월

② 평가기준일 전 2년에서 법정결정기한(평가기간 제외)까지의 해당 재산의 매매 등 가액으로 평가심의위원회의 심의를 거쳐 확인되는 가액

   • 매매사실이 있는 경우 그 거래가액으로 하되, 특수관계인과의 거래 등 객관적으로 부당하다고 인정되는 경우와 발행주식총액 또는 출자총액의 1/100과 3억원 중 적은 금액 미만인 비상장주식 거래의 경우는 제외한다.

   • 해당 재산(주식 등 제외)에 둘 이상의 공신력 있는 감정기관이 평가한 감정가액이 있는 경우 그 감정가액의 평균액으로 하되, 상속세 및 증여세의 납부 목적에 적합하지 아니하거나 당해 재산의 원형대로 감정하지 아니한 경우의 감정가액은 제외하고, 감정가액이 보충적 평가방법에 의한 가액과 유사재산 시가의 90/100에 해당하는 금액 중 적은 금액에 미달하는 경우는 세무서장이 다른 감정기관에 의뢰해 평가한 금액으로 하되, 당해 가액이 납세자가 제시한 감정가액보다 낮은 경우는 제외한다.

   • 해당 재산에 수용·경매 또는 공매 사실이 있는 경우에는 당해 가액으로 하되, 상속세의 물납 재산을 당해 상속인 또는 그의 특수관계인이 경매 또는 공매로 취득한 경우와 발행주식총액 또는 출자총액의 1/100과 3억원 중 적은 금액 미만의 경매 또는 공매

가액으로 비상장주식을 취득한 경우는 제외한다.

③ 평가기간* 이내 해당 재산과 동일·유사한 재산의 매매 등 가액(복수인 경우, 평가
기준일로부터 가장 가까운 날** 가액으로 하고, 가까운 날이 복수인 경우는 평균값)

  * 과세표준을 신고한 경우 : 평가기준일 전 6개월부터 신고일까지 매매 등 가액을 적용
  ** 공동주택은 평가대상 주택과 공동주택가격 차이가 가장 적은 주택

④ 평가기준일 전 2년에서 법정결정기한(평가기간 제외)*까지 해당 재산과 동일·유사한
재산의 매매 등 가액으로 평가심의위원회의 심의를 거쳐 확인되는 가액

  * 상속세(증여세) 신고 기한부터 9개월(6개월)

⑤ 위 ①~④의 가액을 산정하기 어려운 경우, 상증법 제61조~제65조에 따라 평가(보충적
평가)한 가액

  * ⑤를 적용하는 경우, 부동산, 선박 등에 대한 임대차계약이 체결되거나 임차권이 등기된 재산일 때
  임대료 등 환산가액(임대보증금+연임대료÷12%)을 비교하여 큰 가액으로 평가

(2) 상장주식과 가상자산의 평가

다만, 유가증권시장과 코스닥시장에서 거래되는 상장주식과 가상자산은 아래와 같이 계산한
금액으로 한다.

- 주권상장법인의 주식 : 평가기준일(공휴일 등인 경우 그 전일) 이전·이후 각 2개월
  동안 공표된 매일의 거래소 최종 시세가액(거래실적 무관)의 평균액(증자·합병 등의
  경우 별도로 정하는 기간)
- 가상자산 : 국세청장이 고시하는 가상자산사업자*의 사업장에서 거래되는 가상자산은
  평가기준일 전·이후 각 1개월 동안에 해당 가상자산사업자가 공시하는 일평균가액의
  평균(이외의 가상자산은 사업자 등이 공시하는 거래일의 일평균가액 또는 종료시각에
  공시된 시세가액 등 합리적으로 인정되는 가액)

  * 두나무(주) – 업비트, ㈜빗썸코리아 – 빗썸, ㈜코빗 – 코빗, ㈜코인원 – 코인원, ㈜스트리미-고팍스

사 례

상속 개시일(증여일)이 2024년 7월 7일인 경우
- [평가 기간] 평가기준일 전후 6개월(증여 전 6개월, 후 3개월) : 2024. 1. 7.~2025. 1.
  7(2024. 10. 7.)
- [상장주식] 평가기준일 이전, 이후 2개월 : 2024. 5. 8.~2024. 9. 6.
- [가상자산] 평가기준일 전, 이후 1개월 : 2024. 6. 7.~2024. 8. 6.

3) 보충적 평가 방법(상증법 제61조~제66조)

(1) 부동산의 평가

부동산은 원칙적으로 해당 부동산의 매매 등의 가격이 있는 경우 그 가액으로 평가하나, 동 시가를 산정하기 어려운 경우에는 보충적 평가 방법으로 평가한다. 이 경우 토지는 기준일 현재 「부동산가격공시에 관한 법률」에 따라 고시된 개별공시지가를 적용하고, 건물의 시가를 산정하기 어려운 경우에는 평가기준일 현재 고시된 가액을 적용하는데 아래와 같이 정리해 볼 수 있다.

부동산 유형	보충적 평가 방법
토지	「부동산 가격공시에 관한 법률」에 의한 개별공시지가
주택	「부동산 가격공시에 관한 법률」에 의한 개별주택가격 및 공동주택가격
일반건물	신축가격기준액·구조·용도·위치·신축연도·개별건물의 특성 등을 감안하여 매년 1회 이상 국세청장이 고시*하는 가액 * 국세청 건물 기준시가 계산방법 고시
오피스텔 및 상업용 건물	• 국세청장이 지정하는 지역에 소재하면서 국세청장이 토지와 건물에 대하여 일괄하여 산정·고시*한 가액이 있는 경우 그 고시한 가액 • 국세청장이 일괄하여 산정·고시한 가액이 없는 경우에는 토지와 건물을 별도로 평가한 가액 * 오피스텔 및 상업용 건물에 대한 기준시가 공시
임대차계약이 체결된 재산	평가기준일 현재 시가에 해당하는 가액이 없는 경우로서 사실상 임대차계약이 체결되거나, 임차권이 등기된 부동산일 경우 : Max[①보충적 평가액, ②임대보증금 환산가액] ① 보충적 평가액 : 토지의 개별공시지가 및 건물의 기준시가 ② 임대보증금 환산가액 : (임대보증금) + (1년간 임대료 합계액* ÷ 0.12) * 1년간 임대료 합계액 = 평가기준일이 속하는 월의 임대료 × 12개월

| 개별공시지가, 개별주택가격, 공동주택가격 및 국세청 기준시가는 통상 1년에 1회 고시 |

부동산 종류	보충적 평가액	공시(고시)일자	공시(고시)기관
토지	개별공시지가	매년 1월 1일	시·군·구청장
일반건물(아래 건물 제외)	건물 기준시가(건물)	매년 1월 1일	국세청장
오피스텔 및 상업용 건물 (지정지역, 일정 규모 이상)	국세청장 고시가액 (토지+건물)	매년 1월 1일	국세청장
단독주택	개별주택가격(토지+건물)	매년 4월말	시·군·구청장
공동주택	공동주택가격(토지+건물)	매년 4월말	국토교통부장관

(2) 유가증권의 평가

가. 주식 등의 평가

① 상장주식

유가증권시장과 코스닥시장의 상장주식은 평가기준일(공휴일 등인 경우 그 전일) 이전·이후 각 2개월 동안 공표된 매일의 거래소 최종 시세가액(거래실적 무관)의 평균액(증자·합병 등의 경우 별도로 정하는 기간)으로 평가한다.

② 비상장주식(코넥스시장과 K-OTC시장 주식 포함)

비상장주식은 아래 계산식에 따라 평가한 당해 법인의 1주당 순손익가치와 순자산가치를 구하여 각각 3:2(부동산과다보유법인*의 경우에는 2:3)의 비율로 가중 평균한 금액으로 평가한다. 다만, 그 가중 평균한 가액이 1주당 순자산가치의 80%보다 낮은 경우에는 1주당 순자산가치에 100분의 80을 곱한 금액으로 한다.

* 법인의 자산총액 중 부동산 등(토지, 건물, 부동산권리 등)의 합계액이 차지하는 비율이 50/100 이상인 법인

1주당 평가액	Max {[(1주당 순손익가치×3)+(1주당 순자산가치×2)]÷5, 1주당 순자산가치×80%} (단, 부동산과다보유법인은 순손익가치:순자산가치의 비율을 2:3으로 함)
1주당 순손익가치	1주당 최근 3년간의 순손익액의 가중평균액÷3년 만기 회사채의 유통수익률을 감안하여 기획재정부령으로 정하는 이자율*
1주당 순자산가치	당해 법인의 순자산가액÷발행주식총수

  * 2025년 2월 현재 : 10%
  ** 아래 법인은 순자산가치만으로 평가
    - 사업개시 전이거나 개시 후 3년 미만 또는 휴업·폐업·청산절차 진행 중인 법인
    - 자산총액 중에 주식 등 또는 부동산 등의 보유비율이 각 80% 이상인 법인
    - 존속기한이 3년 이내인 법인
  *** 최대주주에 대해서는 주식 등(중소기업 및 평가기준일이 속하는 사업연도 전 3년 이내의 사업연도부터 계속하여 결손금이 있는 법인의 주식 등 제외)의 평가액에 그 가액의 100분의 20을 가산(최대주주 할증과세)

나. 국채 등과 전환사채 등의 평가

① 거래소에서 거래되는 국채 등(국채·공채·사채)

거래소에서 거래되는 국채 등의 평가금액은 평가기준일(공휴일 등인 경우 그 전일) 이전 2개월 동안 공표된 매일의 거래소 최종 시세 가액(거래실적 무관)의 평균액과 평가기준일 이전 최근일의 최종 시세가액 중 큰 가액으로 한다. 다만, 평가기준일 이전 2개월의 기간 중 거래실적이 없는 국채 등은 ②의 평가 방법을 준용한다.

② 위 외의 국채 등

타인으로부터 매입한 국채 등(발행기관 및 발행회사로부터 액면가액으로 직접 매입한 것은 제외)은 매입가액에 평가기준일까지의 미수이자 상당액을 가산한 금액으로 하고, 이외의 국채 등은 평가기준일 현재 이를 처분하는 경우에 받을 수 있다고 예상되는 금액("처분예상금액")으로 한다. 다만, 처분예상금액을 산정하기 어려운 경우에는 투자매매업자·투자중개업자·회계 법인·세무법인 중 둘 이상이 평가한 금액의 평균액으로 한다.

③ 전환사채 등(전환·교환·주식인수 등의 권리가 부여된 사채)의 평가

거래소에서 거래되는 전환사채 등은 거래소에서 거래되는 국채 등의 평가 방법을 준용하고, 그 외의 전환사채 등은 주식으로의 전환 가능 기간 여부 및 그 종류 등에 따라 상증법 시행령에서 정하는 방법을 따른다.

(3) 저당권 등이 설정된 재산의 평가

저당권 등이 설정된 재산은 재산평가액을 보다 시세에 근접한 가액으로 산정하기 위해 담보로 제공된 부동산 등을 시가 또는 보충적 평가 방법으로 평가한 금액보다 피담보채권액이 더 클 경우 그 채권액을 시가로 적용한다.

가. 적용 대상 재산

① 저당권 또는 질권이 설정된 재산
② 양도담보재산
③ 전세권이 등기된 재산(임대보증금을 받고 임대한 재산 포함)
④ 위탁자의 채무 이행을 담보할 목적으로 신탁계약을 체결한 재산

나. 평가 특례가액

Max[①, ②]

① 평가기준일 현재 해당 재산의 시가(또는 보충적 평가방법에 의한 평가액)
② 평가기준일 현재 해당 재산이 담보하는 채권액 등을 기준으로 평가한 가액*

  * 과거 설정되어 있던 근저당권을 모두 말소하여 상속 개시일 또는 증여일 현재 저당권이 없는 경우 적용 불가

| 재산이 담보하는 채권액(상증법 집행기준 66 – 63 – 2, 3) |

구 분		평 가 방 법
저당권	저당권	해당 재산이 담보하는 채권액
	근저당권	해당 재산이 담보하는 채권액 단, 채권최고액보다 채권액이 큰 경우 채권최고액
	공동 저당권이 설정된 재산	해당 재산이 담보하는 채권액을 공동 저당된 재산의 평가기준일 현재의 가액으로 안분
질권 설정된 재산 및 양도담보재산		해당 재산이 담보하는 채권액
「자동차저당법」에 의한 자동차 등 단기소모성 재산		해당 재산이 담보하는 채권액
전세권이 등기된 재산		등기된 전세금(임대보증금을 받고 임대한 경우 임대보증금)
담보신탁 계약이 설정된 재산		우선수익자인 채권자에 대해 담보하는 채권액

- 평가기준일 현재 설정되어 있는 채권액 등에 한하여 적용
- 외화채권액의 경우 평가기준일 현재 기준환율 또는 재정환율로 환산
- 해당 재산에 물적 담보 외 신용보증기관 등의 보증이 있는 경우, 담보채권액에서 보증액을 차감하여 평가
- 동일한 재산이 다수의 채권(전세금 및 임차보증금 채권 포함)을 담보하는 경우, 담보하는 채권 합계액으로 평가

④ 과세표준의 신고 및 자진 납부

1) 과세표준의 계산

(1) 상속세 과세표준의 계산

상속세 과세표준은 상속세 과세가액에서 상속공제와 상속재산의 감정평가수수료를 차감한 금액으로 한다. 이때, 상속세 과세표준이 50만원 이하이면 상속세를 부과하지 아니한다(상속세 과세 최저한).

(2) 증여세 과세표준의 계산

증여세 과세표준은 합산배제증여재산 여부를 구분하여 아래와 같은 방식으로 계산한다. 다만, 증여세 과세표준이 50만원 이하이면 증여세를 부과하지 아니한다(증여세 과세 최저한).

구 분	증여세 과세표준
합산배제 증여재산	① (명의신탁재산의 증여의제) 명의신탁금액 - 감정평가수수료 ② (특수관계인과의 거래를 통한) 증여의제 이익 - 감정평가수수료 ③ (특수관계법인으로부터 제공받은 사업 기회로 발생한) 증여의제 이익 　 - 감정평가수수료
	①, ②, ③을 제외한 경우, 그 합산배제증여재산 - 3천만원 - 감정평가수수료
합산배제 증여재산 외	(수증자가 거주자인 경우) 증여세과세가액 - 증여재산공제 - 재해손실공제 　 - 감정평가수수료
	(수증자가 비거주자인 경우) 증여세과세가액 - 재해손실공제 - 감정평가수수료

2) 세율

상속세와 증여세의 세율체계는 동일하다.

과세표준	세 율
1억원 이하	과세표준의 10%
1억원 초과 5억원 이하	1천만원 + (1억원을 초과하는 금액의 20%)
5억원 초과 10억원 이하	9천만원 + (5억원을 초과하는 금액의 30%)
10억원 초과 30억원 이하	2억4천만원 + (10억원을 초과하는 금액의 40%)
30억원 초과	10억4천만원 + (30억원을 초과하는 금액의 50%)

* 세대를 건너뛴 상속에 대한 할증과세 (상증법 제27조) : 상속인이나 수유자가 피상속인의 자녀를 제외한 직계비속인 경우, 상속세 산출세액에 상속재산(상속인이나 수유자가 받은 증여재산을 포함) 중 그 상속인 또는 수유자가 받았거나 받을 재산이 차지하는 비율을 곱하여 계산한 금액의 100분의 30(피상속인의 자녀를 제외한 직계비속이면서 미성년자에 해당하는 상속인 또는 수유자가 받았거나 받을 상속재산의 가액이 20억원을 초과하는 경우에는 100분의 40)에 상당하는 금액을 가산한다. 다만, 「민법」 제1001조에 따른 대습상속(代襲相續)*의 경우에는 그러하지 아니하다.

* 상속인이 될 형제자매 또는 직계비속의 사망으로 최근친 직계비속이 되는 경우

3) 과세표준의 신고 및 납부

(1) 신고 및 납부(상증법 제67조, 제68조, 제70조)

상속세 납세의무자는 상속 개시일이 속하는 달의 말일부터 6개월(비거주자는 9개월) 이내에 상속세의 과세가액과 과세표준을 피상속인의 주소지 관할(상속개시지가 국외인 경우 주된 상속재산의 소재지 관할) 세무서장에 신고하고 상속세를 납부하여야 한다. 만약 피상속인의 실종선고로 인하여 상속이 개시되는 경우는 피상속인의 상속개시지 관할 세무서장, 상속개시지가 불분명한 경우에는 주된 상속인의 주소지 관할 세무서장으로 한다.

증여세 납세의무자는 증여받은 날이 속하는 달의 말일부터 3개월 이내에 증여세의 과세가액과 과세표준을 수증자의 주소지 관할(수증자가 비거주자이거나 주소·거소가 불분명한 경우 또는 명의신탁재산의 증여의제의 경우는 증여자의 주소지 관할) 세무서장에 신고하고 증여세를 납부하여야 한다. 만약 수증자와 증여자가 모두 비거주자 또는 주소가 불분명한 경우에는 증여재산 소재지 관할 세무서장으로 한다.

납부할 세액이 1천만원을 초과하는 경우 납부할 금액의 일부를 납부기한 경과 후 2개월 이내에 아래와 같이 분납할 수 있다.

• 납부할 세액이 2천만원 이하 : 1천만원을 초과하는 금액
• 납부할 세액이 2천만원 초과 : 그 세액의 50% 이하의 금액

(2) 가산세

만약 위 기한 내에 과세표준을 신고하지 아니하거나, 기한 내 납부할 세액을 납부하지 아니한 경우에는 아래의 가산세를 부과한다.

가. (무신고 가산세)

① 부정행위로 기한 내 미신고한 경우 : 납부할 세액의 40%
② ①호 외의 경우 : 납부할 세액의 20%

나. (납부지연 가산세) 아래 둘을 합한 금액

① 미납세액 × 납부기한 다음 날부터 납부일까지 일수 × 대통령령이 정하는 이자율*

② 미납 또는 과소 납부세액 × 3%(납부고지서상 납부기한까지 완납하지 아니한 경우 한정)

  * 2025년 2월 현재 : 1일 22/100,000

(3) 연부연납

상속세나 증여세 납부세액이 2천만원을 초과하는 경우 납세의무자는 관할세무서장에 연부연납* 신청이 가능하다. 이 경우 납세의무자는 담보를 제공하여야 하는데, 「국세징수법」 제18조 제1항 제1호부터 제4호까지의 규정에 따른 납세담보**를 제공하여 연부연납 허가를 신청하는 경우에는 그 신청일에 연부연납을 허가받은 것으로 보도록 하고 있다(상증법 제71조).

 * 연부연납(年賦延納) : 세금 일부의 납부 기한을 연장하되 매년 일정 금액을 납부하는 제도
** 금전, 유가증권, 납세 보증보험증권, 은행 등의 납세보증서

연부연납의 기간은 아래 기간의 범위에서 해당 납세의무자가 신청한 기간으로 한다. 다만, 각 회분의 분할납부 세액이 1천만원을 초과하도록 연부연납기간을 정하여야 한다.

가. 상속세

① 가업상속공제 또는 중소기업 또는 중견기업을 상속받은 경우의 상속재산(사립 유치원에 직접 사용하는 재산 등 포함): 연부연납 허가일부터 20년 또는 연부연납 허가 후 10년이 되는 날부터 10년

② 그 밖의 상속재산: 연부연납 허가일부터 10년

나. 증여세

① 「조세특례제한법」 제30조의6의 가업승계 과세특례를 적용받은 증여재산: 연부연납 허가일부터 15년

② 그 밖의 증여재산: 연부연납 허가일부터 5년

그리고, 연부연납의 허가를 받은 경우, 미납세액의 미납 일수에 1일 연 3.5%*를 곱한 금액을 연부연납 가산금으로 각 회분의 분할납부세액에 가산하여 납부한다.

'17.3.15~ '18.3.18	'18.3.19~ '19.3.19	'19.3.20~ '20.3.12	'20.3.13~ '21.3.15	'21.3.16~ '23.3.19	'23.3.20~ '24.3.21	'24.3.22~
연 1.6%	연 1.8%	연 2.1%	연 1.8%	연 1.2%	연 2.9%	연 3.5%

(4) 물납

납세지 관할 세무서장은 아래 요건을 모두 갖춘 납세의무자의 신청에 따라 상속세의 물납을 허가할 수 있다(상증법 제73조).

① 상속재산(상속재산에 가산하는 상속인 및 수유자가 받은 증여재산 포함) 중 부동산과 유가증권(국내 소재 부동산 등 물납에 충당할 수 있는 재산에 한정)의 가액이 해당 상속재산가액의 2분의 1을 초과할 것

② 상속세 납부세액이 2천만원을 초과할 것

③ 상속세 납부세액이 상속재산가액 중 금융재산*의 가액(증여재산 제외)을 초과할 것

* 예금 · 적금 · 부금 · 계금 · 출자금 · 특정금전신탁 · 보험금 · 공제금 및 어음

4) 상속세 및 증여세 절세 방법

(1) 상속세의 절세

가. 사전증여의 활용

우리나라 상속세 세율은 누진세율 구조로 되어 있어서 상속세 과세 재산이 많을수록 세금이 커진다. 따라서, 상속재산에 포함되는 재산을 줄이는 방법이 필요한데, 그중 하나가 상속할 재산을 미리 분산하기 위해 사전증여를 활용하는 방법이다. 하지만 사전증여를 잘 활용하면 절세 효과를 볼 수 있지만, 상속 개시일로부터 10년 이내에 상속인에게 증여한 재산은 상속재산에 가산하고, 더욱이 사전증여재산은 상속공제를 받을 수 없기 때문에(상증법 제24조), 자칫 사전증여를 잘못 하면 오히려 세금이 더 나올 수 있으므로 유의해야 한다.

나. 상속공제 제도의 활용

이미 알아본 바와 같이 거주자가 피상속인의 상속재산을 상속할 경우, 상속공제 제도가 있는데, 이를 잘 활용하는 것이 절세를 할 수 있는 지름길이다. 상속공제는 기초공제나 인적공제 외에 배우자공제, 일괄공제, 동거주택상속공제, 가업상속공제 등이 있는데, 배우자공제는 최소 5억에서 상속재산에 대한 배우자의 법정 지분(타 상속인 대비 5할 가산)을 한도로 최고 30억원까지 공제받을 수 있다. 배우자는 상속재산이 없더라도 최소 5억원을 공제하고, 상속인은 기초공제와 인적공제 대신 5억원의 일괄공제를 선택할 수 있으므로, 배우자와 자녀가 상속인인 경우, 최소 10억원의 공제를 받을 수 있다.

또한, 주택상속공제는 직계비속 또는 그의 배우자가 상속인일 때, 무주택자로서 피상속인과

10년 이상 1주택에서 동거한 주택의 전부 또는 일부를 상속받을 경우, 6억원을 한도로 공제해 주는 제도인데, 이를 잘 활용할 필요가 있다.

다. 종신보험의 활용

부동산 가격의 급등으로 상속받을 재산이 배우자공제와 일괄공제를 합한 10억원을 초과하는 경우가 늘면서, 상속세 부담을 걱정해야 하는 사람이 많이 늘었다. 그런데 상속재산의 대부분이 부동산인 경우, 납부할 상속세 재원을 마련하기가 쉽지 않은데, 이런 경우를 대비해 종신보험을 보조수단으로 활용할 필요가 있다. 즉, 사망보험금을 상속세로 대신하는 것이다. 그런데, 피상속인이 보험료를 납부하다가 사망한 후에 자녀가 보험금을 받는 경우, 당해 보험금도 상속재산에 포함되기 때문에, 수입이 있는 자녀가 부모를 피보험자로 하는 보험에 보험료를 납부하고 그 증빙을 갖춰놓는 것이 좋다.

(2) 증여세의 절세

가. 증여재산가액의 활용

증여세 계산구조는 증여세 재산 가액에서부터 출발하기 때문에 우선 재산 가액을 낮추는 방법을 찾아야 한다.

증여재산의 평가는 증여일 현재의 시가를 원칙으로 한다. 이때, 시가란 불특정다수인 사이에 자유로이 거래가 이루어지는 경우에 통상 성립된다고 인정되는 가액으로, 증여일 전 6개월·후 3개월 내의 평가 기간 중 매매·감정·수용·경매 또는 공매가액을 포함한다.

① 당해 재산의 매매 사실이 있는 경우 : 그 거래가액(특수관계자와의 거래 등 제외)

② 2 이상의 감정기관(기준시가 10억 이하 시 1 이상) 평가액 있는 경우 : 그 평균액

③ 수용·경매·공매 사실이 있는 경우 : 그 가액

④ 증여일 전 6개월부터 신고일까지 위치·면적 등 및 기준시가가 동일하거나 유사한 다른 재산의 매매가액·감정가액의 평균액 등이 있는 경우 : 그 금액

⑤ 평가 기간에 해당하지 않는 기간으로 증여일 전 2년 이내, 신고 기한 후 6개월까지의 기간 중 위치·면적 등 및 기준시가가 동일하거나 유사한 다른 재산의 매매가액·감정가액이 있는 경우로 납세자 세무서장 등이 재산평가심의위원회에 심의 신청하고 시가로 인정한 경우 : 당해 가액

다만, 시가를 산정하기 어려운 경우, 부동산은 보충적 평가 방법으로 평가한다.

그런데, 증여일 현재 당해연도의 기준가격이 공시되어 있으면 당해연도의 기준가격을

적용하지만, 당해연도의 기준가격이 없으면 이미 고시되어 있는 전년도 기준가격을 적용한다. 따라서, 이미 고시된 금액을 확인하고 당해연도의 고시 예상액과 비교하여 유리한 방향*으로 의사결정하는 것이 합리적이다.

* 부동산의 경우, 시가를 산정하기 어려운 것으로 판단되는 경우에만 활용 가능

나. 부담부증여의 활용

증여세 과세가액은 증여재산가액을 합친 금액에서 그 증여재산에 담보된 채무(임대보증금 포함)로서 수증자가 인수한 금액을 차감한 금액으로 한다. 다만, 배우자 간 또는 직계존비속 간의 부담부증여는 원칙적으로 인정하지 아니하나, 객관적으로 인정되는 경우는 제외한다. 예를 들어, 부동산의 경우 전세보증금, 금융기관 대출금액 등을 인정한다.

따라서, 이러한 부담부증여를 활용하는 것도 절세의 한 방법이 될 수 있다.

다. 증여재산공제 확인

이미 알아본 바와 같이 상증법에서는 증여재산에 대한 증여세를 계산할 때 증여재산공제를 한다. 따라서, 수증자 기준 증여자 그룹별로 아래의 증여재산 공제금액을 확인하여 적극 활용하는 것이 절세 측면에서 필요하다.

증여자그룹	배우자	직계존속	직계비속	기타 친족	그외
증여재산공제액 (10년 한도액)	6억원	5천만원 (미성년자 2천만원)	5천만원	1천만원	0원
혼인·출산 증여재산공제액	–	1억원	–	–	–
유의할 내용	법률혼만 가능 사실혼 불가	양부모 포함 계부모 포함	양자녀 포함 계자녀 포함	4촌 이내 혈족 3촌 이내 인척* * 혈족의 배우자(며느리, 숙모) 배우자의 혈족(시부모) 배우자 혈족의 배우자(동서)	공제 불가

* 시부모와 며느리 간은 직계존비속이 아니고 기타 친족 관계
** 계부, 계모의 부모는 직계존비속으로 보지 않음(기재부 재산세제과-998, 2010.10.21.).

라. 신고세액공제

상속세 또는 증여세 과세표준을 신고한 경우 산출세액에서 징수 유예받은 금액과 다른 법률에 따라 공제 또는 감면되는 세액을 차감한 금액의 3%에 해당하는 금액을 공제해 주므로

이러한 신고세액공제를 통해서도 증여세를 절감할 수 있다.

마. 10년 이내 동일인(직계존속 배우자 포함) 1천만원 이상 합산

증여재산가액에는 과거 10년 이내에 동일인(직계존속의 배우자 포함)으로부터 수증한 금액이 1천만원 이상인 경우가 포함되므로 자녀가 태어나자마자 주기적으로 증여하는 것도 필요한 절세의 한 방법이다.

예를 들어, 자녀가 부모로부터 2억원을 무이자로 차입한 경우, 세법상 최소 적용 이율인 4.6%의 이율로 증여재산을 계산하더라도 920만원이므로 1천만원 미만이어서 증여세 부과대상에 해당하지 않는다. 다만, 이 경우, 차용증서를 작성하고, 원금도 상환해야 할 필요가 있다.

바. 창업자금 또는 가업승계 과세특례제도의 활용(조특법 제30조의5, 6)

18세 이상인 거주자가 중소기업을 창업할 목적으로 60세 이상의 부모 또는 조부모(부모 사망 시)로부터 토지, 건물 등의 재산을 제외한 창업자금을 증여받는 경우, 증여세 과세가액에서 5억원을 공제하고, 세율을 10/100으로 하여 증여세를 부과하는 창업자금 과세특례제도를 활용하여 증여세를 절세할 수 있다.

또한, 가업상속공제 대상이 되는 가업의 승계를 목적으로 해당 기업의 주식 또는 출자지분을 18세 이상인 거주자가 60세 이상의 부모 또는 조부모(부모 사망 시)로부터 증여받고 당해 가업을 승계한 경우, 그 주식 등의 가액 중 일정 금액을 한도로 증여세 과세가액에서 10억원을 공제하고, 10/100(과세표준 120억원 초과 시 초과분은 20/100)의 세율을 적용하여 증여세를 부과하는 가업승계 과세특례제도도 있으므로, 절세 수단으로 잘 활용할 수 있다.

관련세법

상속세 및 증여세법 시행령

제66조【자진납부】

제67조【연부연납의 신청 및 허가】

제68조【연부연납금액등의 계산】

제69조【연부연납 가산금의 가산율】

조세특례제한법

제30조의5【창업자금에 대한 증여세 과세특례】

제30조의6【가업의 승계에 대한 증여세 과세특례】

참고문헌

기획재정부. 2023 조세 개요

증여세 기본과정. 국세공무원교육원

질문 사례를 통해 알아보는 증여세. 국세공무원교육원

상속 · 증여 세금 상식. 국세청

증여세 신고 실무. 국세공무원교육원

IV 금융상품과 금융소득 세제

 금융상품

일반 시장에서는 재화나 용역이 거래되지만, 금융시장에서는 경제적 가치를 지닌 다양한 금융상품이 거래된다. 금융상품은 투자자의 특성에 맞게 운용하기 위해 수익성, 유동성, 안전성 등 그 가치 부여 기준이 각기 다른 상품들이 만들어진다. 이러한 금융상품의 정의와 분류는 그 목적에 따라 「금융소비자 보호에 관한 법률」(이하 "금소법")과 국제회계기준, 그리고 자본시장법 등에서 살펴볼 수 있다.

1) 금소법상의 금융상품

금소법은 금융소비자의 권익 증진과 금융상품판매업 및 금융상품자문업의 건전한 시장질서 구축을 위하여 관련 준수사항과 금융소비자 보호에 관한 사항을 규정하고 있는데, 동법 제2조에서는 금융상품을 아래의 어느 하나에 해당하는 것으로 정의한다.

① 「은행법」에 따른 예금 및 대출
② 「자본시장과 금융투자업에 관한 법률」에 따른 금융투자상품
③ 「보험업법」에 따른 보험상품
④ 「상호저축은행법」에 따른 예금 및 대출
⑤ 「여신전문금융업법」에 따른 신용카드, 시설대여, 연불판매, 할부금융
⑥ 그 밖에 위의 상품과 유사한 것으로 대통령령이 정하는 것
 • 「대부업 등의 등록 및 금융이용자 보호에 관한 법률」에 따른 대부
 • 「신용협동조합법」에 따른 예탁금, 대출 및 공제
 • 「온라인투자연계금융업 및 이용자 보호에 관한 법률」에 따른 연계투자 및 연계대출
 • 「자본시장과 금융투자업에 관한 법률」에 따른 신탁계약 및 투자일임계약
 • 「전자금융거래법」에 따른 소액후불결제

- 「중소기업은행법」에 따른 예금 및 대출
- 「한국산업은행법」에 따른 예금 및 대출
- 그 밖에 위의 금융상품에 준하는 금융상품으로서 금융위원회가 정하여 고시하는 것

2) 국제회계기준상의 금융상품

한국채택국제회계기준(K-IFRS) 기준서 1032호 〈금융상품 : 표시〉는 금융자산과 금융부채의 재무보고에 관한 원칙을 정하여 재무제표이용자가 기업에 관하여 검토하는 데 목적 적합하고 유용한 정보를 제공하고자 금융상품의 회계 처리에 관한 내용을 규정한다. 동 기준서는 금융상품을 거래 당사자 어느 한쪽에는 금융자산이 생기게 하고, 거래상대방에게 금융부채나 지분상품이 생기게 하는 모든 계약으로 정의하고, 금융자산과 금융부채, 지분상품을 아래의 자산으로 하도록 하고 있다.

가. 금융자산

① 현금
② 다른 기업의 지분상품
③ 다음 중 어느 하나에 해당하는 계약상 권리
　㈎ 거래상대방에게서 현금 등 금융자산을 수취할 계약상 권리
　㈏ 잠재적으로 유리한 조건으로 거래상대방과 금융자산이나 금융부채를 교환하기로 한 계약상 권리
④ 기업 자신의 지분상품(이하 '자기지분상품')으로 결제하거나 결제할 수 있는 다음 중 하나의 계약
　㈎ 수취할 자기지분상품의 수량이 변동 가능한 비파생상품
　㈏ 확정 수량의 자기지분상품을 확정 금액의 현금 등 금융자산과 교환하여 결제하는 방법 외의 방법으로 결제하거나 결제할 수 있는 파생상품. 이러한 목적상 자기지분상품에는 다음의 금융상품은 포함하지 않는다.
　　ⅰ) 문단 16A와 16B에 따라 지분상품으로 분류하는 풋 가능 금융상품
　　ⅱ) 발행자가 청산하는 경우에만 거래상대방에게 지분비율에 따라 발행자 순자산을 인도해야 하는 의무를 발행자에게 부과하는 금융상품으로서 문단 16C와 16D에 따라 지분상품으로 분류하는 금융상품
　　ⅲ) 자기지분상품을 미래에 수취하거나 인도하기 위한 계약인 금융상품

나. 금융부채

① 다음 중 어느 하나에 해당하는 계약상 의무

    ㉮ 거래상대방에게 현금 등 금융자산을 인도하기로 한 계약상 의무

    ㉯ 잠재적으로 불리한 조건으로 거래상대방과 금융자산이나 금융부채를 교환하기로 한 계약상 의무

② 자기지분상품으로 결제하거나 결제할 수 있는 다음 중 하나의 계약

    ㉮ 인도할 자기지분상품의 수량이 변동 가능한 비파생상품

    ㉯ 확정 수량의 자기지분상품을 확정 금액의 현금 등 금융자산과 교환하여 결제하는 방법 외의 방법으로 결제하거나 결제할 수 있는 파생상품. 이러한 목적상 기업이 같은 종류의 비파생 자기지분상품을 보유하고 있는 기존 소유주 모두에게 주식인수권, 옵션, 주식매입권을 지분비율에 비례하여 부여하는 경우, 어떤 통화로든 확정 금액으로 확정 수량의 자기지분상품을 취득하는 주식인수권, 옵션, 주식매입권은 지분상품이다. 또 이러한 목적상 자기지분상품에는 다음의 금융상품은 포함하지 않는다.

      ⅰ) 문단 16A와 16B에 따라 지분상품으로 분류하는 풋 가능 금융상품

      ⅱ) 발행자가 청산하는 경우에만 거래상대방에게 지분비율에 따라 발행자 순자산을 인도해야 하는 의무를 발행자에게 부과하는 금융상품으로서 문단 16C와 16D에 따라 지분상품으로 분류하는 금융상품

      ⅲ) 자기지분상품을 미래에 수취하거나 인도하기 위한 계약인 금융상품

예외적으로 금융부채의 정의를 충족하는 금융상품이 문단 16A · 16B나 문단 16C · 16D에서 기술한 모든 특성을 갖추고 해당 문단에서 기술한 조건을 충족한다면, 그 금융상품을 지분상품으로 분류한다.

다. 지분상품

기업의 자산에서 모든 부채를 차감한 후의 잔여 지분을 나타내는 모든 계약

3) 자본시장법상의 금융투자상품

자본시장법에서는 "이익을 얻거나 손실을 회피할 목적으로 현재 또는 장래의 특정 시점에 금전, 그 밖의 재산적 가치가 있는 것을 지급하기로 약정함으로써 취득하는 권리로서, 그 권리를 취득하기 위하여 지급하였거나 지급하여야 할 금전 등의 총액이 그 권리로부터 회수하였거나 회수할 수 있는 금전 등의 총액을 초과하게 될 위험이 있는 것"을 금융투자

상품으로 정의하고 있다. 그리고, 금융투자상품으로서 투자자가 취득과 동시에 지급한 금전 등 외에 어떠한 명목으로든지 추가로 지급의무를 부담하지 아니하는 것을 증권으로 하여 아래 6가지로 분류하고, 그 외의 추가로 지급의무가 있는 것을 파생상품으로 정의한다. 즉, 자본시장법은 투자 원금의 손실 가능성이 있는 것을 금융투자상품으로 정의하고, 동 금융투자상품을 원금 내에서만 손실이 발생할 수 있는 증권과 원금을 초과하여 손실 발생이 가능한 파생상품으로 분류한다.

가. 증권

① 채무증권

국채증권, 지방채증권, 법률에 의하여 직접 설립된 법인이 발행한 특수채증권, 사채권, 기업어음증권(기업이 사업에 필요한 자금을 조달하기 위하여 발행한 약속어음으로서 기업의 위탁에 따라 은행법에 따른 은행 등이 지급대행을 하며 내어준 것으로서 "기업어음증권"이라는 문자가 인쇄된 어음용지를 사용하는 것), 그 밖에 이와 유사한 것으로서 지급청구권이 표시된 것을 말한다.

② 지분증권

주권, 신주인수권이 표시된 것, 법률에 의하여 직접 설립된 법인이 발행한 출자증권, 「상법」에 따른 합자회사·유한책임회사·유한회사·합자조합·익명조합의 출자지분, 그 밖에 이와 유사한 것으로서 출자지분 또는 출자지분을 취득할 권리가 표시된 것을 말한다.

③ 수익증권

신탁업자가 발행한 금전신탁계약에 의한 수익권이 표시된 수익증권, 투자신탁을 설정한 집합투자업자가 발행한 투자신탁의 수익권을 균등하게 분할하여 발행한 수익증권과 그 밖에 이와 유사한 것 등 신탁의 수익권이 표시된 것을 말한다.

④ 투자계약증권

특정 투자자가 그 투자자와 타인(다른 투자자를 포함한다) 간의 공동사업에 금전 등을 투자하고 주로 타인이 수행한 공동사업의 결과에 따른 손익을 귀속받는 계약상의 권리가 표시된 것을 말한다.

⑤ 파생결합증권

기초자산의 가격·이자율·지표·단위 또는 이를 기초로 하는 지수 등의 변동과 연계하여 미리 정하여진 방법에 따라 지급하거나 회수하는 금전 등이 결정되는 권리가 표시된 것을 말한다.

⑥ 증권예탁증권

채무증권, 지분증권, 수익증권, 투자계약증권, 파생결합증권 등을 예탁받은 자가 그 증권이 발행된 국가 외의 국가에서 발행한 것으로서 그 예탁받은 증권에 관련된 권리가 표시된 것을 말한다.

나. 파생상품

아래의 어느 하나에 해당하는 계약상의 권리를 말한다.

① 기초자산*이나 기초자산의 가격·이자율·지표·단위 또는 이를 기초로 하는 지수 등에 의하여 산출된 금전 등을 장래의 특정 시점에 인도할 것을 약정하는 계약

② 당사자 어느 한쪽의 의사표시에 의하여 기초자산이나 기초자산의 가격·이자율 ·지표·단위 또는 이를 기초로 하는 지수 등에 의하여 산출된 금전 등을 수수하는 거래를 성립시킬 수 있는 권리를 부여하는 것을 약정하는 계약

③ 장래의 일정기간 동안 미리 정한 가격으로 기초자산이나 기초자산의 가격·이자율· 지표·단위 또는 이를 기초로 하는 지수 등에 의하여 산출된 금전 등을 교환할 것을 약정하는 계약

> * 기초자산: 금융투자상품, 통화(외국통화 포함), 일반상품(농산물·축산물·수산물·임산물·광산물· 에너지에 속하는 물품 및 이 물품을 원료로 하여 제조하거나 가공한 물품, 그 밖에 이와 유사한 것), 신용위험(당사자 또는 제3자의 신용등급의 변동, 파산 또는 채무재조정 등으로 인한 신용의 변동)

본 서에서는 이러한 자본시장법상의 분류 기준을 기초로 하여 금융상품을 정의하고 정리해 보도록 한다. 즉, 금융상품을 금융투자상품과 비금융투자상품으로 나누고, 원본 손실 가능성이 있는 금융상품을 금융투자상품, 원본 손실 가능성이 없는 금융상품을 비금융투자상품으로 분류한다.

금융투자상품은 원본까지만 손실 가능성이 있는 증권과 원본을 초과하여 손실이 발생할 수 있는 파생상품으로 재분류한 후 이를 다시 아래와 같이 세분화한다. 비금융투자상품은 일반적으로 예금, 적금, 보험, 대출 등의 금융상품을 말한다.

구 분	원금손실가능성	종 류	
금융투자상품	있음	증권	채무증권, 지분증권, 수익증권, 투자계약증권, 파생결합증권, 증권예탁증권
		파생상품	장내파생상품, 장외파생상품
비금융투자상품	없음	예금, 적금, 보험, 대출	

이러한 금융상품의 분류체계를 요약해 보면 아래와 같다.

| 금융상품 분류 체계 |

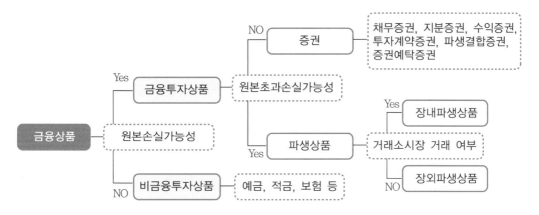

② 원천징수제도

소득에 대한 세금은 소득금액 또는 수입금액의 소득자가 자신의 소득에 대한 세액을 계산하여 과세관청에 직접 신고·납부하는 것이 원칙이다. 다만, 납세의무를 간결하게 처리하고 조세채권을 조기에 확보하기 위해 우리 세법은 원천징수 제도를 운용하고 있는데, 이는 소득을 지급하는 자가 원천징수 대상이 되는 소득을 지급할 때 소득자를 대신하여 세법이 정하는 바에 따라 일정 세액을 징수하여 과세관청에 납부하는 제도이다. 이때, 소득자가 개인인 경우에는 소득세법을 적용하고, 법인인 경우에는 법인세법을 적용하여 원천징수한다.

우리 세법은 원천징수제도에 대해 세법상 원칙적으로 열거주의를 택하면서 유형별 포괄주의를 적용하고 있다. 따라서, 소득자가 개인인지 법인인지, 또는 비거주자·외국법인인지 여부에 따라 원천징수 대상이 되는 소득의 범위를 열거하고, 과세 여부와 세율 등을 규정하고 있다.

여기서는 소득자별 원천징수대상 소득과 세율, 원천징수의무자, 그리고 가산세 규정 등에 대해 간략히 알아보고 소득 종류별 원천징수와 관련된 내용은 금융상품별 세제에서 자세히 설명한다(소득세법 제129조, 법인세법 제73조).

1) 원천징수 대상 소득 및 세율

원천징수대상 소득은 소득세법과 법인세법에서 각기 그 범위를 다르게 열거하고 있다. 소득세법은 이자소득과 배당소득, 그리고 사업소득, 근로소득, 연금소득, 기타소득 퇴직소득 등 대부분의 소득을 원천징수대상으로 열거하고 있는 반면에 법인세법은 이자소득과 배당소득 중 투자신탁의 분배금에 한해서만 원천징수대상 소득으로 열거한다. 이러한 원천징수대상 소득과 세율을 보면 아래와 같다.

구 분	원천징수대상소득	세 율
개 인	이자소득	14%. 비영업대금의 이익은 25%*, 직장공제회 초과반환금은 기본세율(6%~45%)
	배당소득	14%. 출자공동사업자의 배당소득은 25%
	사업소득	3%. 외국인 직업운동가의 계약소득은 20%
	근로소득	기본세율(6%~45%. 일용근로자는 6%)
	연금소득	• 공적 연금은 기본세율 • 세액공제받은 연금과 운용실적 증가금액

구 분	원천징수대상소득	세 율		

개 인		나이(연금수령일 현재)		세율
			70세 미만	5%
		70세 이상	80세 미만	4%
		80세 이상		3%

개 인 (연금소득)
- 연 1,500만원 초과 시 종합과세 또는 15% 분리과세 선택 가능
- 종신계약 연금소득은 4%
- 퇴직연금
  - 수령연차 10년 이하는 연금외수령 세율의 70%
  - 수령연차 10년 초과는 연금외수령 세율의 60%

구 분	원천징수대상소득	세 율
개 인	기타소득	20%. 소기업·소상공인 공제부금의 해지일시금, 세액공제받은 연금과 운용실적 증가금액의 연금외수령 등은 15%
	퇴직소득	기본세율(6%~45%)
	봉사료	5%(음식·숙박, 유흥업소 등의 공급가액의 20/100 초과 봉사료)
법 인	이자소득	14%. 비영업대금 이익은 25%*
	배당소득	14%(집합투자기구로부터의 이익 중 투자신탁 이익에 한정)

〈지방소득세 별도(소득세의 10%)〉
 * 온라인투자연계금융업자를 통해 지급하는 비영업대금 이익은 14%

2) 원천징수의무자

원천징수의무자란, 원천징수 대상이 되는 소득을 소득자에게 지급할 때 과세에 관한 국가의 사무를 위임받아 세법이 정하는 바에 따라 소득(법인)세 등의 관련 세액을 원천징수할 의무가 있는 자로서, 원천징수의무자는 징수한 세액을 징수한 날이 속하는 달의 다음 달 10일까지 국가 또는 지방자치단체에 납부하여야 한다. 이러한 원천징수의무자의 의무는 원천징수 업무의 효율성 등을 위하여 그 업무를 대리하거나 위임할 수 있는데, 그 대리·위임을 받은 자의 행위는 수권 또는 위임의 범위 안에서 본인 또는 위임인의 행위로 보아 이를 적용한다. 세법에서 정하고 있는 주요 대리·위임 규정을 살펴보면 아래와 같다(소득세법 제127조).

① 금융회사 등이 거주자 또는 내국법인이 발행한 어음이나 채무증서를 인수·매매·중개 또는 대리하는 경우에는 당해 금융회사 등과 그 거주자 또는 내국법인 간에 대리·위임의 관계가 있는 것으로 본다.
② 외국법인이 발행한 채권 또는 증권에서 발생하는 이자소득 및 배당소득을 거주자 또는

내국법인에 지급하는 경우에는 국내에서 그 지급을 대리하거나 그 지급 권한을 위임 또는 위탁받은 자가 그 소득에 대한 소득(법인)세를 원천징수하여야 한다.

③ 자본시장법에 따른 신탁업자가 신탁재산을 운용하거나 보관·관리하는 경우에는 해당 신탁업자와 해당 신탁재산에 귀속되는 소득을 지급하는 자 간에 원천징수 의무의 대리 또는 위임의 관계가 있는 것으로 본다.

3) 비거주자 · 외국법인에 대한 원천징수

(1) 비거주자

소득세법에서는 국내에 주소를 두거나, 국내에 거소를 둔 기간이 1과세기간 동안 또는 계속하여 183일 이상인 개인을 거주자라 하고, 거주자가 아닌 자를 비거주자로 정의한다. 따라서 거주자·비거주자의 개념은 국적을 기준으로 하여 구분하는 내국인·외국인의 개념과는 다르다. 거주자의 구체적 판정 기준을 보면 아래와 같다(소득세법 시행령 제2조).

> **거주자 판단 기준**
> ① 거주자 여부를 판단함에 있어서의 주소는 국내에서 생계를 같이 하는 가족 및 국내에 소재하는 자산의 유무 등 생활 관계의 객관적 사실이 판단 기준이 된다.
> ② 계속하여 183일 이상 국내에 거주할 것을 통상 필요로 하는 직업을 가졌거나, 국내에 생계를 같이 하는 가족이 있고 그 직업 및 재산 상태에 비추어 계속하여 183일 이상 국내에 거주할 것으로 인정되는 때에는 국내에 주소를 가진 것으로 본다.
> ③ 국외에 거주 또는 근무하는 자가 외국 국적을 가졌거나 외국법령에 의하여 그 외국의 영주권을 얻은 자로서 국내에 생계를 같이 하는 가족이 없고, 그 직업 및 재산 상태에 비추어 다시 입국하여 주로 국내에 거주하리라고 인정되지 아니하는 때에는 국내에 주소가 없는 것으로 본다.
> ④ 외국을 항행하는 선박 또는 항공기 승무원의 경우, 그 승무원과 생계를 같이 하는 가족이 거주하는 장소 또는 그 승무원이 근무 기간 외의 기간 중 통상 체재하는 장소가 국내에 있는 때에는 당해 승무원의 주소는 국내에 있는 것으로 보고, 그 장소가 국외에 있는 때에는 당해 승무원의 주소가 국외에 있는 것으로 본다.

(2) 외국법인

외국법인이라 함은 본점 또는 주사무소가 외국에 있는 단체(사업의 실질적 관리장소가 국내에 있지 아니하는 경우만 해당)로서 아래의 어느 하나에 해당하는 단체를 말한다(법인세법 시행령 제2조).

① 설립된 국가의 법에 의하여 법인격이 부여된 단체
② 구성원이 유한책임사원으로 구성된 단체
③ 기타 해당 외국단체와 동종 또는 유사한 국내의 단체가 상법 등 국내의 법률에 따른 법인인
   경우의 그 외국단체

외국법인이 100% 출자하여 우리나라의 상법에 의하여 설립된 법인은 내국법인에 해당되며, 통상 외국인투자법인(외투법인)이라고 호칭하고 외국법인과는 구별된다. 또한, 외국법인은 영리외국법인과 비영리외국법인으로 구분할 수 있는데 비영리외국법인이란 외국법인 중 외국의 정부·지방자치단체 및 영리를 목적으로 하지 아니하는 법인(법인으로 보는 단체 포함)을 말한다.

(3) 고정사업장과 고정시설

외국법인은 국내에 고정사업장을 가지고 있는지 여부에 따라 과세 방식에 여러 가지 차이가 있다.

① 사업소득에 대한 과세 여부 결정

조세조약 체결국의 거주자인 외국기업이 국내에 고정사업장을 가지고 있지 않은 경우에는 조세조약에 의하여 그 외국기업의 사업소득에 대하여 국내에서 과세할 수 없다.

② 제한세율 적용 여부의 결정

이자, 배당 등 투자소득이 고정사업장과 실질적으로 관련된 경우에는 제한세율이 적용되지 아니하고 사업소득과 동일하게 과세된다.

③ 과세방법의 결정

고정사업장을 가지고 있는 외국기업은 그 고정사업장에 귀속되는 국내원천소득에 대한 법인세를 신고·납부하여야 하나, 그 고정사업장에 귀속되지 아니하는 소득 및 고정사업장이 없는 외국기업의 국내원천소득(부동산소득, 산림소득, 양도소득은 제외)에 대하여는 그 소득을 지급하는 자가 법인세를 원천징수 납부하여야 한다.

> **법인세법 기본통칙 93-132…18 【투자소득 등의 국내원천소득금액 계산기준】**
> ① 조세조약상 투자소득(배당, 이자, 사용료) 등을 수취하는 외국법인이 국내 고정사업장을 가지고 있고 그 투자소득 등을 발생시키는 자산 또는 권리가 그 국내 고정사업장과 실질적으로 관계된 경우에는 당해 조세협약 규정에 의하여 그 투자소득에 대한 과세를 함에 있어서 투자소득 관련 조항의 제한세율을 적용하지 아니하고 사업소득으로 보아 사업소득의 조항을 적용하여 과세한다.
> ② 제1항에서 규정한 자산 또는 권리가 국내고정사업장과 실질적으로 관련되어 있는지의 여부를 결정하기 위하여는 다음 사항을 고려하여야 한다.
> 1. 그 자산 또는 권리가 국내고정사업장을 통하여 사업활동에 사용하고 있는지의 여부 또는 사업활동에의 사용을 위하여 보유하고 있는지의 여부
> 2. 동 국내사업장을 통하여 수행된 활동이 그 자산 또는 권리로부터 발생하는 소득을 실현함에 있어서 실질적인 요소가 되었는지 여부

이러한 고정사업장이 성립되기 위하여는 다음과 같은 3가지 요건을 모두 갖추어야 한다(소득세법 제120조, 법인세법 제94조).

ⅰ) 사업장소의 존재

사업장소가 존재해야 한다(The existence of a place of business. 장소적 개념). 사업장소는 건물, 설비, 장치 등이 일반적인 것이나 단순히 외국법인이 임의로 사용할 수 있는 일정 면적만 있더라도 사업장소로 간주된다(ex : 시장의 노점, 세관의 보세창고, 타 기업의 설비 내, 호텔 방 등).

ⅱ) 사업장소의 고정성

사업장소가 고정되어 있어야 한다(This place of business must be fixed. 기간적 개념). 장소적으로 고정된 경우는 물론 장소를 이동하면서 사업활동(ex : 하천측량)을 하더라도 국내에서 일정 기간 계속하는 경우에는 고정성 요건을 충족한다.

ⅲ) 사업활동의 수행

그 고정된 사업장소를 통하여 사업이 수행되어야 한다(The carrying of the business of the enterprise through this fixed place business. 기능적 개념). 사업활동은 반드시 사람을 통해 수행될 필요는 없으며, 기계(ex : 자동판매기)에 의한 것도 사업활동에 해당된다.

그러나 본사만을 위한 예비적·보조적 활동(ex : 본사를 위한 광고선전 또는 구매 등)은 고정사업장 성립요건으로서의 사업활동에 해당되지 않는다. 다만, 본사가 아닌 다른 기업을

위한 광고선전·구매활동 등은 사업활동에 해당된다.

(4) 국내원천소득과 원천징수

국내원천소득이란 당해 소득을 발생시키는 요인이 되는 자산의 소재지·용역의 제공장소·
권리의 사용장소·사업 활동의 수행장소 등이 국내에 있는 소득을 말하는데, 소득세법은
이자소득·배당소득 등 총 13개의 소득을 국내원천소득으로 열거하고 있고, 법인세법에서는
총 10개의 소득만을 열거하고 있다.

이러한 국내원천소득으로서 국내사업장과 실질적으로 관련되지 아니하거나 그 국내사업장에
귀속되지 아니하는 소득(부동산 양도소득 제외)을 비거주자 또는 외국법인(국내사업장이
없는 비거주자·외국법인 포함)에게 지급하는 때에는 아래의 세율(지방소득세 별도, 조세조약
체결국가의 경우에는 조세조약상 제한세율)로 소득세 또는 법인세 등을 원천징수하여
원천징수한 날이 속하는 달의 다음 달 10일까지 관할 세무서 등에 납부하여야 한다.

① 비거주자의 국내원천소득에 대한 과세방법

국내원천소득 (소득세법 제119조)		국내사업장이 있는 비거주자*	기타 비거주자	분리과세 원천징수세율**(%)
1호	이자소득	종합과세, 신고·납부	분리과세, 완납적 원천징수	20(채권 14)
2호	배당소득			20
3호	부동산소득			–
4호	선박등 임대소득			2
5호	사업소득			2***
6호	인적용역소득			20(3****)
7호	근로소득			거주자와 동일
10호	사용료소득			20
11호	유가증권양도소득			Min(양도가액의 10%, 양도차익의 20%)
12호	기타소득			20(10, 15)
8-2호	연금소득			거주자와 동일
8호	퇴직소득	거주자와 동일 (분류과세)		–
9호	부동산등 양도소득			–

  * 국내사업장이 있는 비거주자에는 부동산소득이 있는 비거주자 포함
 ** 조세조약 체결국가 비거주자는 제한세율 적용
*** 조세조약에 따라 국내 원천 사업소득으로 과세할 수 있는 소득은 제외

**** 국외에서 제공하는 인적 용역 중 조세조약에 따라 국내에서 발생하는 것으로 보는 소득

※ 국내사업장 또는 부동산소득이 있는 비거주자의 경우에도 일용근로자 급여, 분리 과세 이자소득, 분리 과세 배당소득, 분리 과세 기타소득 등에 대하여는 거주자의 경우와 동일하게 분리 과세·원천징수한다.

② 조세조약이 없는 경우의 외국법인 과세방법

국내원천소득 (법인세법 제93조)		국내사업장 등이 있는 외국법인*	국내사업장 등이 없는 외국법인(%)
1호	이자소득	국내사업장에 귀속되는 소득을 합산하여 각 사업연도 소득에 대한 법인세 신고납부	분리과세. 20(채권 14)
2호	배당소득		분리과세. 20
3호	부동산소득		-
4호	선박등 임대소득		분리과세. 2
5호	사업소득		분리과세. 2**
6호	인적용역소득		분리과세. 20(3***)
7호	부동산등 양도소득		분리과세. Min(양도가액의 10%, 양도차익의 20%)****
8호	사용료소득		분리과세. 20
9호	유가증권양도소득		분리과세. Min(양도가액의 10%, 양도차익의 20%)
10호	기타소득		분리과세. 20(10, 15)

  * 국내사업장 등이 있는 외국법인에는 부동산임대소득 있는 외국법인을 포함
  ** 조세조약에 따라 국내 원천 사업소득으로 과세할 수 있는 소득은 제외
  *** 국외에서 제공하는 인적 용역 중 조세조약에 따라 국내에서 발생하는 것으로 보는 소득
**** 국내원천 부동산 등 양도소득 금액을 지급하는 거주자 및 비거주자는 제외

③ 조세조약이 있는 경우의 외국법인 과세방법

국내원천소득 (법인세법 제93조)		국내사업장 등이 있는 외국법인	국내사업장 등이 없는 외국법인

5호	사업소득	• 국내사업장 귀속분 : 국내사업장
		  귀속분만 각 사업연도 소득 신고·
		  납부
		• 국내사업장 미귀속분 : 비과세
			비과세

1호	이자소득	• 국내사업장 귀속분 : 사업소득
		  으로 분류하여 각 사업연도 소득
		  신고·납부
		• 국내사업장 미귀속분 : 제한세율로
			제한세율로 원천징수
			분리과세

2호	배당소득		

국내원천소득 (법인세법 제93조)		국내사업장 등이 있는 외국법인	국내사업장 등이 없는 외국법인
8호	사용료소득	원천징수 분리과세	원천징수 분리과세
3호	부동산소득	각 사업연도 소득으로 신고·납부	–
7호	부동산등 양도소득		신고납부
4호	선박등 임대소득	• 국내사업장 귀속분 : 각 사업연도 소득으로 신고·납부 • 국내사업장 미귀속분 : 원천징수 분리과세	제한세율로 원천징수 분리과세
6호	인적용역소득		
9호	유가증권양도소득		
10호	기타소득		

(5) 제한세율 적용 및 비과세·면제 신청

국내원천소득의 실질귀속자인 비거주자 또는 외국법인이 조세조약에 따른 제한세율을 적용받으려는 경우에는 제한세율적용신청서를 원천징수의무자에게 제출하여야 한다. 이때, 국외투자기구를 통하여 지급되는 소득의 경우에는 그 국외투자기구가 실질귀속자로부터 제한세율적용신청서를 제출받아 그 명세서가 포함된 국외투자기구신고서를 원천징수의무자에게 제출하여야 한다. 만약, 원천징수의무자가 제한세율적용신청서 등을 제출받지 못하거나 실질귀속자를 파악할 수 없는 경우에는 제한세율을 적용하지 않고 국내세법에 의한 세율로 원천징수하여야 한다. 추후, 제한세율을 적용받으려는 경우에는 원천징수된 날이 속하는 달의 다음 달 11일부터 5년 이내에 경정을 청구할 수 있다.

또한, 국내원천소득의 실질귀속자인 비거주자 또는 외국법인이 조세조약에 따른 비과세 또는 면제를 적용받으려는 경우에는 비과세·면제신청서를 해당 소득의 지급자에게 제출하고, 동 지급자는 이를 다시 관할 세무서장에게 제출하여야 한다. 국외투자기구를 통하여 지급되는 경우에도 그 국외투자기구가 실질귀속자로부터 비과세·면제신청서를 제출받아 이를 국외투자기구 신고서와 함께 소득 지급자에게 제출하고, 해당 소득 지급자는 동 신고서와 신청서를 관할 세무서장에게 제출하여야 한다. 동 서류를 제출받지 못하거나 실질귀속자를 파악할 수 없는 경우, 원천징수의무자는 국내세법에 의한 세율로 원천징수하고, 추후 비과세·면제를 적용받으려는 경우에는 원천징수된 날이 속하는 달의 다음 달 11일부터 5년 이내에 경정을 청구할 수 있다. 다만, 비거주자 등이 비과세되는 국채나 통화안정증권의 이자 및 양도소득을 지급받는 경우 해당 국외투자기구를 당해 소득의 실질 귀속자로 본다.

4) 원천징수의 시기

세법에 따른 원천징수의무자가 원천징수 대상소득을 지급할 때 소득세 등을 원천징수할 시기는 당해 소득금액 또는 수입금액을 실제로 지급하는 때 또는 지급 의제시기이다(소득세법 기본통칙 127-0…5).

다만, 아래의 경우에는 아래 각 규정하는 날을 실제 지급하는 때로 한다.

① 계약의 위약 또는 해약으로 인하여 이미 지급한 계약금 또는 계약보증금이 기타소득으로 되는 경우에는 그 계약의 위약 또는 해약이 확정된 날
② 원천징수대상이 되는 소득금액을 어음으로 지급한 때에는 당해 어음이 결제된 날
③ 원천징수대상이 되는 소득금액으로 지급할 금액을 채권과 상계하거나 면제받은 때에는 상계된 날 또는 면제받은 날
④ 원천징수대상이 되는 소득금액을 대물로 변제하는 경우에는 그 변제하는 날
⑤ 원천징수대상이 되는 소득금액을 당사자 간의 합의에 의하여 소비대차로 전환한 때에는 그 전환한 날
⑥ 원천징수대상이 되는 소득금액을 법원의 전부명령에 의하여 귀속자가 아닌 제3자에게 지급하는 경우에는 그 제3자에게 지급하는 날

한편, 지급 의제시기는 소득의 종류별로 세법에서 개별적으로 규정하고 있는데 이자소득과 배당소득의 지급 의제시기 규정을 보면 아래와 같다.

(1) 이자소득의 지급 의제시기

원천징수의무자가 이자소득을 지급하는 때에는 그 지급금액에 대하여 원천징수세율을 적용하여 계산한 소득세 등을 원천징수하여야 한다. 다만, 아래 이자소득에 대해서는 그 정하는 시기에 당해 이자소득을 지급하는 것으로 보아 소득세 등을 원천징수한다(소득세법 시행령 제190조).

가. 금융회사 등이 매출 또는 중개하는 어음, 전자증권법 제59조에 따른 단기사채 등, 「은행법」 제2조에 따른 은행(한국산업은행, 중소기업은행, 한국수출입은행 포함) 및 「상호저축은행법」에 따른 상호저축은행이 매출하는 표지어음으로서 보관통장으로 거래되는 것(은행이 매출한 표지어음은 보관통장으로 거래되지 아니하는 것 포함)의 이자와 할인액 : 할인매출하는 날
(다만, 당해 어음이 발행일부터 만기일까지 한국예탁결제원에 계속하여 예탁되거나 단기사채 등이 발행일부터 만기일까지 계속하여 전자등록기관에 전자등록된 경우, 해당

어음 및 단기사채 등의 이자와 할인액에 대해서는 당해 소득을 지급받는 자가 그 할인매출일에 원천징수하기를 선택한 경우에만 할인매출일에 원천징수하고, 그렇지 않은 경우에는 그 지급일에 원천징수한다.)

나. 비거주자 또는 외국법인이 자신의 국내사업장과 실질적으로 관련이 있고, 손금 또는 필요경비에 산입하는 국내원천소득을 비거주자 또는 외국법인에게 지급하는 경우
: 소득을 지급하는 비거주자 또는 외국법인의 당해 사업연도 또는 과세기간의 소득에 대한 과세표준 신고기한의 종료일(신고기한이 연장된 경우에는 그 연장된 기한의 종료일)

다. 동업기업 소득 배분금액으로 동업기업의 과세기간 종료 후 3개월이 되는 날까지 지급하지 아니한 소득
: 해당 동업기업의 과세기간 종료 후 3개월이 되는 날

라. 직장공제회 초과반환금을 분할하여 지급하는 경우 납입금 초과이익
: 납입금 초과이익을 원본에 전입한다는 뜻의 특약에 따라 원본에 전입한 날

마. 그 밖의 이자소득
: 이자소득의 수입시기(3. 금융소득 세제 참조)

(2) 배당소득의 지급 의제시기

원천징수의무자가 배당소득을 지급하는 때에는 그 지급금액에 대하여 원천징수세율을 적용하여 계산한 소득세 등을 원천징수하여야 한다. 다만, 아래 배당소득에 대해서는 따로 정하는 날을 그 지급시기로 보아 소득세 등을 원천징수한다(소득세법 제131조).

가. 법인의 배당 또는 분배금의 지급

법인이 이익 또는 잉여금의 처분에 따른 배당 또는 그 분배금을 그 처분을 결정한 날로부터 3개월이 되는 날까지 지급하지 아니한 경우에는 그 3개월이 되는 날에 그 배당소득이 지급된 것으로 보아 소득세 등을 원천징수한다. 다만, 11월 1일부터 12월 31일까지의 사이에 결정된 처분에 따라 다음 연도 2월 말일까지 배당소득을 지급하지 아니한 경우에는 그 처분을 결정한 날이 속하는 과세기간의 다음 연도 2월 말일에 당해 배당소득을 지급한 것으로 보아 소득세 등을 원천징수한다.

나. 인정배당

① 법인세 과세표준을 결정 또는 경정하는 경우 : 소득금액변동통지서를 받은 날

② 법인세 과세표준을 신고하는 경우 : 그 신고일 또는 수정신고일

5) 지급명세서 제출 및 가산세

원천징수대상이 되는 소득을 지급하거나 그 권한을 대리·위임받은 원천징수의무자는 지급명세서를 작성하여 그 지급일이 속하는 과세기간의 다음 연도 2월 말일(사업소득·근로소득·퇴직소득·종교인소득과 봉사료 등은 다음 연도 3월 10일)까지 원천징수 관할 세무서장, 지방국세청장 또는 국세청장에게 제출하여야 한다.

지급명세서를 기한 내에 제출하지 아니하거나, 제출하였으나 불분명 또는 사실과 다른 경우에는 당해 지급금액의 1/100(제출기한 경과 후 3개월 이내 제출 시는 지급금액의 5/1000)을 지급명세서 미제출가산세로 본세에 더하여 납부하여야 한다.

또한, 원천징수의무자가 법정 납부기한까지 납부할 세액을 납부하지 아니하거나 과소납부한 경우에도 납부하지 아니한 세액 또는 과소납부한 세액의 50/100(①의 금액과 ② 중 법정 납부기한의 다음 날부터 납부고지일까지의 기간에 해당하는 금액을 합한 금액은 10/100)을 한도로 하여 아래의 금액을 원천징수등납부지연가산세*로 납부하여야 한다.

---

* 원천징수등납부지연가산세 : ①과 ②*의 금액을 합한 금액
① 납부하지 아니하거나 과소납부한 세액의 3/100
② 납부하지 아니하거나 과소납부한 세액 × 법정 납부기한의 다음 날부터 납부일까지의 기간
   (납부고지일부터 납부고지서에 따른 납부기한까지의 기간은 제외) × 대통령령이 정하는 이자율**

 * 체납된 국세의 납부고지서별·세목별 세액이 150만원 미만인 경우 적용 배제
 ** 2022. 2. 15. 이후 부과분 : 22/100,000(직전 : 25/100,000)

---

③ 금융소득 세제

법인세법은 법인의 소득에 대해서는 순자산 증가설의 세무논리를 따르기 때문에 각 사업연도 소득에 대하여 포괄적으로 과세하지만, 소득세법은 열거주의를 채택하되 신종금융상품의 출현에 대비하여 유형별 포괄주의를 병행하고 있다. 따라서 소득자가 개인인지 또는 법인인지에 따라 과세체계가 다르게 규정되어 있으므로 유의할 필요가 있다.

현행 세법 체계 내에서 금융상품에서 발생 가능한 소득으로는 이자소득, 배당소득, 연금소득, 기타소득, 양도소득 등이 일반적인데, 여기서는 금융상품으로부터 발생하는 소득이 가장 일반적으로 분류되는 이자소득과 배당소득의 전반적인 내용과 금융소득 종합과세제도에 대해 살펴보고 나머지 소득은 각 금융상품별 세제에서 논한다.

이자소득	이자소득으로 열거한 소득과 이와 유사한 소득으로서 금전 사용에 따른 대가로서의 성격이 있는 것도 이자소득으로 보아 소득세 과세
배당소득	배당소득으로 열거한 소득과 이와 유사한 소득으로서 수익분배의 성격이 있는 것과 의제배당을 배당소득으로 보아 소득세 과세

1) 이자소득(소득세법 제16조)

금전사용의 대가로서 지급하는 소득을 이자소득으로 보는데, 소득세법에서는 과세되는 이자소득의 범위를 아래와 같이 열거하고 있다.

1. 국가나 지방자치단체가 발행한 채권 또는 증권의 이자와 할인액
2. 내국법인이 발행한 채권 또는 증권의 이자와 할인액
3. 국내에서 받는 예금(적금·부금·예탁금 및 우편대체를 포함)의 이자
4. 「상호저축은행법」에 따른 신용계(信用契) 또는 신용부금으로 인한 이익
5. 외국법인의 국내지점 또는 국내영업소에서 발행한 채권 또는 증권의 이자와 할인액
6. 외국법인이 발행한 채권 또는 증권의 이자와 할인액
7. 국외에서 받는 예금의 이자
8. 채권 또는 증권의 환매조건부 매매차익
9. 저축성보험의 보험차익. 단, 아래 어느 하나에 해당하는 보험의 보험차익은 제외
   - 최초로 보험료를 납입한 날부터 만기일 또는 중도해지일까지의 기간이 10년 이상으로서 일정 요건을 갖춘 보험
   - 일정 요건을 갖춘 종신형 연금보험
10. 직장공제회 초과반환금

11. 비영업대금(非營業貸金)의 이익*
12. 위의 소득과 유사한 소득으로서 금전 사용에 따른 대가로서의 성격이 있는 것(유형별 포괄주의 이자)
13. 위의 규정 중 어느 하나에 해당하는 소득을 발생시키는 거래 또는 행위와 자본시장법 제5조에 따른 파생상품이 결합된 경우 해당 파생상품의 거래 또는 행위로부터의 이익

* 비영업대금(非營業貸金)의 이익은 금전의 대여를 사업목적으로 하지 아니하는 자가 일시적·우발적으로 금전을 대여함에 따라 지급받는 이자 또는 수수료 등으로 한다.

소득세법상에 열거된 이러한 이자소득을 비금융투자상품과 금융투자상품의 소득으로 구분하면 아래와 같이 분류할 수 있다.

(1) 비금융투자상품의 이자소득

3. 국내에서 받는 예금(적금·부금·예탁금 및 우편대체를 포함)의 이자
4. 「상호저축은행법」에 따른 신용계(信用契) 또는 신용부금으로 인한 이익
7. 국외에서 받는 예금의 이자
9. 저축성보험의 보험차익
10. 직장공제회 초과반환금

① 저축성 보험의 보험차익이란 보험계약에 따라 만기 또는 보험의 계약기간 중에 받는 보험금·공제금 또는 계약기간 중도에 해당 보험계약이 해지됨에 따라 받는 환급금(피보험자의 사망·질병·부상 그 밖의 신체상의 상해로 인하여 받거나 자산의 멸실 또는 손괴로 인하여 받는 것이 아닌 것)에서 납입보험료 또는 납입공제료를 뺀 금액을 말한다.
② 직장공제회 초과반환금은 근로자가 퇴직하거나 탈퇴하여 그 규약에 따라 직장공제회로부터 받는 반환금에서 납입공제료를 뺀 금액과 반환금을 분할하여 지급하는 경우 그 지급하는 기간 동안 추가로 발생하는 이익이다.

(2) 금융투자상품의 이자소득

1. 국가나 지방자치단체가 발행한 채권 또는 증권의 이자와 할인액
2. 내국법인이 발행한 채권 또는 증권의 이자와 할인액
5. 외국법인의 국내지점 또는 국내영업소에서 발행한 채권 또는 증권의 이자와 할인액

6. 외국법인이 발행한 채권 또는 증권의 이자와 할인액

8. 채권 또는 증권의 환매조건부 매매차익

13. 위의 규정 중 어느 하나에 해당하는 소득을 발생시키는 거래 또는 행위와 「자본시장과 금융투자업에 관한 법률」 제5조에 따른 파생상품이 결합된 경우 해당 파생상품의 거래 또는 행위로부터의 이익

① 환매조건부매매차익이라 함은 금융회사 등(「금융실명거래 및 비밀보장에 관한 법률」 제2조 제1호 각 목의 어느 하나에 해당하는 금융회사 등과 「법인세법 시행령」 제111조 제1항 각 호의 어느 하나에 해당하는 법인)이 환매기간에 따른 사전약정이율을 적용하여 환매수 또는 환매도하는 조건으로 매매하는 채권 또는 증권의 매매차익을 말한다.

② 거주자가 일정기간 후에 같은 종류로서 같은 양의 채권을 반환받는 조건으로 채권을 대여하고 해당 채권의 차입자로부터 지급받는 해당 채권에서 발생하는 이자에 상당하는 금액은 이자소득에 포함된다.

③ 개인이 이자소득이 발생하는 상품과 자본시장법 제5조에 따른 파생상품을 함께 거래하는 경우로서 다음의 어느 하나에 해당하는 경우에는 이자소득에 해당한다.

  ⅰ) ㉮ 금융회사 등이 직접 개발·판매한 이자부상품의 거래와 해당 금융회사 등의 파생상품계약이 해당 금융회사 등을 통하여 이루어지고,

   ㉯ 파생상품이 이자부상품의 원금 및 이자소득의 전부 또는 일부나 이자소득 등의 가격·이자율·지표·단위 또는 이를 기초로 하는 지수 등에 따라 산출된 금전이나 그 밖의 재산적 가치가 있는 것을 거래하는 계약으로,

   ㉰ 해당 금융회사 등이 당해 이자부상품의 이자소득 등과 파생상품으로부터 이익을 지급할 것 등의 세 요건을 모두 갖추어 실질상 하나의 상품처럼 운영되는 경우

  ⅱ) ㉮ 금융회사 등이 취급한 이자부상품의 거래와 해당 금융회사 등의 파생상품의 계약이 해당 금융회사 등을 통하여 이루어지고(이자부상품의 거래와 파생상품의 계약이 2 이상의 금융회사 등을 통하여 별도로 이루어지더라도 파생상품의 계약을 이행하기 위하여 이자부상품을 질권으로 설정하거나 자본시장법 제103조에 따른 금전신탁을 통하여 이루어지는 경우를 포함),

   ㉯ 파생상품이 이자부상품의 이자소득 등이나 이자소득 등의 가격·이자율·지표·단위 또는 이를 기초로 하는 지수 등에 따라 산출된 금전이나 그밖의 재산적 가치가 있는 것을 거래하는 계약으로,

㉰ 파생상품으로부터의 확정적인 이익이 이자부상품의 이자소득보다 클 것 등의
세 가지 요건을 모두 갖추어 장래의 특정 시점에 금융회사 등이 지급하는
파생상품[자본시장법 제166조의2 제1항 제1호에 해당하는 경우(장외파생상품)에
한정]으로부터의 이익이 확정되는 경우

(3) 이자소득에 대한 과세

이자소득에 대한 과세는 소득자가 법인 또는 개인인지 여부에 따라 과세 방법이 다르지만
원천징수제도를 근간으로 과세가 이루어진다.

거주자나 비거주자, 내국법인 또는 외국법인에게 이자소득을 지급하는 자는 일정 세율로
이자소득세를 원천징수하여 징수일의 익월 10일까지 원천징수의무자의 관할세무서·한국
은행 또는 체신관서 등에 납부하여야 하며, 원천징수이행상황신고서를 관할세무서장에게
제출(국세정보통신망에 의한 제출 가능)하여야 한다.

일반적으로, 거주자 및 내국법인의 이자소득에 대한 원천징수 세율은 15.4%(지방소득세
1.4% 포함)인데, 비영업대금의 이익에 대해서는 27.5%(지방소득세 2.5% 포함. 온라인투자
연계 금융업자로 등록된 자를 통하여 받는 소득은 15.4%)의 세율을 적용한다.

법인의 소득은 포괄하여 과세가 이루어지므로 각 사업연도 소득에 대한 법인세 계산 시
동 이자소득을 각 사업연도 소득에 포함하여 납부할 세액을 계산하고, 원천징수된 금액은
기납부세액으로 납부할 세액에서 공제한다. 개인의 경우에는 이자소득과 배당소득의 합계액이
2천만원을 초과하는 경우 종합소득에 포함하여 과세한다(금융소득종합과세__별도 설명).

다만, 직장공제회 초과반환금에 대한 과세는 동 초과반환금에서 공제금액*을 뺀 후 납입
연수(1년 미만인 경우 1년)로 나누고, 이에 기본세율(6%~45%. 지방소득세 별도)을 적용하며
산출한 금액에 다시 납입연수를 곱한 금액을 산출세액으로 하고, 금융소득 종합과세 대상에서도
제외한다.

* 직장공제회 초과반환금 공제액(순서대로 공제)
  ① 직장공제회 초과반환금의 40/100
  ② 납입연수에 따라 정한 다음의 금액

납입연수	공 제 액
5년 이하	30만원×납입연수
5년 초과 10년 이하	150만원+50만원×(납입연수-5년)
10년 초과 20년 이하	400만원+80만원×(납입연수-10년)
20년 초과	1천2백만원+120만원×(납입연수-20년)

그리고, 2017년 12월 31일 이전 발행된 10년 이상 장기채권(해당 채권을 3년 이상 계속 보유한 거주자가 그 채권을 매입한 날부터 3년이 지난 후에 발생하는 이자와 할인액)으로써 분리과세를 신청한 경우에는 당해 채권의 이자소득에 대해 33%(지방소득세 3% 포함)의 세율을 적용하고, 비실명 금융소득에 대해서는 「금융실명거래 및 비밀보장에 관한 법률」(이하 "금융실명법"이라 한다) 제2조 제1호의 금융회사가 아닌 자가 지급하는 금융소득은 49.5%(지방소득세 4.5% 포함), 동 금융회사가 지급하는 금융소득은 99%(지방소득세 9% 포함)의 세율을 적용하여 원천징수한다.

비거주자와 외국법인에 대해서는 조세조약 체결국가의 투자자인 경우에는 제한세율로, 조세조약 미체결국가의 투자자인 경우에는 22%(지방소득세 2% 포함. 채권 등의 이자소득은 15.4%)로 원천징수한다.

| 이자소득에 대한 과세 세율 정리 |

이자소득 구분	세 율	비 고
금융회사 예·적금과 채권 등의 이자 등	14%	배당소득과 합산하여 개인별 2천만원 초과 시 종합과세
비영업대금 이익	25%(등록 온라인투자연계금융 업자로부터의 이자는 14%)	
직장공제회 초과반환금	6%~45%	종합과세 배제
장기채권(2017. 12. 31. 이전 발행분)	30%	분리과세 신청 시
비실명금융소득 원천징수	45%	비금융회사 거래분
	90%	금융회사 거래분
비거주자·외국법인의 이자소득	제한세율	조세조약 체결국가
	20%(채권 등은 14%)	조세조약 미체결국가

〈지방소득세 별도(소득세의 10%)〉

(4) 이자소득의 수입시기(소득세법 시행령 제45조)

수입시기라 함은 해당 소득이 귀속되는 연도를 말하는데, 이를 잘 활용하면 소득 시기의 조정을 통한 절세가 가능하다. 이자소득의 수입시기는 원칙적으로 실제로 이자를 받는 날이지만 각각의 성격에 따라 아래와 같이 규정하고 있다.

구 분	수입시기
보통예금·정기예금·적금 또는 부금의 이자	실제로 이자를 지급받은 날 • 원본전입 특약 이자 : 원본전입일 • 해약 시 : 해약일 • 계약기간 연장 시 : 연장일

구 분	수입시기
	• 정기예금연결정기적금 : 정기예금(적금)의 해약일 또는 정기적금의 저축기간 만료일
통지예금의 이자	인출일
저축성 보험의 보험차익	보험금 또는 환급금의 지급일. 다만, 기일 전에 해지하는 경우에는 그 해지일
직장공제회 초과반환금	약정에 따른 지급일. 다만, 반환금을 분할하여 지급하는 경우 원본에 전입하는 뜻의 특약이 있는 경우 원본 전입일
무기명 채권 등의 이자와 할인액	그 지급을 받은 날
기명 채권 등의 이자와 할인액	약정에 의한 지급일
파생결합사채로부터 발생한 이익	그 지급을 받은 날. 원본전입특약이 있는 경우 원본전입일
채권 등의 보유기간이자 등 상당액	해당 채권의 매도일 또는 이자 등의 지급일
채권 또는 증권의 환매조건부매매차익	약정에 의한 환매수일 또는 환매도일. 다만, 기일 전에 환매수 또는 환매도하는 경우에는 그 환매수일 또는 환매도일
비영업대금의 이익	약정에 의한 이자지급일. 다만, 이자지급일의 약정이 없거나 약정에 의한 이자지급일 전에 이자를 받는 경우 또는 회수불능으로 총수입금액에서 제외하였던 이자를 받는 경우에는 그 이자지급일
유형별 포괄주의 이자	약정에 따른 상환일. 다만, 기일 전에 상환하는 때에는 그 상환일
파생상품 결합 금융상품 이자	약정에 따른 상환일. 다만, 기일 전에 상환하는 때에는 그 상환일

▌ 이자소득의 원천징수시기와 특례 ▐

이자소득의 원천징수시기는 원칙적으로 그 지급을 하는 날이다. 다만, 금융회사가 매출 또는 중개하는 어음, 단기사채, 보관통장으로 거래되는 표지어음 등은 할인매출하는 날(발행일부터 한국예탁결제원 계속 보관분은 투자자가 희망한 경우에만 해당)이고, 동업기업 과세기간 종료 후 3개월이 되는 날까지 지급하지 아니한 소득은 동 3개월이 되는 날에 지급된 것으로 보아 원천징수 납부한다.

2) 배당소득(소득세법 제17조)

배당소득은 수익분배의 성격으로 받는 소득으로 소득세법에서는 아래와 같이 열거하고 있다.

1. 내국법인으로부터 받는 이익이나 잉여금의 배당 또는 분배금
2. 법인으로 보는 단체로부터 받는 배당금 또는 분배금
3. 내국법인으로 보는 신탁재산으로부터 받는 배당금 또는 분배금
4. 의제배당(擬制配當)
5. 「법인세법」에 따라 배당으로 처분된 금액(인정배당)
6. 국내 또는 국외에서 받는 적격집합투자기구*로부터의 이익
7. 국내 또는 국외에서 받는 파생결합증권 또는 파생결합사채로부터의 이익**
8. 비금전 신탁계약에 의한 수익권이 표시된 수익증권으로 조각투자상품 수익증권***으로부터의 이익
9. 자본시장법상의 투자계약증권으로 조각투자상품 투자계약증권****으로부터의 이익
10. 외국법인으로부터 받는 이익이나 잉여금의 배당 또는 분배금
11. 「국제조세조정에 관한 법률」 제17조에 따라 배당받은 것으로 간주된 금액
12. 공동사업에서 발생한 소득금액 중 출자공동사업자의 손익분배비율에 해당하는 금액
13. 위의 소득과 유사한 소득으로서 수익분배의 성격이 있는 것(유형별 포괄주의 배당)
14. 위의 소득을 발생시키는 거래 또는 행위와 파생상품이 결합된 경우 해당 파생상품의 거래 또는 행위로부터의 이익

* 적격집합투자기구 - 아래 요건을 모두 갖춘 집합투자기구
  ① 매년 1회 이상 결산·분배할 것(집합투자재산의 평가이익 등은 유보 가능)
  ② 금전으로 위탁받아 금전으로 환급할 것(금전으로 표시된 금전 외의 자산 포함)
  ③ 집합투자기구의 이익금과 분배금 및 유보금 내역을 납세지 관할 세무서장에 신고할 것
** 파생결합증권(주가지수형 ELW 제외), 상장지수증권(주가지수형 제외), 파생결합사채 등으로부터의 이익
*** 혁신금융사업자가 자본시장법 제110조 특례를 적용받아 발행한 수익증권으로 신탁의 이익(이익이 0보다 큰 경우 한정)이 연 1회 이상 분배될 것. 2025. 7. 1. 이후 지급받는 분부터 적용
**** 자본시장법에 따라 증권신고서가 제출·수리되어 모집(50인 이상)하는 투자계약증권으로 공동사업의 이익(이익이 0보다 큰 경우 한정)이 연 1회 이상 분배될 것. 2025. 7. 1. 이후 지급받는 분부터 적용

※ 8, 9의 이익은 조각투자상품을 계좌간 이체, 계좌의 명의변경, 실물양도의 방법으로 거래하여 발생한 이익을 포함

① 파생결합증권으로부터의 이익에는 외국에 있는 시장에서 매매거래되는 특정 주권의 가격이나 주가지수 수치의 변동과 연계하여 미리 정해진 방법에 따라 주권의 매매나 금전을 수수하는 거래를 성립시킬 수 있는 권리를 표시하는 증권 또는 증서로부터 발생한 이익은 제외한다.

② 파생결합증권 중 금융투자상품·통화·신용위험·농산물·축산물 등 기초자산의 가격·이자율·지표·단위 또는 이를 기초로 하는 지수 등의 변동과 연계하여 미리 정해진 방법에 따라 이익을 얻거나 손실을 회피하기 위한 계약상의 권리를 나타내는 것으로서 증권시장에 상장되어 거래되는 증권 또는 증서[상장지수증권(ETN)]를 계좌 간 이체, 계좌의 명의변경, 상장지수증권의 실물양도의 방법으로 거래하여 발생한 이익은 배당소득이다. 다만, 증권시장에서 거래되는 주식의 가격만을 기반으로 하는 지수의 변화를 그대로 추적하는 것을 목적으로 하는 상장지수증권을 계좌 간 이체, 계좌의 명의변경 및 상장지수증권의 실물양도의 방법으로 거래하여 발생한 이익은 제외한다.

③ 개인이 배당소득이 발생하는 상품과 자본시장법 제5조에 따른 파생상품을 함께 거래하는 경우로서 다음의 어느 하나에 해당하는 경우에는 배당소득에 해당한다.

　ⅰ) ㉮ 금융회사 등이 직접 개발·판매한 배당부상품의 거래와 해당 금융회사 등의 파생상품계약이 해당 금융회사 등을 통하여 이루어지고,

　　㉯ 파생상품이 배당부상품의 원금 및 이자소득의 전부 또는 일부나 이자소득 등의 가격·이자율·지표·단위 또는 이를 기초로 하는 지수 등에 따라 산출된 금전이나 그 밖의 재산적 가치가 있는 것을 거래하는 계약으로,

　　㉰ 해당 금융회사 등이 당해 배당부상품의 배당소득 등과 파생상품으로부터 이익을 지급한다는 세 요건을 모두 갖추어 실질상 하나의 상품처럼 운영되는 경우

　ⅱ) ㉮ 금융회사 등이 취급한 배당부상품의 거래와 해당 금융회사 등의 파생상품의 계약이 해당 금융회사 등을 통하여 이루어지고(배당부상품의 거래와 파생상품의 계약이 2 이상의 금융회사 등을 통하여 별도로 이루어지더라도 파생상품의 계약을 이행하기 위하여 배당부상품을 질권으로 설정하거나 자본시장법 시행령 제103조에 따른 금전신탁을 통하여 이루어지는 경우를 포함),

　　㉯ 파생상품이 배당부상품의 배당소득 등이나 배당소득 등의 가격·이자율·지표·단위 또는 이를 기초로 하는 지수 등에 따라 산출된 금전이나 그 밖의 재산적 가치가 있는 것을 거래하는 계약으로,

　　㉰ 파생상품으로부터의 확정적인 이익이 배당부상품의 배당소득보다 클 것이라는 세 가지 요건을 모두 갖추어 장래의 특정 시점에 금융회사 등이 지급하는 파생상품 (자본시장법 제166조의2 제1항 제1호에 해당하는 경우에 한정)으로부터의 이익이 확정되는 경우

(1) 의제배당

의제배당이란 실지로 현금이나 주식을 주지는 않지만, 수익분배의 성격을 가지고 있어 배당으로 보는 것을 의미한다. 소득세법에서는 아래와 같이 의제배당의 범위를 구체적으로 정의하고 있는데 이를 해당 주주, 사원, 그 밖의 출자자에게 배당한 것으로 본다.

의제배당으로 보는 경우	의제배당 금액의 계산
주식의 소각, 자본감소, 퇴사·탈퇴, 출자의 감소	의제배당 금액 = 주식의 소각 등으로 취득하는 금전 또는 그 밖의 재산 가액 − 해당 주식 등의 취득에 사용한 금액
법인의 해산(조직변경하는 경우 제외)	
법인의 합병	
법인의 분할	
잉여금의 자본전입. 단, 자본준비금과 재평가적립금(토지분 제외)이 재원인 경우 제외	의제배당 금액 = 자본전입으로 취득하는 주식 또는 출자의 가액
자기주식 또는 자기출자지분을 보유한 상태에서 잉여금의 자본전입을 함에 따라 그 법인 외의 주주 등의 지분비율이 증가한 경우	의제배당 금액 = 그 증가한 지분비율에 상당하는 주식 등의 가액

(2) 배당소득에 대한 과세

배당소득에 대한 과세도 소득자가 법인 또는 개인인지 여부에 따라 과세 방법이 다르지만, 원천징수제도를 근간으로 하여 과세가 이루어진다.

거주자나 내국법인(집합투자기구로부터의 이익 중 투자신탁의 이익에 한함)에게 배당소득을 지급하는 자는 15.4%(지방소득세 1.4% 포함)의 세율을 적용하여 원천징수하고 징수일의 익월 10일까지 원천징수의무자의 관할세무서·한국은행 또는 체신관서 등에 납부하여야 하며, 원천징수이행상황신고서를 관할세무서장에게 제출(국세정보통신망에 의한 제출 가능)하여야 한다.

다만, 출자공동사업자의 배당소득에 대한 원천징수 세율은 27.5%(지방소득세 2.5% 포함)이며, 비실명 금융소득에 대해서는 이자소득과 동일하게 금융실명법 제2조 제1호의 금융회사가 아닌 자가 지급하는 금융소득은 49.5%(지방소득세 4.5% 포함), 동 금융회사가 지급하는 금융소득은 99%(지방소득세 9% 포함)의 세율을 적용하여 원천징수한다.

배당소득도 이자소득과 마찬가지로 법인의 소득은 포괄하여 과세가 이루어지므로 각 사업연도 소득에 대한 법인세 계산 시 배당소득을 소득에 포함하여 계산하고, 원천징수된 금액은 납부할 세액에서 기납부세액으로 공제한다. 또한, 개인의 경우에는 이자소득과 배당소득의 합계액이 2천만원을 초과하는 경우 종합소득에 포함하여 과세한다(금융소득종합과세__별도 설명).

비거주자와 외국법인에 대해서는 조세조약 체결국가의 투자자인 경우에는 제한세율로, 조세조약 미체결국가의 투자자인 경우에는 22%(지방소득세 2% 포함)로 원천징수한다.

| 배당소득에 대한 과세 세율 정리 |

배당소득 구분	세 율	비 고
거주자 및 내국법인에 대한 원천징수	14%	이자소득과 합산하여 개인별 2천만원 초과 시 종합과세
출자공동사업자의 배당소득 원천징수	25%	
비실명금융소득 원천징수	45%	비금융회사 거래분
	90%	금융회사 거래분
비거주자·외국법인의 배당소득	제한세율	조세조약 체결국가
	20%	조세조약 미체결국가

〈지방소득세 별도(소득세의 10%)〉

(3) 배당소득의 수입시기(소득세법 시행령 제46조)

배당소득의 수입시기 또한 원칙적으로 실제로 배당을 지급받은 날이지만 배당의 종류에 따라 아래와 같이 달리 규정하고 있다.

구 분		수입시기
무기명주식의 이익배당		그 지급을 받은 날
잉여금의 처분에 의한 배당		당해 법인의 잉여금처분 결의일
의제배당	• 주식의 소각, 자본감소, 퇴사·탈퇴, 출자의 감소, 잉여금의 자본전입으로 인한 의제배당 • 자기주식 등의 보유로 주주 등의 지분비율 증가	주식의 소각, 자본의 감소 또는 자본에의 전입을 결정한 날(이사회의 결의에 의하는 경우에는 기준일)이나 퇴사 또는 탈퇴한 날
	법인의 해산	잔여재산가액 확정일
	법인의 합병	합병등기일
	법인의 분할	분할등기일
법인세법에 의해 처분된 배당(인정배당)		당해 법인의 당해 사업연도 결산확정일
집합투자기구로부터의 이익		지급받은 날. 원본전입특약이 있는 경우 원본전입일
파생결합증권		지급받은 날. 원본전입특약이 있는 경우 원본전입일
파생결합사채		

구 분	수입시기
출자 공동사업자의 배당	과세기간 종료일
유형별 포괄주의 배당, 조각투자상품으로부터의 이익	그 지급을 받은 날
파생상품 결합 금융상품 배당	

▌ 배당소득의 원천징수시기와 특례 ▌

배당소득의 원천징수시기는 원칙적으로 그 지급을 하는 날이다. 다만, 법인이 이익 또는 잉여금의 처분에 의한 배당 또는 분배금을 그 처분을 결정한 날로부터 3개월이 되는 날까지 지급하지 아니한 경우에는 그 3개월이 되는 날에 배당소득을 지급한 것으로 보아 원천징수한다. 그리고 11월 1일부터 12월 31일 사이에 결정된 배당소득을 다음 연도 2월 말일까지 지급하지 아니한 경우에는 다음 연도 2월 말일에 지급한 것으로 본다.

3) 금융소득 종합과세

금융소득 종합과세는 이자소득과 배당소득의 금융소득이 개인별로 연간 일정 금액 이상이면 다른 소득(사업소득, 근로소득, 연금소득, 기타소득)과 합산하여 누진세율을 적용하여 과세함으로써 소득의 재분배와 과세 형평성을 도모하기 위한 제도이다.

1996년 금융소득 종합과세제도가 처음 도입되어 시행되었으나 1998년 IMF 경제위기 극복을 위하여 시행이 일시 유보되었고, 2001년부터 다시 종합과세로 전환되어 시행되고 있다. 이러한 금융소득 종합과세의 기준금액은 처음에는 부부의 금융소득을 합산하여 4,000만원을 초과하는 경우로 정하였으나, 헌법재판소의 위헌 결정에 따라 부부합산이 폐지되고 2013년부터 개인별 연간 2,000만원 기준으로 적용하고 있다.

즉, 이자소득과 배당소득을 합산한 금융소득(비과세 소득과 분리과세 대상 금융소득 제외)이 개인별로 연간 2천만원을 초과하는 경우 그 초과금액을 다른 소득과 합산하여 기본세율(14%*~ 45%, 지방소득세 별도)로 종합과세한다. 다만, 종합과세 대상이 아닌 경우에는 14%의 원천징수로서 납세의무가 종결된다.

* 종합과세 적용 시 최소한 원천징수세액(14%) 이상을 과세하도록 비교과세

종합과세되는 금융소득의 범위와 그 과세 절차를 자세히 알아본다.

(1) 종합과세되는 금융소득의 범위

금융소득은 모두 종합과세 대상이 되는 게 아니라 법률에 의해 비과세되거나 분리과세되는 금융소득은 종합과세 대상 금융소득에서 제외하고 산출세액을 계산한다. 법률에서 정하고 있는 비과세 또는 분리과세 대상 금융소득의 범위와 종합과세 대상 금융소득은 세법의 개정 방향에 따라 계속 변하는데, 현행 법률에 규정하는 내용을 정리하면 아래와 같다.

> 종합과세 대상 금융소득 = ① 금융소득(이자소득 + 배당소득) - ② 비과세 금융소득
> - ③ 분리과세 금융소득

* 종합과세 대상 금융소득이 연 2천만원을 초과하면 그 초과금액을 종합과세하고, 동 금액이 연 2천만원 이하이면 분리과세. 다만, 국내에서 원천징수되지 아니한 국내외 금융소득이 있는 경우 금액에 관계없이 종합과세한다.

가. 종합과세 대상에서 제외되는 금융소득

아래와 같이 법률에 의하여 비과세되는 금융소득은 과세 대상에서 제외하고, 분리과세되는 금융소득은 원천징수로 납세의무가 종결된다.

① 비과세되는 금융소득

ⅰ) 소득세법에 의한 비과세 금융소득

- 공익신탁법에 의한 공익신탁의 이익(소득세법 제12조)
- 장기(10년 이상)저축성보험의 보험차익(소득세법 제16조 제1항 제9호 가목)
- 종신형 연금보험(소득세법 제16조 제1항 제9호 나목)
- 경과규정에 의한 국민주택채권 등 이자(1994.12.22 소득세법 부칙 제9조)

ⅱ) 조세특례제한법("조특법")에 의한 비과세 금융소득

- 영농조합법인의 배당(조특법 제66조)
- 영어조합법인의 배당(조특법 제67조)
- 농업회사법인 출자금의 배당(조특법 제68조)
- (구)개인연금저축의 이자와 배당(조특법 제86조)
- 장기주택마련저축의 이자와 배당(조특법 제87조)
- 청년우대형 주택청약종합저축의 이자(조특법 제87조)
- 농어가목돈마련저축의 이자(조특법 제87조의2)
- 비과세종합저축의 이자와 배당(조특법 제88조의2)

- 증권투자신탁의 이자와 배당(조특법 제88조의3)
- 우리사주조합원이 지급받는 배당(조특법 제88조의4)
- 농업협동조합근로자의 자사출자 지분에 대한 배당(조특법 제88조의4)
- 조합 등 예탁금의 이자 및 출자금에 대한 배당(조특법 제88조의5 및 제89조의3)
- 재형저축에 대한 이자와 배당(조특법 제91조의14)
- 해외주식투자전용 집합투자기구로부터 받는 배당(조특법 제91조의17)
- 개인종합자산관리계좌(ISA)에서 발생하는 이자와 배당의 합계액 중 200만원 또는 400만원 까지(조특법 제91조의18)
- 장병내일준비적금의 이자(조특법 제91조의19)
- 청년희망적금의 이자소득(조특법 제91조의21)
- 청년도약계좌의 이자와 배당(조특법 제91조의22)

② 분리과세되는 금융소득

ⅰ) 소득세법에 의한 분리과세 금융소득(소득세법 제14조 및 제129조)

- 부동산 경매입찰을 위하여 법원에 납부한 보증금 및 경락대금에서 발생하는 이자(14%)
- 실지명의가 확인되지 아니하는 이자(45%, 90%)
- 직장공제회 초과반환금(6%~45%)
- 수익을 구성원에게 배분하지 아니하는 법인격 없는 단체로서 단체명을 표기하여 금융거래를 하는 단체가 금융실명법상의 금융회사 등으로부터 받는 이자·배당(14%)
- 이자소득 또는 배당소득의 합계액(비과세 또는 분리과세분 제외)이 개인별로 연간 2천만원(종합과세 기준금액) 이하인 경우(14% 또는 25%)
- 2017년 12월 31일 이전에 보유한 만기 10년 이상인 장기채권(3년 이상 계속하여 보유)으로 분리과세를 신청한 채권의 이자와 할인액(30%. 구소득세법 시행령 제187조)

ⅱ) 조세특례제한법에 의한 분리과세 금융소득

- 특정사회기반시설 집합투자기구 투자자의 배당소득(9%. 조특법 제26조의2)
- 투융자집합투자기구 투자자의 배당소득(14%. 조특법 제27조)
- 「사회기반시설에 대한 민간투자법」 제58조 제1항에 의한 사회기반시설채권으로서 만기 7년 이상의 2014년 12월 31일 이전 발행 채권의 이자(14%. 조특법 제29조)
- 영농조합법인의 배당 중 비과세 제외분(5%. 조특법 제66조)
- 영어조합법인의 배당 중 비과세 제외분(5%. 조특법 제67조)
- 농업회사법인 출자금의 배당 중 분리과세분(14%. 조특법 제68조)
- 공모부동산집합투자기구의 집합투자증권의 배당소득(9%. 조특법 제87조의7)

- 조합 등 출자금에 대한 배당(2026년 5%, 2027년 이후 9%. 조특법 제88조의5)
- 세금우대종합저축의 이자와 배당(9%. 지방소득세 비과세. 조특법 제89조)
- 조합 등 예탁금의 이자(2026년 5%, 2027년 이후 9%. 지방소득세 비과세. 조특법 제89조의3)
- 고위험고수익채권투자신탁에서 받는 이자와 배당(3천만원 이내 투자금액. 조특법 제91조의15)
- 개인종합자산관리계좌(ISA)에서 발생하는 이자와 배당의 비과세 한도(200만원, 400만원)를 초과하는 금액(9%. 조특법 제91조의18)
- 개인투자용 국채(2억원까지의 매입금액)에서 발생하는 이자(14%. 조특법 제91조의23)

iii) 금융실명거래 및 비밀보장에 관한 법률에 의한 분리과세

- 비실명금융자산으로서 금융회사 등을 통해 지급되는 이자 배당(90%)
- 금융실명거래 및 비밀보장에 관한 법률에 의하여 발행된 비실명채권*에서 발생된 이자

* 비실명채권은 1998년 외환위기 때 구조조정자금 등을 지원하기 위하여 발행한 채권으로 매입·매도 시 실명확인과 자금출처조사가 면제되는 채권으로서 최종소지자가 실명으로 상환받는 경우에는 증여세까지 면제된다(2003년 만기).

나. 종합과세 되는 금융소득

종합과세 대상이 되는 금융소득은 이미 언급한 바와 같이 금융소득이 연 2천만원을 초과하는 경우 그 초과금액과 국내에서 원천징수되지 아니한 국내외 금융소득이 있는 경우 그 금액에 관계없이 동 소득금액이 종합과세 대상으로 포함된다(소득세법 제14조).

① 2,000만원을 초과하는 금융소득

- 금융소득 중 비과세 및 분리과세 소득을 제외한 금융소득이 2천만원을 초과하는 경우 금융소득 전체를 종합과세한다. 다만, 종합과세 기준금액을 기점으로 한 급격한 세 부담 증가 문제를 보완하고, 금융소득 종합과세 시 최소한 원천징수세율(14%) 이상의 세 부담이 되도록 하기 위해 2천만원을 초과하는 금융소득만 다른 종합소득과 합산하여 산출세액을 계산하고 2천만원 이하 금액은 원천징수세율(14%)을 적용하여 산출세액을 계산한다.
- 금융소득이 종합과세 기준금액(2천만원)을 초과하는지 여부를 판단할 때 배당소득은 배당가산(Gross-up)*하기 전 금액으로 한다.
  * 배당가산(Gross-up) – 뒤에서 설명
- 금융소득이 2천만원을 초과하는 경우에는 배당가산(Gross-up)한 금액을 종합과세 금융소득으로 한다.
- 예외적으로 출자공동사업자로부터 받는 배당(원천징수세율 25%)은 종합과세 기준금액 (2천만원)을 초과하지 않더라도 종합과세한다.

② 2,000만원 이하지만 국내에서 원천징수되지 않은 금융소득

• 국외에서 받은 금융소득으로 국내에서 원천징수되지 않은 것

• 국내에서 받는 2천만원 이하의 금융소득으로서 원천징수되지 않은 금융소득

☞ 종합과세기준금액(2천만원) 초과 여부 판단 시 국내에서 원천징수되지 않은 금융소득도 합산한다.

(2) 금융소득 종합과세 산출세액의 계산

가. 금융소득의 기본적 세액계산 방법

거주자의 금융소득이 있는 경우 위에서 살펴본 내용에 따라 당해 금융소득의 종합소득 합산대상 여부를 검토하고, 금융소득 종합과세 대상소득이 있는 경우에는 기본적으로 다음의 순서로 종합소득산출세액을 산출할 수 있다.

① 금융소득 중 2천만원까지는 원천징수세율(14%)을 적용하고, 2천만원을 초과하는 금융 소득에는 기본세율(6%~45%)을 적용하여 계산한 세액을 합계하여 산출세액으로 한다.

산출세액 = (금융소득 2천만원×14%) + (종합소득 과세표준×기본세율)

② 금융소득 전체 금액에 대하여 원천징수된 세액 전부를 기납부세액(2천만원에 대한 원 천징수세액을 포함)으로 공제하여 납부할 세액을 계산한다.

하지만, 이 같은 방식의 종합소득 산출세액 계산은 누진세율(6%~45%) 체계의 특성상 6% 세율 구간이 적용될 경우, 원천징수 세율보다 낮은 세율이 적용될 수도 있으므로, 세율 적용의 형평성에 불합리를 초래할 수 있다. 이를 해소하기 위해 금융소득이 포함된 종합소득에 대해서는 아래와 같이 비교과세제도를 두고 있다.

나. 금융소득에 대한 산출세액의 비교과세제도

① 비교과세제도의 내용

금융소득 종합과세 산출세액을 계산할 때 종합과세 기준금액(2천만원) 이하의 금융소득은 분리과세 소득으로서 종합소득 과세표준에 합산되지 않지만, 종합과세 기준금액을 초과하는 경우 기준금액 이하의 금융소득도 종합소득 과세표준에 합산하여 종합소득세를 신고·납부 하여야 한다.

그런데, 누진세율(6%~45%)로 과세되는 현행 소득세율 구조상 종합소득 과세표준이 1,400만원 이하인 경우, 6%의 세율이 적용되는 구간에 속하게 되는데, 종합과세 기준금액을 초과하는 금융소득의 산출세액이 오히려 원천징수한 세액보다 적어질 수 있다. 이는 종합과세 기준금액을 초과하는 금융소득을 종합소득 과세표준에 합산하여 누진세율로 과세함으로써 소득 재분배와 과세 형평성을 도모하고자 하는 기본 취지에 어긋나는 것이다.

☞ 따라서, 종합과세 기준금액을 초과하는 금융소득에 대해서는 세액계산 특례규정을 두어 종합과세 시 산출세액이 원천징수 세액보다 적어지는 일이 없도록 하고 있는데, 이처럼 종합소득세로 과세 시 산출세액과 원천징수 세액을 비교하여 최소한 원천징수 세액 이상으로 과세하는 것이 바로 비교과세제도이다.

② 비교과세제도를 적용한 종합소득세 산출세액의 계산

금융소득이 포함된 종합소득에 대해 비교과세제도를 적용한 산출세액의 계산은, 2천만원을 초과하는 금융소득을 다른 종합소득과 합산하여 계산하는 종합과세 방식과 동 금융소득을 다른 종합소득과 구분하여 계산하는 분리과세 방식에 의해 계산된 금액 중 큰 금액을 산출세액으로 하는 방식으로 이루어진다.

> - 금융소득이 포함된 종합소득 산출세액계산은 종합과세 대상 금융소득이 종합과세기준 금액(2천만원)을 초과하는 경우와 종합과세기준금액 이하이지만 국내에서 원천징수되지 않은 금융소득이 있는 경우는 각각 다르게 계산한다.
> - 출자공동사업자로부터 받는 배당소득은 금융소득이 아닌 다른 종합소득에 합산한다.

(가) 금융소득이 2,000만원을 초과하는 경우

거주자의 종합소득 과세표준에 포함된 금융소득금액이 2,000만원을 초과하는 경우에는 아래 ⅰ)과 ⅱ) 중 큰 금액으로 한다(소득세법 제62조).

> ⅰ)과 ⅱ) 중 큰 금액
>
> ⅰ) 다음 ⓐ과 ⓑ의 세액을 합산한 금액(종합과세 방식)
>   ⓐ (금융소득 중 2천만원을 초과하는 금액* + 금융소득을 제외한 다른 종합소득금액
>   - 종합소득공제) × 기본세율(6%~45%)
>   * Gross-up대상 배당소득이 있는 경우 2천만원 초과 부분만 Gross-up을 적용
>   ⓑ 종합과세기준금액(2천만원) × 원천징수세율(14%)
> ⅱ) 다음 ⓐ과 ⓑ의 세액을 합산한 금액(분리과세 방식)

ⓐ 금융소득 × 원천징수세율(14%, 25%)

ⓑ* 금융소득을 제외한 다른 종합소득금액 × 기본세율

* 다만, ⓑ의 세액이, 출자공동사업자에 대한 배당소득에 대하여 14%의 세율을 적용하여 계산한 세액과 금융소득 및 출자공동사업자에 대한 배당소득을 제외한 다른 종합소득금액에 대한 산출세액을 합산한 금액("종합소득 비교세액")에 미달하는 경우 종합소득 비교세액으로 함.

(나) 금융소득이 2,000만원을 초과하지 않는 경우

위 (가)의 ⅱ)에 의한 "분리과세 방식"에 따라 계산한 금액

다. 배당가산액(Gross-up 금액) 제도

종합과세되는 금융소득에 배당소득이 포함되어 있을 때는 이중과세의 문제가 발생할 수 있다. 왜냐하면, 배당소득의 경우 주주가 받는 배당의 재원이 되는 법인소득은 일반적으로 법인 단계에서 법인세가 과세되기 때문이다. 그런데 이를 주주 단계에서 다시 과세하게 되면 하나의 소득에 대해 법인세와 소득세가 이중으로 과세되는 문제가 발생하므로, 이를 해소하기 위하여 소득세법에서는 배당가산(Gross-up)제도를 두고 있다.

즉, 종합과세 기준금액(2천만원)을 초과하는 금융소득 중에 이미 법인세가 과세된 배당소득이 포함되어 있을 때는 해당 과세기간의 총수입금액에 당해 배당소득 금액의 100분의 10에 해당하는 금액을 더하여 산출세액을 구하고 동 산출세액에서 다시 동 배당가산액을 차감(배당세액공제)해 줌으로써, 이중과세 문제를 해소한다(소득세법 제17조, 제56조 및 동법 시행령 제27조의3).

☞ 배당가산액은 종합소득금액에 가산하였다가 다시 산출세액에서 공제(배당세액공제)

① 배당가산이 적용되는 배당소득

- 내국법인으로부터 받은 이익이나 잉여금의 배당 분배금
- 법인으로 보는 단체로부터 받는 배당 분배금
- 의제배당(Gross-up 적용되지 않는 의제배당* 제외)

  * 자기주식소각이익, 토지 재평가차익, 자기주식 보유 자본전입 지분비율 증가로 인한 의제배당

- 법인세법에 의하여 배당으로 처분된 금액
- 자본시장법 제9조 제19항 제1호의 기관전용사모집합투자기구(법인세법 제51조의2, 조세특례제한법 제100조의16 또는 제104조의31을 적용받는 법인*은 제외)로부터 받는 배당

  * 배당가능이익의 100분의 90 이상을 배당한 경우 그 금액을 소득금액에서 공제하는 유동화전문회사·투자회사 등과 납세의무가 없는 동업기업

② 배당가산이 적용되지 않는 배당소득(배당세액공제를 적용하지 않음)

- 외국법인으로부터 받는 배당(국내에서 법인세가 과세되지 않음)
- 출자공동사업자가 손익분배비율에 따라 받는 금액
- 집합투자기구(사모투자전문회사 제외)로부터의 이익(법인세가 과세되지 않음)
- 다음에 해당하는 의제배당
  - 자기주식(출자지분) 소각이익의 자본전입으로 인한 의제배당
  - 1%의 재평가 세율이 적용된 토지의 재평가차액을 자본전입 함으로 인한 의제배당
  - 법인이 자기주식을 보유한 상태에서 자본준비금 등을 자본전입 함에 따라 해당 법인 외의 주주 등의 지분비율이 증가한 경우 증가한 지분비율에 상당하는 주식 등의 가액에 의한 의제배당
- 법인세 면제 등을 받는 대통령령으로 정하는 법인으로부터 받는 배당소득
  - 조세특례제한법 제132조의 규정에 의한 최저한세가 적용되지 아니하는 법인세의 비과 세면제 감면 또는 소득공제(조세특례제한법 외의 법률에 의한 비과세 면제 감면 또는 소득공제 포함)를 받은 법인 중 소득세법 시행령 제27조의3(법인세의 면제 등을 받는 법인 등)의 규정에 해당하는 법인으로부터 받은 배당소득이 있는 경우에는 해당 배당 소득금액에 아래 산식의 비율(100% 한도)을 곱하여 산출한 금액
    * 비율 = (직전 2개 사업연도의 감면대상소득금액의 합계액 × 감면비율) / 직전 2개 사업연도의 총소득금액의 합계액
- 분리과세 배당소득
- 종합과세 대상 배당소득 중 2천만원을 초과하지 않는 배당소득
- 국제조세조정에 관한 법률 제17조에 따라 배당받은 것으로 간주된 금액
- 배당소득과 유사한 소득으로서 수익분배의 성격이 있는 것
- 배당소득 발생 금융상품과 파생상품이 결합된 경우 해당 파생상품의 거래 또는 행위로부터의 이익

Gross-up 적용 요건

- 내국법인으로부터 받은 배당일 것
- 법인단계에서 법인세가 과세된 소득을 재원으로 지급받는 배당일 것
- 종합과세 대상 배당소득이면서 종합소득세율(누진세율) 적용분일 것

라. 배당세액공제

① 배당세액공제 대상 배당소득 금액의 계산

종합과세 기준금액을 초과하는 배당소득 금액은 다음과 같이 순차적으로 합산하여 계산한 금액에 의한다(소득세법 시행령 제116조의2).

㉮ 이자소득부터 먼저 합산

㉯ 배당가산(Gross‒up)이 적용되지 않는 배당소득을 합산

㉰ 배당가산(Gross‒up)이 적용되는 배당소득을 합산

② 배당세액공제 방법

종합소득금액에 배당가산(Gross‒up)된 배당소득금액이 합산되어 있는 경우에는 배당세액을 종합소득 산출세액에서 공제하는데, 배당세액공제는 아래 ⅰ), ⅱ) 중 적은 금액을 적용한다.

ⅰ), ⅱ) 중 적은 금액

ⅰ) 배당가산액(배당소득×10/100)

ⅱ) 종합소득산출세액(금융소득 이외의 종합소득에 대한 산출세액+원천징수세율을 적용한 금융소득의 산출세액)

마. 기납부세액의 공제

금융소득에 대하여 원천징수된 소득세는 종합소득으로 과세되는 금융소득에 대한 소득세 산출세액에서 해당 금액을 기납부세액으로 차감하여 납부할 세액을 계산한다.

- 산출세액 계산 시에는 전체 금융소득(기준금액 2천만원 포함)에 대하여 세액을 계산하고, 전체 금융소득에 대한 원천징수세액을 기납부세액으로 공제
- 따라서, 2천만원 이하의 금융소득은 형식적으로 종합과세되나 원천징수세율에 의해 산출세액이 계산되므로 실질적으로는 분리과세되는 것과 동일함

(3) 금융소득 종합과세 대상자의 금융소득 비과세 제외

2021년에 개정된 세법에서는 과세 형평성을 높이기 위해 과세특례를 적용받는 아래 계좌의 가입일 또는 연장일이 속하는 과세기간의 직전 3개 과세기간 중 1회 이상 금융소득 종합과세 기준금액(2천만원)을 초과하는 금융소득(이자소득, 배당소득)이 있는 소득자의 경우에는 조세특례제한법상의 해당 과세특례를 적용하지 않도록 하였다.

| 금융소득 종합과세 대상자 이자소득 비과세 제외(조세특례제한법 제129조의2*) |

조세특례제한법 제129조의2 및 동법 시행령 제123조의2에 의거, 2021년 1월 1일 이후 가입자의 경우 가입일이 속한 과세기간의 직전 3개 과세기간 중 1회 이상 소득세법 제14조 제3항 제6호에 따른 이자소득과 배당소득의 합계액이 금융소득 종합과세 기준금액(2천만원)을 초과하는 경우, 아래 조세특례제한법상의 과세특례 적용을 배제한다.

① 조세특례제한법 제87조【주택청약종합저축 등에 대한 소득공제 등】제3항**
② 조세특례제한법 제87조의2【농어가목돈마련저축에 대한 비과세】
③ 조세특례제한법 제87조의7【공모부동산집합투자기구의 집합투자증권의 배당소득에 대한 과세특례】
④ 조세특례제한법 제88조의2【비과세종합저축에 대한 과세특례】
⑤ 조세특례제한법 제88조의4【우리사주조합원 등에 대한 과세특례】
⑥ 조세특례제한법 제88조의5【조합 등 출자금 등에 대한 과세특례】
⑦ 조세특례제한법 제89조의3【조합 등 예탁금에 대한 저율과세 등】
⑧ 조세특례제한법 제91조의18【개인종합자산관리계좌에 대한 과세특례】
⑨ 조세특례제한법 제91조의19【장병내일준비적금에 대한 비과세】
⑩ 조세특례제한법 제91조의20【청년형 장기집합투자증권저축에 대한 소득공제】
⑪ 조세특례제한법 제91조의21【청년희망적금에 대한 비과세】
⑫ 조세특례제한법 제91조의22【청년도약계좌에 대한 비과세】

* 2021. 1. 1. 이후(⑩, ⑪은 2022. 1. 1. 이후) 가입·보유·취득·연장하는 경우부터 적용
**청년우대형 주택청약종합저축에 대한 비과세

| 금융소득 종합과세 시 적용되는 종합소득 기본세율표 |

종합소득 과세표준	세 율
1,400만원 이하	과세표준의 6%
1,400만원 초과 5,000만원 이하	84만원+(1,400만원을 초과하는 금액의 15%)
5,000만원 초과 8,800만원 이하	624만원+(5,000만원을 초과하는 금액의 24%)
8,800만원 초과 1억5천만원 이하	1,536만원+(8,800만원을 초과하는 금액의 35%)
1억5천만원 초과 3억원 이하	3,706만원+(1억5천만원을 초과하는 금액의 38%)
3억원 초과 5억원 이하	9,406만원+(3억원을 초과하는 금액의 40%)

종합소득 과세표준	세　율
5억원 초과 10억원 이하	1억7,406만원+(5억원을 초과하는 금액의 42%)
10억원 초과	3억8,406만원+(10억원을 초과하는 금액의 45%)

（지방소득세 별도）

| 각 사업연도 소득에 대한 법인세율표 |

구　분	세　율
2억원 이하	과세표준의 9%
2억원 초과 200억원 이하	1천8백만원+(2억원을 초과하는 금액의 19%)
200억원 초과 3천억원 이하	37억8천만원+(200억원을 초과하는 금액의 21%)
3천억원 초과	625억 8천만원+(3천억원을 초과하는 금액의 24%)

（지방소득세 별도）

관련세법

금융소비자 보호에 관한 법률

제2조【정의】

참고문헌 ●

금융감독원. 대학생을 위한 실용금융

강병호 · 김석동 · 서정호. 금융시장론. 박영사

한국거래소. 채권유통시장해설

이준규 · 박성욱. 세법개론. 영화조세통람

한국예탁결제원. 증권예탁결제제도

기획재정부. 2023 조세 개요

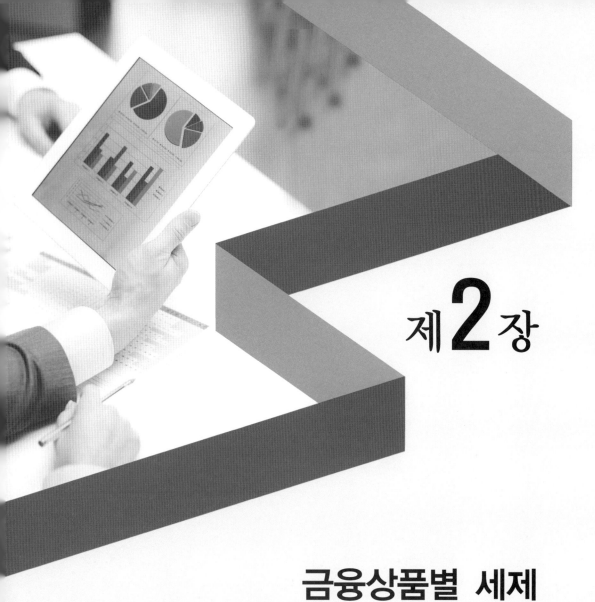

제2장

금융상품별 세제

I

주식과 세제

❶ 주식과 주식시장

주식과 관련된 세무를 논하기 위해서는 먼저 주식과 주식시장에 대한 이해가 필요하다. 따라서, 먼저 주식의 일반적인 개념과 우리나라 주식시장의 전반적인 구조에 대해 간단히 살펴보고 난 후 관련 세제를 알아본다.

주식과 관련된 세제는 유동적인 주식의 특성을 감안하여, 주식의 취득 시 발생 가능한 세무부터 시작하여 보유 또는 양도 시의 세 단계별로 각각 어떤 세무 문제가 발생할 수 있는지 접근해보도록 한다.

이어서 여러 세법에 산재해 있는 각종 주주의 개념 정리와 함께 이와 관련된 세제 내용, 그리고 상증법에서 규정하고 있는 주의해야 할 주요 주식 관련 세제를 정리한다.

1) 주식의 개념과 종류

(1) 주식의 개념

자금의 수요가 있는 기업은 금융시장을 통하여 필요한 자금을 조달하게 된다. 앞에서 살펴본 바와 같이 기업이 금융시장을 이용하는 방법은 은행으로부터의 대출 등을 통한 간접금융시장을 이용할 수도 있고 기업이 직접 자금투자자를 모집하는 직접금융시장을 이용하기도 한다. 직접금융시장의 가장 대표적인 시장이 자본시장인데, 이 자본시장을 통해 자금조달이 이루어질 때 기업은 투자자로부터 투자를 받고 동 투자의 성격에 따른 투자내용을 표시하는 주식 또는 채권 등을 발행하여 투자자에게 교부한다(단, 주식은 주식회사만이 발행 가능). 이때 발행하는 주식은 회사 측면에서 볼 때 자본의 개념으로 상환 의무도 없고 만기(滿期) 개념도 존재하지 않는다. 따라서 만기일이 있고 동 만기일에 자금을 상환해야 하는 부채의 개념인 채권과 달리 주식은 투자자금을 영구적으로 이용할 수 있다는 이점이 있다.

한편, 자금의 투자자는 주식을 받음으로써 해당 회사의 주주가 되는데, 주주에게는 보유하는 주식 수만큼의 회사에 대한 소유권이 발생하고 동시에 그 지분의 유한책임을 진다. 또한, 주주는 회사의 이익에 대한 이익배당청구권과 의결권을 행사할 수 있고, 보유한 주식을 양도할 수도 있는데, 회사의 가치가 상승하면 투자금액보다 더 높은 수익을 낼 수 있지만, 그 반대의 경우에는 손실을 볼 수도 있다.

이러한 주식과 채권을 비교해 보면 아래와 같다.

| 주식과 채권의 비교 |

구 분	주 식	채 권
자금의 성격	자기자본	타인자본
발행자	주식회사	정부 · 지방자치단체 · 특수법인 · 주식회사
자금의 상환	상환 의무 없음(영구적)	만기 시 상환(한시적)
보유자의 지위	주주	채권자
기업의 회계처리	자본	부채
원금 보장	원금 보장 안됨	발행자의 파산 시를 제외하고 법적으로 원리금 보장
수익 지급 형태	배당(가변적)	이자(대부분 확정적)
경영 참가	가능	불가

(2) 주식의 종류

주식은 배당 방법, 의결권 유무 또는 옵션의 부여방식 등에 따라 다양한 종류의 주식이 발행될 수 있는데 여기서는 현재 시장에서 실제 일반적으로 발행되고 있는 주식의 종류를 간단히 알아본다.

가. 보통주와 우선주

우리가 일반적으로 주식이라 함은 보통주를 가리키는데, 보통주는 이익분배청구권, 경영 참가권 및 잔여재산분배청구권 등을 평등하게 가진 주식으로, 주주평등의 원칙에 따라 1주 1의결권이 존재한다. 즉, 보통주라고 함은 이익배당이나 잔여재산 분배에서 일부 차이가 존재하는 다른 주식과 구별되는 상대적 의미를 지닌다. 반면, 우선주는 이익배당 및 잔여재산 분배 참가에 있어 보통주에 우선하고, 보통주에 우선하여 받을 수 있는 최저배당률이 정해진다. 다만, 우선주에 대해서는 원칙적으로 의결권이 주어지지 않는다.

나. 액면주와 무액면주

액면주는 주권에 그 주식의 액면가액이 기재되어 있는 주식으로, 같은 회사에서 발행된 주식의 액면은 같아야 하며 100원 이상이어야 한다. 반면 무액면주는 주권에 액면가액이 기재되지 않은 주식으로, 발행가액은 주식을 발행할 당시의 시가가 보통이다. 따라서, 무액면주를 발행하는 회사는 주식의 발행가액과 주식의 발행가액 중 자본금으로 계상하는 금액을 정하여야 한다.

회사는 액면주식과 무액면주식 중 한 종류를 선택하여 발행할 수 있고, 두 종류의 주식을 동시에 발행할 수는 없다.

다. 종류주

종류주란 자본조달의 효율이나 주주의 성향 등을 감안하여 주식이 표창하는 소정의 권리에 대해 특수한 내용을 부여한 주식으로 상환주식과 전환주식 등이 대표적이다. 상환주식은 정관으로 정하는 바에 따라 회사의 이익으로 주식을 소각하는 조건을 붙여서 발행한 주식으로, 회사 측에 강제상환청구권이 있는 것과 주주 측에 상환청구권이 있는 것이 있다.

전환주식은 회사가 권리 내용이 다른 종류의 주식을 발행하는 경우 다른 종류의 주식으로 전환할 수 있는 권리를 부여한 주식으로, 전환청구권은 회사나 주주 모두에게 부여될 수 있다. 전환주식의 가장 일반적인 형태는 우선주를 보통주로 전환하는 형태인데, 이때의 전환주식을 전환우선주라고 한다. 이외에도 의결권 배제·제한 종류주, 주식의 양도에 제한이 있는 종류주 등이 있다.

① 상환우선주(Redeemable Preference Shares)

회사가 상환하거나 주주가 회사에 상환을 청구할 수 있는 권리가 부여된 우선주로, 보통 5년 후에 상환이 이루어지는 방식으로 많이 발행한다. 상환우선주는 법적 형태를 중시하는 K-GAAP(Generally Accepted Accounting Principles)에서는 자본으로 분류되었지만, 경제적 실질을 중시하는 국제회계기준(IFRS : International Financial Reporting Standards)에서는 상환 의무 존재 여부에 따라 발행회사가 상환권을 보유한 경우에만 자본으로 분류하고, 투자자가 상환권을 보유한 경우에는 부채로 분류하도록 하고 있다.

② 전환우선주(Convertible Preference Shares)

다른 종류의 주식으로 전환할 수 있는 권리가 부여된 우선주로, 보통 15년 후에 보통주로 전환하는 방식으로 발행하는데, 상속 목적으로 많이 발행한다. IFRS에서는 전환조건이 확정(1:1 또는 1:2 등)되어 있는 경우에만 자본으로 분류하도록 하고, 그렇지 않은 경우(ex : refixing 조건이 있는 경우 등)에는 부채로 분류하도록 하고 있다.

③ 상환전환우선주

상환 또는 다른 종류 주식으로의 전환이 모두 가능한 하이브리드증권으로, 스타트업기업 등 신생기업의 자금 조달 수단으로 많이 활용된다. 일반적으로, 벤처투자기업이 동 기업에 이 방식으로 투자하고 상장 시 보통주로 전환함으로써, 발행회사는 부채비율을 낮출 수 있다. IFRS에서는 상환 또는 전환우선주의 자본 분류요건을 모두 충족해야만 자본으로 분류할 수 있도록 하고 있다. 다만, K-GAAP을 적용받는 비상장기업은 자본으로 분류 가능하다.

2) 우리나라 주식시장

제1장에서 알아본 바와 같이 주식시장은 구체적이고 조직화된 거래소시장과 대체거래소, 그리고 조직화되지 않은 장외시장으로 구분해 볼 수 있다. 우리나라의 거래소시장에는 한국거래소가 운영하는 유가증권시장과 코스닥시장, 그리고 코넥스시장이 있고, 대체거래소, 즉 다자간매매체결회사인 넥스트레이드가 있다. 이러한 거래소시장과 다자간매매체결회사 외의 곳에서 이루어지는 모든 거래를 장외거래라고 볼 수 있는데, 우리나라는 조직화된 장외시장으로 금융투자협회가 운영하는 K-OTC시장이 있다. 여기서는 이 다섯 개의 시장에 대해 간단히 알아본다.

(1) 유가증권시장(코스피시장)

우리나라의 대표적인 주식시장으로 코스피시장이라고도 하며, 1956년 개장이 되었으며 대형 우량기업들이 많이 상장되어 있다. 유가증권시장의 종합주가지수는 KOSPI(Korea Composite Stock Price Index)지수라고도 하는데, 시가총액식 주가지수로 1980년 1월 4일 시가총액을 기준시점(기준지수 100)으로 현재의 지수를 산출한다.

$$\text{KOSPI지수} = \frac{\text{비교시점의 시가총액}}{\text{기준시점(1980.1.4)의 시가총액}} \times 100$$

가. 유가증권시장 상장요건

상장요건		일반회사	지주회사
규모요건 (모두)	기업규모	자기자본 300억원 이상	좌동
	상장주식수	100만주 이상	좌동
분산요건 (모두)	주식수	다음 중 하나만 충족하면 됨. ① 일반주주소유비율 25% 이상 또는 500만주 이상 　(다만, 상장예정주식수 5천만주 이상 기업은 상장 　예정주식수의 10% 해당 수량) ② 공모주식수 25% 이상 또는 500만주 이상 　(다만, 상장예정주식수 5천만주 이상 기업은 　상장예정주식수의 10% 해당 수량) ③ 자기자본 500억 이상 법인은 10% 이상 공모하고 　자기자본에 따라 일정규모 이상 주식 발행 　• 자기자본 500억~1,000억원 또는 기준시가총액 　　1,000억~2,000억 : 100만주 이상 　• 자기자본 1,000억~2,500억원 또는 기준시가 　　총액 2,000억~5,000억 : 200만주 이상 　• 자기자본 2,500억원 이상 또는 기준시가총액 　　5,000억 이상 : 500만주 이상 ④ 국내외동시공모법인은 공모주식수 10% 이상 & 　국내공모주식수 100만주 이상	좌동
	주주수	일반주주 500명 이상	좌동
	양도제한	발행주권에 대한 양도제한이 없을 것	좌동
경영성과 요건 (택1)	매출액 및 수익성	① 매출액 : 최근 1,000억원 이상 및 3년 평균 700억원 　이상 & ② 최근 사업연도에 영업이익, 법인세차감전 계속 　사업이익 및 당기순이익 각각 실현 & ③ 다음 중 하나 충족 　• ROE : 최근 5% & 3년 합계 10% 이상 　• 이익액 : 최근 30억원 & 3년 합계 60억원 이상 　• 자기자본 1천억원 이상 법인 : 최근 ROE 3% 　　또는 이익액 50억원 이상이고 영업현금흐름이 　　양(+)일 것	좌동
	매출액 및 기준시가 총액	① 최근 매출액 1,000억원 이상 & ② 기준시가총액* 2,000억원 이상 *기준시가총액 = 공모가격 × 상장예정주식수	좌동

상장요건		일반회사	지주회사
안전성 및 건전성 요건 (상단: 기준시가)	기준시가총액 및 이익액	① 기준시가총액 2,000억원 이상 & ② 최근 이익액 50억원 이상	좌동
	기준시가총액 및 자기자본	① 기준시가총액 5,000억원 이상 & ② 자기자본 1,500억원 이상	좌동
	기준시가총액	1조원 이상	좌동
안전성 및 건전성 요건	영업활동기간	설립 후 3년 이상 경과 & 계속적인 영업활동 (합병 등이 있는 경우 실질적인 영업활동기간 고려)	좌동 (주요 자회사의 실질적인 영업활동기간 고려)
	감사의견	최근 적정, 직전 2년 적정 또는 한정(감사범위 제한에 따른 한정의견 제외)	좌동 (개별 및 연결재무제표)
	매각제한 (보호예수)	① 최대주주 등 소유주식 & 상장예비심사 신청 전 1년 이내 최대주주 등으로부터 양수한 주식 : 상장 후 6월간 ② 상장예비심사 신청 전 1년 이내 제3자배정 신주 : 발행일로부터 1년간. 단, 그날이 상장일로부터 6월 이내인 경우에는 상장 후 6월간	좌동 (금융지주회사의 경우 최대주주 등 소유주식 매각제한 제외)

〈외국기업지배지주회사(국내SPC*)의 경우 지주회사 상장요건 준용〉

* 주식소유를 통해 자회사의 사업내용을 지배하는 것을 주된 사업으로 하는 국내회사
(공정거래법상 지주회사에 해당되지 않는 실질적인 지주회사)

① 경영성과(매출액, 이익 등)를 연결재무제표 기준으로 심사하고, 영업활동기간의 경우 자회사의 실질적인 영업활동기간 고려

② 다만, 사업실체가 외국기업이라는 점을 감안하여 외국기업 상장과 관련한 투자자 보호제도* 적용

　* 국내영업소 설치 의무화, 상장주선인 최소 투자 의무(5%), 반기 감사보고서 제출, 상장심사기간
　(45일 → 65일)

〈우량기업의 경우 상장심사 간소화(Fast Track)〉

우량기업 요건*에 해당하는 기업에 대해서는 질적 심사 중 '기업계속성' 심사를 면제하여 상장심사기간 단축(45일 → 20일)

* 우량기업 요건 : 자기자본 4천억원 & 매출액 7천억원(& 3년평균 5천억원) & 이익액 3백억원(& 매 사업연도 이익 실현 및 3년 합계 6백억원)

나. 유가증권시장 매매거래제도

① 거래소시장의 일반적인 매매거래제도

투자자가 거래소시장에서 매매거래를 하기 위해서는 먼저 투자매매업 및 투자중개업 인가를 받은 증권회사(또는 금융투자회사)에 매매거래계좌를 개설하고, 동 계좌를 개설한 증권회사를 통하여 주문을 제출한다. 거래소시장에서 유가증권을 매매할 수 있는 자는 한국거래소의 회원인 증권회사("회원사")에 한정되므로 일반투자자는 회원사를 통하지 않고 거래소시장에서 직접 매매거래를 할 수 없다. 투자자로부터 주문을 위탁받은 회원사는 동 주문을 거래소에 제출 (호가)하고, 회원사로부터 거래소에 제출된 주문은 거래소가 업무규정에서 정하는 원칙에 따라 매매체결되며, 거래소는 체결 결과를 회원에게 통보하고 회원은 이를 다시 고객에게 통지하게 된다. 한편, 외국인투자자의 주문은 금융감독원의 외국인 투자관리시스템을 경유하여야 하며, 거래소의 회원이 아닌 비회원 증권회사는 투자자로부터 위탁받은 주문을 거래소 회원을 통하여 주문을 제출하여야 한다.

한편, 투자자는 매매체결분에 대하여 매매체결일부터 기산하여 3일째 되는 날(T+2) 회원사가 정하는 시간까지 매매거래를 위탁한 증권회사에 매수대금 또는 매도증권을 납부하여야 하며, 회원사는 이를 한국예탁결제원을 통해 증권과 대금을 결제하게 된다.

② 유가증권시장 거래시간

구 분		매매거래시간	호가접수시간	체결가격
장개시전	시간외종가	08:30~08:40	08:30~08:40	전일 종가
	시간외대량/바스켓	08:00~09:00	08:00~09:00	협상가격
	시간외경쟁대량	08:00~09:00	08:00~09:00	거래량가중평균가격*
정규시장	정규시장	09:00~15:20	08:30~15:20	개별경쟁매매
	종가단일가	15:20~15:30	15:20~15:30	단일가매매
	장중대량/바스켓	09:00~15:30	09:00~15:30	협상가격**
	장중경쟁대량매매	09:00~15:00	09:00~15:00	거래량가중평균가격***
장종료후	시간외종가	15:40~16:00	15:30~16:00	당일 종가
	시간외단일가	16:00~18:00	16:00~18:00	당일 종가 ±10%****
	시간외대량/바스켓	15:40~18:00	15:40~18:00	협상가격

* 정규시장 개시부터 종료까지 총 거래대금 ÷ 총거래량

③ 호가 제시와 매매거래의 체결

매수·매도의 의사표시를 위해 호가를 제시할 때에는 가격대별로 호가할 수 있는 최소단위, 즉 아래와 같은 호가 가격 단위에 따라 그 범위를 설정하는데 이는 거래를 표준화하고 매매체결을 원활히 하기 위함이다.

구 분	단 위
2,000원 미만	1원
2,000원 이상 5,000원 미만	5원
5,000원 이상 20,000원 미만	10원
20,000원 이상 50,000원 미만	50원
50,000원 이상 200,000원 미만	100원
200,000원 이상 500,000원 미만	500원
500,000원 이상	1,000원

* ETF, ETN은 2,000원 미만 1원, 2,000원 이상 5원. ELW는 가격 범위와 무관하게 단일 호가단위 5원 적용

매매거래 수량 단위는 1주(2014. 6. 2.부터 적용)이며, 매매체결은 복수가격에 의한 개별경쟁매매의 경우 매매거래시간 중에 매도호가와 매수호가의 경합에 의하여 가장 낮은 매도호가와 가장 높은 매수호가가 합치되는 경우 선행 호가, 즉 먼저 접수된 호가의 가격으로 매매거래를 성립시키는 가격우선의 원칙과 시간우선의 원칙에 따라 합치되는 호가 간에 매매거래를 성립시킨다. 다만, 장 종료 전 10분간 또는 장 종료 후 시간외시장(16:00~18:00)에서 이루어지는 단일가 매매는 수요와 공급을 집중시켜 균형가격 형성의 필요성이 큰 경우에 이용되는 매매방법으로, 일정 시간 동안 매도·매수호가를 접수하여 가격 및 시간 우선 원칙에 따라 우선하는 호가 간에 하나의 가격으로 매매체결이 이루어지며, 모든 단일가 매매는 마감 시점으로부터 불공정거래 예방 등을 위해 30초 이내에서 거래소가 정하는 임의의 시간에 종료된다.

④ 주문유형

투자자가 유가증권시장에서 주식 주문을 할 때는 주문할 종목과 수량, 가격 등을 지정해야 하는데, 그 방식에 따라 다양한 주문유형이 존재한다. 그 주요 주문유형을 알아보면 다음과

같다. 이는 코스닥시장에서도 동일하게 적용된다.

주문유형	내 용
지정가주문	종목, 수량, 가격을 투자자가 지정하는 가장 일반적인 주문형태로서 투자자가 지정한 가격 또는 그 가격보다 유리한 가격으로 매매거래를 하고자 할 때 선택하는 주문형태이다. 따라서, 지정된 가격은 매매거래가 가능한 가격의 한도를 의미하므로 매수주문의 경우 지정된 가격이나 그보다 낮은 가격, 매도주문의 경우 지정된 가격이나 그보다 높은 가격이면 체결이 가능하다.
시장가주문	종목과 수량은 지정하되 가격은 지정하지 않는 주문유형으로, 현 시점에서 가장 유리한 가격 조건 또는 시장에서 형성된 가격으로 즉시 매매거래를 하고자 하는 주문을 말한다. 따라서, 일반적인 경우 시장가주문은 지정가주문에 우선하여 매매체결되고 주문수량 전량이 해소될 때까지 가장 우선하는 상대방 주문부터 순차적으로 체결이 이루어진다.
조건부 지정가주문	매매거래시간 중에는 지정가주문으로 매매거래에 참여하지만 매매체결이 이루어지지 않은 잔여 수량은 종가결정(장 종료 전 10분간 단일가 매매) 시에 시장가주문으로 자동전환되는 주문이다.
최유리 지정가주문	상대방 최우선호가로 즉시 체결이 가능하도록 하기 위해 주문 접수 시점의 상대방 최우선호가 가격으로 지정되는 주문형태이다. 즉, 매도의 경우 해당 주문의 접수 시점에 가장 높은 매수주문의 가격, 매수의 경우 해당 주문의 접수 시점에 가장 낮은 매도주문의 가격으로 지정한 것으로 보아 매매체결에 참여하는 주문이다.
최우선 지정가주문	해당 주문의 접수 시점에 자기 주문 방향의 최우선호가 가격으로 지정되어 주문이 제출되는 주문형태로, 매도의 경우 해당 주문의 접수 시점에 가장 낮은 매도주문의 가격, 매수의 경우 당해 주문의 접수 시점에 가장 높은 매수주문의 가격으로 지정한 것으로 보아 매매체결에 참여하는 주문이다.
경쟁대량매매주문	투자자가 종목 및 수량은 지정하되 당일의 거래량 가중평균가격(VWAP)으로 매매거래를 하고자 하는 주문유형으로, 시장충격을 최소화하는 대량매매 제도의 한 유형으로서 최소수량요건 등이 적용되며 정규시장과는 별도의 시장에서 비공개로 매매체결이 이루어짐.

그리고, 거래소시장은 상장증권의 공정한 가격형성을 도모하고 급격한 시세변동에 따른 투자자의 피해방지 등 공정한 거래질서 확립을 위해 하루 동안 가격이 변동할 수 있는 폭("가격제한폭")을 기준가격 대비 상하 30%(2015. 6. 15.부터 적용)로 제한하고 있는데, 이의 계산은 아래의 순서로 이루어진다.

ⅰ) 1차 계산 : 기준가격에 0.3을 곱한다. (16,150×0.3＝4,845)

ⅱ) 2차 계산 : 기준가격의 호가가격단위에 해당하는 가격 미만을 절사(4,840)

ⅲ) 3차 계산 : 기준가격에 2차 계산에 의한 수치를 가감하되, 해당 가격의 호가가격단위
미만을 절사(16,150＋4,840＝20,990 ⇒ 상한가 : 20,950. 호가가격단위 50원 미만 절사)

(2) 코스닥시장

코스닥시장은 1996년에 개설된 벤처기업 중심 시장으로 IT(Information Technology),
BT(Bio Technology), CT(Culture Technology)기업과 벤처기업의 자금조달을 목적으로
개설되었다. 이처럼 코스닥시장은 기술주 중심의 시장으로 유가증권시장에 비하여 완화된
진입요건을 갖추고 있다. 코스닥시장의 지수인 KOSDAQ(Korea Securities Dealers Automated
Quotation)지수는 1996년 7월 1일을 기준시점으로 하고 있으며 1997년 1월 3일(기준지수
100으로 시작하였으나 2001년 1월 26일 1,000으로 상향)부터 산출하여 발표되고 있다.

$$KOSDAQ지수 = \frac{비교시점의\ 시가총액}{기준시점(1996.7.1)의\ 시가총액} \times 1,000$$

가. 코스닥시장 상장요건

① 일반요건

구 분	일반기업(벤처 포함)		기술성장기업	
	수익성·매출액 기준	시장평가·성장성 기준	기술평가 특례	성장성 추천
주식분산 (택1)	① 소액주주 500명 & ⅰ) or ⅱ) 　ⅰ) 소액주주 25% 미만 보유 시 : 공모 10% 이상 & 소액주주 25% 이상 　ⅱ) 소액주주 25% 이상 보유 시 : 공모 5% 이상(10억원 이상) ② 소액주주 500명 이상(상장신청일 기준) & 공모 10% 이상 & 공모주식 수가 일정 주식 수 이상 ③ 소액주주 500명(상장신청일 기준) & 공모 25% 이상 ④ 소액주주 500명(상장신청일 기준) & 국내외 동시 공모 20% 이상 & 국내공모 주식수 30만주 이상 ⑤ 신청일 기준 소액주주 500명 & 모집에 의한 소액주주지분 25%(or 10% 이상 & 공모 주식수가 일정 주식수 이상)			

구 분	일반기업(벤처 포함)		기술성장기업	
	수익성·매출액 기준	시장평가·성장성 기준	기술평가 특례	성장성 추천
경영성과 및 시장평가 등 (택1)	① 법인세차감전계속사업이익 20억원[벤처 : 10억원] & 시총 90억원 ② 법인세차감전계속사업이익 20억원[벤처 : 10억원] & 자기자본 30억원[벤처 : 15억원] ③ 법인세차감전계속사업이익 있을 것 & 시총 200억원 & 매출액 100억원[벤처 : 50억원] ④ 법인세차감전계속사업이익 50억원	① 시총 500억원 & 매출 30억원 & 최근 2사업연도 평균 매출증가율 20% 이상 ② 시총 300억원 & 매출액 100억원 이상[벤처 50억원] ③ 시총 500억원 & PBR 200% ④ 시총 1,000억원 ⑤ 자기자본 250억원 ⑥ (코넥스 이전상장 이익미실현 요건) 시총 750억원 & 코넥스 일평균 거래대금 1억원 이상 & 소액주주 지분율 20% 이상	① 자기자본 10억원 ② 시가총액 90억원 • 전문평가기관의 기술 등에 대한 평가를 받고 평가결과가 A등급 & BBB등급 이상일 것 (외국기업의 경우 A등급 & A등급 이상일 것)	① 자기자본 10억원 ② 시가총액 90억원 • 상장주선인이 사업모델을 평가하여 추천한 중소기업일 것
감사의견	최근 사업연도 적정			
경영투명성 (지배구조)	사외이사, 상근감사 충족			
기타 요건	주식양도 제한이 없을 것 등			
질적 요건	기업의 성장성, 계속성, 경영의 투명성 및 안정성, 기타 투자자 보호, 코스닥시장의 건전한 발전, 업종별 특성, 고용창출효과 및 국민경제적 기여도 등을 종합 고려			

② 코넥스 신속이전 상장

코넥스시장에서 뛰어난 경영성과를 낸 기업들이 신속히 이전 상장될 수 있도록 돕는 제도로, 질적 심사 요건을 일부 면제하고 심사 기간을 단축(45일 → 30일)하는 혜택을 준다.

구 분	공통요건	트랙별 요건
Track 1	① 코넥스 상장 후 1년 경과 ② 지정자문인(상장주선인) 추천 ③ 기업경영의 건전성 충족	① 최근 사업연도 영업이익 有 ② 최근 사업연도 매출 100억원 이상 ③ 기준시가총액 300억원 이상
Track 2		① (직전 사업연도) ROE 10% 이상 ② (최근 사업연도) ROE 10% & 계속사업이익 20억원 이상

구 분	공통요건	트랙별 요건
Track 3		① 최근 사업연도 계속사업이익 20억원 & ROE 20% 이상
Track 4		① 매출액 증가율 10% 이상 ② 최근 사업연도 매출 200억원 이상 ③ 영업이익 10억원 이상
Track 5		① 소액주주 지분율 10% 이상 ② 코넥스 시총 2,000억원 이상 & 자본금 초과 ③ 기준시가총액 3,000억원
Track 6		① 소액주주 20% 이상 ② 기준시가총액 1,500억원 이상 ③ 일 평균 거래대금 10억원 이상(최근 1년) ④ 상장주선인이 기업 계속성 보고서 제출할 것
신속합병상장		① (최근 2사업연도) 당기순이익 10억원 이상 ② (최근 2사업연도) 영업이익 有

나. 코스닥시장 매매거래제도

코스닥시장의 일반적인 매매거래제도와 시장운영시간 및 가격제한폭, 호가 가격 단위 제도 등은 유가증권시장과 동일하다.

(3) 코넥스시장

코넥스(KONEX, Korea New Exchange)시장은 자본시장을 통한 초기 중소·벤처기업의 성장지원 및 모험자본 선순환 체계 구축을 위해 개설된 초기 중소기업 전용 신시장으로 2013년 개설되었으며, 유가증권시장이나 코스닥시장에 진입하기 힘든 중소기업만을 대상으로 한다. 이러한 코넥스시장의 특성상 코넥스시장의 참가자는 어느 정도의 위험감수능력이 있어야 하기 때문에, 이를 감안하여 자본시장법에 의한 전문투자자와 벤처캐피탈, 기본예탁금(3천만원) 이상을 예탁한 개인 투자자 등으로 제한하고 있었다. 하지만, 2022년 5월 30일부터 개인 투자자의 기본예탁금 제도는 폐지하고 거래를 처음 시작하는 일반투자자가 코넥스시장의 특성 및 투자 위험성 등을 충분히 인식할 수 있도록 증권회사는 투자자 유의사항을 개인별로 1회 고지하도록 하고 있다.

가. 상장요건

구 분	내 용	비 고
주권의 양도제한	주식의 양도제한이 없을 것. 다만, 법령 또는 정관에 의해 제한되는 경우로서 그 제한이 코넥스시장에서의 매매거래를 저해하지 않는다고 인정되는 경우는 예외	
감사의견	최근 사업연도 감사의견이 적정일 것	
지정자문인	지정자문인 1사와 선임계약을 체결할 것	특례상장은 제외
중소기업 여부	중소기업기본법 제2조에 따른 중소기업에 해당될 것	
액면가액	100원, 200원, 500원, 1,000원, 2,500원, 5,000원 중 하나일 것	액면주식에 한함

나. 코넥스시장 매매거래 제도

코넥스시장은 투자자의 거래편의 제고 및 매매제도의 안정적 운영을 위하여 원칙적으로 主시장인 유가증권·코스닥시장과 동일하게 운영되고 있다. 동일하게 운영되는 부분은 매매시간, 휴장·정지, 매매방법, 공매도제한, 청산·결제 및 위탁증거금 등이고, 매매방식도 유가증권·코스닥시장과 동일한 경쟁매매(단일가/연속) 방식을 채택하고 있다.

다만, 코넥스시장이 전문투자자 시장이고 거래가 활발하지 않으며 공모·사모·직상장 등 다양한 상장유형이 있다는 점 등의 코넥스 시장이 갖는 특성을 반영하여 경매매제도*, 유동성공급자(LP)** 의무화 등 유가증권·코스닥시장과는 다른 제도가 존재한다.

 * 매도측이 단수(1인)이고 매수측이 복수인 경우, 정규시장 가격에 영향을 미치지 않고 대량매매를 원활히 처리하기 위한 목적으로 운영되는 제도로, 가격우선원칙 및 시간우선원칙에 따라 매도수량에 매수수량을 순차적으로 매칭시키고, 매도수량 전부가 체결되는 해당 주문의 가격을 전체 주문의 체결가격으로 하는데, 국채 입찰가격 결정방법과 유사하다.
** 유동성이 일정 수준에 미달하는 매매거래 비활발종목에 대하여 유동성공급자(Liquidity Provider)가 지속적으로 매도·매수호가를 제시함으로써 안정적으로 가격 형성을 유도하기 위한 제도

그리고 코넥스시장은 상장기업의 성장성에 기초한 장기투자(Buy & Hold)에 적합한 시장으로서, 상장종목 수도 많지 않고, 차익거래 등도 발생하지 않으므로 매매제도를 단순하게 운용하기 위해 코스닥시장에 비해 호가 종류를 단순화하고 가격제한폭도 기준가격대비 상하 15%(시간외 대량매매의 경우 30%)로 하여 유가증권·코스닥시장보다 낮게 적용한다.

(4) 다자간매매체결회사

정부는 증시 인프라를 다양화하고 투자자의 거래 편의를 개선하는 등 자본시장 접근성을 제고하기 위하여 복수시장·경쟁체제를 도입하였는데, 넥스트레이드(NEXTRADE)의

다자간매매체결회사 투자중개업을 인가해서 2025년 3월 4일에 출범했다.

자본시장법에서는 다자간매매체결회사(ATS : Alternative Trading System)를 정보통신망이나 전자정보처리장치를 이용하여 동시에 다수의 자를 거래상대방 또는 각 당사자로 하여 아래 어느 하나에 해당하는 매매가격의 결정방법으로 증권시장에 상장된 주권 등의 매매체결대상상품의 매매 또는 그 중개·주선이나 대리 업무(이하 "다자간매매체결업무")를 하는 투자매매업자 또는 투자중개업자로 정의한다.

① 경쟁매매의 방법(6개월간 해당 다자간매매체결회사의 매매체결대상상품의 평균거래량이 같은 기간 중 증권시장에서의 매매체결대상상품의 평균거래량의 시장 전체 기준 15%, 종목별 기준 30% 이하인 경우로 한정)

② 매매체결대상상품이 상장증권인 경우 해당 거래소가 개설하는 증권시장에서 형성된 매매가격을 이용하는 방법

③ 그 밖에 공정한 매매가격 형성과 매매체결의 안정성 및 효율성 등을 확보할 수 있는 방법으로서, 매매체결대상상품의 종목별로 매도자와 매수자 간의 호가가 일치하는 경우 그 가격으로 매매거래를 체결하는 방법

가. ATS시장의 시장구조

ATS인 넥스트레이드에서 거래할 수 있는 상품은 거래소시장에 상장된 상장주권 및 증권예탁증권(DR)인데, 초기에 800여 개 종목으로 시작하고, 이후 종목 수와 함께 거래되는 상품도 ETF, ETN 등으로 확대된다. 또한, 초기에 15개 증권회사가 전체 시장에 참가하고, Pre·After 마켓만 참여하는 증권회사가 13개사인데, 이 또한 점차 확대될 예정이다.

① 거래시간의 변경

넥스트레이드는 거래소시장(KRX)과 공통으로 운영하는 정규 거래시간 전·후로, 08시~08시 50분의 Pre마켓과 15시 30분~20시의 After마켓을 추가 운영한다. 이에 따라 하루 주식거래 시간은 현행보다 5시간 30분이 늘어난 12시간이 된다. 단, 유동성이 낮은 Pre마켓과 After마켓은 지정가 호가만 허용해 가격 급변동을 방지한다. 한편, 시·종가의 대표성을 유지하고, 호가를 접수받아 하나의 가격으로 동시에 체결하는 단일가매매와 가격이 합치되는 즉시 매매체결이 이루어지는 접속매매의 차이를 활용한 시세조종을 방지하기 위해 거래소시장의 시가 예상 체결가 표출 시간을 변경하였다. 또한, ATS의 After마켓 운영에 따라, 단일가시장과 접속매매시장이 동시 운영됨에 따른 불공정거래 가능성 등을 고려하여, 거래소의 예상 체결가 노출시간(8:50~9:00)과 종가 단일가 매매시간(15:20~15:30) 동안 ATS 거래를 중단하고,

시간외 단일가시장(16:00~18:00)에서 ATS 거래 종목을 제외하도록 하였다.

| ATS 출범 전·후 거래시간 변화 |

현 행		ATS 출범 후		
–		Pre마켓	08:00~08:50	ATS
시가단일가	08:30~09:00 (20분간 체결가 노출)	시가단일가	08:30~09:00 (10분간 체결가 노출)*	KRX
정규시장	09:00~15:20	정규시장	09:00~15:20	KRX ATS
종가단일가	15:20~15:30	종가단일가	15:20~15:30*	KRX
–		After마켓	15:30~20:00	ATS
시간외단일가	16:00~18:00	시간외단일가	16:00~18:00**	KRX
공시시간	07:30~18:00	공시시간	07:30~18:00	기존과 동일

* 시세조종 방지를 위해 예상체결가 표출시간(8:50~9:00)과 종가 단일가매매 시간(10분) 동안 ATS 거래 중단
** ATS 거래 종목은 제외

② 호가의 추가

ATS시장의 출범과 함께 호가의 종류도 더 다양해진다. 현재 거래소시장은 시장가와 4가지 지정가(일반, 최우선, 최유리, 조건부)를 제공하고 있는데, 여기에 추가하여 중간가 호가·스톱지정가 호가를 도입한다.

중간가 호가는 최우선 매수·매도 호가의 중간 가격으로 가격이 자동 조정되는 호가이고, 스톱지정가 호가는 특정 가격에 도달하면 지정가 호가를 내는 호가인데, 시장가격에 연동되는 새로운 호가를 선택해 다양한 투자전략을 편리하게 활용할 수 있을 것으로 기대된다.

이에 맞추어 거래소시장도 함께 새로운 호가를 제공한다.

나. ATS시장의 시장 관리

넥스트레이드도 기본적으로 거래소시장과 동일한 통합적인 시장 관리·감독 구조를 가지는데, 거래소시장의 가격변동폭, 시장안정장치, 시장감시 및 청산·결제 제도가 적용된다. 넥스트레이드의 가격변동폭은 전일 거래소시장의 종가 기준 ±30%이며, After마켓의 가격 변동폭도 전일 종가 기준 ±30%이다.

거래소시장의 거래정지, 써킷브레이커, 사이드카 등은 넥스트레이드에 즉시 적용되며, 넥스트레이드의 시장감시와 청산도 한국거래소가 수행한다. Pre·After마켓을 포함한

넥스트레이드의 거래는 T+2일에 결제되는데, 거래소시장과 동일하게 한국예탁결제원을 통해 결제가 이루어진다.

(5) K-OTC시장

K-OTC(Korea Over-The-Counter)시장은 비상장주식 또는 상장 폐지된 주식에 대해 유동성을 부여하기 위해 개설한 조직화된 장외시장으로, 한국금융투자협회가 2000년 3월에 개설한 제3시장을 모태로 한다.

K-OTC시장은 등록기업부와 지정기업부로 소속시장이 나누어져 있는데, 등록기업부는 기업의 신청에 따라 협회가 매매거래대상으로 등록한 비상장주식을 발행한 기업들이 소속되고, 지정기업부는 기업의 신청 없이 협회가 직접 매매거래대상으로 지정(비신청지정제도)한 비상장주식을 발행한 기업들이 소속된다. 지정기업은 K-OTC시장에서 공시를 하지 않으며, 협회는 금융감독원 전자공시시스템, 한국예탁결제원 증권정보포털 등에 공개된 지정기업 정보에 따라 시장조치 등을 취한다.

(6) 소수 단위 주식거래제도

해외주식에서만 가능했던 소수점 단위 주식거래가 2022년 9월부터 국내주식도 가능해졌다. 주식을 쪼개 소수 단위로 거래할 수 있는 소수 단위 주식거래는 증권회사가 투자자의 소수 단위(0.2주, 0.3주, 0.4주 등) 매매주문을 취합하고 부족분(0.1주)을 자기 재산으로 채워 온주(1주)를 취득한 후, 해당 주식을 한국예탁결제원에 신탁하는 방식으로 이루어진다. 한국예탁결제원은 신탁받은 주식을 기초로 다수의 수익증권(0.1좌, 0.2좌, 0.3좌, 0.4좌 등)을 분할 발행하고, 해당 수익증권은 증권회사를 통하여 투자자에게 돌아가게 된다.

국내주식 소수 단위 거래로 발행된 수익증권은 타 회사 이전 및 투자자 간 또는 증권회사 간 거래는 불가능하며, 투자자는 오직 증권회사에 대해서만 매매주문을 할 수 있다. 투자자가 증권회사에 매도주문을 하는 경우 증권회사는 소수 단위 부족분을 보충하여 온주 단위로 만든 후, 해당 주식에 대한 신탁 설정을 해제하고 거래소에서 그 주식을 처분하여 받은 매도대금 중 투자자분을 투자자에게 지급한다. 따라서, 100만원이 넘는 소위 황제주도 10만원을 가진 투자자가 매입이 가능한 제도인 셈이다.

투자자가 해당 수익증권을 매도하는 경우 동 수익증권은 주식도 아니고, 신탁 수익증권도 아닌 자본시장법상 수익증권에 해당하기 때문에 배당소득이나 양도소득이 과세되지 아니한다(기획재정부 금융세제과-252. 2022. 9. 15.).

② 주식 관련 세제

주식과 관련된 세제는 주식의 취득과 보유, 양도의 세 단계로 나누어 각 단계에서 어떠한 세무 문제가 발생할 수 있는지 알아보도록 한다.

1) 주식의 취득 관련 세제

주식의 취득과 관련해서는 지방세법상 과점주주의 취득세 납세의무, 상증법상의 상속·증여에 의한 취득에 따른 상속세 또는 증여세 납세의무, 소득세법과 법인세법상의 부당행위계산의 부인, 부가가치세법상 부가가치세 등의 세무 문제가 발생할 수 있다.

(1) 과점주주의 취득세 납세의무

주식과 같은 금융상품의 취득은 원칙적으로 취득세 과세 대상이 아니다. 하지만, 법인의 주식을 취득하여 과점주주가 되는 경우 지방세법에서는 이를 당해 법인의 부동산 등을 취득한 것으로 보아 취득세를 납부하도록 하고 있다. 이때 과점주주라 함은 법인의 주주 1인과 그의 특수관계인*이 보유한 주식의 합계가 해당 법인의 발행주식 총수(의결권 없는 주식 제외)의 50%를 초과하면서 실질적으로 그에 관한 권리를 행사하는 자들을 말한다(지방세법 제7조).

* 특수관계인(지방세기본법 제2조 및 동법 시행령 제2조)
　① 혈족·인척 등 친족 관계

혈족 (4촌)	직계·방계존속	부계	고조부모(4), 증조부모, 조부모, 부모, 고모, 삼촌, 종조부(4), 대고모(4) 등 4촌까지
		모계	외고조부모(4), 외증조부모, 외조부모, 이모, 외삼촌, 외종조부(4), 이모할머니 등 4촌까지
	직계·방계비속	부계	자녀, 손자녀, 증손자녀, 고손자녀, 외손자녀, 외증손자녀, 외고손자녀, 조카 질녀, 종손자녀(4), 외손자녀(4) 등 4촌까지
	형제자매		형제, 자매, 친사촌, 고종사촌, 이종사촌, 외사촌 등 4촌까지
인척 (3촌)	혈족의 배우자		숙모, 고모부, 매형, 매제, 형수, 제수, 형부, 제부, 올케, 이모부, 외숙모 등
	배우자의 혈족		시부모 등 배우자인 남편의 위 친족들(직계비속 제외) 중 3촌까지
			처부모 등 배우자인 아내의 위 친족들(직계비속 제외) 중 3촌까지
	배우자 혈족의 배우자		위 배우자의 혈족의 배우자들 (ex : 남편의 형수, 아내의 조카사위 등)

　　－ 배우자(사실상의 혼인관계에 있는 자를 포함)
　　－ 친생자로서 다른 사람에게 친양자로 입양된 자 및 그 배우자·직계 비속
　　－ 본인이 민법에 따라 인지한 혼인외 출생자의 생부나 생모로 본인의 금전으로 생계를 유지 또는 같이 하는 자
　② 임원·사용인 등 경제적 연관 관계
　　－ 임원과 그 밖의 사용인

- 본인의 금전이나 그 밖의 재산으로 생계를 유지하는 자
  : 주주로 참여하는 자 중 특정주주 1인의 개인비서, 운전기사, 가사도우미 등을 말한다.
- 임원과 그 밖의 사용인 및 본인의 금전이나 그 밖의 재산으로 생계를 유지하는 자와 생계를 함께하는 친족
③ 주주 · 출자자 등 경영지배 관계
  영리법인의 경우 30% 이상 출자하거나, 임원 임면권의 행사, 사업방침의 결정 등 법인의 경영에 대하여 사실상 영향력을 행사하고 있다고 인정되는 경우. 비영리법인의 경우는 법인 이사의 과반수를 차지하는 경우와 법인의 출연재산의 100분의 30 이상을 출연하고 그 중 1인이 설립자인 경우 등 법인의 경영에 지배적인 영향력을 행사하고 있는 경우

가. 과점주주의 취득유형에 따른 취득세 납세의무

과점주주에 대한 취득세 납부의무 부여는 주식의 취득 후 과점주주가 된 경우에 이루어지기 때문에, 법인설립 시 과점주주인 경우에는 과세하지 않고, 그 후 취득으로 비율이 증가하는 경우 그 증가분에 대하여 과세한다. 또한, 과점주주였는데 당해 주식의 양도 등으로 과점주주에서 제외되었다가 다시 과점주주가 된 경우에는 그 이전 과점주주 당시 비율보다 증가한 경우 그 비율만큼에 대하여 과세한다. 그리고 과점주주 성립 이후에 법인이 취득세 과세 대상 물건을 매입하는 경우 당해 과점주주에게는 납세의무가 없다.

이를 요약해보면 아래와 같다.

| 과점주주의 취득유형에 따른 납세의무 범위 |

주식 · 지분 취득 유형	납세의무 범위
법인설립 시 과점주주	납세의무 없음.
법인설립 후 최초 과점주주 (설립 시 40%, 추가취득 20%)	과점주주가 되는 날 전체 지분(60%)에 대해 납세의무 있음.
과점주주의 주식 · 지분 증가 (설립 시 60%, 추가취득 20%)	• 일반주주와의 거래일 때 : 5년 이내 최고지분보다 증가된 지분(20%)에 대해 납세의무 있음. • 과점주주 간의 거래일 때 : 총 지분 비율에 변동이 없다면 납세의무 없음.
과점주주(60%) → 일반주주(40%) → 과점주주(70%)	이전 과점주주 당시 지분과 비교하여 증가된 지분(10%)만 납세의무 있음.

나. 과점주주의 취득세 과세표준 계산과 세율 적용

취득세의 과세기준일은 과점주주가 된 시점으로, 지분 비율만큼 법인의 부동산 등을 취득한 것으로 간주하고 아래의 비율로 과세표준을 산정한다.

과점주주가 취득한 것으로 보는 해당 법인의 부동산 등에 대한 과세표준은 그 부동산 등의

총 가액을 그 법인의 주식 또는 출자의 총수로 나눈 가액에 과점주주가 취득한 주식 또는 출자의 수를 곱한 금액으로 한다. 여기서 부동산 등의 총 가액은 해당 법인의 결산서와 그 밖의 장부 등에 따른 부동산 등 가액의 총 합계액을 말한다(지방세법 제10조의6).

법인 장부상 부동산 등 총 가액 × 과점주주가 취득한 주식의 수 / 발행주식 총수

취득세의 세율은 2%이고, 여기에 동 취득세의 10%를 농어촌특별세로 부가하는데, 당해 취득세와 농어촌특별세는 주식의 취득가액에 가산한다(지방세법 제15조 제2항 제3호). 그리고, 취득세 중과세 규정을 적용할 때, 사치성 재산에 대한 중과세(5배 중과)와 공장 신·증설에 대한 중과세(3배 중과)는 적용하되, 대도시 내 본점·주사무소 설치에 대한 중과세(3배 중과)는 적용하지 않는다.

지방세법 기본통칙

지법 7-3 【과점주주의 납세의무】
1. 과점주주에 대한 취득세를 과세함에 있어 대도시 내 법인 본점 또는 주사무소의 사업용부동산 등에 대하여는 중과세를 하지 아니한다.
2. 과점주주의 납세의무성립 당시 당해 법인의 취득시기가 도래되지 아니한 물건에 대하여는 과점주주에게 납세의무가 없으며, 연부취득 중인 물건에 대하여는 연부 취득시기가 도래된 부분에 한하여 납세의무가 있다.

다. 취득세 과세 대상 자산

앞서 설명했듯이 주식의 취득은 취득세 과세 대상이 아니다. 따라서, 과점주주의 취득세 납세의무는 주식의 취득 그 자체에 대하여 과세하는 것이 아니고 해당 법인이 소유하고 있는 취득세 과세 대상 자산을 취득한 것으로 간주하는 "간주취득"에 따른 취득세이다. 지방세법에서 규정하는 일반적인 취득세 과세 대상은 부동산, 선박, 광업권, 어업권, 차량, 기계장비, 입목, 항공기, 골프회원권, 콘도미니엄 회원권, 종합체육시설 이용 회원권, 승마 회원권 등이다. 따라서, 이러한 자산을 해당 법인이 과점주주 납세의무 성립 당시에 소유하고 있어야 과점주주의 취득세 납세의무가 발생한다. 한편 이러한 자산이 해당 법인의 장부상 고정자산 또는 유동자산 및 투자자산 등 어느 계정에 처리하였건 상관하지 않고 소유하고 있으면 과세 대상이 되는데, 과점주주에 대한 취득세 납세의무 성립 시점에 당해 법인에게 아직 취득의 시기가 성립하지 아니한 물건은 과점주주 역시 취득세 납세의무가 없다.

(2) 상속·증여에 의한 취득

주식을 상속 또는 증여의 방식으로 취득하는 경우에는 상증법에 따른 상속세 또는 증여세를 납부할 의무가 생긴다. 상증법에 대해서는 제1장에서 이미 깊이 있게 다루었으므로 여기에서는 상증법상 주식의 평가와 관련된 내용과 증여공제, 세율 및 재산의 자력취득 인정기준 등만 정리한다.

가. 상속세 및 증여세법상 주식 평가_시가의 계산(상증법 제63조)

상속과 증여에 있어서 가장 중요한 과제 중 하나는 상속·증여하는 재산의 가치를 어떻게 산정할 것인가 하는 문제이다.

상증법에서 상속·증여하는 재산의 평가는 상속 개시일(증여일) 현재의 시가로 하는 것을 원칙으로 한다. 여기에서 시가란, 불특정다수인 사이에 자유롭게 거래가 이루어지는 통상적으로 성립된다고 인정되는 가액으로 하고, 수용가액·공매가격·감정가격 등을 포함한다. 이러한 시가의 산정이 어려운 경우에는 해당 자산의 규모, 종류, 거래상황 등을 고려하여 보충적 평가방법을 허용하고 있다.

일반적인 상장주식(유가증권시장·코스닥시장)의 시가는 평가기준일(평가기준일이 공휴일 등으로 매매가 없는 날이면 그 전일 기준) 이전·이후 각 2개월(총 4개월)간의 종가(거래실적 유무 따지지 않음)의 평균액으로 한다. 다만, 평가기준일 이전·이후 각 2개월 동안에 증자·합병 등의 사유가 발생하여 그 평균액으로 하는 것이 부적당한 경우에는 당해 사유가 발생한 기간분을 제외한 기간의 평균액으로 한다.

비상장주식(코넥스시장과 K-OTC시장 주식 포함) 등에 대해서는 아래 계산식에 따라 평가한 당해 법인의 1주당 순손익가치와 순자산가치를 구하여 각각 3:2(부동산과다보유 법인*의 경우에는 2:3)의 비율로 가중평균한 금액을 시가로 한다. 다만, 그 가중평균한 가액이 1주당 순자산가치의 80%보다 낮은 경우에는 1주당 순자산가치에 100분의 80을 곱한 금액을 비상장주식 등의 가액으로 한다(상증법 시행령 제54조).

* 법인의 자산총액 중 부동산 등(토지, 건물, 부동산권리 등)의 합계액이 차지하는 비율이 50/100 이상인 법인(소득세법 제94조 제1항 제4호 다목)

1주당 평가액	Max {[(1주당 순손익가치×3) + (1주당 순자산가치×2)] ÷ 5, 1주당 순자산가치 × 80%} (단, 부동산과다보유법인은 순손익가치 : 순자산가치의 비율을 2:3으로 함)
1주당 순손익가치	1주당 최근 3년간의 순손익액의 가중평균액 ÷ 3년 만기 회사채의 유통수익률을 감안하여 기획재정부령으로 정하는 이자율*
1주당 순자산가치	당해 법인의 순자산가액 ÷ 발행주식총수

* 2025년 2월 현재 : 10%

하지만, 사업개시 전이거나 개시 후 3년 미만 또는 휴업·폐업·청산절차 진행 중인 법인, 자산총액 중에 주식 등 또는 부동산 등의 보유비율이 각 80% 이상인 법인, 존속기한이 3년 이내인 법인 등의 경우에는 순자산가치만으로 평가한다.

한편, 최대주주에 대해서는 주식 등(중소기업 및 평가기준일이 속하는 사업연도 전 3년 이내의 사업연도부터 계속하여 결손금이 있는 법인의 주식 등 제외)의 평가액에 그 가액의 100분의 20을 가산한다(최대주주 할증과세).

여기에서 최대주주라 함은 주주 1인과 그의 특수관계인이 보유하는 주식 등의 합계가 가장 많은 경우의 해당 주주 1인과 그의 특수관계인 모두를 지칭한다.

나. 증여공제 및 상증세 세율

① 증여공제

상증법은 증여공제 한도를 증여자에 따라 아래와 같이 달리 정하고 있다. 다만, 이 한도액은 10년간의 누계한도액(혼인·출산 공제 제외)으로 한다(상증법 제53조 및 제53조의2).

| 증여공제 한도 |

증여자	배우자	직계존속	직계비속	기타 친족	기 타
공제한도액	6억원	5천만원(2천만원)* + 1억원**	5천만원	1천만원	50만원 미만***

 * 미성년자가 직계존속으로부터 증여를 받은 경우는 2천만원
** 혼인(혼인신고일 전·후 각 2년 이내) 또는 출산(출생일로부터 2년 이내)한 경우 각 1억원(통합 한도 1억원)
   추가공제 : 2024년 1월 1일 이후 증여분부터 적용
*** 증여세 과세최저한

② 상증세 세율

상속세와 증여세의 세율은 제1장에서 알아본 바와 같이 동일하다.

| 상속·증여 세율표 |

과세표준	세 율
1억원 이하	과세표준의 10%
1억원 초과 5억원 이하	1천만원 + (1억원을 초과하는 금액의 20%)
5억원 초과 10억원 이하	9천만원 + (5억원을 초과하는 금액의 30%)
10억원 초과 30억원 이하	2억4천만원 + (10억원을 초과하는 금액의 40%)
30억원 초과	10억4천만원 + (30억원을 초과하는 금액의 50%)

다. 재산의 자력취득 인정기준

재산 취득자 또는 채무자의 직업, 연령, 소득 및 재산 상태 등으로 볼 때 자력으로 취득 또는 상환하였다고 인정하기 어려운 경우로서 다음에 의한 입증금액의 합계액이 취득재산 가액 또는 채무상환금액에 미달하는 경우에는 당해 자금을 취득자 또는 상환자가 증여받은 것으로 추정하여 이를 증여재산가액으로 한다. 다만, 미입증금액이 취득재산의 가액 또는 채무의 상환금액의 100분의 20에 상당하는 금액과 2억원 중 적은 금액에 미달하는 경우를 제외한다.

---
① 신고하였거나 과세(비과세 또는 감면받은 경우를 포함)받은 소득금액
② 신고하였거나 과세받은 상속 또는 수증재산의 가액
③ 재산을 처분한 대가로 받은 금전이나 부채를 부담하고 받은 금전으로 당해 재산의 취득 또는 당해 채무의 상환에 직접 사용한 금액*
---

* 배우자 또는 직계비속 간 소비대차는 원칙적으로 인정하지 아니하나, 입증내용에 따라 예규에서 인정하는 부분이 있음.

| 자금출처 증여추정 사례(상증법 집행기준 45 - 34 - 2) |

재산취득 (채무상환)	입증금액	미입증금액	증여추정
8억원	7억원	1억원<Min(8억원×20%, 2억원)=1.6억원	제외
9억원	6.5억원	2.5억원≥Min(9억원×20%, 2억원)=1.8억원	2.5억원
15억원	13.5억원	1.5억원<Min(15억원×20%, 2억원)=2억원	제외
19억원	16.5억원	2.5억원≥Min(19억원×20%, 2억원)=2억원	2.5억원

(3) 부당행위계산의 부인 등

특수관계자와의 거래에서 주식*을 시가보다 기준금액 이상으로 고가매입 또는 저가양도하는 경우 세법에서는 부당행위계산으로 보아 이를 부인하고, 특수관계자가 아닌 경우에는 기부금 또는 증여재산 등으로 처리하도록 한다.

* 주권상장법인이 발행한 주식 제외. 단, 상증법은 당해 주식 중 증권시장에서 거래된 것만 제외

이를 정리하면 아래의 표로 나타낼 수 있다(법인세법 제52조 및 동법 시행령 제88조와 제35조, 소득세법 제101조 및 동법 시행령 제167조, 상증법 제35조 및 동법 시행령 제26조).

구분		특수관계자인 경우	특수관계자가 아닌 경우
요건		① 부당행위계산 : 시가와 거래가액의 차액이 3억원 or 시가의 5% 이상 ② 증여의제 : 대가와 시가의 차액이 기준금액[Min(시가의 30%, 3억원)]* 보다 높거나 낮은 경우	① 기부금의제 : 거래가액이 정상가액(시가의 30%)보다 높거나 낮은 경우 ② 증여의제 : 대가와 시가의 차액이 기준금액(시가의 30%)*보다 높거나 낮은 경우
법인	고가 매입	시가와 거래가액의 차이가 3억원 or 시가의 5% 이상인 경우, 그 차액을 부당행위 계산으로 보아 익금산입	시가와 거래가액의 차이가 정상가액(시가의 130/100)보다 높은 경우, 그 차액을 기부금의제
	고가 양도	해당사항 없음.	해당사항 없음.
	저가 매입	특수관계인 개인으로부터 시가보다 낮게 매수 시 시가와 거래가액의 차액 익금산입(이 이외는 익금으로 보지 않음)**	해당사항 없음.
	저가 양도	시가와 거래가액의 차이가 3억원 or 시가의 5% 이상인 경우, 그 차액을 부당행위 계산으로 보아 익금산입	시가와 거래가액의 차이가 정상가액(시가의 70/100)보다 낮은 경우, 그 차액을 기부금의제
개인	고가 매입	시가와 거래가액의 차이가 3억원 or 시가의 5% 이상인 경우, 시가를 취득가액으로 계산	시가와 거래가액의 차이가 정상가액(시가의 130/100)보다 높은 경우, 그 차액을 기부금의제
	고가 양도	대가와 시가의 차액이 기준금액* 이상인 경우 아래 금액을 증여의제 [대가 - 시가 - 기준금액]	대가와 시가의 차액이 기준금액* 이상인 경우 아래 금액을 증여의제 [대가 - 시가 - 3억원]
	저가 매입	대가와 시가의 차액이 기준금액* 이상인 경우 아래 금액을 증여의제 [시가 - 대가 - 기준금액]	대가와 시가의 차액이 기준금액* 이상인 경우 아래 금액을 증여의제 [시가 - 대가 - 3억원]
	저가 양도	시가와 거래가액의 차이가 3억원 or 시가의 5% 이상인 경우, 시가를 양도가액으로 하여 양도소득 계산	시가와 거래가액의 차이가 정상가액(시가의 70/100)보다 낮은 경우, 그 차액을 기부금의제

* 특수관계자인 경우와 특수관계자가 아닌 경우의 기준금액이 다름에 주의
  - 특수관계자인 경우 : Min(시가의 30%, 3억원)
  - 특수관계자가 아닌 경우 : 시가의 30%
** 법인세법 제15조 : 실질적 상속·증여를 방지하기 위해 도입(1997. 1. 1.)

2) 주식의 보유 관련 세제

주식의 보유와 관련한 세제는 배당 및 무상주에 대한 과세와 주가변동에 따른 평가손익의 인식 문제로 나누어 볼 수 있다.

(1) 배당소득의 범위와 수입시기

배당이란 주식 및 출자금에 대한 이익의 분배로 지급받아 발생하는 소득으로 유형별 포괄주의를 적용하여 광범위하게 과세하고 있다. 소득세법에서는 배당소득의 범위를 아래와 같이 정의한다(소득세법 제17조).

---

1. 내국법인으로부터 받는 이익이나 잉여금의 배당 또는 분배금
2. 법인으로 보는 단체로부터 받는 배당금 또는 분배금
3. 내국법인으로 보는 신탁재산으로부터 받는 배당금 또는 분배금
4. 의제배당(擬制配當)*
5. 「법인세법」에 따라 배당으로 처분된 금액(인정배당)**
6. 국내 또는 국외에서 받는 적격집합투자기구***로부터의 이익
7. 국내 또는 국외에서 받는 파생결합증권 또는 파생결합사채로부터의 이익****
8. 비금전 신탁 수익증권으로 혁신금융사업자가 자본시장법 특례를 받아 발행하고 매년 1회 이상 분배하는 수익증권으로부터의 이익*****
9. 자본시장법상의 투자계약증권으로 모집 또는 매출의 방법으로 모집되고 매년 1회 이상 분배하는 투자계약증권으로부터의 이익*****
10. 외국법인으로부터 받는 이익이나 잉여금의 배당 또는 분배금
11. 「국제조세조정에 관한 법률」 제17조에 따라 배당받은 것으로 간주된 금액
12. 공동사업에서 발생한 소득금액 중 출자공동사업자의 손익분배비율에 해당하는 금액
13. 위의 소득과 유사한 소득으로서 수익분배의 성격이 있는 것(유형별 포괄주의 배당)
14. 위의 소득을 발생시키는 거래 또는 행위와 파생상품이 결합된 경우 해당 파생상품의 거래 또는 행위로부터의 이익

---

* 의제배당 : 형식상 배당이 아니더라도 사실상 회사의 이익이 주주 등에게 귀속되는 경우 이를 배당으로 간주하는 것으로, 잉여금의 자본전입으로 주주가 주식배당이나 무상주를 받는 경우가 대표적이다.
** 인정배당 : 법인세법에 의하여 배당으로 처분되는 금액으로, 법인세의 과세표준을 신고하거나 결정 또는 경정함에 있어서 익금에 산입한 금액이 사외에 유출된 것이 분명하고, 귀속자가 주주나 출자자인 경우에 그 귀속자에 대한 배당으로 처분하고 이를 배당소득으로 과세한다.
*** 적격집합투자기구 - 아래 요건을 모두 갖춘 집합투자기구
① 매년 1회 이상 결산·분배할 것(집합투자재산의 평가이익 등은 유보 가능)
② 금전으로 위탁받아 금전으로 환급할 것(금전으로 표시된 금전 외의 자산 포함)
③ 집합투자기구의 이익금과 분배금 및 유보금 내역을 납세지 관할 세무서장에 신고할 것
**** 파생결합증권(주가지수형 ELW 제외), 상장지수증권(주가지수형 제외) 등으로부터의 이익
***** 2025. 7. 1. 이후 지급받는 분부터 적용

① 의제배당

기업이 이익처분에 의한 정규배당과 달리 잉여금을 자본 전입하거나, 주식의 소각 또는 법인의 합병·분할·해산 등으로 실지 배당과 동일한 이익이 주주 또는 출자자에게 돌아가는 경우, 이를 의제배당으로 보아 배당소득으로 과세한다. 이때, 잉여금의 자본전입으로 인한 경우에는 그 재원에 따라 의제배당 여부가 달라지는데, 재원별 의제배당 해당 여부는 아래 표와 같이 정리해볼 수 있다(소득세법 제17조 및 동법 시행령 제27조, 법인세법 제17조).

| 의제배당 해당 여부 구분 |

자본금 전입의 재원				의제배당 여부
자본잉여금	주식발행초과금	일반적인 주식발행초과금		×*
	감자차익	일반적인 감자차익		×
		자기주식 소각이익	소각일로부터 2년 내 자본전입 & 시가 〉 취득가액	○
			위 이외의 경우	×
	주식의 포괄적 교환차익			×
	주식의 포괄적 이전차익			×
	합병차익과 분할차익			△**
	재평가적립금	토지		○
		상각자산		×
	자기주식처분이익			○
이익잉여금	법정적립금, 임의적립금, 미처분이익잉여금 등			○
자기주식을 보유한 상태에서 잉여금을 자본전입하여 그 법인의 주주지분비율이 증가한 경우				○
액면금액 이상으로 초과하여 발행한 상환주식의 상환 시 이익잉여금으로 상환된 주식발행액면초과액				○

* 채무의 출자 전환 시 그 주식 등의 시가를 초과하여 발행한 금액은 과세 대상(법인세법 제17조 제1항 제1호)
** 법인세법 제44조(제46조)에 의한 적격합병(분할)의 합병(분할)차익을 자본 전입할 때에는 아래의 경우만 의제배당 과세. 비적격합병(분할)은 합병(분할)대가에 대해 합병(분할) 시 의제배당으로 이미 과세
 ⅰ) 적격합병 시 합병차익 중 합병차익 한도 내 피합병법인의 아래 금액
  - 합병법인이 승계한 재산의 가액이 피합병법인 장부가액을 초과하는 경우 그 초과하는 금액
  - 의제배당 대상 자본잉여금(토지 재평가적립금 등)
  - 이익잉여금
 ⅱ) 적격분할 시 분할차익 중 분할차익 한도 내 분할법인의 아래 금액
  - 분할신설법인등이 승계한 재산의 가액이 분할법인 장부가액을 초과하는 경우 그 초과하는 금액
  - 분할법인의 자본금 및 의제배당 대상 자본잉여금 외의 잉여금의 감소액이 분할한 사업부문의 분할등기일 현재 순자산 장부가액에 미달하는 경우 그 미달하는 금액

그리고, 주식의 소각이나 자본의 감소 또는 법인의 합병·분할·해산 등으로 주주 또는 출자자가 취득하는 가액이 해당 주식의 취득 또는 출자를 위해 사용한 금액을 초과하는 경우에는 이를 의제배당으로 본다. 이 경우 의제배당 금액은 자본감소 등으로 인해 주주 등이 받은 재산가액에서 소멸하는 주식 등의 취득가액을 차감한 금액으로 한다.

> **소득세법 기본통칙 17-0…3 【무상단주를 처분하여 현금으로 주주에게 지급 시 과세문제】**
> 잉여금을 자본에 전입하고 무상주를 배당함에 있어 단주가 발생하여 이를 처분하여 현금으로 주주에게 지급하는 경우에 의제배당의 계산은 당해 주식의 처분에 의한 현금지급액과는 관계없이 잉여금의 자본전입액을 기준으로 계산하는 것이며, 무상단주의 액면가액과 처분가액과의 차이는 소득금액 계산에 영향을 미치지 아니한다.

② 배당소득의 수입시기와 원천징수시기

소득의 수입시기는 당해 소득이 귀속되는 시기를 말한다. 원천징수의무자가 원천징수 대상 소득을 지급할 때 소득세 등의 원천징수시기는 당해 소득금액 또는 수입금액을 실제로 지급하는 때 또는 지급 의제시기이다(소득세법 기본통칙 127-0…5). 따라서, 배당소득은 실제 그 지급을 하는 날에 원천징수하는 것이 원칙이나, 그 시기에 대해 소득세법은 몇 가지 특례를 두고 있다(소득세법 제131조 및 동법 시행령 제46조).

| 배당소득의 수입시기 및 원천징수시기 특례 |

배당 유형	수입시기(원천징수 특례)
무기명주식의 이익이나 배당	그 지급을 받은 날
잉여금의 처분에 의한 배당	잉여금처분결의일 (처분일로부터 3개월 내 미지급 : 3개월이 되는 날, 11~12월 처분결의 후 익년 2월 내 미지급: 2월 말일)
출자공동사업자의 배당	과세기간 종료일 (과세기간 종료 후 3개월이 되는 날까지 지급하지 아니한 소득 : 당해 3개월이 되는 날)
유형별 포괄주의 배당 및 결합된 파생상품 이익	그 지급을 받은 날
의제배당	• 주식소각·자본감소·퇴사·탈퇴·잉여금자본전입· 자기주식 보유로 인한 지분율 증가 : 소각·감자·전 입 등을 결정한 날(이사회 결의에 의한 경우 기준일), 퇴사·탈퇴일

배당 유형	수입시기(원천징수 특례)
	• 해산 : 잔여재산가액 확정일 • 합병 : 합병등기일 • 분할·분할합병 : 분할 또는 분할합병 등기일
인정배당	당해 법인의 결산확정일
집합투자기구로부터의 이익	이익을 지급받은 날 또는 원본전입일
파생결합증권·파생결합사채	이익을 지급받은 날 또는 원본전입일
동업기업의 과세기간 종료 후 3개월이 되는 날까지 지급하지 아니한 소득	과세기간 종료 후 당해 3개월이 되는 날

(2) 배당소득에 대한 과세

배당소득에 대한 원천징수는 소득자가 개인 또는 법인 여부에 따라 다르게 적용한다.

가. 개인 배당소득에 대한 과세

거주자의 일반적인 배당소득에 대해서는 지급금액의 15.4%(지방소득세 1.4% 포함)를 원천징수하고 당해 금액이 이자소득과 합산하여 개인별로 2천만원을 초과하는 경우에는 동 초과금액은 사업소득·근로소득 등과 합산하여 종합과세 된다(금융소득 종합과세). 그리고, 금융소득 종합과세 시, 당해 금융소득에 대한 분리과세 시의 세액과 종합과세 시의 세액을 비교하여 둘 중 큰 세액을 납부세액으로 하도록 하여 고소득자에 대해 고율 과세를 함으로써, 금융소득 종합과세의 취지에 부합하도록 하고 있다(소득세법 제127조 및 제129조).

법인의 이익이나 잉여금에 의한 배당은 법인 단계에서 법인세가 이미 과세가 되었기 때문에 이에 소득세를 부과할 경우 이중과세의 문제가 발생한다. 이를 조정하기 위하여 소득세법에서는 배당가산(Gross-up)제도를 두고 있다. 즉, 내국법인으로부터 법인세가 과세된 재원으로 받는 배당소득은 일정 가산율(10%)을 곱한 금액을 종합소득 금액에 합산하고 또한 동 금액을 산출세액에서 배당세액공제로 차감하여 이중과세를 조정한다(제1장 내용 중 "금융소득 종합과세" 참조).

소득자가 비거주자인 경우의 배당소득 과세는 조세조약 체결 여부에 따라 달라지는데, 당해 비거주자가 조세조약 미체결국가의 거주자인 경우에는 국내세율 22%(지방소득세 2% 포함)를 적용하여 원천징수하고, 조세조약 체결국가의 거주자에 해당하는 경우에는 조세조약 내용에 따라 제한세율로 원천징수한다.

나. 법인 배당소득에 대한 과세

법인에 지급하는 배당소득에 대해서는 원칙적으로 원천징수하지 아니한다. 다만, 배당소득 중 투자신탁의 이익에 대해서만 15.4%(지방소득세 1.4% 포함)의 세율로 원천징수하는데 소득자가 법인세법상 금융기관에 해당하는 경우에는 이마저도 원천징수하지 아니한다(법인세법 제73조).

개인의 배당소득에 대해서 Gross-up제도를 두어 이중과세 문제를 해소하고 있듯이 법인의 배당소득에 대해서도 이 문제를 해결하기 위해 법인세법에서는 수입배당금에 대한 익금불산입 제도를 두고 있다. 즉 배당금 지급법인별로 아래 산식에 따라 계산한 금액을 각 사업연도 소득금액에서 익금불산입한다(법인세법 제18조의2).

[(수입배당금액×익금불산입률*) − (지급이자×피출자주식적수/자산총액적수×익금불산입률)]

익금불산입률을 적용함에 있어서 2022년 이전에는 일반법인과 지주회사를 구분하여 지주회사에 출자 비율 대비 더 높은 익금불산입률을 적용하였었다. 하지만, 일반법인과 지주회사를 구분하여 익금불산입률을 정하는 구조가 지주회사에 대한 과도한 특혜라는 지적에 따라, 이를 해소하기 위해 기업 형태별 차등 적용을 배제한 아래의 익금불산입률을 2023년 1월 1일 이후 받는 배당분부터 적용하도록 하였다.

피출자법인에 대한 출자 비율	익금불산입률
50% 이상	100%
20% 이상 50% 미만	80%
20% 미만	30%

다만, 세법 개정에 따른 지주회사의 세 부담을 완화하기 위하여 2026년 12월 31일까지 지주회사가 받는 수입배당금액에 대해서는 종전의 규정에 따른 익금불산입률(구법인세법 제18조의3)을 적용할 수 있도록 하였다(법률 제19193호, 법인세법 부칙 제16조).

| 지주회사가 자회사로부터 받은 배당금 익금불산입률 |

상장법인		비상장법인	
지분율	익금불산입률	지분율	익금불산입률
40% 이상	100%	80% 이상	100%

상장법인		비상장법인	
지분율	익금불산입률	지분율	익금불산입률
30% 이상 40% 미만	90%	50% 이상 80% 미만	90%
30% 미만	80%	50% 미만	80%

외국법인에 대해서는 조세조약 체결국가의 법인인 경우에는 조세조약상의 제한세율로 원천징수하고, 미체결국가의 경우에는 국내세율인 22%(지방소득세 2% 포함)의 세율로 원천징수한다.

배당소득세제와 관련한 더 자세한 내용은 제1장의 내용을 참고하기 바란다.

(3) 주가변동에 따른 평가손익 인식

우리나라 세법은 원칙적으로 미실현 보유 손익을 인정하지 않기 때문에 주식의 평가손익은 과세 대상에서 제외한다. 다만, 아래 요건과 같이 당해 주식발행법인의 부도가 확실하여 손실이 확정적인 경우에는 평가손실의 인식을 인정하고 있다(법인세법 제42조).

| 주식평가손실 손금산입 요건 |

• 부도 • 회생계획인가 • 「기업구조조정촉진법」에 따른 부실징후기업	– 주권상장법인이 발행한 주식 – 중소기업 창업투자회사 또는 신기술사업 금융회사가 보유하는 주식 등 중 창업자 또는 신기술사업자가 발행한 주식 – 비상장법인 중 특수관계가 없는 법인이 발행한 주식. 이때 지분율이 5% 이하를 소유하고 취득가액이 10억원 이하이면 소액주주로 보아 특수관계 여부 판단
• 파산	– 모든 법인의 주식(상장·비상장 여부, 특수관계 여부 불문)

주식평가손실의 손금산입은 감액 사유가 발생한 사업연도 종료일 현재의 시가(천원 이하일 때는 천원)로 감액하고 비용으로 계상해야 손금으로 인정한다. 만일 감액 사유가 발생한 사업연도에 비용으로 계상하지 않은 경우에는 당해 주식을 처분하는 사업연도에 가서야 손금산입할 수 있다.

3) 주식의 양도 관련 세제

주식의 양도와 관련해서는 양도소득세와 증권거래세 및 주식매수선택권의 행사와 관련한 과세 문제가 발생한다.

(1) 양도소득세

자산의 등기 또는 등록과 관계없이 매도, 교환, 법인에 대한 현물출자 등을 통하여 그 자산을 유상으로 사실상 이전함에 따라 발생하는 소득에 대해서는 양도소득세가 과세되는데 기본적으로 아래와 같이 과세표준과 세액을 계산한다.

양도소득세 과세표준 = 양도가액 − 필요경비* − 양도소득기본공제**

  * 필요경비 : 취득가액, 취득세, 증권거래세, 증빙 가능한 거래수수료 등
  ** 양도소득기본공제 : 연 250만원(부동산 등, 주식, 파생상품 등, 신탁의 이익을 받을 권리 각각 공제)

양도소득세 = 과세표준×기본세율(6%∼45%) 또는 양도자산별 세율

  • 예정신고납부 : 양도일이 속하는 달(또는 반기)의 말일부터 2개월 이내, 주소지 관할 세무서
  • 확정신고납부 : 양도 연도의 다음 연도 5월 1일∼5월 31일까지, 주소지 관할 세무서

가. 양도소득세 과세 대상 주식

법인의 주식 양도차익은 각 사업연도 소득에 포함되어 포괄적으로 과세되지만, 개인의 주식 양도차익에 대한 과세는 제한적으로 이루어진다.

현행 세법에서 개인의 주식 양도에 대한 양도소득세 과세는 아래의 특정 거래에 한정해서 과세가 이루어지고 세율 또한 그 내용에 따라 위 기본세율 외에 별도의 세율이 적용된다(소득세법 제94조).

① 주권상장법인 주식 등의 대주주 양도분 및 장외 양도
② 주권비상장법인 주식 등의 양도
③ 외국법인 발행주식 등 또는 외국시장 상장주식 등의 양도
④ 특정주식과 부동산과다보유법인 주식 등의 양도

① 주권상장법인 주식 등의 대주주 양도분 및 장외 양도

주권상장법인의 주식을 증권시장에서 양도하는 경우, 원칙적으로 양도소득세가 과세되지 않는다. 다만, 이 상장주식을 대주주가 양도하는 경우와 대주주 여부와 관계없이 단 1주라도 장외에서 양도하는 때에는 양도소득세가 부과된다.

양도소득세 과세 대상이 되는 주권상장법인의 대주주란 주주 1인(법인은 제외)이 직전 사업연도 말 현재 아래 기준에 부합하는 경우, 당해 주주 1인을 말한다. 다만, 주주 1인과 법인세법 시행령 제43조 제8항 제1호의 특수관계에 있는 주주*를 포함한 주식 합계가 최대일

때, 해당 주주 1인과 기타주주** ㉮와 ㉯ 중 어느 하나와의 주식 소유비율 합계가 아래 지분율 이상인 경우, 해당 주주 1인과 기타주주를 포함한다.

구 분	아래 ① 또는 ②에 해당하는 경우	
	① 지분율 기준	② 시가총액 기준
유가증권 상장법인	주식합계액 1% 이상 보유	주식시가총액 50억원 이상 보유
코스닥 상장법인	주식합계액 2% 이상 보유	주식시가총액 50억원 이상 보유
코넥스 상장법인	주식합계액 4% 이상 보유	주식시가총액 50억원 이상 보유

* 국세기본법 시행령 제1조의2 제1항의 친족, 법인경영에 사실상 영향력 행사자와 그 친족, 30% 이상 출자법인 등
** 기타주주 : ㉮ 배우자, 4촌 이내 혈족, 3촌 이내 인척, 친생자로서 친양자로 입양된 자 및 그 배우자와 직계비속, 혼외 출생자의 생부·생모, ㉯ 경영지배관계에 있는 법인 등(소득세법 시행령 제157조)

② 주권비상장법인 주식의 양도

주권비상장법인의 주식, 즉 비상장주식을 양도하는 경우 발생하는 양도차익은 양도소득세 과세 대상이다. 이 경우 대주주뿐만 아니라 소액주주 지분도 과세 대상이 되나, K-OTC 시장에서 소액주주(코넥스 기준과 동일)가 양도하는 중소기업·중견기업의 주식은 과세 대상에서 제외한다.

③ 외국법인 발행주식 등 또는 외국시장 상장주식 등의 양도

외국법인이 발행한 주식을 양도하거나 외국시장의 상장주식을 양도하는 때에는 그 양도차익에 대하여 양도소득세를 부과한다. 다만, 외국법인의 발행주식을 국내 증권시장에서 양도하는 경우에는 양도소득세를 과세하지 아니하며, 외국시장 상장주식 등이라 함은 내국법인이 발행한 주식 등으로 해외 증권시장에 상장된 주식 등을 말한다.

④ 특정주식과 부동산과다보유법인 주식 등의 양도

과점주주*가 일정 비율 이상의 부동산 등을 보유한 법인의 주식 등(이하 "특정주식"이라 한다)을 과점주주 외의 자에게 양도하는 경우와 특정 업종(골프장, 스키장, 휴양콘도미니엄 또는 전문휴양시설)을 영위하는 부동산과다보유법인의 주주가 당해 법인의 주식 등을 양도하는 경우에는 양도소득세 과세 대상이 되는데, 각각의 적용요건에 대해 알아본다.

* 과점주주 : 주주 1인과 기타주주가 소유하는 주식 등의 합계액이 법인의 주식 등의 합계액의 100분의 50을 초과하는 경우 그 주주 1인과 기타주주(소득세법 시행령 제158조)

ⅰ) 과점주주의 특정주식 양도

아래 부동산 보유비율을 충족하는 법인의 과점주주가 당해 법인 주식 등의 50% 이상을

과점주주 외의 자에게 양도하는 경우에는 양도소득세 과세 대상이 된다. 이때 수회에 걸쳐 나눠서 양도한 경우에는 3년 내 양도한 주식을 모두 합산하여 계산한다.

구 분	구체적 요건
부동산 등 비율	해당 법인의 자산총액 중 부동산 등(토지, 건물, 부동산권리 등)의 가액과 해당 법인이 직접 또는 간접으로 보유한 다른 법인의 주식 가액에 그 다른 법인의 부동산 등 보유비율을 곱하여 산출한 가액의 합계액이 50% 이상인 경우

ii) 업종별 부동산과다보유법인 주식의 양도

업종별 기준에 따라 아래의 요건을 모두 충족하는 부동산과다보유법인의 주식을 양도하는 경우, 양도자의 지분 비율이나 양도 비율에 관계없이 단 1주만 양도해도 양도차익이 있는 경우에는 양도소득세를 과세한다.

구 분	구체적 요건
부동산 등 비율	해당 법인의 자산총액 중 부동산 등(토지, 건물, 부동산권리 등)의 가액과 해당 법인이 직접 또는 간접으로 보유한 다른 법인의 주식 가액에 그 다른 법인의 부동산 등 보유비율을 곱하여 산출한 가액의 합계액이 80% 이상인 경우
업종기준	골프장, 스키장, 휴양콘도미니엄 또는 전문휴양시설을 직접 경영·분양 또는 임대하는 사업법인

| 특정주식과 부동산과다보유법인의 주식 비교(소득세 집행기준 94 - 158 - 6) |

구 분	특정주식	부동산과다보유법인의 주식
업종	모든 업종	골프장 등 영위법인*
부동산비율	50% 이상	80% 이상
소유비율	50% 이상	제한없음.
양도비율	50% 이상	1주만 양도하여도 해당

* 골프장, 스키장, 휴양콘도미니엄, 전문휴양시설

나. 이월과세와 주식 양도소득세율

① 이월과세(소득세법 제97조의2)

주식의 양도차익 계산 시 양도가액에서 차감하는 취득가액은 취득에 들어간 실지거래가액으로 하는데, 배우자 또는 직계존비속 등으로부터 증여받은 재산을 양도할 때는 취득시기를 임의로 조정하여 양도소득세 부담을 회피하는 것을 방지하기 위하여, 이월공제 규정을 두고 있다. 즉, 배우자 또는 직계존비속으로부터 아래의 주식 등을 증여받은 후 증여일로부터 1년 이내에 타인에게 양도하는 경우, 증여받은 자산의 양도에 따른 양도차익 계산 시 증여 당시 가액을 공제하는 것이 아니라, 증여한 배우자 또는 직계존비속의 당초 취득가액을 이월하여 공제한다.

- 주권상장법인 주식의 대주주 양도분 또는 장외 양도
- 주권비상장법인 주식의 양도
- 외국법인 발행 또는 외국시장 상장주식의 양도

② 주식 양도소득세율(소득세법 제104조)

주식의 양도차익에 대한 양도소득세율은 아래와 같으며, 하나의 자산이 아래 둘 이상의 세율에 해당하는 경우에는 각 세율을 적용하여 산출한 세액 중에 가장 큰 산출세액으로 한다.

구 분			양도소득세율
상장주식의 대주주 양도, 장외양도, 비상장주식의 양도	대주주	1년 미만 보유 중소기업 외의 주식	30%
		위 외의 주식 과세표준 3억원 이하	20%
		과세표준 3억원 초과	6천만원+(3억원 초과분 × 25%)
	대주주가 아닌 경우	중소기업* 주식	10%
		중소기업 주식이 아닌 경우	20%
특정주식과 부동산과다보유법인의 주식 양도			기본세율(6%~45%)**

(지방소득세 별도)
 * 중소기업기본법 제2조에 따른 중소기업
** 부동산과다보유법인의 주식 양도 시 해당 법인 자산총액 중 비사업용토지의 가액이 50% 이상을 차지할 경우 10% 추가 과세(16%~55%)

다만, 자산의 양도일까지 계속해서 5년 이상 국내에 거소 또는 주소를 둔 거주자가 국외에 있는 부동산 과다 보유법인 주식을 양도한 경우에는 비사업용토지 가액 비율에 따른 10% 추가 과세 규정을 적용하지 않는다.

비거주자 및 국내 고정사업장이 없는 외국법인의 주식양도차익은 유가증권양도소득으로 분류하여 양도가액의 10%와 양도차익의 20% 중 적은 금액(취득가액이 확인되지 않는 경우 지급금액의 10%)으로 과세한다. 다만, 조세조약 체결국가의 소득자인 경우 국가별 조세조약 체결내용에 따라 국내에서의 과세 여부를 결정한다.

| 양도소득 기본세율표 |

종합소득 과세표준	세 율
1,400만원 이하	과세표준의 6%
1,400만원 초과 5,000만원 이하	84만원+(1,400만원을 초과하는 금액의 15%)
5,000만원 초과 8,800만원 이하	624만원+(5,000만원을 초과하는 금액의 24%)
8,800만원 초과 1억5천만원 이하	1,536만원+(8,800만원을 초과하는 금액의 35%)
1억5천만원 초과 3억원 이하	3,706만원+(1억5천만원을 초과하는 금액의 38%)
3억원 초과 5억원 이하	9,406만원+(3억원을 초과하는 금액의 40%)
5억원 초과 10억원 이하	1억7,406만원+(5억원을 초과하는 금액의 42%)
10억원 초과	3억8,406만원+(10억원을 초과하는 금액의 45%)

(지방소득세 별도)

다. 주식 양도소득 신고·납부

양도소득 과세표준의 신고 및 세액의 납부는 예정신고·납부와 확정신고·납부 제도가 있다.

① 예정신고·납부

주식을 양도한 거주자(양도차익이 없거나 양도차손이 발생한 경우 포함)는 아래 정하는 기간 내에 양도소득 과세표준을 신고하고 세액을 납부하여야 한다.

- 주권상장법인 주식의 대주주 양도·장외 양도, 주권비상장법인 주식의 양도 : 양도일이 속하는 반기의 말일부터 2개월 이내
- 부동산과다보유법인 주식의 양도 : 양도일이 속하는 달의 말일부터 2개월 이내
- 국외주식 : 예정신고·납부 없음.

② 확정신고·납부

해당 과세기간의 양도소득 금액이 있는 거주자(과세표준이 없거나 결손금액이 있는 경우 포함)는 그 과세기간의 다음 연도 5월 1일부터 5월 31일까지 과세표준과 세액을 확정신고·납부 하여야 한다. 단, 예정신고·납부를 한 자는 확정신고·납부를 하지 아니할 수 있다. 하지만,

누진세율 적용 대상 자산의 예정신고를 2회 이상 한 자가 합산신고하지 않았거나 양도소득 산출세액이 달라지는 경우에는 확정신고를 하여야 한다.

라. 주식의 취득 또는 양도 시기

주식의 취득과 양도일은 원칙적으로 대금을 청산한 날로 한다.

① 상장주식 : 거래 체결일로부터 +2일(T+2)이 되는 장내거래 결제일

② 취득 시기가 분명하지 않은 경우 : 먼저 취득한 자산을 먼저 양도한 것으로 본다.

다만, 아래의 경우에는 각각 그에 따른 양도 시기를 달리 정한다.

① 대금을 청산한 날이 분명하지 않은 경우 : 명의개서일

② 대금을 청산하기 전에 명의개서를 한 경우 : 명의개서일

③ 장기 할부의 경우 : 명의개서일, 인도일 또는 사용수익일 중 빠른 날

④ 상속·증여의 경우 : 상속 개시일 또는 증여를 받은 날

마. 국외 전출자에 대한 국외 전출세 과세(소득세법 제118조의9~)

거주자의 해외 출국에 따른 주식 등의 양도소득세 조세회피를 방지하기 위해 일정 요건에 해당하는 국외 전출자*가 출국 당시 양도소득세 과세 대상 주식 등을 소유한 경우, 출국일에 당해 주식 등을 양도한 것으로 보아 양도소득에 대한 소득세 등을 납부할 의무가 있는데, 이를 국외 전출세라 한다.

* 국외 전출자 : 출국하는 거주자로, 출국일 10년 전부터 출국일까지의 기간 중 국내에 주소나 거소를 둔 기간의 합계가 5년 이상인 자로서, 출국일이 속하는 연도의 직전 연도 종료일 현재 소득세법상 대주주에 해당할 것

① 국외 전출세의 과세표준 계산

국외 전출자에 대한 국외 전출세 과세표준은 국외 전출자가 보유하는 과세 대상 국내 주식 등의 양도가액에서 필요경비를 차감한 소득금액에 기본공제 금액을 공제한 금액으로 하고, 종합소득, 퇴직소득 및 양도소득 과세표준과 구분하여 계산한다.

국외 전출자가 보유하는 국외 전출세 과세 대상 국내 주식 등 양도가액은 출국일 당시의 시가, 즉 출국일 당시의 주식 등의 거래가격으로 하고, 다만, 시가 산정이 어려운 경우, 그 규모 및 거래 상황 등을 고려하여 기준시가 등 별도의 방법을 정하고 있다.

공제할 필요경비는 취득가액, 자본적 지출액, 양도비 등으로 하며, 250만원을 기본공제 금액으로 공제한다.

② 국외 전출세 산출세액

국외 전출자의 양도소득세는 위와 같이 계산한 과세표준에 아래의 세율을 적용하여 계산한 금액을 그 세액으로 한다.

과세표준	세 율
3억원 이하	20%
3억원 초과	6천만원 + (3억원 초과액 × 25%)

(지방소득세 별도)

만약 국외 전출자가 출국한 후 국외 전출자 국내 주식 등을 실제 양도한 경우로서 실제 양도가액이 국외 전출세 산출 시 적용한 양도가액보다 낮은 때에는 다음의 계산식에 따라 계산한 조정공제액을 산출세액에서 공제한다.

[국외 전출세 산출 시 적용한 양도가액 - 실제 양도가액] × 세율(22%, 27.5%)

그리고 국외 전출자가 출국한 후 국외 전출자 국내 주식 등을 실제로 양도하여 해당 자산의 양도소득에 대하여 외국 정부 등에 세액을 납부하였거나 납부할 것이 있는 때에는 산출세액에서 조정공제액을 공제한 금액을 한도로 법에서 정하는 산식에 따라 계산한 외국납부세액을 산출세액에서 공제한다.

③ 국외 전출세의 신고 및 납부

국외 전출자는 국외 전출자 국내 주식 등의 양도소득에 대한 납세관리인 신고서와 신고일의 전날을 기준으로 국외 전출자 국내 주식 등의 보유 현황을 기재한 국외 전출자 국내 주식 등 보유현황신고서를 출국일 전날까지 납세지 관할 세무서장에게 신고하여야 한다. 그리고 출국일이 속하는 달의 말일부터 3개월 이내(납세관리인을 신고한 경우에는 양도소득 과세표준 확정신고 기간 내)에 국외 전출세 과세표준을 국외 전출자 과세표준 신고서 및 납부계산서에 작성하여 납세지 관할 세무서장에게 제출해야 한다.

국외 전출자가 과세표준을 신고할 때에는 산출세액에서 법률에 따른 감면세액과 세액 공제액을 공제한 금액을 납세지 관할세무서, 한국은행 또는 체신관서에 납부하여야 한다.

만약, 국외 전출자가 출국일 전날까지 국외 전출자 국내 주식 등의 보유 현황을 신고하지 아니하거나 누락하여 신고한 경우에는 신고하지 아니하거나 누락한 액면금액 또는 출자가액의 100분의 2에 상당하는 금액을 산출세액에 더하여 가산세로 납부한다.

(2) 증권거래세

증권거래세는 주권 또는 지분의 양도를 과세 대상으로 하여 그 양도 금액에 대하여 과세하는데, 여기에서 양도란 계약상 또는 법률상의 원인에 의하여 소유권이 유상으로 이전되는 것을 말한다. 따라서, 상속·증여 등 무상 이전의 경우는 증권거래세가 과세되지 아니한다. 이러한 증권거래세 과세제도는 소득 발생 여부와 무관하게 거래금액을 기준으로 무조건 과세를 한다는 비판에 직면하게 되면서 세율이 계속 인하되어 왔다.

가. 과세 대상

증권거래세법은 증권거래세의 과세 대상으로 주권 또는 지분 및 주권으로 보는 것 등으로 정의하고 있다(증권거래세법 제1조의2).

---

① 주권
  ⅰ) 상법 또는 특별한 법률에 의하여 설립된 법인의 주권
  ⅱ) 외국법인이 발행한 주권으로서 국내 증권시장 등에 상장된 것

② 지분
  지분이라 함은 상법에 따라 설립된 합명회사·합자회사·유한책임회사 및 유한회사 사원의 지분을 말한다.

③ 주권으로 보는 것
  전자증권법에 따라 전자등록된 주식, 주권 발행 전의 주식, 주식인수로 인한 권리, 신주인수권과 특별한 법률에 따라 설립된 법인이 발행하는 출자증권 및 자본시장법 제4조 제8항에 따른 증권예탁증권(같은 법 제4조 제2항 제2호의 지분증권을 예탁받은 자가 발행한 것만 해당)

나. 비과세양도 및 증권거래세를 부과하지 않는 경우

① 비과세양도(증권거래세법 제6조)
  ⅰ) 국가 및 지방자치단체의 양도. 다만, 「국가재정법」 별표 2에 규정하는 법률에 따라 설치된 기금으로서 기금관리주체가 중앙행정기관의 장인 기금에서 취득한 주권 등을 양도하는 경우 및 「우정사업 운영에 관한 특례법」 제2조 제2호에 따른 우정사업 총괄기관이 주권 등을 양도하는 경우는 제외한다.
  ⅱ) 자본시장법 제119조에 따라 주권을 매출하는 경우
  ⅲ) 주권을 목적물로 하는 소비대차의 경우
  ⅳ) 조세특례제한법 제117조에 해당하는 경우[상장지수집합투자기구의 추종지수 구성

종목 변경에 따른 양도, 우정사업본부·연기금 등의 주식선물, 코스피200 및 미니코스피200선물, 코스닥150선물 등의 파생상품과 주권의 가격 차이를 이용한 이익획득 목적의 상장주권(연기금은 코스닥 한정) 양도 등]

② 증권거래세를 부과하지 않는 경우(증권거래세법 제2조)
   ⅰ) 외국증권시장에 상장된 주권 등을 양도하는 경우
   ⅱ) 외국증권시장에 주권 등을 상장하기 위하여 인수인에게 주권 등을 양도하는 경우
   ⅲ) 한국거래소가 자본시장법 제377조 제1항 제3호에 따라 증권 및 장내파생상품의 거래에 따른 채무 인수를 하면서 주권 등을 양도하는 경우

다. 납세의무자

증권거래세의 납세의무자는 기본적으로 당해 주권 등을 양도하는 자이다. 다만, 주식 등의 거래형태에 따라 아래와 같이 납세의무자를 구분하고 있다(증권거래세법 제3조).

---

① 아래의 증권을 계좌 간 대체로 매매결제하는 경우
  : 자본시장법에 따른 한국예탁결제원 또는 전자증권법에 따른 전자등록기관
   ⅰ) 증권시장에서 양도되는 주권
   ⅱ) 다자간매매체결회사 또는 금융투자협회가 개설한 장외시장에서 양도되는 주권
② 자본시장법에 따른 금융투자업자를 통하여 주권 등을 양도하는 경우
  : 금융투자업자
③ 위 외의 방법으로 주권 등을 양도하는 경우
  : 양도자. 다만, 국내사업장을 가지고 있지 아니한 비거주자 또는 외국법인이 주권 등을 금융투자업자를 통하지 아니하고 양도하는 경우에는 그 주권 등의 양수인

라. 양도의 시기

증권거래세의 납세의무가 발생하는 주권 등의 양도 시기는 해당 매매거래가 확정되는 때로 하는데 증권거래세법에서는 그 거래 형태별로 아래의 시기로 규정하고 있다(증권거래세법 제5조).
① 자본시장법에 따른 증권시장에서 거래(다자간매매체결회사에서의 거래를 포함)된 주권
  : 그 양도가액이 결제되는 때
② 위 주권 외의 주권 등을 금융투자업자가 매매·위탁매매 또는 매매의 중개나 대리를 하는 경우 : 그 대금의 전부를 결제하거나 결제받는 때
③ 위 ①, ② 이외의 경우 : 당해 주권 등을 인도하거나 대가의 전부를 받는 때. (다만,

그 주권 등을 인도하거나 대가의 전부를 받기 전에 권리가 이전되는 때에는 그 권리가 이전되는 때)

마. 과세표준

증권거래세법은 거래형태에 따라 증권거래세의 과세표준을 아래와 같이 규정한다(증권거래세법 제7조).

① 증권시장, 다자간매매체결회사 또는 금융투자협회가 개설한 장외시장에서 양도되는 주권 : 그 주권의 양도가액

② ① 외의 주권 등을 양도하는 경우 : 아래 구분에 따른 가액

   i) 주권 등의 양도가액을 알 수 있는 경우 : 해당 주권 등의 양도가액. 다만, 다음의 어느 하나에 해당하는 경우에는 다음에 규정하는 가액으로 한다.

      ㉮ 소득세법 제101조, 법인세법 제52조 또는 상증법 제35조에 따라 주권 등이 시가보다 낮은 가액으로 양도된 것으로 인정되는 경우(「국제조세조정에 관한 법률」 제7조가 적용되는 경우는 제외) : 시가*

      ㉯ 소득세법 제126조, 법인세법 제92조 또는 국제조세조정에 관한 법률 제7조에 따라 주권 등이 정상가격보다 낮은 가액으로 양도된 것으로 인정되는 경우 : 정상가격**

     * 시가 : 소득세법 시행령 제167조, 법인세법 시행령 제89조 또는 상증법 시행령 제26조에 따라 시가로 인정된 해당 주권 등의 가액
    ** 정상가격 : 소득세법 시행령 제183조의2, 법인세법 시행령 제131조 또는 국제조세조정에 관한 법률 제8조 및 같은 법 시행령 제5조부터 제16조까지의 규정에 따라 정상가격으로 인정된 해당 주권 등의 가액

   ii) 주권 등의 양도가액을 알 수 없는 경우 : 아래 양도가액 평가방법에 따라 평가한 가액

      ㉮ 자본시장법에 따른 상장법인의 주권 등을 증권시장 및 다자간매매체결회사 밖에서 양도하는 경우 : 자본시장법에 따른 거래소가 공표하는 양도일의 매매거래 기준가액

      ㉯ 금융투자협회가 개설한 시장에서 거래되는 종목으로 지정한 주권 등을 동 시장 기준 외의 방법으로 양도하는 경우 : 금융투자협회가 공표하는 양도일의 매매거래 기준가액

      ㉰ 위 ㉮, ㉯ 외의 방식으로 주권 등을 양도하는 경우 : 소득세법에 따른 기준시가

바. 세율의 적용

증권거래세의 세율은 일반적인 세율 이외에 거래 시장에 따라 탄력세율을 적용하는데, 아래와 같이 지속적으로 인하되어 왔다(증권거래세법 제8조 및 동법 시행령 제5조).

| 증권거래세 세율 및 납세의무자 |

구 분		세 율	납세의무자
일반적인 양도	~2020.3.31	50/10,000	양도자*
	2020.4.1~2020.12.31	45/10,000	
	2021.1.1~2022.12.31	43/10,000	
	2023.1.1.~	35/10,000	
유가증권시장 양도	~2019.6.2	15/10,000**	한국예탁결제원
	2019.6.3~2020.12.31	10/10,000**	
	2021.1.1~2022.12.31	8/10,000**	
	2023.1.1~2023.12.31	5/10,000**	
	2024.1.1~2024.12.31	3/10,000**	
	2025.1.1 이후	0**	
코스닥, K-OTC 시장 양도	~2019.6.2	30/10,000	한국예탁결제원
	2019.6.3~2020.12.31	25/10,000	
	2021.1.1~2022.12.31	23/10,000	
	2023.1.1~2023.12.31	20/10,000	
	2024.1.1~2024.12.31	18/10,000	
	2025.1.1 이후	15/10,000	
코넥스시장 양도		10/10,000	한국예탁결제원

* 단, 금융투자업자를 통한 양도는 해당 금융투자업자, 국내사업장을 가지고 있지 아니한 비거주자 또는 외국법인이
  주권 등을 금융투자업자를 통하지 아니하고 양도하는 경우에는 양수인
 ** 농어촌특별세 15/10,000 별도
*** 다자간매매체결회사를 통한 상장주식 거래는 증권시장에서 거래되는 것으로 보아 과세(조특법 제104조의4)

금융투자업자는 그의 관리계좌를 통하여 증권거래세 납세의무자가 장외에서 주권을 양도하는 경우, 해당 거래에 관한 증권이체자료를 이체일이 속하는 분기의 말일부터 2개월 이내에 관할 세무서장에게 제출하여야 한다.

사. 증권거래세의 신고 · 납부

증권거래세의 납세의무자는 그 과세표준과 세액을 아래 구분에 따라 정하는 기한 내에 신고 · 납부하여야 한다(증권거래세법 제10조 및 동법 시행령 제7조).

① 납세의무자가 한국예탁결제원 또는 전자등록기관, 금융투자업자인 경우 : 매월분의 과세표준과 세액을 다음 달 10일까지 신고 · 납부
② 납세의무자가 양도자 또는 양수인인 경우 : 매 반기분의 과세표준과 세액을 양도일이 속하는 반기의 말일부터 2개월 이내에 신고 · 납부

신고 · 납부한 증권거래세액 중 잘못 납부하거나 초과하여 납부한 세액이 있는 경우에는 납세의무자가 거래징수하여 납부할 세액에서 조정환급할 수 있다. 이때, 환급할 수 있는 기간은 증권거래세 신고납부 기한의 종료일로부터 6개월 이내로 한다.

(3) 주식매수선택권의 행사

법인의 임원 또는 종업원이 해당 법인 또는 해당 법인과 법인세법 시행령 제2조 제5항에 따른 특수관계에 있는 법인으로부터 부여받은 주식매수선택권을 해당 법인 등에서 근무하는 기간 중 행사함으로써 얻은 이익, 즉 주식매수선택권(신주인수권을 포함) 행사 당시의 시가와 실제 매수가액과의 차액은 근로소득의 범위에 포함한다(소득세법 시행령 제38조).

다만 소득세법 집행기준에서는 상황에 따른 주식매수선택권 행사이익의 소득 구분을 규정하고 있다.

> **소득세법 집행기준 20 - 38 - 3 【주식매수선택권 행사이익의 소득구분】**
> ① 법인의 임원 또는 종업원이 해당 법인으로부터 부여받은 주식매수선택권(스톡옵션)을 해당 법인에서 근무하는 기간 중 행사함으로써 얻은 이익(주식매수선택권 행사 당시의 시가와 실제 매수가액과의 차액)은 근로소득에 해당한다.
> ② 법인으로부터 퇴직 전에 주식매수선택권을 부여받은 거주자가 해당 법인과 고용관계가 없는 상태인 퇴직 후에 해당 주식매수선택권을 행사함으로써 얻는 이익은 기타소득에 해당한다.
> ③ 피상속인이 부여받은 주식매수선택권을 상속인이 행사하는 경우 해당 주식매수선택권을 행사함으로써 얻는 이익(「상속세 및 증여세법」에 따라 상속세가 과세된 금액을 차감한 것을 말한다)은 기타소득에 해당한다.

　　다만, 벤처기업 또는 해당 벤처기업이 인수한 기업*의 임원 또는 종업원이 해당 벤처기업으로부터 2027년 12월 31일 이전에 「벤처기업육성에 관한 특별조치법」 제16조의3에 따라 부여받은 주식매수선택권 및 「상법」 제340조의2 또는 제542조의3에 따라 부여받은 주식매수선택권(코넥스상장기업으로부터 부여받은 경우로 한정한다)을 행사(벤처기업 임원 등으로서 부여받은 주식매수선택권을 퇴직 후 행사하는 경우 포함)함으로써 얻은 이익(주식매수선택권 행사 당시의 시가와 실제 매수가액과의 차액을 말하며, 주식에는 신주인수권을 포함한다) 중 연간 2억원(누적한도 5억원) 이내의 금액에 대해서는 소득세를 과세하지 아니한다(조특법 제16조의2).

* 벤처기업이 발행주식총수의 30% 이상을 인수한 기업

　　그리고, 「벤처기업육성에 관한 특별조치법」 제16조의3에 따라 부여받은 주식매수선택권을 행사함으로써 얻는 이익이 일정 요건*을 갖추고, 2년간 전체 행사가액의 합계가 5억원 이하인 경우에는 ① 행사 시에 근로소득(재직 시) 또는 기타소득(퇴직 후)으로 과세 또는 ② 양도 시에 양도소득(대주주·상장주식 여부 무관)으로 과세 여부를 선택할 수 있다. 하지만 일정 요건 등을 갖추지 못한 경우에는 행사 시에 근로소득 또는 기타소득으로 과세한다(조특법 제16조의4).

* ㉠ 벤처기업이 주식매수선택권을 부여하기 전에 대상자·수량 등을 주주총회 결의 후에 임직원과 약정할 것
　ㄴ 해당 주식매수선택권을 다른 사람에게 양도할 수 없을 것
　ㄷ 사망, 정년 등 불가피한 사유를 제외하고 주주총회 결의 후 2년 이상 해당 법인에 재직한 후 주식매수선택권을 행사할 것

인수하거나 자기의 주식을 매수할 수 있는 권리(이하 "주식매수선택권"이라 한다)를 부여할 수 있다. 다만, 주식매수선택권의 행사가액이 주식의 실질가액보다 낮은 경우에 회사는 그 차액을 금전으로 지급하거나 그 차액에 상당하는 자기의 주식을 양도할 수 있다. 이 경우 주식의 실질가액은 주식매수선택권의 행사일을 기준으로 평가한다.

② 다음 각 호의 어느 하나에 해당하는 자에게는 제1항의 주식매수선택권을 부여할 수 없다.

1. 의결권 없는 주식을 제외한 발행주식총수의 100분의 10 이상의 주식을 가진 주주

2. 이사·집행임원·감사의 선임과 해임 등 회사의 주요 경영사항에 대하여 사실상 영향력을 행사하는 자

3. 제1호와 제2호에 규정된 자의 배우자와 직계존비속

③ 제1항에 따라 발행할 신주 또는 양도할 자기의 주식은 회사의 발행주식총수의 100분의 10을 초과할 수 없다.

④ 제1항의 주식매수선택권의 행사가액은 다음 각 호의 가액 이상이어야 한다.

1. 신주를 발행하는 경우에는 주식매수선택권의 부여일을 기준으로 한 주식의 실질가액과 주식의 권면액(券面額) 중 높은 금액. 다만, 무액면주식을 발행한 경우에는 자본으로 계상되는 금액 중 1주에 해당하는 금액을 권면액으로 본다.

2. 자기의 주식을 양도하는 경우에는 주식매수선택권의 부여일을 기준으로 한 주식의 실질가액

상법 제542조의3【주식매수선택권】

① 상장회사는 제340조의2 제1항 본문에 규정된 자 외에도 대통령령으로 정하는 관계 회사의 이사, 집행임원, 감사 또는 피용자에게 주식매수선택권을 부여할 수 있다. 다만, 제542조의8 제2항 제5호의 최대주주 등 대통령령으로 정하는 자에게는 주식매수선택권을 부여할 수 없다.

② 상장회사는 제340조의2 제3항에도 불구하고 발행주식총수의 100분의 20의 범위에서 대통령령으로 정하는 한도까지 주식매수선택권을 부여할 수 있다.

③ 상장회사는 제340조의2 제1항 본문에도 불구하고 정관으로 정하는 바에 따라 발행주식총수의 100분의 10의 범위에서 대통령령으로 정하는 한도까지 이사회가 제340조의3 제2항 각 호의 사항을 결의함으로써 해당 회사의 집행임원·감사 또는 피용자 및 제1항에 따른 관계 회사의 이사·집행임원·감사 또는 피용자에게 주식매수선택권을 부여할 수 있다. 이 경우 주식매수선택권을 부여한 후 처음으로 소집되는 주주총회의 승인을 받아야 한다.

④ 상장회사의 주식매수선택권을 부여받은 자는 제340조의4 제1항에도 불구하고 대통령령으로 정하는 경우를 제외하고는 주식매수선택권을 부여하기로 한 주주총회 또는 이사회의 결의일부터 2년 이상 재임하거나 재직하여야 주식매수선택권을 행사할 수 있다.

⑤ 제1항부터 제4항까지에서 규정한 사항 외에 상장회사의 주식매수선택권 부여, 취소, 그 밖에 필요한 사항은 대통령령으로 정한다.

4) 국외주식 관련 세제

해외주식시장에 대한 투자 환경이 좋아지면서 해외주식에 투자하는 투자자가 급속도로 증가하고 있다. 국외주식 투자 시에도 우리나라와 비슷한 세제가 적용되는데 보유 시의 배당소득세 과세와 양도 시의 증권거래세 및 양도소득세 세제로 나누어 알아본다.

(1) 국외주식 보유 관련 세제

우리나라에서 주식을 보유하고 있는 주주에게 법인이 배당금을 지급하면 15.4%(지방소득세 포함)의 세율로 배당소득세를 원천징수하고, 만약 이자소득과 합산하여 연간 2천만원을 초과하면 종합소득으로 과세한다.

거주자가 해외주식시장에 투자하여 국외주식에서 받는 배당금에 대해서도 세금을 부과하는데, 먼저 배당소득을 지급하는 국가에서 그 나라 세법 규정에 따라 원천징수를 하게 된다. 이때 원천징수하는 세율은 국가에 따라 다른데, 우리나라 투자자가 많이 투자하는 미국은 15%, 중국은 10%, 그리고 일본은 15%의 세율을 적용한다.

국외주식의 배당금에 대한 국내 과세는 당해 배당금을 어떻게 수령하는지에 따라 다르다. 먼저 투자자가 해외에 직접 계좌를 개설하고 투자해서 배당금을 국외로부터 직접 수령하는 경우, 국내에서 추가로 원천징수하지는 않지만, 금액과 무관하게 무조건 종합과세하고, 이때 국외에서 원천징수된 금액은 외국납부세액으로 공제한다.

국내 금융기관을 통해서 해외주식시장에 투자하고 배당금을 수령하는 경우에는 당해 국내 금융기관이 국외에서 원천징수된 세율과 국내 세율(14%)을 비교해서 그 차액을 원천징수한다. 예를 들어, 미국이나 일본에 투자한 경우, 세율(15%)이 우리나라(14%)보다 높아서 추가로 과세할 필요가 없고, 중국에 투자한 경우에는 세율(10%)이 우리나라보다 낮으므로 배당금을 지급하는 국내 금융기관이 그 차액인 4%(지방소득세 포함 4.4%)를 원천징수하여 납부한다. 이때, 이자소득과 배당소득을 합하여 연 2천만원을 초과하는 경우에 종합과세한다.

(2) 국외주식 양도 관련 세제

가. 국외주식 양도에 따른 증권거래세 과세

이미 알아본 바와 같이 우리나라에서는 주식을 양도할 때 손익에 관계없이 양도금액에 대하여 일정률의 증권거래세를 부과하는데, 외국에서는 각 나라의 세제 환경에 따라 증권거래세를 징수하는 나라가 있고 징수하지 않는 나라가 있다.

예를 들어 일본, 독일, 프랑스 등의 국가에서는 증권거래세를 징수하지 않고, 중국, 대만, 홍콩 등의 경우에는 증권거래세를 부과한다. 다만, 미국 주식의 경우에는 매도 시 증권거래세를 부과하지는 않지만, SEC Fee(Securities and Exchange Commission Fee)를 징수한다.

나. 국외주식 양도에 따른 양도소득세 과세

거주자가 외국법인이 발행하였거나 외국에 있는 시장에 상장된 주식 등을 양도함으로써 발생하는 이익에 대해서는 양도소득세를 부과한다(소득세법 제94조 제1항 제3호 다목).

국외주식 양도소득에 대한 과세표준은 양도소득 과세 대상이 되는 국내 주권상장법인 주식의 대주주 양도 및 장외 양도, 주권비상장법인 주식의 양도에 따른 손익과 합산한 금액에 250만원의 양도소득 기본공제를 적용한 금액으로 하고, 세율은 20%(중소기업 주식 10%. 지방소득세 별도)를 적용한다.

국외주식은 양도소득 예정신고 대상이 아니므로 국외주식의 양도소득이 있는 거주자는 확정신고 기간(양도일의 다음 연도 5월 1일부터 5월 31일)에 확정신고를 하여야 한다. 따라서, 2020년 1월 1일 이후 양도분부터 적용되는 국내주식과 국외주식의 손익 통산을 하고자 하는 거주자 또한 반드시 확정신고 기간에 신고하여야 한다.

5) 우리사주 관련 세제

우리사주제도는 근로자의 경제·사회적 지위 향상과 노사협력 증진을 도모하기 위하여 주식회사의 소속 근로자 등이 그 주식회사에 설립된 우리사주조합을 통하여 동 회사의 주식을 취득·보유하게 하는 제도이다. 우리 세법은 이러한 우리사주에 대해 취득·보유·양도 등의 단계별로 세제 혜택을 주고 있다(조특법 제88조의4 및 법인세법 시행령 제19조).

(1) 우리사주 취득 시 세제

우리사주 조합원이 우리사주를 취득하기 위하여 우리사주조합에 출자하는 경우, 연 4백만원(벤처기업 조합원은 1천5백만원) 한도로 연말정산 시 근로소득금액에서 공제한다. 또한, 법인이 우리사주조합에 출연하는 자사주의 장부가액 또는 금품은 전액 손비로 인정한다.

다만, 우리사주가 해당 법인이 출연하거나 해당 법인의 출연금으로 취득한 것으로서 우리사주조합을 통하여 배정하는 경우, 해당 조합원의 직전연도 총 급여액의 20%(5백만원 미만 시 5백만원)를 초과하는 경우에는 그 초과 부분을 근로소득으로 과세한다.

한편, 우리사주를 시가의 70% 미만의 저가로 취득하는 경우, 취득금액이 4백만원(벤처기업

조합원은 1천5백만원) 이하인 경우에는 해당 차액에 대하여 과세하지 아니하나, 그 기준금액을 초과하는 경우에는 그 해당 차액을 근로소득으로 과세한다.

(2) 우리사주 보유 시 세제

우리사주를 증권금융회사에 1년 이상 예탁한 후 소액주주가 받는 배당소득으로, 우리사주 액면가액의 개인별 합계액이 1천 8백만원 이하인 경우에는 소득세를 부과하지 아니한다.

다만, 예탁일로부터 1년 이내에 인출하는 경우, 그 인출일 이전에 지급된 배당소득에 대해서는 인출일에 동 배당소득이 지급된 것으로 보아 소득세를 과세한다.

(3) 우리사주 양도 시 세제

가. 근로소득세

우리사주 조합원이 우리사주를 인출하는 경우, 아래 어느 하나에 해당하지 않는 주식("과세인출 주식"이라 한다)에 대해서는 당해 주식 인출일 현재의 시가(상증법 제63조)와 매입가액 중 적은 금액(파산법인은 "0"원)을 근로소득으로 보아 과세한다.

① 취득 시 소득공제를 받지 않은 주식
② 잉여금의 자본전입으로 받은 무상주
③ 이미 소득세가 과세된 주식

다만, 과세인출 주식에 대한 근로소득 과세 시 아래에 해당하는 금액에 대해서는 소득세를 부과하지 아니한다.

① 과세인출 주식을 2년 이상 4년 미만 보유한 경우 : 인출금액의 50/100
② 과세인출 주식을 4년 이상 보유한 경우 : 인출금액의 75/100

해당 기업이 중소기업에 해당하는 경우에는 과세하지 않는 금액을 아래 구분에 따라 계산한다.

① 과세인출 주식을 2년 이상 4년 미만 보유한 경우 : 인출금액의 50/100
② 과세인출 주식을 4년 이상 6년 미만 보유한 경우 : 인출금액의 75/100
③ 과세인출 주식을 6년 이상 보유한 경우 : 인출금액의 100/100

나. 양도소득세

우리사주 조합원이 퇴직하면서 아래 요건을 모두 갖춘 우리사주를 우리사주조합에 양도하는 경우, 양도차익이 3천만원 이하일 때는 소득세를 과세하지 아니한다. 다만, 그 양도차익이

3천만원을 초과하는 경우 그 초과 금액은 양도소득으로 과세한다.

　① 우리사주조합을 통하여 취득한 후 1년 이상 보유할 것

　② 양도일 현재 1년 이상 증권금융에 예탁한 것일 것

　③ 우리사주의 액면가액 합계액이 1,800만원 이하일 것

다. 증권거래세

우리사주의 양도와 관련하여 발생하는 증권거래세는 그 매매 방식에 따라 기한에 맞춰 과세표준과 세액을 신고·납부하여야 한다.

6) 세법상 다양한 주주 개념과 세무 내용 요약

(1) 대주주(소득세법 시행령 제157조)

① 개념

ⅰ) 주권상장법인 대주주

주권상장법인의 대주주란 주주 1인(법인은 제외)의 직전 사업연도 말 현재 소유 주식 지분율이 1%(코스닥 2%, 코넥스 4%) 이상이거나, 시가총액이 50억원 이상인 경우 당해 주주 1인을 말한다. 다만, 주주 1인과 법인세법 시행령 제43조 제8항 제1호의 특수관계에 있는 주주*를 포함한 주식 합계가 최대일 때, 해당 주주 1인과 기타주주** ㉮와 ㉯ 중 어느 하나와의 주식 소유비율 합계가 1%(2%, 4%) 이상인 경우 해당 주주 1인과 기타주주를 포함한다.

 * 국세기본법 시행령 제1조의2 제1항의 친족, 법인경영에 사실상 영향력 행사자와 그 친족, 30% 이상 출자법인 등
 ** 기타주주 : ㉮ 배우자, 4촌 이내 혈족, 3촌 이내 인척, 친생자로서 친양자로 입양된 자 및 그 배우자와 직계비속, 혼외 출생자의 생부·생모, ㉯ 경영지배관계에 있는 법인 등(소득세법 시행령 제157조)

ⅱ) 주권비상장법인 대주주

주권비상장법인의 대주주란 주주 1인과 기타주주의 직전 사업연도 말 현재 소유 주식의 합(최대주주 여부에 따라 기타주주 범위 상이)*이 해당 법인의 발행주식 총액의 4% 이상이거나, 시가총액이 50억원 이상인 경우 당해 주주 1인과 그 기타주주를 말한다.

 * 기타주주
　• 최대주주인 경우 : 배우자, 4촌 이내 혈족, 3촌 이내 인척, 친생자로서 친양자로 입양된 자 및 그 배우자와 직계비속, 혼외 출생자의 생부·생모, 경영지배관계에 있는 법인 등
　• 최대주주가 아닌 경우 : 배우자, 직계존비속, 경영지배관계에 있는 법인 등

② 주요 세무 내용

• 주권상장법인 대주주 주식 양도 시 양도소득세 부과 및 양도소득세 중과

구 분		1년 미만	1년 이상
대주주	일반기업	30%	20%*
	중소기업	20%*	20%*
대주주 외	일반기업	20%	20%
	중소기업	10%	10%

* 과세표준 3억원 초과분은 25%

※ K-OTC 시장의 중소·중견기업 소액주주 양도소득 비과세 판단 시 대주주 기준은 코넥스(4%, 50억원)와 동일(소득세법 시행령 제157조 제6항)

(2) 최대주주(상증법 제41조의2와 3, 상증법 제63조)

① 개념

주주 1인과 그의 특수관계인이 보유하는 주식 등의 합계가 가장 많은 경우의 해당 주주 등 1인과 그의 특수관계인 모두(상증법 시행령 제19조 제2항)

② 주요 세무 내용

• 최대주주가 지급받을 배당금액의 전부 또는 일부를 포기하거나 보유주식 등에 비례하지 않고 배당 등을 받음에 따라 그 최대주주 등의 특수관계인이 본인이 보유한 주식 등에 비해 많은 배당 등을 받은 경우 불균등 배당 등을 특수관계인의 증여재산가액으로 과세(초과배당에 따른 이익증여)

• 주식의 상장에 따른 이익 증여의제

• 최대주주에 대한 주식할증평가(20%, 보유주식 가장 많은 1인에 적용)

(3) 과점주주(지방세법 제7조 및 지방세법기본법 제46조, 소득세법 제94조, 국세기본법 제40조)

① 개념

주주 또는 유한책임사원 1인과 그의 특수관계인이 소유하는 주식의 합계 또는 출자액의 합계가 당해 법인의 발행주식 총수 또는 출자총액의 100분이 50을 초과하면서 그에 관한 권리를 실질적으로 행사하는 자

② 주요 세무 내용

- 주식 취득에 따른 부동산 등 간주취득에 대한 취득세 납부의무
- 부동산과다보유법인 주식 양도에 대한 양도소득세 납부의무(기본세율 적용)
- 국세 및 지방세의 제2차 납세의무*

* 국세기본법에서는 상장법인을 포함(2015년 개정)하나, 지방세기본법은 상장법인 제외

(4) 부동산과다보유법인 주주(상증법 시행령 제54조, 소득세법 제94조)

① 개념

법인의 자산총액 중 토지와 건물 및 부동산에 대한 권리의 자산 가액과 당해 법인이 보유하고 있는 다른 법인(부동산과다보유법인에 한함)의 주식 가액에 그 다른 법인이 부동산 등 보유비율을 곱하여 산출한 가액의 합계액이 차지하는 비율이 50% 이상이 되는 법인의 주식을 보유한 주주 또는 특정 업종(골프장, 스키장, 휴양콘도미니엄 또는 전문휴양시설)을 영위하는 법인의 부동산 등 보유비율이 80% 이상인 법인의 주주

② 주요 세무 내용

- 상증법에 의한 비상장주식 평가를 다르게 적용

부동산비율	순손익:순자산비율	비 고
50% 미만	3:2	가중평균한 금액이 1주당 순자산가치의 80% 미만인 경우 순자산가치의 80/100
50% 이상	2:3	
80% 이상	순자산가치로 평가	

- 과점주주의 부동산과다보유(50% 이상)법인 주식 양도 시 양도소득세 납부의무(기본세율 적용)
- 업종별(골프장, 스키장, 휴양콘도미니엄 또는 전문휴양시설업) 부동산과다보유(80% 이상)법인 주식 양도 시 양도소득세 납부의무(기본세율 적용)

※ 부동산과다보유법인의 비사업용토지 50% 이상 시 10% 가산

(5) 지배주주(상증법 제45조의3)

① 개념

법인의 최대주주 중에서 직접 보유비율이 가장 높은 개인(가장 높은 자가 법인인 경우에는 간접 보유비율을 합하여 가장 높은 개인)

② 주요 세무 내용

법인의 매출액 중 그 법인의 지배주주의 특수관계법인에 대한 매출액이 차지하는 비율이
특정 비율을 초과하는 경우 영업이익 기준으로 증여세 과세(특수관계법인과의 거래를 통한
이익의 증여의제)

(6) 소액주주(소득세법 시행규칙 제9조의2와 제14조의2, 법인세법 시행령 제50조와 제161조, 상증법 시행령 제35조)

① 개념

세 법	소액주주 개념
소득세법	㉮ 최대주주를 제외하고 발행주식총수 또는 출자총액의 1/100에 미달하는 주식 등을 소유한 주주 ㉯ 최대주주를 제외하고 발행주식총수 또는 출자총액의 1/100과 액면가액의 합계액인 3억원 중 적은 금액 미만의 주식을 소유하는 주주(은행은 1/100 미만 소유주주)
법인세법	㉮ 최대주주를 제외하고 발행주식총수 또는 출자총액의 1/100에 미달하는 주식 등을 소유한 주주 ㉯ 아래 하나에 해당하는 주주 ⅰ) 유가증권시장 주식의 액면가액 합계액이 3억원 미만이고, 그 주식의 시가가 100억원 미만인 보유주주 ⅱ) 코스닥시장 주식의 액면가액 합계액이 3억원 미만이고, 그 주식의 시가가 100억원 미만인 보유주주. 다만, 상장 전에 취득한 경우에는 액면가액의 합계액이 500만원 이하인 주주와 중소기업의 주식을 코스닥시장을 통하여 양도한 주주 ⅲ) 위 외의 법인의 경우 보유주식의 액면금액 또는 출자총액이 500만원 이하인 주주
상증법	법인의 발행주식총수 등의 1/100 미만을 소유하는 경우로서 주식 등의 액면가액의 3억원 미만인 주주

② 주요 세무 내용

세 법	소액주주 관련 주요 세무내용
소득세법	㉮ 소액주주인 임원에 대한 사택 제공 시 근로소득 제외 ㉯ 의제배당에 따른 취득금액 계산 시 소액주주이면서 다수의 빈번한 거래로 금액 계산이 불분명한 경우에는 액면가액을 취득금액으로 본다.
법인세법	㉮ 손금불산입 대상인 업무무관비용의 사용자 판단 시 제외 ㉯ 소액주주의 양도분에 대해서는 주식등변동상황명세서의 제출 면제
상증법	우리사주조합 가입 종업원이 해당 법인의 주식을 우리사주조합을 통하여 취득한 경우 취득가액과 시가와의 차이로 인한 이익 증여세 비과세

7) 주식 관련 기타 세제

(1) 주식의 상장에 따른 증여의제(상증법 제41조의3)

구 분	내 용
개 요	비상장법인의 최대주주 등이 특수관계인에게 해당 법인의 주식 또는 동 주식의 취득자금 등을 증여한 후 해당 기업의 주식이 상장될 경우 특수관계인이 받은 실질적 재산은 상장주식의 가치이므로 상장 후 가치 등을 반영해 증여세 과세
과세요건	① 최대주주 등의 특수관계인이 최대주주 등으로부터 주식을 증여받거나 유상취득하고 또는 유상취득일 전 3년 내에 증여받은 재산으로 최대주주 등이 아닌 자로부터 주식 등을 취득하고, 5년 이내에 해당 법인의 주식 등이 상장되어 추가이익을 얻은 경우 ② 1주당 평가액에서 1주당 과세가액과 기업가치 증가분을 차감한 금액에 주식수를 곱한 금액이 3억원 이상이거나 동 차감 금액이 1주당 과세가액과 기업가치 증가분 합계액의 30% 이상인 경우(손실이 동 금액과 비율 이상인 경우 환급)
납부대상 자산	(정산기준일 현재 1주당 평가액 - 증여일 1주당 과세가액 - 1주당 기업가치 실질증가액) × 증여(취득) 주식수
기업가치 실질 증가액	증여(취득)일로부터 상장일 전까지 각 사업연도 순손익합계액 × 증여(취득)일부터 정산기준일까지 월수/증여(취득)일이 속한 사업연도 개시일부터 상장일 전일까지 월수
정산기준일	주식 등의 상장일부터 3개월이 되는 날
전환사채	전환사채 증여(취득) 후 5년 이내 주식 등으로 전환한 경우 전환된 주식을 증여(취득)한 것으로 보아 본 규정 적용 과세
신고납부	정산기준일이 속하는 달의 말일부터 3개월 이내(일반증여세 - 증여받은 날이 속하는 달의 말일로부터 3개월 이내)

(2) 증자에 따른 이익 증여(상증법 제39조)

구 분	내 용	
개요	법인이 증자를 위하여 신주를 배정할 때 발생하는 실권주로 인해 주주가 이익을 얻는 경우, 그 이익에 상당하는 금액을 그 이익을 얻는 자의 증여재산가액으로 함.	
저가발행 (시가 > 신주발행가액)	**실권주 배정하는 경우**	**실권주 배정하지 않는 경우**
	① 실권주를 배정받은 자에게 과세 (공모배정의 경우는 제외) ② 증여재산가액 = (증자 후 주당 평가액 − 주당 인수액) × 초과배정 신주수	① 신주인수자가 실권주주의 특수관계인인 경우 과세 ② 주당 주가차액이 증자 후 주당 평가액의 30% 이상이거나 증여재산가액이 3억원 이상인 경우 적용 ③ 증여재산가액 = (증자 후 주당 평가액 − 주당 인수액) × 실권주총수 × 증자 후 신주인수자 지분비율 × (신주인수자 특수관계인 실권주수/실권주 총수)
고가발행 (시가 < 신주발행가액)	**실권주 배정하는 경우**	**실권주 배정하지 않는 경우**
	① 신주인수자가 실권주주의 특수관계인인 경우 실권주주에 과세(공모배정의 경우는 제외) ② 증여재산가액 = (주당인수액 − 증자 후 주당 평가액) × 실권주주의 실권주수 × (특수관계인 인수 실권주수/실권주 총수)	① 특수관계인이 신주인수한 경우 실권주주에게 과세 ② 주당 주가차액이 증자 후 주당 평가액의 30% 이상이거나 증여재산가액이 3억원 이상인 경우 적용 ③ 증여재산가액 = (주당 인수액 − 증자 후 주당 평가액) × 실권주주의 실권주수 × 특수관계인 인수 실권주수/균등하게 증자하는 경우 증자주식 총수
종류주식발행	상법 제346조의 종류주식을 발행하여 다른 종류의 주식으로 전환함에 따라 얻는 다음의 이익 • 전환주식을 시가보다 낮게 발행한 경우 : 교부주식가액이 전환주식발행가액을 초과함에 따라 교부받은 자가 얻은 이익 • 전환주식을 시가보다 높게 발행한 경우 : 교부주식가액이 전환주식발행가액보다 낮음에 따라 교부받은 자의 특수관계인이 얻은 이익	

(3) 전환사채 등의 주식 전환 등에 따른 이익 증여(상증법 제40조)

전환사채(CB), 신주인수권부사채(BW) 또는 주식으로 전환 또는 교환 인수할 수 있는 권리가 부여된 사채 등의 인수 · 취득 · 양도, 전환 · 교환 · 주식인수 등을 통해 특수관계인

간의 이익공유가 있을 때에는 이를 증여재산가액으로 간주한다.

구 분	내 용(과세 대상)	비 고
전환사채 등 취득·인수 시 이익 ① 저가로 취득 ② 저가로 초과 인수·취득 ③ 저가로 인수	① 특수관계인으로부터 저가로 취득한 자 ② 법인으로부터 저가로 초과 인수·취득한 최대주주나 그의 특수관계인 ③ 저가로 인수한 최대주주의 특수관계인	• Min[전환사채 등 시가의 30%, 1억원] 미만인 경우 제외
주식으로의 전환 등의 이익 ① 교부주식가액 〉 전환가액등 ② 교부주식가액 〉 전환가액등 ③ 교부주식가액 〉 전환가액등 ④ 교부주식가액 〈 전환가액등	① 전환사채 등을 특수관계인으로부터 취득 한 자 ② 법인으로부터 저가로 초과 인수·취득한 최대주주나 그의 특수관계인 ③ 인수한 최대주주의 특수관계인(해당 법인 주주 제외) ④ 주식을 교부받은 자의 특수관계인의 이익	• 1억원 미만인 경 우 제외
전환사채 등의 고가양도	특수관계인에게 고가로 양도한 양도인	−

(4) 기타

가. 명의신탁재산의 증여의제(상증법 제45조의2)

권리의 이전이나 그 행사에 등기 등(등기, 등록, 명의개서 등)이 필요한 재산의 실제 소유자와 명의자가 다른 경우에는(토지·건물 제외) 실질과세원칙에도 불구하고, 아래의 경우를 제외하고 그 명의자로 등기 등을 한 날(명의개서를 하여야 하는 재산인 경우에는 소유권 취득일이 속하는 해의 다음 해 말일의 다음 날을 말함)에 그 재산의 가액을 그 명의자가 실제 소유자로부터 증여받은 것으로 본다.

① 조세회피의 목적 없이 타인의 명의로 재산의 등기 등을 하거나 소유권을 취득한 실제 소유자 명의로 명의개서를 하지 아니한 경우
② 자본시장법에 따른 신탁재산인 사실의 등기 등을 한 경우
③ 비거주자가 법정대리인 또는 재산관리인의 명의로 등기 등을 한 경우

나. 감자 및 현물출자 등에 따른 이익증여(상증법 제39조의2, 제39조의3)

① 주식 등을 시가보다 높거나 낮은 대가로 일부 주주 등의 주식 등을 소각함으로써 특수관계인인 대주주 등이 이익을 얻은 경우 감자를 위한 주주총회 결의일을 증여일로

하여 그 이익에 상당하는 금액을 그 이익을 얻은 자의 증여재산가액으로 한다(Min[감자한 주식 등 평가액의 30%, 3억원] 미만인 경우 제외).

② 주식 등을 시가보다 낮은 가액으로 인수함으로써 현물출자자 등이 이익을 얻거나 시가보다 높은 가액으로 인수함으로써 현물출자자의 특수관계인에 해당하는 주주 등이 이익을 얻은 경우 현물출자 납입일을 증여일로 하여 그 이익에 상당하는 금액을 그 이익을 얻은 자의 증여재산가액으로 한다(Min[감자한 주식 등 평가액의 30%, 3억원] 미만인 경우 제외).

다. 합병에 따른 상장 등 이익의 증여(상증법 제41조의5)

최대주주 등의 특수관계인이 최대주주 등으로부터 해당 법인의 주식을 증여(유상취득)받은 경우 등으로서 그 주식 등을 증여받거나 취득한 날부터 5년 이내에 그 주식 등을 발행한 법인이 특수관계에 있는 주권상장법인과 합병되어 그 주식 등의 가액이 증가함으로써 그 주식 등을 증여받거나 취득한 자가 당초 증여세 과세가액(증여받은 재산으로 주식 등을 취득한 경우는 제외한다) 또는 취득가액을 초과하여 이익을 얻은 경우에는 그 이익에 상당하는 금액을 그 이익을 얻은 자의 증여재산가액으로 한다(〈주식 등의 상장 등에 따른 이익의 증여〉 규정 준용).

소득세법

제17조【배당소득】

제41조【부당행위계산】

제94조【양도소득의 범위】

제96조【양도가액】

제126조의3【거주자의 출국 시 납세의무】

제126조의4【국외전출자 국내주식등에 대한 과세표준의 계산】

제126조의5【국외전출자 국내주식등에 대한 세율과 산출세액】

제126조의6【조정공제】

제126조의7【국외전출자 국내주식등에 대한 외국납부세액의 공제】

제126조의8【비거주자의 국내원천소득 세액공제】

제126조의9【국외전출자 국내주식등에 대한 신고·납부 및 가산세 등】

제126조의10【납부유예】

제126조의11【재전입 등에 따른 환급 등】

제129조【원천징수세율】

제131조【이자소득 또는 배당소득 원천징수시기에 대한 특례】

소득세법 시행령

제38조【근로소득의 범위】

제46조【배당소득의 수입시기】

제98조【부당행위계산의 부인】

제157조【주권상장법인대주주의 범위 등】

제179조【비거주자의 국내원천소득의 범위】

제183조의5【국외주식의 범위 등】

제183조의6【출국일 시가 등】

제183조의7【세액공제】

제183조의8【국외전출자 국내주식등에 대한 신고·납부 등】

제191조【배당소득 원천징수시기에 관한 특례】

국세기본법

제40조【법인의 제2차 납세의무】

증권거래세법

제2조【과세대상】~ 제8조【세율】

지방세법

제7조【납세의무자 등】

지방세기본법

제46조【출자자의 제2차 납세의무】

지방세기본법 기본통칙

지법 7 - 3【과점주주의 납세의무】

참고문헌

금융감독원. 대학생을 위한 실용금융
한국거래소 홈페이지 〈매매거래제도〉
강병호 · 김석동 · 서정호. 금융시장론. 박영사
최용준 · 손광해, 금융투자 절세 가이드. 전국투자자교육협의회
금융감독원. 자본시장 인프라의 질적 발전을 위한 ATS 운영방안
NEXTRADE. 넥스트레이드 시장운영방안

II

채권과 세제

① 채권과 채권시장

자본시장이 발전함에 따라 새로운 금융상품들이 출시되고 그 구조 또한 복잡·다양해지고 있는데, 그 중에서도 특히 채권으로 분류되는 금융상품에서 다양한 상품들이 많이 만들어지고 있어 그 변화가 특히 심하다.

단순히 확정된 표면이자율에 따라 정기적으로 이자를 지급하다가 만기에 원금을 상환하는 전통적인 채권도 많이 발행되지만, 고도화된 자본시장에서는 기본적으로 채권의 성격을 가지면서 이자율 또는 상환 방식 등에 다양한 옵션이 부여되는 여러 종류의 채권이 발행되고 있다.

따라서, 채권과 관련된 세제를 알아보기 전에 채권의 개념과 종류, 그리고 신종 증권 등에 대해서 먼저 알아보고, 우리나라 채권시장에 대한 전반적인 이해를 넓힌 다음에 채권 관련 세제를 정리하도록 한다.

1) 채권의 개념과 종류

(1) 채권의 개념

가. 채권의 의의

채권은 기업이나 정부 지방자치단체 등이 대규모 자금을 조달하면서 투자자에게 지급하는 원금과 상환일, 이자율 등의 채무 내용을 표창하는 채무증권으로, 일종의 차용증서라 할 수 있다. 채권은 기업 등의 측면에서는 주식과 달리 상환기한이 정해져 있어서 만기일에 원금을 상환해야 하고 정기적으로 또는 일시에 이자를 지급하는 채무 성격의 자금이다. 반면, 당해 채권을 가지고 있는 투자자는 기업에 대한 채권자의 지위에 서게 되는데, 채권자는 주주와 달리 기업의 경영에는 참가할 수 없지만, 기업의 수익에 관계없이 확정된 이자를 받을 수 있고 기업이 파산할 경우 주주보다 우선적으로 변제받을 수 있다.

자세한 내용은 〈Ⅰ. 주식과 세제〉에서 주식의 개념을 설명하면서 주식과 채권을 비교한 내용을 참고하기 바란다.

나. 채권의 개념과 관련된 주요 용어

① 채권수익률

채권수익률은 채권으로부터 발생하는 미래 현금흐름의 합계액과 채권의 현재 시장가격을 일치시키는 할인율로, 표면이자율, 만기수익률(YTM : Yield To Maturity) 또는 내부수익률(IRR : Internal Rate of Return), 보유기간 수익률 등이 존재하는데 일반적으로 시장에서 일컫는 채권수익률은 만기수익률을 말한다.

만기수익률은 채권 현금흐름의 현재가치를 채권 시장가격과 같게 해주는 이자율로 지금 채권을 사서 만기까지 보유할 때 얻을 수 있는 평균 수익률의 척도이다. 이러한 만기수익률은 채권의 이표 이자가 모두 만기수익률과 같은 수익률로 재투자된다는 가정 아래 산정되는 채권의 만기까지의 복리수익률로, 채권투자에 대한 내부수익률(IRR)이다.

따라서 만기수익률은 발행기관의 채무불이행 부존재, 만기 보유, 이자수익에 대한 만기수익률과 동일한 수익률로의 재투자 등의 가정을 전제로 하므로 채권 보유에 따른 가격변동위험과 이자수익에 대한 재투자 위험 등의 현실적 문제를 간과한다는 단점을 내포한다.

만기수익률과 표면이자율은 일반적으로 아래와 같은 관계가 성립된다.

구 분	채권가격과 액면가	수익률과 표면이자율
액면채권(Par Value)	채권가격＝액면가	만기수익률＝표면이자율
할인채(Discount)	채권가격〈액면가	만기수익률〉표면이자율
할증채(Premium)	채권가격〉액면가	만기수익률〈표면이자율

② 채권 가격

채권의 이자 지급이나 원금 상환은 모두 미래의 일정 시점에 일어나기 때문에 이 미래의 현금흐름에 투자자가 지불하고자 하는 가격은 동 미래 현금흐름을 만기수익률(시장이자율)로 할인한 현재가치일 것이다. 즉, 채권가격이란 해당 채권의 미래 현금흐름을 만기수익률(시장이자율)을 적용하여 그 잔존기간만큼 할인한 현재가치를 말한다. 따라서, 채권가격과 수익률은 역의 관계에 놓이게 되어, 수익률이 상승하면 채권가격은 하락하고, 수익률이 하락하면 채권가격은 상승한다.

이러한 채권 가격을 계산하는 일반적인 식은 아래와 같이 나타낼 수 있다.

$$P = \sum_{n=1}^{N} \frac{C}{(1+r)^n} + \frac{F}{(1+r)^N}$$

P: 채권가격, N: 만기, r: 만기수익률, C: 이자 지급액, F: 액면가액(원금)

③ 듀레이션(duration)

듀레이션은 이자율 변화율에 대한 채권가격의 변동률을 의미하는 동시에 매년의 현금유입액이 현재가격에서 차지하는 비중을 가중평균한 만기의 의미도 갖는다. 즉, 채권에 투자한 자금의 평균 회수기간을 나타내는 의미로 만기와는 다른 개념이다. 채권의 만기가 길수록 투자원금을 다시 확보하는 데까지의 시간이 오래 걸리므로 듀레이션도 길어진다.

따라서, 수시로 이자가 발생하는 이표채의 듀레이션은 만기까지의 잔존기간보다 짧고, 할인채의 경우 만기 전에는 이자 지급이 없고 만기에 일시로 상환금액이 지급되므로 듀레이션이 항상 만기와 일치한다.

이러한 듀레이션은 시장이자율의 변화에 채권가격이 얼마나 민감하게 반응하는지를 보여주는 하나의 척도가 된다. 만약 시장이자율(금리)이 상승할 것으로 예상한다면 투자자들이 더 높은 수익을 낼 수 있는 금융상품에 투자하게 되어 채권가격이 하락할 것이므로, 듀레이션이 짧은 채권에 투자하는 것이 유리하다. 반대로 시장이자율(금리)이 하락할 것으로 예상하면 금리하락 이전 더 높은 시장금리를 반영하여 발행한 채권에 대한 수요가 늘어나 채권가격이 상승할 것이므로 듀레이션이 긴 채권에 투자하는 것이 유리하다.

(2) 채권의 종류

채권은 그 발행 주체, 보증유무, 이자 지급방식 등에 따라 여러 종류로 구분할 수 있는데 대체적인 분류방식을 보면 아래와 같다.

| 채권의 분류 |

구 분	종 류
발행주체	국채, 지방채, 특수채, 금융채, 회사채
보증유무	보증채, 무보증채
이자지급방법	이표채, 할인채, 복리채, 단리채, 거치채
액면이자율 확정 여부	고정금리채권, 변동금리채권
상환기간	단기채, 중기채, 장기채

구　분	종　류
상환방법	만기상환채, 분할상환채
표시통화	원화표시채, 외화표시채
모집방법	사모채, 공모채
발행가액	액면발행, 할인발행, 할증발행
내재옵션	전환사채, 교환사채, 신주인수권부사채, 콜옵션채권, 풋옵션채권

여기서는 내재옵션이 들어 있는 채권들과 최근에 많이 발행되는 신종 증권들에 대해서 살펴본다.

가. 내재옵션부 채권의 종류

① 전환사채(CB : Convertible Bond)

채권소지자가 일정 기간 경과 후 전환권을 사용해 채권 발행회사의 주식으로 전환할 수 있는 권리가 부여된 채권으로, 투자자가 전환권을 행사할 경우 회사는 신주를 발행하여 교부한다. 따라서, 채권자가 전환권을 행사한 경우 발행회사의 자본금이 증가하고 부채가 감소하게 된다. 전환사채는 주식으로 전환할 수 있는 옵션이 있기 때문에 일반채권보다 이자율이 낮은 편이다.

② 교환사채(EB : Exchangeable Bond)

채권소지자가 일정 기간 경과 후 채권 발행회사가 보유하고 있는 자기주식 또는 다른 회사의 유가증권으로의 교환을 청구할 수 있는 옵션이 부여된 채권으로, 투자자가 교환권을 행사할 경우 회사는 채권의 발행 시 정한 교환대상 보유유가증권을 투자자에게 지급한다. 교환권 행사 시에 이처럼 기발행 유가증권으로 교환하기 때문에 발행회사의 자본금에 미치는 영향은 없고 자산과 부채의 감소만 일어날 뿐이다. 이점이 전환사채와 다른 점이다.

③ 신주인수권부사채(BW : Bond with Warrant)

신주인수권부사채는 채권발행 후 일정 기간 내에 미리 약정한 가격으로 신주의 교부를 청구할 수 있는 권리가 부여된 채권으로, 투자자가 신주인수권을 행사하면 회사는 신주를 발행하여 교부한다. 이때 주식 대금의 납입은 해당 채권뿐만 아니라 현금납입도 가능한데, 이 부분이 전환사채와 다른 점이다. 만약 당해 채권으로 주식대금을 대용납입할 경우에는 전환사채와 동일한 경제적 실질을 띠게 된다.

④ 콜옵션부채권(Callable Bond)

콜옵션부채권은 채권발행자가 일정 기한 경과 후 만기 이전에 일정한 상환가격으로 채권자의 의사와 관계없이 상환할 수 있는 채권으로 일반채권에 비해 액면이자율이 높고 가격이 낮다. 일반적으로 시장이자율이 높은 상황임에도 자금 수요로 발행하게 되었지만, 시장이자율이 하락할 때 잉여자금으로 대체하기 위해 발행한다.

⑤ 풋옵션부채권(Puttable Bond)

풋옵션부채권은 채권소지자인 투자자가 채권 만기도래 이전에 일정한 상환가격으로 채권 발행회사에 대하여 상환을 청구할 수 있는 옵션이 부여된 채권이다. 투자자에게 유리한 채권이므로 일반적으로 액면이자율이 낮게 발행된다.

나. 신종 증권

① 자산유동화증권(ABS : Asset-Backed Securities)

자산유동화증권이란 금융기관 및 일반기업 등이 보유하고 있는 특정자산 중 일부를 유동화자산으로 집합(pooling)하여 이를 바탕으로 증권을 발행하고, 그 유동화자산으로부터 발생하는 현금흐름으로 발행증권의 원리금을 상환하는 증권이다. 이러한 자산유동화증권이 사채인 경우 ABS사채, CP인 경우에는 ABCP(Asset-Backed Commercial Paper)라고 하는데, 자산유동화증권의 종류는 일반적으로 그 기초자산 등에 따라 구분한다. 즉, 기초자산이 주택저당채권인 경우 MBS(Mortgage-Backed Securities), 채권인 경우 CBO(Collateralized Bond Obligation), 은행의 대출채권인 경우 CLO(Collateralized Loan Obligation), 신용카드 매출채권인 경우 CARD(Certificates of Amortizing Revolving Debts), 자동차할부대출인 경우 Auto-Loan ABS 등 다양한 종류가 있다.

한편, 회사채, 대출금, MBS 등 채권형 자산의 집합을 기초로 발행한 CDO(Collateralized Debt Obligation)가 있는데, 2008년 금융위기 당시 낮은 등급의 MBS를 모아 다른 채권과 pooling해서 발행함에 따라, 신용등급이 과대 평가되는 경향을 유발하기도 했다.

② 신종자본증권

신종자본증권은 일정 수준 이상의 요건을 충족할 경우 자본으로 인정되는 채권으로, 통상 만기 30년의 장기채로 고정금리를 제공하고, 청산 시 주식보다 앞선다는 점에서 채권의 성격(단, 후순위채보다는 후 순위)을 가지나, 영구채의 형태로 발행되어야 자기자본으로 인정된다. 이러한 신종자본증권이 처음에는 은행의 국제결제은행(BIS) 기준 자기자본비율을 맞추기 위한 자본확충을 위해 발행되었으나, 점차 일반기업의 발행도 증가하고 있다.

금융감독당국은 은행에 대해 국제결제은행(BIS) 기준 자기자본비율을 건전성 감독의 지표로 삼는다. 바젤II에서는 자기자본비율 산출 시 자기자본을 자본금, 자본잉여금, 이익잉여금을 포함한 기본자본(Tier1)과 후순위채, 대손충당금 등 부채형태로 조달한 보완자본(Tier2)으로 구분하는데, 신종자본증권이 기본자본(Tier1)으로 간주됨에 따라 은행들이 BIS비율을 높이기 위한 수단으로 발행하기 시작했다.

하지만, 바젤III에서는 바젤II에서 허용하던 후순위채와 신종자본증권의 자본인정 기준을 까다롭게 하였는데, 금융기관의 부실로 생존이 어려운 상황에 처한 경우 주식으로 전환되거나 원리금 상각 조건이 부여된 후순위채와 신종자본증권에 한해 자기자본으로 인정하도록 한 것이다. 즉, 금리 상향 조건이 없고 영구적인 성격을 가진 조건부자본증권에 대해서만 기본자본(Tier1)으로 인정하고, 금리 상향 조건이 없고 만기가 5년 이상인 경우 보완자본(Tier2)으로 인정하였다.

| 은행 신종자본증권의 기본자본 인정 주요 요건(은행업감독업무시행세칙-바젤III기준) |

판단 요소	세부 내용
만기의 영구성	발행절차를 거쳐 납입이 완료된 상태이어야 하며, 영구적인 형태로서 금리상향조정 또는 다른 상환유인이 없을 것
후순위성	예금자, 일반 채권자 및 후순위채권보다 후순위 조건이며, 파산 선고 시 자산을 초과하는 부채에 해당하지 않을 것
배당 정지 조건	부실금융기관으로 지정되는 등의 사유가 발생할 경우 동 사유가 해소될 때까지 배당(이자 포함)의 지급이 정지되는 조건일 것
배당 취소 재량권	배당 지급은 배당가능항목에서 지급되며, 은행은 언제든지 배당 취소에 관한 완전한 재량권을 가질 것
배당의 지급 취소	배당의 지급 취소가 보통주 주주에 대한 배당 관련 사항 이외에 은행에 어떠한 제약요인으로 작용해선 안 되며, 부도 사건으로 간주되지도 않고, 은행은 취소된 금액을 만기가 도래한 채무의 이행에 사용할 수 있는 완전한 권리를 가질 것
5년 이내 상환금지	발행 후 5년 이내에 상환되지 아니하며, 동 기간 경과 후 상환하는 경우에도 상환 여부를 발행은행이 전적으로 자율적 판단을 할 수 있을 것
조건부자본증권	조건부자본증권의 기본 발행조건 및 추가 발행조건 등*을 충족할 것

* 은행업감독업무시행세칙 [별표3-5] (조건부자본증권의 예정사유 등) 참조

③ 조건부자본증권(코코본드, Contingent Convertible Bond)

조건부자본증권(코코본드)은 발행 당시 객관적이고 합리적인 기준에 따라 미리 정하는 사유(ex : 경영개선명령, 부실금융기관 지정 등)가 발행회사에 발생하는 경우, 주식으로

전환되거나(전환형) 원금의 상환과 이자 지급의무가 감면되는(상각형) 조건이 붙은 회사채를 말하는데, 주권상장법인은 정관으로 정하는 바에 따라 이사회의 결의로 발행할 수 있으며, 조건부자본증권의 오용 및 발행기업의 도덕적 해이를 방지하기 위해 자본시장법(제126조의11)에서 엄격히 규정하고 있다.

앞서 설명한 신종자본증권의 자본인정 조건이 강화됨에 따라 조건부자본증권의 발행이 늘어날 것으로 보이며, 자본시장법에서는 상장법인에 한해 일반법인도 발행할 수 있도록 하고 있다.

전환형 조건부자본증권	전환형 조건부자본증권은 발행조건이 충족되었을 때 주식으로 전환되는 조건이 붙은 증권으로, 주권상장법인은 정관에 전환형의 발행근거, 발행총액, 전환조건, 전환으로 발행할 주식의 종류·내용, 주주 및 제3자 배정의 근거와 그 금액을 기재해야 하며, 사채납입 완료 후 2주일 이내에 전환형의 발행총액, 각각의 발행금액·납입금액, 주식으로의 전환, 전환의 사유·조건, 전환으로 발행할 주식의 종류·내용을 등기해야 한다. 주식전환의 효력은 전환 사유 발생일로부터 제3영업일에 발생한다.
상각형 조건부자본증권	상각형 조건부자본증권은 발행조건이 충족되었을 때 원금의 상환과 이자지급 의무가 감면(채무재조정)되는 조건이 붙은 증권으로, 주권상장법인은 정관에 상각형의 발행근거, 발행총액, 채무재조정 조건, 채무재조정으로 변경될 상각형의 내용을 기재해야 한다. 전환형과 마찬가지로 채무재조정의 효력도 채무재조정 사유 발생일로부터 제3영업일에 발생하며, 그 발행도 등록발행해야 한다.

한편, 주식전환 사유 또는 채무재조정 사유가 발생한 경우 조건부자본증권의 발행인은 지체없이 한국예탁결제원에 통지해야 한다.

④ 이중상환청구권부채권(커버드본드, Covered Bond)

이중상환청구권부채권(커버드본드)은 발행기관에 대한 상환청구권과 함께 발행기관이 담보로 제공하는 기초자산 집합에 대하여 제3자에 우선하여 변제받을 권리를 가지는 채권으로, 금융기관의 대출자산(주택담보대출채권, 공공기관대출채권 등)을 담보로 발행된다는 점에서 주택저당증권(MBS)과 유사하며, 「이중상환청구권부 채권 발행에 관한 법률」은 담보부사채와 구별하기 위해 「담보부사채신탁법」의 적용을 배제하고 있다.

커버드본드를 발행하려는 자는 기관요건 및 적격성 요건을 갖춰야 하는데, 기관요건으로 금융회사, 즉 은행, 산업은행, 수출입은행, 기업은행, 농협은행, 수협은행, 주택금융공사 등을 말하며, 적격성 요건으로 자본금 1천억원 이상, BIS자기자본비율 10% 이상, 위험 관리 및 통제 시스템 등을 요구한다.

다. 채권의 이자 지급과 채권분류

채권은 미래의 정해진 날짜에 특정 현금흐름이 확정된 계약을 표창하는 증권이다. 즉, 채권발행자가 채권보유자에게 미래 특정 시점에 원금과 이자를 지급하기로 약속하고 증권을 발행하는데 당해 증권의 액면가액이 원금이고, 이자는 채권의 액면이자율에 적용하여 정기적으로 채권발행자에게 지급한다.

채권은 이러한 이자의 지급방식에 따라 이표채와 무이표채, 그리고 이자율 적용방식에 따라 고정금리채권과 변동금리채권으로 나누어볼 수 있다.

① 이표채와 무이표채

이표채는 채권상환 기간 중 정기적으로 액면이자율에 따라 계산한 이자를 지급하고 만기일에 액면가액, 즉 원금을 지급하는 형태로 발행되는 채권인데, 대부분의 국공채나 회사채는 이러한 이표채로 발행이 된다. 반면에, 무이표채는 채권상환 기간 중에는 이자를 지급하지 않고 만기일에 가서 액면가액을 지급하는 조건으로 발행하는 채권으로, 할인채가 이에 해당하는데 기업어음(CP)이 할인채의 형태로 발행되고 있다.

② 고정금리채권과 변동금리채권

고정금리채권은 액면이자율이 당해 채권의 발행 시에 확정되어 변하지 않는 채권이고, 변동금리채권은 채권의 액면이자 지급액이 고정되어 있지 않고, 시장금리 등에 연동되어 액면이자율이 변동되는 채권을 말한다.

③ 복리채와 단리채

복리채는 단위 기간마다 표면이자율에 따른 이자를 원금과 함께 복리로 재투자하여 만기에 원리금을 일시에 지급하는 조건으로 발행하는 채권을 말하며, 단리채는 원금에 대해서만 표면이자율로 이자를 계산하여 만기에 원금과 함께 지급하는 조건으로 발행하는 채권이다.

(3) 채권의 신용등급 평가

기업이나 정부 등이 발행하는 채권은 주식과 달리 기본적으로 상환기한이 정해져 있는 채무 성격의 자금 조달 수단으로, 투자자에게는 원금 또는 이자를 돌려받지 못할 위험이 항상 존재하는데, 이러한 불확실성을 신용리스크(Credit Risk)라고 한다.

투자자들의 투자대상에 대한 합리적인 투자 판단 기회를 제공하기 위해서는 신용리스크를 적절하게 평가하는 것이 중요한데, 이를 위해 신용평가회사가 존재하고 이들 신용평가회사는 채권 발행자의 재무 능력을 기초로 하여 채권의 신용등급을 평가한다. 이러한 신용평가등급은 일반적으로 AAA에서 D까지 등급을 매기는데 보통 신용평가등급이 BBB- 이상인 채권을 투자적격등급채권으로 분류하고 그 미만, 즉 BB+ 이하인 채권을 투기등급채권(하이일드채권 또는 정크본드)으로 분류한다(S&P 투자등급 기준).

　채권의 이러한 신용등급은 환경의 변화에 따라 상향되거나 하향되는 등의 조정을 거치기도 하는데 세계적 신용평가기관 3사의 신용등급 부여체계를 보면 아래와 같다.

| 3대 신용평가기관의 신용등급 부여체계 |

무디스(Moody's)	S&P	피치(Fitch)	분류
Aaa	AAA	AAA	투자등급 (Invest grade bond)
Aa1	AA+	AA+	
Aa2	AA	AA	
Aa3	AA −	AA −	
A1	A+	A+	
A2	A	A	
A3	A −	A −	
Baa1	BBB+	BBB+	
Baa2	BBB	BBB	
Baa3	BBB −	BBB −	
Ba1	BB+	BB+	투기등급 (High yield/ Junk bond)
Ba2	BB	BB	
Ba3	BB −	BB −	
B1	B+	B+	
B2	B	B	
B3	B −	B −	
Caa1	CCC+	CCC+	
Caa2	CCC	CCC	
Caa3	CCC −	CCC −	
Ca	CC	CC	
	C	C	
C	SD	DDD	
	D	DD	
		D	

2) 우리나라 채권시장

(1) 발행시장

기업이나 정부 지방자치단체 등의 발행자(또는 자금수요자)가 발행 중개기관을 통하여 채권을 발행하여 투자자(또는 자금공급자)에게 이를 제공하고 자금을 공급받는 시장인 발행시장을 제1차 시장(Primary Market)이라고도 하는데, 투자자의 여유자금을 기업 등이 필요로 하는 재정정책의 재원이나 산업 자금으로 전환할 수 있게 한다.

채권은 발행자가 투자자에게 직접 발행하기도 하지만, 일반적으로 유가증권의 인수업무를 고유업무로 영위하는 증권회사를 통하여 불특정다수를 대상으로 공모 형태로 발행한다.

가. 사모

사모발행은 발행기업이 직접 특정 투자자(49인 이하)와 사적인 교섭을 통하여 채권을 매각하는 방법으로, 공모로 발행하고자 하여도 인수대상기관을 찾을 수 없거나 단기운영자금 조달을 위해 소규모로 발행하는 경우에 주로 이용되며, 감독기관에 증권신고서 등을 제출하지 않아 신속하게 발행할 수 있다는 장점이 있다.

나. 공모

공모발행은 불특정다수(50인 이상. 자본시장법 시행령 제11조)의 투자자를 대상으로 채권을 발행하는 방법으로, 직접발행과 간접발행으로 나눌 수 있다. 직접발행은 채권 발행에 따른 위험을 발행자 또는 발행기업이 부담하는 것이고, 간접발행은 인수자가 발행자로부터 발행채권의 전부 또는 일부를 인수하여 발행위험을 부담하고 사무를 직접 담당하게 된다.

| 공모에 의한 채권 발행 방식 |

① 직접발행

ⅰ) 매출발행

채권발행액을 미리 확정하지 않고 일정 기간 내에 투자자에게 개별적으로 매출하여 매도한 금액 전체를 발행총액으로 하는 방법으로, 특수채의 경우 현재 산업은행의 산업금융채권 일부 및 지방공사의 보상채권 일부가 매출발행되고 있고, 한국은행의 통화안정증권은 매출발행과 경쟁입찰발행을 병행하고 있다. 회사채의 매출발행은 상법에서 금지하고 있다.

ⅱ) 경쟁입찰발행

채권의 발행조건을 미리 정하지 않고 가격이나 수익률을 다수의 응찰자에게 입찰시켜, 그 결과를 기준으로 발행조건을 정하는 방식이다. 복수금리 결정방식(Conventional auction)과 단일금리 결정방식(Dutch auction), 차등가격 낙찰방식(Differential pricing auction)이 있는데, 국고채권 발행 시 경쟁입찰발행에 의한 차등가격 낙찰방식을 적용하고 있다.

② 간접발행

ⅰ) 총액인수

채권발행업무의 일체를 인수기관이 맡아서 처리함과 동시에 채권발행 총액을 인수기관이 인수한 후에 인수기관의 책임 하에 모집 또는 매출하는 방법으로, 무보증사채의 발행은 대부분 총액인수방법을 이용하고 있다.

ⅱ) 잔액인수

채권발행업무 일체를 인수기관에게 위탁함과 동시에 발행회사의 명의로 채권을 모집 또는 매출하는 것으로 모집 또는 매출액이 총액에 미달할 때에는 인수기관이 그 잔액을 책임 인수한다는 계약에 의한 발행방법이다.

ⅲ) 위탁모집

위탁모집은 채권발행에 관한 제반 절차를 인수기관에게 위임하여 발행하는 방법으로, 인수기관은 발행회사의 대리인 자격으로 또는 인수기관 자신의 명의로 채권을 발행하고, 채권의 모집 또는 매출이 총액에 미달함으로써 발생하는 위험은 발행회사가 진다.

(2) 유통시장

채권거래는 주식과 달리 거래방식을 표준화하기 힘들기 때문에 거래소시장보다는 주로 장외시장에서 이루어진다(2024년 총 채권거래금액 6,161조원 중 거래소시장 거래금액이 1,200조원, 장외시장 거래금액은 4,961조원).

거래소 채권시장에서는 주로 국채를 위주로 하는 거래가 활발하여 국채전문유통시장과 함께 Repo시장, 일반채권시장, 소액채권시장 등이 존재하는데, 여기서는 거래소시장의 국채전문유통시장과 일반채권시장 및 장외시장에 대해 간략히 알아본다.

가. 국채전문유통시장

국채전문유통시장은 국채 발행과 유통의 활성화 및 거래투명성 제고를 위해 1999년 3월에 개설된 국채 전자거래시장으로 참가자는 국채 딜러인 금융투자회사와 은행에 한정되지만, 연금, 보험, 기금 등의 기타 금융기관 및 일반투자자도 위탁매매의 형태로 참가가 가능하다. 국채전문유통시장에서 거래되는 채권은 국고채, 통안증권, 예금보험공사채 등이 있는데 국고채가 거래의 대부분을 차지하며, 매매수량단위는 10억원의 정수배이다.

나. 일반채권시장

거래소에 상장된 모든 채권이 거래되는 시장으로서 시장참가의 자격제한이 없어 모든 투자자가 참여할 수 있는 시장이다.

국채, 지방채, 특수채, 회사채 등 거래소에 상장된 모든 채권을 거래대상으로 하며, 주로 회사채와 주식관련사채(전환사채, 신주인수권부사채, 교환사채) 및 제1·2종 국민주택채권 등의 거래가 많이 이루어진다. 일반채권시장에서 매매되는 채권 중 전환사채(CB)의 매매는 공정한 가격형성 및 유동성 제고를 위해 반드시 거래소시장을 통하여야 한다.

일반투자자의 채권투자 역시 주식거래와 동일한 방법으로 금융투자회사에 위탁자 계좌가 있는 경우에는 이를 통해 매매가 가능하며 위탁자 계좌가 없는 경우에는 신규로 계좌를 개설하여 주문하면 된다.

일반채권시장의 매매거래시간은 [09:00~15:30(6시간 30분)]이며, 호가접수시간은 (08:30~15:30)까지이다. 채권시장은 장외시장에서 거래가 가능하기 때문에 정규시장 외 추가적인 시간외시장은 운영하지 않는다.

일반채권시장의 호가가격단위와 매매수량단위는 아래와 같고, 가격제한폭은 없으나, 주문자의 입력 오류 방지를 위해 기준가격 대비 30%(또는 50%) 범위에서 매수 또는 매도호가의 입력을 제한한다.

구 분		일반채권	주식관련사채	외화표시채권
호가가격단위 (잔존만기별 차등)	10년 이상	1원	1원	1포인트*
	2년 이상 10년 미만	0.5원	0.5원	0.5포인트
	2년 미만	0.1원	0.1원	0.1포인트
호가수량단위		액면 1만원	액면 1만원	1만포인트
매매수량단위		액면 1,000원	액면 1,000원	1만포인트

* 1포인트 = 외화표시 통화별 1단위 금액(예 : 1달러, 100엔, 1유로, 1위안 등)

다. 장외시장

장외시장은 거래소시장 이외의 곳에서 비조직적으로 거래되는 모든 시장을 말한다. 주로 금융투자회사의 창구를 중심으로 협의매매 방식의 거래가 이루어지며 거래방식이 표준화되어 있지 않고, 보통 거래 관행에 따라 거래가 이루어진다.

장외시장은 보통 딜러시장(Dealer Market)과 브로커시장(Broker Market), 직접 탐색시장을 통칭한다. 딜러시장이란 자신이 직접 고객의 거래상대방이 되어 리스크를 부담하면서 자기 계정으로 채권거래를 하는 금융기관인 딜러를 통해 직접 거래가 이루어지는 시장이고, 브로커 시장은 투자자들이 거래상대방을 찾기 위하여 대리인(Broker)에게 매매를 위임하여 간접적으로 시장에 참가하는 매매 형태로 딜러는 거래의 중개만을 담당한다.

② 채권 관련 세제

1) 세법상 채권 등의 범위와 채권이자소득

(1) 세법상 채권 등의 범위

채권은 국가나 지방자치단체, 내・외국법인 등이 자금을 조달할 목적으로 발행하여 상환조건에 따라 일정기간 동안 원금 및 이자를 상환하기로 약속한 유가증권으로, 소득세법에서는 원천징수대상이 되는 채권 등의 범위를 아래와 같이 정하고 있다.

> **채권 등의 범위***
> ① 국가・지방자치단체・내국법인・외국법인의 국내지점 또는 국내영업소・외국법인이 발행한 채권 또는 증권
> ② 금융회사 등이 발행한 예금증서 및 이와 유사한 증서
> ③ 어음(단, 상업어음 제외)

* 소득세법 제16조 및 제46조, 소득세법 시행령 제102조

현행 법인세법은 포괄주의를 바탕으로 모든 경제적 이익에 대해서 과세하지만 소득세법은 열거주의에 따라 채권 등의 경우 이자소득을 중심으로 과세하고 있다. 따라서, 채권 관련 세제는 채권 이자소득에 대한 과세제도를 중심으로 살펴본다.

(2) 채권이자소득의 범위

채권이자소득은 기본적으로 채권 등에서 발생하는 이자와 할인액 및 환매조건부 매매차익 등이 해당한다. 여기서 이자는 채권 등의 액면금액에 표면이자율을 적용하여 계산된 금액이며, 할인액은 채권 등을 할인 발행한 경우 만기상환금액과 발행가액과의 차액을 말한다. 그리고 환매조건부 매매차익은 환매조건부 매매거래에서 매도자가 매수자에게 지급하는 환매차익이다.

또한, 예규 등에서 정의하고 있는 채권 이자소득으로 아래와 같은 소득이 있다.

> ① 원금이자분리(STRIP)채권의 분리된 원금과 이자의 할인액
> ② 물가연동국고채의 원금증가분(발행일 또는 매도일의 물가연동계수와 상환일 또는 매수일의 물가연동계수의 차이. 2015. 1. 1. 이전 발행 물가연동국고채는 과세 제외)

③ 이익참가부사채의 분배금

④ 옵션부채권의 중도상환이익

⑤ 발행일 이전에 매출된 국고채권의 할인액(= 선매출이자)

⑥ 교환사채·전환사채·신주인수권부사채 등의 교환 또는 전환청구 및 신주인수권 행사 시의 이자 및 만기보장수익률

⑦ 공개입찰방식으로 발행하는 국채 발행가액과 입찰가액의 차액

(단, 공개시장에서 통합발행하는 경우의 채권 매각가액과 액면가액의 차액은 이자소득에 해당하지 않음)

예규【소득세제과－520, 2015. 10. 12.】

국가가 발행한 채권으로서 그 원금이 물가에 연동되는 채권의 경우 해당 채권의 원금증가분은 보유기간이자 등 상당액에 해당하는 이자소득임.

예규【서면법령소득－5970, 2017. 3. 14.】

이익참가부사채를 소유한 거주자가 이익배당에 참가하여 지급받은 분배금은 이자소득에 해당하며 보유기간이자상당액에 대한 원천징수 대상금액에 해당하지 않는 것임.

예규【서이 46013－11956, 2002. 10. 28.】

옵션부로 발행된 채권에 대하여 채권발행내용에 따라 채권매입자가 중도상환시 지급받는 금액과 채권매입시 지급한 금액과의 차액은 이자소득에 해당하는 것임.

예규【서면법규과－898, 2013. 8. 19.】

선매출된 국고채 할인액에 상당하는 금액은 이자소득에 해당하는 것이며, 거주자가 동 채권을 발행일 이전에 매도하는 경우 보유기간에 대한 이자소득금액에 대하여 원천징수하는 것임.

예규【법인 46013－2857, 1996. 10. 15.】

국채의 발행가액과 낙찰가액과의 차액은 원천징수대상 이자소득인 것이며, 원천징수시기는 그 할인액을 지급받은 날임.

소득세법 집행기준 133의 2－193의 2－1【채권의 보유기간이자상당액에 대한 원천징수기간의 계산방법】

1. 원천징수기간의 이자 등 상당액을 적용함에 있어 기간계산방법은 다음과 같다.
   해당 채권 등의 발행일 또는 직전 원천징수일의 다음 날부터 매도일(법인에게 매도를 위탁·중개·알선시킨 경우에는 실제로 매도된 날을 매도일로 본다) 또는 이자 등의 지급일까지의 보유기간을 일수로 계산한다.

2. 보유기간이자 등 상당액 계산방법

해당 채권 등의 매수일부터 매도일까지의 보유기간에 대하여 이자 등의 계산기간에 약정된 이자 등의 계산방식에 따라 다음의 어느 하나에 해당하는 율을 적용하여 계산한 금액을 말한다(물가연동국고채의 경우에는 물가연동국고채의 액면가액에 매도일 또는 이자 등의 지급일의 물가연동계수를 적용하여 계산한 금액에서 물가연동국고채의 액면가액에 발행일 또는 직전 원천징수일의 물가연동계수를 적용하여 계산한 금액을 차감하는 방법에 따라 계산된 원금증가분을 포함한다).

가. 소득세법 시행령 제22조의2 제1항 및 제2항 각 호의 채권을 공개시장에서 발행하는 경우에는 표면이자율을 적용한다.

나. 가목 이외 기타 채권 등의 경우에는 해당 채권 등의 표면이자율에 발행시의 할인율을 가산하고 할증률을 차감한 율을 적용한다.

다. 전환사채·교환사채 또는 신주인수권부사채에 대한 이자율을 적용함에 있어서 만기보장수익률이 별도로 있는 경우에는 그 만기보장수익률을 이자율로 하고, 조건부 이자율이 있는 경우에는 그 조건이 성취된 날부터 그 조건부 이자율을 적용한다.

라. 전환사채 또는 교환사채를 발행한 법인의 부도가 발생한 이후 주식으로 전환 또는 교환하는 경우로서 전환 또는 교환을 청구한 날의 전환 또는 교환가액보다 주식의 시가가 낮은 경우에는 전환 또는 교환하는 자의 보유기간이자 등 상당액은 이를 없는 것으로 한다.

마. 전환사채 또는 교환사채가 주식으로 전환청구 또는 교환청구된 이후에는 이를「소득세법」제46조 제1항에 따른 채권 등이 아닌 것으로 본다. 다만, 주식으로 전환청구 또는 교환청구를 한 후에도 이자를 지급하는 약정이 있는 경우에는 해당 이자를 지급받는 자에게 청구일 이후의 약정이자가 지급되는 것으로 보아 청구일부터 해당 전환사채 및 교환사채 발행법인의 사업연도 말일까지의 기간에 대하여 약정이자율을 적용한다. 이때 청구일이 분명하지 아니한 경우에는 해당 전환사채 등 발행법인의 사업연도 중에 최초로 청구된 날과 최종으로 청구된 날의 가운데에 해당하는 날로 한다.

다만, 아래와 같이 소득세 또는 법인세가 과세되지 아니하거나 면제되는 이자소득 등의 경우에는 과세 대상에서 제외한다.

① 법률에 따라 설립된 기금을 관리·운용하는 기금운용법인*과 법률에 따라 공제사업을 영위하는 법인** 중 건강보험·연금관리 및 공제사업을 영위하는 비영리내국법인(기금운용법인의 경우에는 해당 기금사업에 한정한다)이 국공채·통화안정증권·산금채 등 법인세법에서 정하는 채권을 발행일부터 이자지급일 또는 상환일까지 계속하여 등록·보유함으로써 발생한 이자 및 할인액(법인세법 시행령 제111조 제2항)

② 국가·지방자치단체 또는 내국법인이 국외에서 발행한 외화표시채권에서 발생한 이자 및

수수료 등이 비거주자 또는 외국법인에 귀속되는 경우의 당해 소득(조특법 제21조)

③ 비거주자·외국법인의 국채, 통화안정증권 등에서 발생한 이자소득 및 유가증권양도소득

  (소득세법 제119조의3 및 법인세법 제93조의3)

* 기금운용법인(법인세법 시행규칙 제56조의2)
  ① 「공무원연금법」에 따른 공무원연금관리공단
  ② 「사립학교교직원 연금법」에 따른 사립학교교직원연금관리공단
  ③ 「국민체육진흥법」에 따른 서울올림픽기념국민체육진흥공단
  ④ 「신용보증기금법」에 따른 신용보증기금
  ⑤ 「기술신용보증기금법」에 따른 기술신용보증기금
  ⑥ 「수출보험법」에 따른 한국수출보험공사
  ⑦ 「중소기업협동조합법」에 따른 중소기업중앙회
  ⑧ 「농림수산업자신용보증법」에 따른 농림수산업자신용보증기금을 관리·운용하는 농업협동조합중앙회
  ⑨ 「한국주택금융공사법」에 따른 한국주택금융공사
  ⑩ 「문화예술진흥법」에 따른 한국문화예술위원회
** 공제사업 영위 법인
  ① 「한국교직원공제회법」에 따른 한국교직원공제회
  ② 「군인공제회법」에 따른 군인공제회
  ③ 「신용협동조합법」에 따른 신용협동조합중앙회(공제사업에 한정한다)
  ④ 「건설산업기본법」에 따라 설립된 건설공제조합 및 전문건설공제조합
  ⑤ 「전기공사공제조합법」에 따른 전기공사공제조합
  ⑥ 「정보통신공사업법」에 따른 정보통신공제조합
  ⑦ 「대한지방행정공제회법」에 따른 대한지방행정공제회
  ⑧ 「새마을금고법」에 따른 새마을금고연합회(공제사업에 한정한다)
  ⑨ 「과학기술인공제회법」에 따른 과학기술인공제회
  ⑩ 「소방산업의 진흥에 관한 법률」 제23조 제1항에 따른 소방산업공제조합
  ⑪ 「건축사법」 제38조의3 제1항에 따른 건축사공제조합

2) 채권이자소득에 대한 과세

(1) 채권이자 보유기간 과세제도의 도입

현행 세법에서는 채권 등의 이자소득에 대해 "보유기간 과세제도"를 채택하고 있는데, 이는 채권 등을 매도하거나, 또는 그 이자 등을 지급할 때, 매도자 또는 그 보유자가 당해 채권 등을 보유한 기간 동안 발생한 이자소득에 대해서만 원천징수하는 제도이다.

채권이자 보유기간 과세제도는 1996년 금융소득 종합과세제도의 시행과 더불어 도입되었는데, 1996년 이전에는 이자와 배당 등 금융소득에 대해서 대부분은 원천징수로서 납세의무를 종료하고 있었다. 1993년 금융실명제 시행과 더불어 은행 등 금융회사와 거래하는 투자자들의 금융소득의 실지 귀속자를 확인하는 것이 가능해짐에 따라, 금융소득이 일정 금액을 초과하면 다른 소득과 합산되어 누진세율로 과세되는 금융소득 종합과세제도를 시행하게 되었다.

금융소득 종합과세제도의 시행으로 동 제도의 적용대상이 되는 재산가들은 이를 회피하기 위한 대안의 하나로 채권투자를 이용하였다. 당시 채권에서 발생하는 이자와 할인액은 채권의 최종소지자에게 그 소득 모두가 귀속되는 것으로 보아 과세하고 있었기 때문에 채권 투자자는 채권의 만기일 전일에 그 채권을 매각함으로써 채권보유기간 중 발생한 이자상당액에 대한 세부담을 회피하는 것이 가능했다. 이에 따라 정부는 채권의 중도 매도로 사실상 이자소득이 누진과세에서 제외되지 않도록 하기 위하여 금융소득종합과세제도의 시행과 더불어 채권보유기간 과세제도를 시행하게 된 것이다.

(2) 의제원천징수제도

보유기간 과세제도가 시행되기 전인 1995년 12월 31일 이전 및 2001년 7월 1일부터 2005년 6월 30일까지의 기간 동안에는 "의제원천징수제도"를 채택하였었다. 의제원천징수제도는 채권매도자의 보유기간 동안의 이자소득세를 채권매매가액에 전가하고 채권 만기시점에 동 채권의 최종보유자로부터 채권 만기 전 발생한 이자소득 전체기간에 대해서 원천징수하는 제도이다.

이처럼 채권이자에 대한 원천징수제도가 기간에 따라 상이함에 따라 원천징수대상 채권이자소득의 귀속시기와 이에 따른 경과조치를 잘 확인하여야 한다.

| 원천징수 과세제도 변천 연혁 |

기 간	원천징수 방법
~ 1995. 12. 31.	의제원천징수
1996. 1. 1. ~ 2001. 6. 30.	보유기간과세
2001. 7. 1. ~ 2005. 6. 30.	의제원천징수
2005. 7. 1. ~ 현재	보유기간과세

(3) 보유기간 과세의 적용

채권이자 보유기간 과세제도는 법인이 자신이 발행한 채권 등의 이자를 지급하거나, 거주자 또는 내국법인이 타인에게 채권 등을 매도(중개・알선과 그 밖에 대통령령으로 정하는 경우를 포함하되, 환매조건부 채권매매 등*의 경우는 제외)하는 경우 보유자의 보유기간에 따라 이자를 지급하는 법인 또는 매도하는 법인(매도자가 개인인 경우 매수하는 법인)이 소득세 또는 법인세(1천원 이상인 경우만 해당)를 원천징수하여 그 징수일이 속하는 달의 다음 달 10일까지 납세지 관할 세무서 등에 납부하는 제도로, 보유기간 과세제도에서의 과세표준은 아래의 방법으로 계산된다.

┃ 보유기간 과세에서 제외되는 환매조건부채권매매 등 ┃

: 아래 어느 하나에 해당하거나 각 거래가 혼합되는 거래

① 「금융실명거래 및 비밀보장에 관한 법률」 제2조 제1호 각 목의 어느 하나에 해당하는 금융회사 등과 법인세법 시행령 제111조 제1항의 금융회사 등이 일정기간 후에 일정가격으로 환매수 또는 환매도할 것을 조건으로 하여 채권 등을 매도 또는 매수하는 거래(해당 거래가 연속되는 경우 포함)로서 그 거래에 해당하는 사실이 한국예탁결제원의 계좌 또는 한국거래소의 거래원장(전자적 형태의 거래원장 포함)을 통하여 확인되는 거래(Repo거래)

② 「금융실명거래 및 비밀보장에 관한 법률」 제2조 제1호 각 목의 어느 하나에 해당하는 금융회사 등과 법인세법 시행령 제111조 제1항의 금융회사 등이 일정기간 후에 같은 종류로서 같은 양의 채권을 반환받는 조건으로 채권을 대여하는 거래(해당 거래가 연속되는 경우 포함)로서 그 거래에 해당하는 사실이 채권대차거래중개기관(자본시장법에 따른 한국예탁결제원, 증권금융회사, 투자매매업자 또는 투자중개업자)이 작성한 거래원장(전자적 형태의 원장 포함)을 통하여 확인되는 거래(대차거래)

보유기간이자상당액 = 채권 등의 액면가액 × 보유기간* × 적용이자율**

* 보유기간의 계산
채권 등을 취득한 날 또는 직전 이자소득금액의 계산종료일 다음 날부터 매도하는 날 또는 이자소득금액의 계산종료일까지의 기간을 초일불산입 · 말일산입 기준으로 계산한다. 다만, 초일산입 · 말일불산입으로 약정을 한 경우에는 그 기간으로 한다.
이때, 보유기간을 계산함에 있어 취득일이 서로 다른 동일종목의 채권 등을 매도하는 경우에는 개별법 및 선입선출법, 후입선출법, 이동평균법 중 하나의 방법을 선택하여 적용하며, 기한 내 관할 세무서장에게 신고하여야 한다. 만일 신고하지 아니한 경우에는 선입선출법을 준용하여 보유기간을 계산한다.

** 적용이자율
ⅰ) 회사채 등 일반적인 경우 : 채권 등의 표면이자율 + 할인율 − 할증률
ⅱ) 주식관련사채(CB,EB,BW)의 경우 : 채권 등의 표면이자율 + 할인율 − 할증률 + 주식관련사채 만기상환율(※)
ⅲ) 공개시장에서 발행하는 국채 등(스트립 · 국채 · 예보채 · 통안채 등) : 채권 등의 표면이자율

※ 主 : 현행 세법 상 만기상환율의 보유기간과세는 주식관련사채에 한하여 적용하고 있기 때문에 주식관련사채 이외 채권에 대하여 조기상환 등의 사유로 만기상환율로 지급하는 경우에는 보유기간 원천징수를 적용하지 아니하고 전체의 금액에 대하여 원천징수하여야 한다.

가. 보유기간의 입증

채권의 보유기간은 금융회사 등의 전산처리체계 또는 통장원장, 채권 등 매출확인서, 공정증서 등에 의하여 입증하여야 한다.

만약, 보유기간을 입증하지 못하는 경우에는 지급하는 채권 이자소득 전액을 원천징수 기간의 이자 상당액으로 보아 전 구간에 대하여 원천징수한다.

나. 보유기간 과세의 예외

위에서 언급한 환매조건부 매매거래(Repo), 증권대차거래 및 그 혼합거래의 경우에는 동 거래를 채권 등의 매도로 보지 아니하여 당해 거래 시에는 매도자 또는 대여자에게 보유기간에 따른 원천징수를 하지 아니한다. 다만, 당해 채권 등의 이자소득을 지급할 때 동 보유기간의 이자소득뿐만 아니라 채권 등을 매도 또는 대여한 날부터 환매수 또는 반환받은 날까지의 기간 동안 그 채권 등으로부터 발생하는 이자소득에 상당하는 금액도 매도자 또는 대여자(해당 거래가 연속되는 경우 또는 각 거래가 혼합되는 경우에는 최초 매도자 또는 대여자)에게 귀속되는 것으로 보아 원천징수한다.

다. 보유기간 과세 도입 전 경과조치

현행 보유기간 과세제도를 적용하기 이전에는 의제 원천징수제도를 적용하였음에 따라 이에 대한 경과조치를 두어 2005년 6월 30일 이전 취득한 채권 등을 2005년 7월 1일 이후에 이자를 최초로 지급받거나 매도하는 경우에는 발행일 또는 직전 이자 지급일부터 상환일 또는 중도 매도일까지의 전 기간에 대하여 원천징수하도록 하였다.

법인세법 집행기준 73-113-2 【보유기간 이자상당액 계산】
① 채권 등의 보유기간 이자상당액은 다음과 같이 계산한다.
　[채권 등의 액면가액×이자율×보유기간일수]
② 채권 등을 보유한 기간의 계산은 다음과 같이 한다.
1. 채권 등의 이자소득금액을 지급받기 전에 매도하는 경우
　해당 채권 등의 취득일(또는 직전 이자소득금액의 계산기간 종료일) 다음 날부터 매도하는 날(매도하기 위하여 알선·중개 또는 위탁하는 경우에는 실제로 매도하는 날)까지의 기간. 다만, 취득한 날 또는 직전 이자소득금액의 계산기간 종료일부터 매도하는 날 전일까지로 기간을 계산하는 약정이 있는 경우에는 그 기간으로 한다.
2. 채권 등의 이자소득금액을 지급받는 경우
　해당 채권 등의 취득일(또는 직전 이자소득금액의 계산기간 종료일) 다음 날부터 이자소득금액의 계산기간 종료일까지의 기간. 다만, 취득한 날 또는 직전 이자소득금액의 계산기간 종료일부터 매도하는 날 전일까지로 기간을 계산하는 약정이 있는 경우에는 그 기간으로 한다.
③ 적용이자율은 다음과 같다.

1. 해당 채권 등의 이자계산기간에 대하여 약정된 이자계산방식에 의한 이자율에 발행 시의 할인율을 가산하고 할증률을 차감한 이자율. 다만, 공개시장에서 발행하는 국채 및 산업금융채권 등의 경우에는 발행시의 할인율과 할증률을 가감하지 아니한다.
2. 만기상환일에 각 이자계산기간에 대한 보장이율을 추가로 지급하는 조건이 있는 전환사채 또는 교환사채의 경우에는 해당 추가지급이율을 가산한 이자율. 다만, 전환사채 또는 교환사채를 주식으로 전환청구 또는 교환청구한 경우로서 이자지급의 약정이 있는 경우에는 전환청구일 또는 교환청구일부터는 해당 약정이자율로 한다.

법인세법 집행기준 73-113-3【채권 등의 매도 범위】

① 채권 등의 매도 범위에는 일반적인 매도 외에 증여·변제 및 출자 등 채권 등의 소유권 또는 이자소득의 수급권 변동이 있는 경우와 매도를 위탁·중개·알선시키는 경우를 포함한다. 다만, 환매조건부채권매매의 경우에는 제외한다.
② 전환사채의 주식전환 및 교환사채의 주식교환의 경우를 포함한다.
③ 법인의 고유재산에서 취득하여 보유하는 채권 등을 법인이 관리하는 재산으로 유상이체하는 경우와 관리하는 재산간에 유상이체하는 경우 및 관리하는 재산에서 고유재산으로 유상이체하는 경우를 포함한다. 다만, 특정금전신탁이 중도해지되거나 그 신탁계약기간이 종료됨에 따라 해당 특정금전신탁에서 운용하던 채권 등을 위탁자에게 유상이체하는 경우에는 매도로 보지 아니한다.

3) 채권이자소득의 원천징수 제도

현행 세법(소득세법과 법인세법 모두 해당)에서 채권이자소득은 원천징수대상소득으로 열거되어 있기 때문에 채권이자소득을 지급할 때에는 소득자가 개인이건 법인이건 관계없이 원천징수 여부를 고려하여야 한다.

먼저 채권이자소득의 원천징수의무자 규정에 대해 알아보고 세부적인 원천징수절차를 살펴본다.

(1) 원천징수의무자

채권이자소득의 원천징수의무자는 원칙적으로 당해 소득을 지급하는 자이다. 다만, 원천징수 업무의 효율성 등을 위하여 원천징수의무자를 대리하거나 위임할 수 있는데, 그 대리·위임을 받은 자의 행위는 수권 또는 위임의 범위 안에서 본인 또는 위임인의 행위로 보아 원천징수한다. 주요 사례별 원천징수 대리·위임의 관계를 살펴보면 아래와 같이 정리할 수 있다.

가. 채권 등의 중도매매 시 원천징수의무자

채권 등을 만기 이전에 중도매매하는 경우 당해 채권 등을 매도하는 자가 원천징수의무자가 되는 것이 원칙이나, 개인과 법인 간 거래 시에는 법인이 원천징수의무자가 된다. 그리고 법인 간의 거래에서 법인세법상 금융회사 등에 채권 등을 매도하는 경우에는 약정에 따라 그 금융회사 등을 원천징수의무자로 할 수 있다(소득세법 제133조의2, 법인세법 제73조의2).

매도자	매수자	원천징수의무자
개인	개인	원천징수 의무 없음
개인	법인	매수법인
법인	법인	매도법인(단, 금융회사가 매수하는 경우에는 그 금융회사 가능)
법인	개인	매도법인

나. 한국예탁결제원에 보관된 채권 등의 원천징수의무자

한국예탁결제원에 예탁된 증권 등에서 발생하는 이자소득 등에 대해서는 당해 증권 등을 발행한 자와 한국예탁결제원 또는 예탁자(증권회사 등) 간에 원천징수의무의 대리 또는 위임의 관계가 있는 것으로 보아, 예탁자 소유 증권 등의 이자에 대해서는 한국예탁결제원이, 예탁자가 투자자로부터 예탁받은 증권 등의 이자에 대해서는 당해 예탁자가 원천징수 의무를 진다(소득세법 시행령 제184조의4, 법인세법 시행령 제111조 제8항).

다. 국고채권 스트립(STRIP)에 따른 원천징수의무자

국고채권 원금과 이자를 분리(STRIP) 또는 재결합하는 경우에 그 신청한 법인이 원천징수의무자가 되는데, 개인 보유분에 대하여는 국고채를 매수한 법인이, 법인보유분에 대하여는 국고채를 보유한 법인이 각각 보유기간 이자상당액을 원천징수한다.

> **예규【소득세제과 - 576, 2007. 10. 18.】**
> 국고채의 원금과 이자를 분리 혹은 원금과 이자를 재결합하는 경우 개인보유분은 국고채를 매수한 법인이, 법인보유분은 국고채를 보유한 법인이 보유기간 이자상당액을 원천징수하는 것임.

라. 금융회사를 통한 어음 또는 채무증서의 발행 시 원천징수의무자

금융회사 등이 거주자 또는 내국법인이 발행한 어음이나 채무증서를 인수·매매·중개 또는 대리하는 경우에는 금융회사 등과 그 어음 등의 발행인 간에 대리 또는 위임의 관계가 있는 것으로 보아 당해 금융회사 등이 원천징수 의무를 진다(법인세법 제73조 제5항).

마. 외국법인이 발행한 채권 등을 내국법인에 지급 시 원천징수의무자

외국법인이 발행한 채권 또는 증권 등에서 발생하는 이자소득을 거주자 또는 내국법인에게 지급하는 경우에 국내에서 그 지급을 대리하거나 그 지급 권한을 위임 또는 위탁받은 자가 그 소득에 대하여 원천징수한다(법인세법 제73조 제6항).

바. 채권 등의 대차거래 시의 원천징수의무자

채권대차거래를 통하여 차입한 채권을 대차거래 기간 동안 계속하여 보유하는 중 그 이자지급일에 해당 채권으로부터 이자가 발생하는 경우, 동 채권의 이자소득에 대한 원천징수 의무자는 이를 지급하는 한국예탁결제원이다.

예규【원천세과-482, 2010. 6. 16.】

1. 채권대차거래를 통하여 채권을 차입한 자가 당해 대차거래기간 동안 채권을 계속하여 보유하는 중 채권으로부터 이자가 발생하는 경우에 동 채권의 이자소득에 대한 원천 징수의무자는 이를 지급하는 한국예탁결제원임.
2. 차입한 채권이 매도 등으로 인해 예탁결제원의 예탁자계좌부상 계좌간 대체의 기재가 된 경우, 동 채권의 이자에 대해서는 법인세법 시행령 제114조의2 제2항이 적용(채권 이자가 대여자에게 귀속)되지 아니함.
3. 한편, 대차거래채권의 이자소득에 대한 원천징수와 관련하여, [법인세법 시행규칙 별지 제68호의5 서식]을 준용하여 작성한 대차거래채권 확인서 또는 채권대차거래중개기 관이 작성한 거래 원장에 의해 대차거래사실이 확인되는 경우에는 이를 채권대차거래의 증빙자료로 활용할 수 있음.

사. 신탁재산에 속한 채권 등의 매도 시 원천징수의무자

자본시장법에 따른 신탁재산에 속한 원천징수대상 채권 등을 매도하는 경우 같은 법에 따른 신탁업자와 아래 구분에 따른 자 간에는 대리 또는 위임의 관계가 있는 것으로 본다[2021년 이후 신탁계약 체결분부터 적용(법인세법 제73조의2 제4항)].

① 신탁재산에 귀속되는 소득이 그 신탁의 이익을 받을 수익자가 그 신탁재산을 가진 것으로 보는 신탁재산 : 해당 신탁재산의 수익자
② 수익자가 특별히 정하여지지 아니하거나 존재하지 아니하는 신탁 또는 위탁자가 신탁재

산을 실질적으로 통제하는 등의 신탁재산 : 해당 신탁재산의 위탁자

(2) 채권이자소득의 원천징수

가. 거주자 · 내국법인의 채권이자에 대한 원천징수

거주자 또는 내국법인에게 채권 등의 이자소득을 지급하거나, 거주자 또는 내국법인이 타인에게 채권 등을 매도(중개 · 알선과 고유재산과 관리재산간 유상이체를 포함하되, 환매조건부 채권매매 등의 경우는 제외)하는 경우 보유자의 보유기간에 따라 이자를 지급하는 법인 또는 매도하는 법인(매도자가 개인인 경우 매수하는 법인)은 원천징수의무자로서, 그 지급하는 금액에 100분의 14의 세율을 적용하여 계산한 금액을 소득세 또는 법인세(1천원 이상인 경우만 해당)로 원천징수하여 그 징수일이 속하는 달의 다음 달 10일까지 납세지 관할 세무서 등에 납부하여야 한다. 이때 원천징수 되는 소득(법인)세에 지방소득세(본세의 10%__법인세는 2015. 1. 1. 이후 지급분부터 적용)를 추가 징수 · 납부한다.

단, 이 세율은 2005년 1월 1일 이후 귀속분에 한하여 적용되며, 그 이전 보유기간에 대해서는 아래의 세율 변천과정을 토대로 하여 당해 이자소득의 귀속시기에 따라 원천징수대상 세율의 변동 구간을 나누어 과세하여야 한다.

| 원천징수세율 변천과정 | (단위 : %)

구 분	'91.1.1	'96.1.1	'98.10.1	'00.1.1	'01.1.1	'01.7.1	'05.1.1	'05.7.1
소득세	20	15	22	20	15	15	14	14
법인세	20	20	22	20	20	15	14	14
적용 기준	발생분	발생분 보유기간 과세	**발행분**	발생분		발생분 전기간 과세		발생분 보유기간 과세

〈지방소득세(소득 · 법인세의 10%) 별도〉

* 법인에 대한 지방소득세 특별징수는 2015. 1. 1. 이후 지급분부터 적용

예시

(발행)
A 금융회사 보유 제2종 국민주택채권
발행금액 : 160,290,000원
표면이율 : 3.0%(연복리. 만기상환 시 지급)

발행일 : 1998. 4. 30. 상환일 : 2018. 4. 30.

(2018. 4. 30. 만기상환)

만기상환 이자 총액 : 129,211,550

① 20% 세율* 구간('98. 4. 30.~'01. 6. 30.) 이자 : 15,730,599

　　법인세 : 15,730,599 × 20% = 3,146,110

　　지방소득세 : 3,146,110 × 10% = 314,610

　　* 1998. 10. 1. 변경세율(22%)은 공포일 이후 발행분부터 적용

② 15% 세율 구간('01. 7. 1.~'04. 12. 31.) 이자 : 19,209,390

　　법인세 : 19,209,390 × 15% = 2,881,400

　　지방소득세 : 2,881,400 × 10% = 288,140

③ 14% 세율 구간('05. 1. 1.~'18. 4. 30.) 이자 : 94,271,561

　　법인세 : 94,271,561 × 14% = 13,198,010

　　지방소득세 : 13,198,010 × 10% = 1,319,800

(원천징수세액)

　　법인세 : 3,146,110 + 2,881,400 + 13,198,010 = 19,225,520

　　지방소득세 : 314,610 + 288,140 + 1,319,800 = 1,922,550

　　원천징수세액 합계 : 21,148,070원

나. 비거주자·외국법인의 채권이자에 대한 원천징수

① 비거주자·외국법인의 채권 등 이자소득에 대한 원천징수

비거주자 또는 외국법인에게 채권 등의 이자 등을 지급하는 자 또는 해당 비거주자 또는 외국법인으로부터 채권 등을 매수(증여·변제 및 출자 등으로 채권 등의 소유권 또는 이자소득의 수급권의 변동이 있는 경우와 매도를 위탁받거나 중개·알선하는 경우를 포함하되, 환매조건부채권매매거래 등의 경우는 제외)하는 자는 그 비거주자의 보유기간을 고려하여 채권 등의 이자소득에 대한 원천징수를 한다. 이때, 소득자가 조세조약 체결국가의 거주자 또는 외국법인인 경우 조세조약상의 제한세율이 우선 적용되는데, 해당 제한세율 또는 비과세 적용을 원하는 비거주자·외국법인은 제한세율적용신청서 또는 비과세·면제신청서를 제출하여야 한다. 만약, 제한세율적용신청서 또는 비과세·면제신청서를 제출하지 아니하거나 조세조약 미체결국가의 거주자 또는 법인인 경우에는 국내세율을 적용하여 원천징수한다.

비거주자 또는 외국법인의 채권 등 이자소득에 대한 원천징수 시 국내세법상 세율은 거주자·내국법인과 동일하게 14%(지방소득세 1.4% 별도. 2007. 1. 1. 이후 발생분부터

적용__그 이전은 27.5%)이고, 제한세율은 각 나라와의 조세조약 내용에 따라 상이하다. 그런데 제한세율에는 대부분 지방소득세가 포함되어 있으나 남아프리카공화국, 미국, 필리핀, 베네수엘라 등과의 제한세율에는 지방소득세가 포함되어 있지 않는 등의 차이가 있으니 주의해야 한다. 따라서 세법에서는 비거주자 또는 외국법인에게 이자소득을 지급하는 경우 제한세율과 아래 각 세율 중 낮은 세율을 적용하도록 하는 규정을 두고 있다.

 ⅰ) 조세조약의 대상 조세에 지방소득세가 포함되지 아니하는 경우 : 14%

 ⅱ) 조세조약의 대상 조세에 지방소득세가 포함되는 경우 : 15.4%

② 보유기간 미입증 시의 채권 등 이자소득에 대한 원천징수

비거주자 또는 외국법인에 대하여 채권 등의 이자 등을 지급하는 경우 보유기간을 입증하지 못할 때에는 아래 ⅰ), ⅱ)의 세율로 원천징수한다. 단, 아래 ⅰ)에 따른 적용세율이 위 원천징수세율(15.4%)보다 높은 경우로서 당해 비거주자가 채권 등의 보유기간을 입증하지 못하는 경우에는 지급금액 전액을 당해 비거주자의 보유기간이자 상당액으로 보며, 아래 ⅰ)에 따른 적용세율이 위 원천징수세율(15.4%)보다 낮은 경우로서 당해 비거주자가 채권 등의 보유기간을 입증하지 못하는 경우에는 당해 비거주자의 보유기간 이자 등 상당액은 없는 것으로 본다.

 ⅰ) 지급금액 중 해당 비거주자 또는 외국법인의 보유기간이자 등 상당액에 대하여는 해당 비거주자 또는 외국법인에 대한 적용세율

 ⅱ) 지급금액 중 ⅰ)의 보유기간이자 등 상당액을 차감한 금액에 대하여는 국내세법상 세율(15.4%)

③ 비거주자·외국법인의 국채 등 이자·양도소득 비과세(소득세법 제119조의3 및 법인세법 제93조의3)

국내사업장이 없거나 국내사업장에 귀속되지 않는 비거주자 또는 외국법인이 국채 및 통화안정증권에 직접 투자하거나 적격 외국금융회사를 통해 간접투자하고 받은 이자 또는 양도소득에 대해서는 법인세 또는 소득세를 부과하지 아니한다(2023. 1. 1. 이후 지급 또는 양도하는 분부터 적용). 이 규정은 이 법 시행 전에 발행된 국채·통화안정증권의 이자소득 등에 대해서도 적용하는데, 국세청장의 승인을 받은 적격외국금융회사를 통하여 취득·보유·양도하는 국채 및 통화안정증권도 비과세 대상에 포함한다.

또한, 비거주자 또는 외국법인이 국외투자기구를 통하여 국채 및 통화안정증권에서 발생하는 이자 또는 양도소득을 지급받는 경우, 해당 국외투자기구를 위 소득의 실질 귀속자로 보아

투자자별로 비과세 신청을 하지 않고, 국외투자기구가 국외투자기구의 거주자증명서를 첨부하여 신청하면 된다. 한편, 거주자 또는 내국법인이 국외투자기구를 통하여 지급받는 동 소득에 대해서는 원천징수를 하지 아니하며, 해당 소득을 지급받은 자가 직접 신고·납부하여야 한다.

비과세를 적용받지 못한 비거주자, 외국법인 또는 적격외국금융회사 등이 비과세 적용을 받으려는 경우에는 비거주자, 적격외국금융회사 등 또는 소득을 지급하는 자가 원천징수일이 속하는 달의 다음 달 11일부터 5년 이내에 납세지 관할 세무서장에게 경정을 청구할 수 있다.

본 규정은 기존에 조특법 제21조에서 국가·지방자치단체 또는 내국법인이 국외에서 발행하는 외화표시채권 등의 이자나 수수료 또는 당해 채권 등을 국외에서 양도하고 발생하는 소득을 비거주자나 외국법인이 받는 경우 소득세 또는 법인세를 면제하고 있었는데, 국채·외환시장의 안정을 위하여 그 범위를 확대한 것이다.

(3) 채권이자소득의 원천징수시기

채권 등 이자소득에 대한 원천징수시기는 원칙적으로 원천징수의무자가 이자소득을 지급하거나 매도하는 날이다. 다만, 원천징수시기에 대한 특례가 있는 경우에는 법령에서 정한 바에 따르도록 하고 있는데 주요 내용을 정리해보면 아래와 같다.

| 채권이자소득의 원천징수시기 |

구 분	원천징수시기
CP, 전자단기사채 등의 이자와 할인액	할인매출하는 날(단, 발행일부터 만기일까지 계속하여 한국예탁결제원에 예탁한 경우 소득자가 할인매출일로 선택하는 경우 외에는 그 원리금을 지급하는 날)
채권 등의 이자와 할인액	그 지급을 받은 날 또는 약정에 의한 지급일
채권의 환매조건부 매매차익	약정에 의한 채권의 환매수일 또는 환매도일
채권 등의 보유기간이자 등	해당 채권의 매도일 또는 이자지급일
양도성예금증서의 이자와 할인액	약정에 의한 지급일
주식관련사채의 주식교환·전환 및 신주인수권 행사	주식관련사채 청구일

(4) 금융회사 보유 채권이자소득 원천징수

법인세법 시행령 제111조 제1항*의 금융회사에 이자소득을 지급하는 경우에는 원칙적으로 당해 금융회사의 사업소득에 해당하기 때문에 원천징수하지 아니한다. 다만, 채권 등(전자증권법에 따라 발행되는 만기 1개월 이내의 단기사채 등 제외)의 이자소득을 동 금융회사(자본시장법에 따른 투자회사 및 조특법에 따른 자본확충목적회사 제외)에 지급하는 경우에는 예외적으로 원천징수하여야 하는데, 세법이 여러 차례 개정되면서 일정기간(2005. 7. 1. ~ 2005. 12. 31, 2008. 6. 1.~2009. 12. 31.) 동안은 원천징수대상 이자소득에서 면제하였고, 2010년 1월 1일 이후 최초로 발생하는 소득분부터는 다시 원천징수를 시행하였다.

| 금융회사 보유 채권 등 이자소득 원천징수제도의 변천과정 |

기 간	채권 등 이자 원천징수 여부
~ 2005. 6. 30	원천징수
2005. 7. 1 ~ 2005. 12. 31	원천징수 면제
2006. 1. 1 ~ 2008. 5. 31	원천징수 부활
2008. 6. 1 ~ 2009. 12. 31	원천징수 면제
2010. 1. 1 ~ 현재	원천징수 재개

따라서 이를 적용할 때 2005년 6월 30일 이전에 취득한 채권 등과 2005년 7월 1일 이후에 취득한 채권 등을 구분하여 아래와 같은 방식으로 원천징수한다.

① 금융회사가 2005년 6월 30일 이전에 취득한 채권 등의 이자를 2010년 1월 1일 이후 최초로 지급하는 경우

: 발행일(그 이후의 경우에는 매수일)부터 이자계산기간 종료일까지의 전 기간에 대한 이자소득에 대하여 원천징수

② 금융회사가 2005년 7월 1일 이후에 취득한 채권 등의 이자를 2010년 1월 1일 이후 최초로 지급하는 경우

: 2010년 1월 1일 이후 발생한 소득부터 이자계산기간 종료일까지의 기간의 이자소득에 대해서만 원천징수

법인세법 시행령 제111조 제1항의 금융회사

법인세법 시행령 제111조 【내국법인의 이자소득 등에 대한 원천징수】

① 법 제73조 제1항 각 호 외의 부분에서 "대통령령으로 정하는 금융회사 등의 대통령령으로 정하는 소득"이란 다음 각 호의 법인에 지급하는 소득을 말하며, 법 제73조의2 제1항 전단에 따른 원천징수대상채권 등(「주식·사채 등의 전자등록에 관한 법률」제59조 각 호 외의 부분 전단에 따른 단기사채 등 중 같은 법 제2조 제1호 나목에 해당하는 것으로서 만기 1개월 이내의 것은 제외한다)의 이자 등(법 제73조의2 제1항 전단에 따른 이자 등을 말한다.

이하 이 조, 제113조 및 제138조의3에서 같다)을 「자본시장과 금융투자업에 관한 법률」에 따른 투자회사 및 제16호의 자본확충목적회사가 아닌 법인에 지급하는 경우는 제외한다.

1. 제61조 제2항 제1호부터 제28호까지의 법인
2. 「한국은행법」에 의한 한국은행
3. 「자본시장과 금융투자업에 관한 법률」에 따른 집합투자업자
4. 「자본시장과 금융투자업에 관한 법률」에 따른 투자회사, 투자목적회사, 투자유한회사 및 투자합자회사(같은 법 제9조 제19항 제1호에 따른 기관전용 사모집합투자기구는 제외한다)
5. 「농업협동조합법」에 의한 조합
6. 「수산업협동조합법」에 따른 조합
7. 「산림조합법」에 따른 조합
8. 「신용협동조합법」에 따른 조합 및 신용협동조합중앙회
9. 「새마을금고법」에 따른 금고
10. 「자본시장과 금융투자업에 관한 법률」에 따른 증권금융회사
11. 거래소(위약손해공동기금으로 한정한다)
12. 「자본시장과 금융투자업에 관한 법률」에 따른 한국예탁결제원
13. 「한국투자공사법」에 따른 한국투자공사
14. 「국가재정법」의 적용을 받는 기금(법인 또는 법인으로 보는 단체에 한정한다)
15. 법률에 따라 자금대부사업을 주된 목적으로 하는 법인 또는 기금(다른 사업과 구분 경리되는 것에 한정한다)
16. 「조세특례제한법」 제104조의3 제1항에 따른 자본확충목적회사
17. 「산업재해보상보험법」 제10조에 따른 근로복지공단(「근로자퇴직급여 보장법」에 따른 중소기업퇴직연금기금으로 한정한다)
18. 그밖에 기획재정부령으로 정하는 금융보험업을 영위하는 법인

제61조 【대손충당금의 손금산입】

② 법 제34조 제1항에서 "대통령령으로 정하는 바에 따라 계산한 금액"이란 해당 사업연도 종료일 현재의 제1항에 따른 외상매출금·대여금, 그밖에 이에 준하는 채권의 장부가액의 합계액(이하 이 조에서 "채권잔액"이라 한다)의 100분의 1에 상당하는 금액과 채권잔액에 대손실적률을 곱하여 계산한 금액 중 큰 금액을 말한다. 다만, 다음 각 호의 어느 하나에 해당하는 금융회사 등 중 제1호부터 제4호까지, 제6호부터 제17호까지, 제17호의2 및 제24호의 금융회사 등의 경우에는 금융위원회(제24호의 경우에는 행정안전부를 말한다)가 기획재정부장관과 협의하여 정하는 대손충당금적립기준에 따라 적립하여야 하는 금액, 채권잔액의 100분의 1에 상당하는 금액 또는 채권잔액에 대손실적률을 곱하여 계산한 금액 중 큰 금액으로 한다.

1. 「은행법」에 의한 인가를 받아 설립된 은행
2. 「한국산업은행법」에 의한 한국산업은행

3. 「중소기업은행법」에 의한 중소기업은행

4. 「한국수출입은행법」에 의한 한국수출입은행

5. 삭제

6. 「농업협동조합법」에 따른 농업협동조합중앙회(같은 법 제134조 제1항 제4호의 사업에 한정한다) 및 농협은행

7. 「수산업협동조합법」에 따른 수산업협동조합중앙회(같은 법 제138조 제1항 제4호 및 제5호의 사업에 한정한다) 및 수협은행

8. 「자본시장과 금융투자업에 관한 법률」에 따른 투자매매업자 및 투자중개업자

9. 「자본시장과 금융투자업에 관한 법률」에 따른 종합금융회사

10. 「상호저축은행법」에 의한 상호저축은행중앙회(지급준비예탁금에 한한다) 및 상호저축은행

11. 「보험업법」에 따른 보험회사

12. 「자본시장과 금융투자업에 관한 법률」에 따른 신탁업자

13. 「여신전문금융업법」에 따른 여신전문금융회사

14. 「산림조합법」에 따른 산림조합중앙회(같은 법 제108조 제1항 제3호, 제4호 및 제5호의 사업으로 한정한다)

15. 「한국주택금융공사법」에 따른 한국주택금융공사

16. 「자본시장과 금융투자업에 관한 법률」에 따른 자금중개회사

17. 「금융지주회사법」에 따른 금융지주회사

17의 2. 「신용협동조합법」에 따른 신용협동조합중앙회(같은 법 제78조 제1항 제5호·제6호 및 제78조의2 제1항의 사업에 한정한다)

18. 「신용보증기금법」에 따른 신용보증기금

19. 「기술보증기금법」에 따른 기술보증기금

20. 「농림수산업자 신용보증법」에 따른 농림수산업자신용보증기금

21. 「한국주택금융공사법」에 따른 주택금융신용보증기금

22. 「무역보험법」에 따른 한국무역보험공사

23. 「지역신용보증재단법」에 따른 신용보증재단

24. 「새마을금고법」에 따른 새마을금고중앙회(같은 법 제67조 제1항 제5호 및 제6호의 사업으로 한정한다)

25. 「벤처투자 촉진에 관한 법률」 제2조 제10호에 따른 중소기업창업투자회사

26. 「예금자보호법」에 따른 예금보험공사 및 정리금융회사

27. 「자산유동화에 관한 법률」에 따른 유동화전문회사

28. 「대부업 등의 등록 및 금융이용자 보호에 관한 법률」에 따라 대부업자로 등록한 법인

(5) 현행 채권이자 보유기간 과세제도의 문제점

조세회피 방지 목적의 채권이자 보유기간 과세제도는 적시에 그 목적에 적합한 제도를 마련하였다는 점에서 높이 평가할 만하지만, 다소 개선이 필요한 부분이 있다.

가. 원천징수의무자 지정의 문제

현행 세법은 채권 등의 매도 시 법인과 법인 간의 거래에서는 당해 매도하는 법인(매수하는 법인이 금융회사인 경우에는 약정에 따라 금융회사 가능)이, 법인과 개인과의 채권 등 거래 시에는 매도·매수에 관계없이 법인에게 원천징수의무를 부여하고 있다. 또한, Repo 또는 대차거래로 인한 채권 등의 경우 당해 채권의 매수자(또는 차입자)가 매수(또는 차입)한 채권 등을 제3자에게 매도하는 경우 자기 보유 기간에 대한 이자를 원천징수하여 납부하고 익월에 환급 신청할 수 있도록 하고 있다(금융회사 제외).

원천징수제도는 이자 또는 배당 등의 소득을 지급할 때 이를 지급하는 자가 원천징수하는 제도인데, 채권의 보유기간 이자는 이와 반대로 소득을 수령하는 매도자가 자신이 보유한 기간의 세액을 계산하여 원천징수하도록 하고 있다. 또한, 거래단계에서 개인이 개입되어 개인이 매도자일 경우에는 매수하는 법인이 원천징수하도록 하여 원천징수 누락의 소지를 방지하고 있다. 이는 모두 세원 관리를 위해 채권 보유정보의 히스토리(History)를 관리하고자 하는 과세관청의 의지에서 마련된 제도임을 이해하지만, 원천징수제도의 합리성을 저해하는 한 요소인 것만은 분명해 보인다. 채권정보를 누락하지 않고 관리할 수 있는 방법으로 꼭 원천징수의 방식을 빌리지 않더라도 확인 자료 제출 등의 방법을 강구하여 원천징수제도의 근간을 유지할 수 있는 방향으로 가는 것이 합리적인 것으로 보인다.

나. 보유기간 이자 계산 시 이자율 적용의 문제

채권이자 보유기간 과세제도는 채권발행 당시에 확정된 액면이자율 또는 할인율에 따라 채권보유자의 보유기간별로 나누어 과세하는데, 채권은 채권발행시장에서 매수하기도 하지만 채권유통시장을 통해 취득하는 것이 대부분이다. 채권투자자가 유통시장에서 채권을 취득하는 경우, 그 채권의 가액은 당해 채권의 미래 현금흐름을 취득 시점의 시장이자율로 할인한 가액이 채권 가격으로 형성되는데, 투자자가 채권투자로 기대하는 이자수익은 채권이 보장하는 미래의 현금흐름에서 취득가액을 차감한 가액이 된다. 다시 말해 유통시장에서 채권을 취득한 투자자에게 있어서 이자수익은 취득 시점의 시장이자율로 계산된 이자와 할인액인데, 현행 소득세법은 이와 관계없이 발행 시점에서 기 확정된 이자와 할인액을 보유기간별로 안분하여 과세하고 있다. 이로 인하여 채권투자자의 실제 이자수익과는 다르게 이자소득이 과세되는 부분이 발생하는데, 채권의 발행 시점에 확정된 발행 할인액보다는 채권의 투자 시점에 확정된 시장 할인액을 이자소득으로 과세하는 합리적이라 사료된다. 장기적으로, 이에 따른 채권이자 보유기간 과세표준의 계산을 좀 더 정교하게 구현하는 노력이 필요할 것으로 보인다.

4) 채권 등의 종류별 또는 거래내용별 원천징수

자본시장이 급속도로 발전함에 따라 다양한 채권 등이 발행되고 있다. 이들 각 채권은 그 유형뿐 아니라 원금의 상환 방법, 이자 지급방식 등 발행 방식도 매우 복잡·다양해지고 있는데, 이러한 채권 등에서 발생하는 소득에 대한 원천징수 방법도 각기 다르기 때문에 원천징수 시에도 유의해야 한다.

여기서는 이러한 채권 등의 종류별 또는 거래내용별로 이자소득에 대한 원천징수 방법을 각각 알아본다.

(1) 특수한 형태의 채권 등의 이자소득에 대한 원천징수

가. 주식관련사채(CB, EB, BW) 이자 원천징수(소득세법 시행령 제193조의2)

주식관련사채라 함은 주식으로의 전환이 가능한 전환사채와 교환사채 및 신주인수권부사채를 가리킨다. 이들 채권은 옵션의 행사 시기, 또는 이자 지급방식 등에 따라 과세표준의 계산에 특이성이 존재하기 때문에 세법에서는 이들에 대한 과세 방식을 별도로 규정하고 있는데 이러한 채권에 대한 과세 방식을 알아본다.

① 주식관련사채의 종류

구 분	내 용
전환사채(CB)	신규 발행주식으로 전환할 수 있는 권리가 부여된 사채로, 전환권 행사 시 보유채권으로 대용납입한다.
교환사채(EB)	기 발행된 타사 상장주식 또는 자기주식으로 교환할 수 있는 권리가 부여된 사채로, 교환권 행사 시 보유채권으로 대용납입한다.
신주인수권부사채(BW)	신규 발행주식을 인수할 수 있는 권리가 부여된 사채로서, 발행방식에 따라 대용납입형과 현금납입형이 있다.

이러한 세 개의 주식관련사채를 자세히 비교해보면 아래 표와 같다.

구 분	전환사채(CB)	교환사채(EB)	신주인수권부사채(BW)
발행목적	일반 회사채보다 낮은 이자 비용으로 자금 조달 등의 목적		
권리 형태	전환권	교환권	신주인수권
대상 주식	발행회사의 신주	발행회사 보유 타사 상장주식 또는 자기주식	발행회사의 신주
권리행사 대금납입	사채금액 대체 (대용납입)	사채금액 대체 (대용납입)	별도 현금납입 or 사채금액 대체
권리행사 후 사채권	사채권 소멸	사채권 소멸	사채권 유지(현금납입) 사채권 소멸(대용납입)
주식 취득가격	전환가격	교환가격	행사가격

② 주식관련사채 이자지급 또는 만기 시 과세표준 계산

ⅰ) 주식관련사채 이자 지급에 따른 원천징수 시 적용할 이자율

: 채권 등의 표면이자율+할인율－할증률

ⅱ) 주식관련사채 만기 원리금 지급에 따른 원천징수 시 적용할 이자율

: 채권 등의 표면이자율+할인율－할증률+만기상환율

* 다만, 조건부 이자율이 있는 경우에는 그 조건이 성취된 날부터는 그 조건부 이자율을 적용한다.

③ 주식관련사채의 전환 또는 교환청구 시 원천징수

주식관련사채의 전환 또는 교환·신주인수권을 행사하는 경우에는, 실제로 이자 등을 지급받지 않지만 직전 이자지급일 이후부터 그 청구시점까지의 이자소득이 전환권 등이 행사되는 주식가격에 포함된 것으로 보아 원천징수한다(BW의 경우 당해 채권으로 대용납입하는 경우에 한함). 이는 행사대금을 당해 채권으로 납입("대용납입")함으로써 발생하는 것으로, BW의 현금납입에 의한 신주인수권 행사 시에는 원천징수 문제가 발생하지 아니한다.

ⅰ) 주식관련사채 청구일까지

: 보유기간에 따라 만기보장수익률(표면이자율 + 할인율 － 할증률 + 만기상환율)로 계산하여 이자소득으로 원천징수함.

ⅱ) 주식관련사채 청구일 이후

: 전환 또는 교환청구 시점부터 주식으로 보아 채권 등의 범위에서 제외
단, 청구일 이후에도 이자를 지급하는 약정이 있는 경우에는 약정이자율에 대하여 원천징수

(발행)

H회사는 아래 조건의 전환사채를 발행

발행금액 : 240,000,000,000원

표면이율 : 1%(3개월 후급), 만기보장수익률 : 3%(3개월 복리), 만기상환율 : 110.7456%

발행일 : 2020. 12. 10, 상환일 : 2025. 12. 10.

전환청구기간 : 2021. 1. 10. ~ 2025. 11. 10.

(전환청구)

2021. 3. 2. A투자자가 10억원의 전환사채 원금을 전환청구

일반이자 : 10억 × 1% × 1/4 × 82/90 = 2,277,777

특별이자 : (10억 × 110.7456% − 10억) × 82/1,826 = 4,825,515

과세이자 총액 : 2,277,777 + 4,825,515 = 7,103,292

원천징수 금액 : 1,093,900

- 법인세 : 7,103,292 × 14% = 994,460

- 지방소득세 : 994,460 × 10% = 99,440

나. 선매출 이자 또는 선이자지급방식의 채권 등 이자 원천징수

한국은행이 국고채권을 발행하면서 발행일 전 3개월 전부터 매출하는 선매출 제도에서 매출일부터 발행일까지의 기간에 대한 이자를 매출일에 선지급하는 채권의 선매출 이자와 금융회사 등이 매출 또는 중개하는 어음·전자단기사채·은행 및 상호저축은행이 매출하는 보관통장으로 거래되는 표지어음(은행 매출 표지어음은 보관통장으로 거래되지 않아도 포함) 등의 채권을 할인발행(선이자 지급방식의 채권 등)하는 경우의 할인액 등은 이자소득으로 본다. 따라서, 해당 매출기관은 동 매출일에 당해 이자에 대한 소득세(법인세) 등을 원천 징수하여야 한다. 또한, 거주자 또는 내국법인이 동 채권을 발행일 이전에 매도하는 경우에는 보유기간별로 계산한 이자소득 금액에 대하여 원천징수한다.

이러한 선이자지급방식의 채권 등 세제에 대해 좀 더 자세히 알아본다.

① 선이자지급방식의 채권 등

현재 시장에서 유통되는 채권 등에서 선이자지급방식의 채권은 기업어음(CP) 및 전자단기 사채 등이 해당한다.

구 분	내 용
기업어음(CP)	신용상태가 양호한 기업이 단기자금을 조달하기 위하여 자기신용을 바탕으로 발행하는 융통어음
전자단기사채	기업들이 만기 1년 미만의 단기자금을 조달하기 위해 종이가 아닌 전자방식으로 발행하는 채권

② 선이자지급방식 채권의 원천징수(소득세법 제190조)

선이자지급방식 채권 등의 이자소득에 대한 원천징수시기는 할인매출하는 날로 한다. 다만, 기업어음이 발행일부터 만기일까지 한국예탁결제원에 계속해서 예탁되는 경우, 또는 단기사채 등이 전자증권법에 의한 전자등록기관에 발행일부터 만기일까지 계속하여 전자등록된 경우에는 해당 어음 및 단기사채 등의 이자와 할인액을 지급받는 자가 할인매출일에 원천징수하기를 선택한 경우만 할인매출일에 원천징수하고, 당해 투자자가 이를 원하지 않는 경우에는 만기상환일에 원천징수한다.

또한, 거주자 또는 법인이 선이자지급방식의 채권 등을 이자 계산 기간 중에 매도하는 경우 중도매도일에 해당 채권 등을 새로이 매출한 것으로 보아, 이자 등을 계산하여 원천징수하여야 한다(법인세법 시행령 제113조 제11항). 만약 선이자지급방식의 채권 등을 취득한 후 사업연도가 종료되어 원천징수된 세액을 전액 공제하여 법인세를 신고하였는데, 그 후의 사업연도 중 해당 채권 등의 만기상환일이 도래하기 전에 이를 매도함으로써 해당 사업연도 전에 공제한 원천징수세액이 보유기간이자상당액에 대한 세액을 초과하는 경우에는 그 초과하는 금액을 해당 채권 등을 매도한 날이 속하는 사업연도의 법인세에 가산하여 납부한다(법인세법 시행령 제113조 제6항).

다만, 선이자지급채권 중 금융회사 등에게 지급하는 만기 1개월 이내의 전자단기사채의 보유기간 이자는 원천징수를 하지 아니한다(법인세법 시행령 제111조).

법인세법 집행기준 73-113-4 【선이자지급방식 채권 등의 원천징수】

① 법인이 선이자지급방식의 채권 등을 취득한 후 만기까지의 전기간분에 대한 실지 원천징수된 세액을 채권의 취득사업연도의 법인세 과세표준 신고시 전액 공제하였으나 그 후의 사업연도 중 해당 채권 등의 만기상환일이 도래하기 전에 이를 매도함으로써 해당 사업연도 전에 공제한 원천징수세액이 보유기간이자상당액에 대한 세액을 초과하는 경우에는 그 초과하는 금액을 해당 채권 등을 매도한 날이 속하는 사업연도의 법인세에 가산한다.
② 법인이 매출시 세금을 원천징수한 선이자지급방식의 채권 등을 이자계산기간 중에

매도하는 경우 해당 법인(금융기관이 해당 채권 등의 매도를 중개하는 경우에는 해당
금융기관)은 중도매도일에 해당 채권 등을 새로이 매출한 것으로 보아 이자 등을 계산하여
세액을 원천징수한다.

다. 물가연동국고채 이자 원천징수(소득세법 시행령 제22조의2)

물가연동국고채는 국채의 원금 및 이자지급액을 물가에 연동시켜 채권투자에 따른 물가
변동 위험을 제거함으로써 투자자의 실질구매력을 보장하는 국고채권으로, 2007년 3월부터
발행되었다.

이러한 물가연동국고채에 대한 투자로 투자자는 표면이자율로 계산한 이자소득 외에 물가
상승 시 이에 따른 원금상승분도 획득할 수 있는데, 이 원금상승분은 최초 차입금의 물가
상승에 따른 가치하락을 보상한 것으로 이자소득으로 보아 보유기간별로 원천징수한다. 따라서,
물가연동국고채는 표면이자율 등에 의하여 계산된 이자소득 이외에 원금상승분에 대하여도
원천징수를 고려해야 하는데, 원금상승분은 발행일 또는 매도일의 물가연동계수와 상환일
또는 매수일의 물가연동계수의 차이로 계산한다(소득세법 시행규칙 제88조의4). 다만, 물가연동
국고채의 원금상승분에 대한 과세는 2015년 세법개정 시 반영된 사항으로 2015년 1월 1일
이후에 발행된 채권에 대해서만 당해 원금상승분을 원천징수 대상에 포함한다.

> **예시**
>
> **(발행)**
> 물가연동 국고채권 ① 10-4, ② 15-4
> 발행금액 : 1,705,000,000,000
> 조기상환(buy-back) : 762,000,000,000 미상환잔액 : 943,000,000,000원
> 표면이율 : 2.75%, 6개월 후급
> 발행일 : ① 2010. 6. 10. ② 2015. 6. 10.
> 상환일 : ① 2020. 6. 10. ② 2025. 6. 10.
> 상환일 물가연동계수 : 1.17084
> 두 채권은 발행일과 상환일만 다를 뿐 발행금액과 이자지급조건, 물가연동계수는 같다고 가정
>
> **(상환)**
> ① 2020. 6. 10. ② 2025. 6. 10. 물가연동국채 943,000,000,000원 상환
> 일반이자 : 943,000,000,000 × 1.17084 × 2.75% × 6/12 = 15,181,404,150
> 상환원금 : 943,000,000,000 × 1.17084 = 1,104,102,120,000(원금상승분 : 161,102,120,000)
> 상환 원리금 총액 : 1,119,283,524,150

과세이자 총액 : ① 2010. 6. 10. 발행채권 : 15,181,404,150
       ② 2015. 6. 10. 발행채권 : 15,181,404,150 + 161,102,120,000 = 176,283,524,150
원천징수 금액 : ① 2010. 6. 10. 발행채권 : 2,337,936,230
       − 법인세 : 15,181,404,150 × 14% = 2,125,396,580
       − 지방소득세 : 2,125,396,580 × 10% = 212,539,650
       ② 2015. 6. 10. 발행채권 : 27,147,662,710
       − 법인세 : 176,283,524,150 × 14% = 24,679,693,380
       − 지방소득세 : 24,679,693,380 × 10% = 2,467,969,330

라. 원금이자분리(STRIP)채권 이자 원천징수(소득세법 시행령 제22조의2)

스트립채권이란, 이표채의 원금과 이자를 분리하여 각각을 별개의 무이표 채권(zero coupon bond)으로 매매하는 채권 원금·이자 분리거래제도를 말하는데, 국채에 한정해서 허용하고 있다[이표주기가 6개월인 5년 만기 국채로, 이자지급이 한 번도 없었다고 가정한다면 11개의 무이표채권(원금분리채권 1, 이자분리채권 10)으로 스트립 가능]. 스트립채권의 매매는 매우 선진적인 형태의 금융거래로 현금흐름의 단순화, 이자율 변동 위험과 재투자위험의 제거 및 만기 스트립채권의 차별화 등의 특징을 가지며 재결합도 가능하다.

스트립채권의 이러한 원금이자분리(STRIP : Seperate Trading of Registered Interest and Principal of Securities)로 인하여 분리된 원금분리채권 및 이자분리채권의 할인액은 이자소득으로 보아 원천징수한다. 한편, 국고채권의 원금과 이자의 분리는 매매로 간주하여 당해 원금과 이자의 분리(STRIP) 또는 재결합하는 경우 개인보유분은 국고채를 매수한 법인이, 법인보유분은 국고채를 보유한 법인이 직전 이자지급일 이후부터 신청할 때까지 발생한 보유기간이자소득에 대한 세액을 원천징수하여 납부하여야 한다.

> 예규 【소득세제과 − 576, 2007. 10. 18.】
> 국고채의 원금과 이자를 분리 혹은 원금과 이자를 재결합하는 경우 개인보유분은 국고채를 매수한 법인이, 법인보유분은 국고채를 보유한 법인이 보유기간이자상당액을 원천징수하는 것임.

마. 조건부자본증권 이자 원천징수

조건부자본증권은 주권상장법인이 정관으로 정하는 바에 따라, 이사회 결의로 해당 사채의 발행 당시 객관적이고 합리적인 기준에 따라 미리 정하는 사유가 발생하는 경우 주식으로 전환하거나 그 사채의 상환과 이자지급의무가 감면되는 사채로서 전환형과 상각형이 있다.

① 전환형 조건부자본증권 : 발행조건에 따라 주식으로 전환되는 증권

② 상각형 조건부자본증권 : 발행조건에 따라 상환 등 의무가 소멸되는 증권

이러한 조건부자본증권에서 발생하는 이자소득은 보유기간 과세 대상 채권 이자소득에 해당하는 것이며 전환형 조건부자본증권의 경우, 전환 사유가 발생한 날부터 3영업일째 되는 날에 상환되는 것으로 보아 보유기간 이자소득을 계산하여 원천징수한다.

> **예규【서면-2014-21566, 2015. 1. 14.】**
> 조건부자본증권은 보유기간별 과세 대상 채권 등에 해당하며, 전환형 조건부자본증권을 주식으로 전환하는 경우, 전환사유가 발생한 날부터 제3영업일이 되는 날에 상환(소멸)된 것으로 보는 것임.

예시

(발행)
B금융지주는 콜옵션(발행회사에 상환 결정 옵션 부여)이 부여된 상각형 조건부자본증권 발행
발행금액 : 80,000,000,000원
표면이율 : 4.6%(3개월 후급), 만기상환율 : 100%
발행일 : 2015. 6. 24, 상환일 : 2045. 6. 24.

(발행회사의 콜옵션 행사)
2020. 6. 24. B금융지주는 콜옵션을 행사하여 800억원의 원금 상환 결정
일반이자 : 800억 × 4.6% × 1/4 = 920,000,000
원천징수 금액 : 141,680,000
- 법인세 : 920,000,000 × 14% = 128,800,000
- 지방소득세 : 128,800,000 × 10% = 12,880,000

바. 개인 투자용 국채에 대한 과세특례(조특법 제91조의23)

① 개인 투자용 국채의 개념

개인 투자용 국채는 말 그대로 매입자격을 개인으로 한정하여, 개인 투자자에게 저축 수단을 제공할 목적으로 소액 단위로 발행하는 저축성 국채이다. 정부는 기존에 금융기관이 대부분 소화하고 있던 국채 수요를 다변화하고, 개인의 노후를 위한 새로운 형태의 안정적인 초장기

투자를 제공할 목적으로 2024년 5월 국채법을 개정하여 개인 투자용 국채의 도입 근거를 마련하였는데, 기존 국고채와 비교해 보면 아래와 같다.

구 분	매입자격	금리 결정	소유권 이전	사무처리기관
개인 투자용 국채	개인 한정	사전공고	불가 (중도환매는 가능)	전자등록기관 (한국예탁결제원)
국고채	제한 없음	공개시장	가능	한국은행

② 개인 투자용 국채의 상품구조 및 발행 절차

개인 투자용 국채는 처음에 만기 구조에 따라 10년물과 20년물의 두 종류가 발행되고, 1인당 연간 구매 한도가 1억원이었는데, 그 판매 활성화를 위해 2025년부터 5년물을 추가하고, 1인당 연간 구매 한도를 2억원으로 상향하였다.

| 개인 투자용 국채의 상품 구조 |

구 분	내 용
매입자격	• 전용계좌를 보유한 개인(1인 1계좌)
투자금액	• 최소 10만원, 연간 최대 2억원
종목	• 5년물, 10년물, 20년물
상환조건	• 만기일에 원금과 이자 일괄 수령
적용금리	• 만기 보유 시 〈표면금리+가산금리〉에 연복리 적용이자 지급 - 표면금리 : 전월 발행한 동일 연물 국고채 발행금리 - 가산금리 : 시장 상황 등을 고려하여 매월 결정·공표
발행	매월 판매대행기관*을 통한 청약 방식 모집·발행 * 2025년 2월 현재 : 미래에셋증권
유통·환매	• 상속·유증·강제집행 외에는 소유권 이전 불가 • 매입 1년 후부터 중도환매 신청 가능(가산금리·복리·세제 혜택 미적용)

③ 개인 투자용 국채에 대한 과세특례(조특법 제91조의23)

거주자가 아래 요건을 모두 갖춘 전용계좌를 통하여 2027년 12월 31일까지 개인 투자용 국채(5년물 이상 국채에 한함)를 매입하고 발행일부터 만기일까지 보유하는 경우 동 개인 투자용 국채에서 발생하는 이자소득 중 총 2억원까지의 매입금액에서 발생하는 이자소득에 대해서는 14%(지방소득세 1.4% 별도)의 세율을 적용하여 금융소득종합과세 대상에서 제외하고 분리과세한다.

ⅰ) 1명당 1개만 가입할 수 있는 계좌일 것

ⅱ) 개인 투자용 국채의 매입에만 사용되는 계좌일 것

한편, 개인 투자용 국채가 상속, 유증 또는 강제집행을 통하여 타인에게 이전된 경우에는 개인 투자용 국채를 이전받은 사람이 해당 개인 투자용 국채의 발행일부터 이전일까지의 기간 동안 그 개인 투자용 국채를 보유한 것으로 본다.

(2) 채권 등의 특이 거래 시 원천징수

가. 환매조건부 매매(Repo) 채권 등 이자 원천징수(법인세법 제73조의2)

Repo(Repurchase Agreement)거래란 현재 시점에 현물로 유가증권을 매도(매수)함과 동시에 사전에 정한 미래의 특정 시점(환매일)에 동 증권을 환매수(환매도)하기로 하는 2개의 매매계약이 동시에 이루어지는 유가증권의 매수·매도 계약으로, Repo매도자의 입장에서는 증권을 매도함으로써 자금을 차입하는 거래이며, 역으로 Repo매수자 입장에서는 증권을 매수함으로써 자금을 대여하는 거래이다. 이때, 당해 채권을 매수한 자는 환매조건부거래를 통해 취득한 채권 등에서 발생한 소득을 매도자에게 반환하여야 한다.

Repo거래의 대상은 채권, ETF, CP 등 시가평가가 가능한 다양한 증권을 포함한다.

| 환매조건부(Repo)거래 구조 |

이러한 Repo거래에서 발생하는 원천징수 업무는 두 가지로 나눠볼 수 있는데, 하나는 환매조건부채권의 매도자가 일정기간 후에 사전약정이율을 적용하여 지급하는 환매조건부 매매차익에 대한 것이고, 나머지 하나는 환매조건부거래 대상이 되는 채권 등에서 발생하는 이자소득에 대한 원천징수이다.

① 환매조건부채권 매매차익의 원천징수

환매조건부채권 매매차익은 Repo매도자가 환매거래 시에 사전약정이율에 따라 계산하여 Repo매수자에게 지급하는 금액을 말한다.

이러한 환매조건부 매매차익은 이자소득으로 약정에 의한 채권의 환매수일 또는 환매도일에 Repo매도자가 원천징수하는데, Repo매수자가 금융회사인 경우에는 채권 등의 이자소득에 대해서만 원천징수하므로 환매조건부 매매차익에 대하여는 원천징수를 하지 아니한다.

② 환매조건부 채권 등에서 발생한 이자소득 원천징수

ⅰ) Repo거래 채권 이자의 귀속

환매조건부 거래기간 동안 당해 환매조건부채권 등에서 발생한 이자소득은 Repo매도자에게 귀속된 것으로 보아 원천징수한다.

일반적으로 채권 등을 매도하거나 채권 등에서 발생하는 이자 등을 지급할 때, 매도자 또는 그 최종보유자가 보유한 기간 중 발생한 이자소득에 대해서만 원천징수하는 보유기간 원천징수제도를 적용하고 있으나, Repo매도 거래 시 당해 거래는 세법상 매도로 보지 않기 때문에 Repo거래 시점에서는 보유기간 과세제도를 적용하지 아니한다. 즉, 환매조건부 거래를 통해 Repo매수자에게 채권 등이 이전되었다고 하더라도 거래시점에서 원천징수하지 아니하고 동 채권 등의 이자소득을 지급할 때 Repo매도자에게 귀속된 것으로 보아 원천징수한다.

ⅱ) Repo거래 채권을 제3자에게 매도한 경우

다만, Repo매수자가 그 채권 등을 제3자에게 매도한 경우에는 매매거래이므로 보유기간 원천징수 예외가 인정되지 아니하여 보유기간에 따라 원천징수하여야 한다. 이때, 매수자는 환매조건부채권 등을 매수한 날부터 제3자에게 매도한 날까지의 보유기간이자 상당액을 원천징수하여 납부하는데, 매수자는 당해 원천징수 납부세액에 대하여 익월 10일까지 일정 서류를 첨부하여 환급 청구를 할 수 있다. 다만, 매수자가 금융회사(법인세법 시행령 제111조 제1항)인 경우에는 제3자에게 매도를 하더라도 보유기간 원천징수의 예외를 적용받을 수 있다(법인세법 시행령 제114조의2).

Repo매수자가 당해 채권을 제3자에게 매도하더라도 Repo기간 동안 발생한 채권이자소득은 Repo매도자에게 귀속되므로 Repo매수자는 거래기간 동안의 채권이자를 매도자에게 지급하여야 한다. 동 이자는 채권이자소득으로 보아 원천징수한다.

나. 대차거래 채권 등 이자 원천징수

ⅰ) 대차거래채권 이자의 귀속

증권의 대차거래란 증권을 비교적 장기로 보유하는 대여자가 증권의 결제부족분 충당 또는 투자전략상 필요로 하는 차입자에게 일정한 수수료를 받고 빌려주는 거래로, 대여자는 증권의 소유권을 차입자에게 이전할 것을 약정하고, 차입자는 동일한 종목·수량을 반환할 것을 약정함으로써 성립하는 증권소비대차계약이다. 이때, 차입자는 대차거래를 통해 취득한 채권 등에서 발생한 소득을 대여자에게 반환하여야 한다.

| 대차거래 구조 |

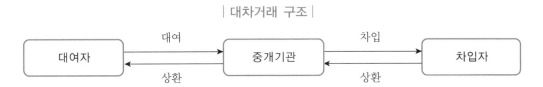

이러한 대차거래기간 동안 채권 등에서 발생한 이자소득은 대여자에게 반환하므로 대여자에게 귀속된 것으로 보아 원천징수한다. 일반적으로 채권 등을 매도하거나 채권 등에서 발생하는 이자 등을 지급할 때, 매도자 또는 그 최종보유자가 보유한 기간 중 발생한 이자소득에 대해서만 원천징수하는 보유기간 원천징수제도를 적용하고 있으나, Repo거래와 마찬가지로 대차거래의 경우에도 매도로 보지 아니하는 예외가 인정되어 대차거래 시점에서는 보유기간 원천징수제도를 적용하지 아니한다.

이에 따라, 대차거래를 통해 차입자에게 채권 등이 이전되었다고 하더라도 거래시점에서 원천징수하지 아니하고 동 채권 등의 이자소득을 지급할 때 대여자에게 귀속된 것으로 보아 원천징수한다.

ⅱ) 대차거래채권을 제3자에게 매도한 경우

다만, 차입자가 그 채권 등을 제3자에게 매도한 경우에는 매매거래이므로 보유기간 원천징수 예외가 인정되지 아니하여 보유기간에 따라 원천징수하여야 한다(Repo거래의 경우와 마찬가지로 법인세법 시행령 제111조 제1항의 금융회사는 원천징수 면제). 이때, Repo거래와 동일하게 차입자가 보유기간에 따라 원천징수하여 납부하고, 당해 차입자는 익월 10일까지 일정 서류를 첨부하여 환급을 청구할 수 있다(법인세법 시행령 제114조의2). 차입자가 당해 채권을 제3자에게 매도하더라도 대차기간 동안 발생한 채권이자소득은 대여자에게 귀속되므로 차입자는 거래기간 동안의 채권이자를 매도자에게 지급하여야 한다. 동 이자는 채권이자소득으로 보아 원천징수한다.

| 차입한 채권을 제3자 매도 시 원천징수 흐름도 |

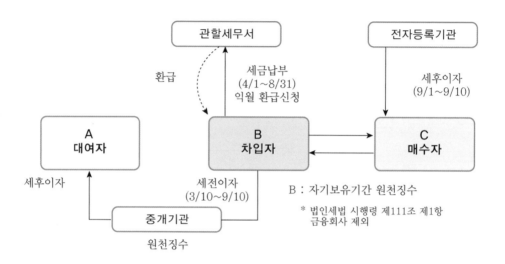

iii) 현금담보금 운용 이자

증권 대차거래에 있어서 대차거래 중개기관은 증권의 차입자로부터 차입 거래내역에 상응하는 필요 담보액만큼의 담보를 제공받고, 또한 담보물의 가격변동위험에 대비해 담보물의 평가 및 일일정산을 실시한다.

담보대상으로는 상장주식이나 국채, 지방채 등의 채권, 집합투자증권, 단기사채, 외화증권 등 외에 현금 담보도 가능한데, 차입자가 현금담보금을 납입하였을 경우에는 중개기관은 기간에 따라 일정 이자를 지급한다. 동 이자는 금융 이자소득으로 보아 15.4%(지방소득세 1.4% 포함) 원천징수하는데, 법인세법상 금융회사의 경우에는 원천징수하지 아니한다(예규 【소득 46011 – 382, 2000. 3. 22】 및 법인세법 시행령 제111조 제1항).

다. 질권설정 또는 양도담보 채권 등 이자 원천징수

질권이 설정된 채권에 대하여 발생하는 이자소득은 질권설정자에게 귀속되므로 질권설정자에게 원천징수하여야 한다. 다만, 질권설정자와 질권자 간의 담보권 실행을 위하여 질권자에게 채권 등을 대체하는 경우에는 매도하는 것으로 보아 원천징수를 하여야 한다(예규 법인 46013 – 1627, 1998. 6. 19).

양도담보라 함은 채무자가 채무보증의 한 방법으로 담보물의 소유권을 채권자에게 이전해 주는 것으로, 이러한 양도담보로 제공받은 채권 등에서 발생하는 이자소득은 양도담보권자 (양수인, 채권자)를 귀속자로 보아 원천징수하여야 한다.

5) 채권 등의 양도차익에 대한 과세

일반적으로 시장이자율의 변동 또는 채권 발행회사의 신용도 변화 등에 따라 채권 가격이 변하므로 채권거래에 따른 양도 손익이 발생한다.

이러한 채권의 양도 손익에 대해서 우리 세법은 법인의 경우에는 자산 순증가설에 입각하여 당연히 과세가 이루어지지만, 개인의 경우에는 과세하지 아니한다. 다만, 채권매매업을 영위하는 사업자의 채권 매매 손익은 사업소득으로 과세하고, 집합투자기구의 재산으로 편입된 채권의 매매차익에 대해서도 과세한다.

참고문헌

한국거래소. 한국의 채권시장

김운섭 · 강철준 · 노상규. 파생금융상품의 이해. 한국금융연수원

금융투자교육원. 금융상품의 이해

한국거래소. 채권 유통시장 해설서

유진. 채권과 이자율 파생상품. 경문사

금융감독원. 대학생을 위한 실용금융

이영기 · 남상구. 투자론. 한국맥그로힐

이효섭. 코코본드(조건부자본증권)의 건전한 발전 방안. 자본시장연구원

III

집합투자기구와 세제

① 집합투자기구의 개념

투자의 방식에는 투자자가 자신의 판단으로 주식이나 채권 등 투자대상에 직접투자하는 직접투자와 전문가에게 일정수수료를 지급하고 그 운용을 맡기는 간접투자가 있다. 집합투자기구는 간접투자의 대표적인 형태로 투자자가 투자대상에 직접투자를 하는 대신에 돈을 모아 전문투자자인 집합투자업자(자산운용회사)에 맡기고 당해 집합투자업자가 이를 투자 · 운용한 후 그 운용수익을 투자자에게 돌려주는 금융상품으로, 집합투자업자는 일정액의 보수를 수취한다. 집합투자기구에 대한 출자지분(투자신탁 : 수익증권, 투자회사 : 주식, 투자유한회사 · 투자합자조합 등 : 지분증권)은 집합투자증권으로 표시한다. 이러한, 집합투자기구가 보유한 재산을 집합투자재산이라고 하는데, 증권(지분증권, 채무증권, 파생결합증권 증권예탁증권, 투자계약증권), 파생상품, 부동산, 선박, 예술품, 금전 등으로 다양하다.

집합투자기구는 1975년에 제정된 「증권투자신탁업법」에 따른 투자신탁 형태로 도입되었는데, 1998년 「증권투자회사법」에 의한 투자회사가 도입되었고, 2004년에 이 두 법률을 통합하여 「간접투자자산운용업법」으로 시행되었다. 동 법률은 다시 2009년에 「증권거래법」 및 「신탁업법」과 통합되어 현재의 「자본시장과 증권투자업에 관한 법률」에서 집합투자기구를 다루고 있다. 이러한 집합투자기구는 투자신탁, 투자회사, 투자조합 등의 형태를 가지는데 투자신탁과 투자회사가 대부분을 차지한다.

1) 투자신탁과 투자회사

투자신탁은 집합투자업자(자산운용회사)가 위탁자가 되어 수탁자인 신탁업자에게 신탁한 재산을 신탁업자로 하여금 그 집합투자기구의 지시에 따라 투자 · 운용하게 하는 신탁 형태의 집합투자기구로서, 투자자는 수익자로서의 지위를 갖는다.

* 신탁 : 신탁을 설정하는 위탁자와 인수하는 수탁자 간의 신임관계에 기하여 위탁자가 수탁자에게 특정의 재산을 이전하거나 담보권의 설정 또는 그 밖의 처분을 하고 수탁자로 하여금 수익자의 이익 또는 특정의 목적을

위하여 그 재산의 관리, 처분, 운용, 개발, 그 밖에 신탁 목적의 달성을 위하여 필요한 행위를 하게 하는 법률관계(신탁법 제2조)

반면, 투자회사는 상법에 따른 주식회사 형태의 집합투자기구로서, 투자 목적의 명목회사(paper company)를 집합투자업자 또는 판매회사가 발기 설립하고 주식을 발행하여 투자자에게 판매한다.

투자자의 지위가 투자신탁은 수익자인 반면에 투자회사는 주주가 되고, 투자금은 자본금이 되며, 집합투자업자는 발기인 & 법인이사로서의 지위를 가진다.

| 투자신탁과 투자회사의 비교 |

구 분	투자신탁	투자회사
설립형태	신탁계약	주식회사
투자지분	수익증권	주권
투자자	수익자	주주
설립절차	자금 모집 후 감독기관 신고	주식회사 발기설립 후 모집
세 제	• 분배금, 환매차익 등 배당소득 과세 • 법인의 소득도 원천징수(단, 금융기관은 매도차익 한정, 분배·환매 제외) • 요건 : 연 1회 이상 결산, 자본시장법 적용, 금전표시	• 분배금 배당소득 과세 • 법인의 소득은 원천징수 없음 • 소득금액의 90% 이상을 배당하는 경우 그 금액 익금불산입

2) 집합투자의 요건

자본시장법에서는 집합투자의 요건을 정하고 있는데, 집합투자란 2인 이상의 투자자로부터 모은 금전 등을(①), 투자자로부터 일상적인 운용지시를 받지 아니하면서(②), 재산적 가치가 있는 투자대상 자산을 취득·처분 그 밖의 방법으로 운용하고(③), 그 결과를 투자자에게 배분하여 귀속시키는(④) 것을 말한다(자본시장법 제6조 제5항).

다만, ⅰ. 특별법(부동산투자회사법, 선박투자회사법 등)에 의한 사모펀드, ⅱ. 자산유동화증권(ABS, MBS 등), ⅲ. 신탁업자에 의한 신탁재산의 공동운용, ⅳ. 비영리목적의 자산운용(학술·자선, 契, 종중재산관리, 공익법인 등) 등에 대해서는 그 적용을 배제한다.

3) 집합투자기구의 법적 형태

이러한 집합투자기구의 법적 형태를 구분해 보면 아래와 같다.

구 분	형태	집합투자규약	집합투자증권	집합투자업자
투자신탁	신탁계약	투자신탁계약	수익증권	위탁자
투자회사	주식회사	정관	지분증권(주식)	법인이사
투자유한회사	유한회사	정관	지분증권(출자지분)	법인이사
투자합자회사	합자회사	정관	지분증권(출자지분)	무한책임사원
투자유한책임회사	유한책임회사	정관	지분증권(출자지분)	업무집행자
투자합자조합	합자조합	조합계약	지분	업무집행조합원
투자익명조합	익명조합	익명조합계약	지분	영업자

❷ 집합투자기구의 구조와 분류

1) 집합투자기구의 구조

집합투자기구에 투자하려는 투자자는 당해 집합투자기구를 설정하고 운용하는 집합투자업자 (자산운용회사)로부터 판매위탁을 받은 투자매매·중개업자 등의 판매회사(은행, 증권회사, 보험회사 등)를 통해 자금을 투자하게 된다. 판매회사로부터 투자자금을 받은 집합투자업자인 자산운용회사는 해당 집합투자기구의 재산을 구성하고 당해 재산을 신탁업자(은행 등)에게 위탁하여 보관관리를 맡기고 운용(결제)지시를 한다. 또한 사무관리회사가 당해 집합투자기구의 회계를 담당하며 기준가와 과세기준가를 산정하게 된다.

이러한 집합투자기구의 설정에서부터 운용지시, 수익분배금의 지급 등 참가기관 간 대부분의 프로세스는 한국예탁결제원의 〈Fund Net〉이라는 플랫폼을 통해 온라인으로 이루어진다.

| 집합투자기구 운영구조 |

① 집합투자업자

자산운용회사를 말하는데, 투자신탁의 위탁자 또는 투자회사의 법인이사로서 집합투자 재산의 운용주체이다. 집합투자기구의 설정과 해지 및 집합투자재산의 운용과 운용지시, 수익증권의 발행 등의 업무를 수행한다.

② 투자매매중개업자

투자매매업 또는 투자중개업의 인가를 받은 자로서 집합투자업자와의 위탁판매계약에 따라 집합투자기구의 판매와 환매 업무를 수행하는데, 주로 은행과 증권회사, 보험회사, 종합금융회사, 자산운용회사(직판 인가를 받은 경우) 등이 담당한다.

③ 신탁업자

집합투자재산을 집합투자업자로부터 위탁받아 관리하는 주체로, 집합투자업자의 운용지시 이행, 운용위반의 감시 업무, 집합투자재산의 보관·관리 업무 등을 수행한다.

④ 일반사무관리회사

자산운용회사 또는 투자회사와의 위탁계약에 따라 집합투자기구의 회계 및 기준가격 산정, 투자회사 주식의 발행 및 명의개서 등의 업무를 수행하는데, 투자회사는 일반사무관리회사 선임이 의무사항이지만 투자신탁은 선택사항이다.

2) 집합투자기구의 분류

(1) 모집방식과 추가설정·환매 가능 여부 등에 따른 분류

집합투자기구는 그 모집방식에 따라 공모와 사모로 구분할 수 있고, 설립 이후 투자자금의 규모를 변동시킬 수 있는지 여부에 따라 추가형과 단위형으로 분류할 수 있다. 또한, 투자자가 당해 집합투자기구를 환매할 수 있는지 여부에 따라 개방형과 폐쇄형으로 나뉜다.

| 모집방식 등에 따른 집합투자기구의 분류 |

분류기준	구 분	특 징
모집방식 (자본시장법 제9조 및 동법 시행령 제14조)	공모	100인을 초과하는 불특정 투자자로부터 자금을 모아 발행하는 집합투자기구
	사모	공모 이외의 방식으로 발행하고, 투자자의 총수가 100인 이하인 집합투자기구
추가설정 여부	추가형	집합투자기구의 최초 설정 이후 추가설정을 통해 자산규모가 증대 가능한 집합투자기구
	단위형	집합투자기구가 설정된 이후에는 추가설정이 금지되거나 일정 기간만 가능한 집합투자기구
환매가능 여부	개방형	투자자가 자신의 투자자금을 언제든지 환매하거나 추가 입금이 가능한 집합투자기구
	폐쇄형*	원칙적으로 환매나 추가설정을 청구할 수 없는 집합투자기구로, 최초발행일로부터 90일 이내에 상장해야 함(부동산·특별자산·혼합자산 집합투자기구 등)

* 환매금지형 집합투자기구를 자본시장법에서는 특수한 형태의 집합투자기구로 분류함(자본시장법 제230조).

(2) 운용 대상에 따른 분류

집합투자기구의 집합투자재산의 주 운용 대상으로 어떤 자산을 편입하는가에 따라 아래와 같이 분류할 수 있다(자본시장법 제229조, 금융투자회사의 영업 및 업무에 관한 규정 시행세칙 별지 제15호).

| 운용 대상에 따른 집합투자기구의 분류 |

구 분		내 용	비 고
증권 집합 투자 기구	주식형	집합투자재산의 60% 이상을 주식 또는 주식관련 상품에 투자	집합투자재산 의 40% 이상 으로서, 50% 를 초과하여 주 식, 채권 등 유 가증권에 투자
	채권형	집합투자재산의 60% 이상을 채권 또는 채권관련 상품에 투자	
	주식혼합형	주식형이나 채권형이 아니면서, 집합투자재산의 50% 이상을 주식 및 주식관련 파생상품에 투자	
	채권혼합형	주식형이나 채권형이 아니면서, 집합투자재산의 50% 미만을 주식 및 주식관련 파생상품에 투자	
	투자계약 증권형	집합투자재산 총액의 60% 이상을 투자계약증권에 투자. 60% 미만 투자 시 혼합주식형 또는 혼합채권형으로 분류	
	재간접형	집합투자재산의 40% 이상을 다른 집합투자기구에 투자	
부동산 집합투자기구		집합투자재산의 40% 이상으로서, 50%를 초과하여 부동산, 부동산을 기초로 한 파생상품, 개발관련 법인 대출, 부동산 관련 증권에 투자	
특별자산 집합투자기구		집합투자재산의 40% 이상으로서, 50%를 초과하여 증권 및 부동산을 제외한 특별재산에 투자	예술품, 선박, 특정 권리 등
혼합자산 집합투자기구		집합투자재산을 운용함에 있어 증권·부동산·특별자산· 집합투자기구 규정의 제한을 받지 않는 집합투자기구	
단기금융 집합 투자기구(MMF)		집합투자재산 전부를 단기금융상품(만기 6개월 내 CD, 만기 5년 내 국채, 만기 1년 내의 이외 채권과 어음, 단기대출 등)에 운용	운용자산을 장부가액 평가

(3) 특수한 형태의 집합투자기구

가. 종류형 집합투자기구(Multi - Class Fund)

동일한 집합투자기구 내에서 판매보수*와 판매수수료**가 다른 클래스별 증권이 발행되는 집합투자기구로, 각 클래스별로 기준가격이 상이하다. 이 경우 각 클래스별로 별도의 집합투자기구가 생성되는 것이 아니고 동일하게 운용되는 하나의 집합투자기구에 대하여 투자자별 성향에 따라 클래스가 구분되는 것이다(자본시장법 제231조).

 * 판매보수 : 지속적 서비스 대가로 매년 펀드에서 지급하여 기준가격에 영향을 줌.
** 판매수수료 : 판매 시의 일회성 수수료로 투자자가 부담하여 기준가에 영향이 없음.

| 종류형 집합투자기구 |

구 분	내 용
Class A	가입 시 판매수수료 선취. 판매보수 낮음 (A1, A2, A－e, ……)
Class B	환매 시 판매수수료 후취. 판매보수 낮음 (B1, B2, ……)
Class C	판매수수료 없음. 판매보수 높음 (C1, C2, C－e, ……)
Class E	판매회사가 온라인 전용으로 판매(Ae, Ce, E, ……)
Class P	근로자퇴직급여보장법에 근거한 설정·설립 집합투자기구
Class J	집합투자업자가 직접 판매하는 집합투자기구
Class S	집합투자증권에 한정하여 투자중개업 인가를 받은 금융투자업자(한국포스증권)가 온라인으로 판매하는 집합투자기구

나. 전환형 집합투자기구(Umbrella Fund)

복수의 집합투자기구 간에 각 집합투자기구의 투자자가 소유하고 있는 집합투자증권을 동일 그룹 내에서 다른 집합투자기구의 집합투자증권으로의 전환권을 부여하는 집합투자기구로서, 투자자는 시장 상황에 따라 다양한 선택(채권형 or 주식형)이 가능하다. 전환형 집합투자기구를 설정·설립하는 경우에는 아래 요건을 충족해야 한다(자본시장법 제232조).

① 복수의 집합투자기구 간에 공통으로 적용되는 집합투자규약이 있을 것
② 집합투자규약에 자본시장법상의 특정 집합투자기구(투자신탁·투자회사·투자유한회사·투자합자회사·투자유한책임회사·투자합자조합·투자익명조합·기관전용 사모집합투자기구) 간의 전환이 금지되어 있을 것

다. 모자형 집합투자기구

자펀드는 모펀드의 집합투자증권에 투자하고, 일반투자자는 자펀드를 매입하는 형태의 집합투자기구로서, 집합투자업자는 모펀드에 집중해서 운용하고 자펀드는 모펀드 이외의 집합투자증권을 편입할 수 없다. 모펀드는 1개의 단일펀드일 수도 있고 복수의 펀드도 가능하다. 또한, 재간접펀드(Fund of Fund)와 달리 다른 집합투자업자가 운용하는 집합투자증권은 편입할 수 없고 동일한 집합투자업자의 집합투자기구에 한정해서 투자 가능하다(자본시장법 제233조).

라. 기관전용 사모집합투자기구

기관전용 사모집합투자기구는 국가, 한국은행, 일정 요건을 갖춘 주권상장법인, 은행 등의

전문투자자 또는 전문성과 위험감수능력을 갖춘 특정 투자자만을 사원으로 하는 투자합자회사 형태의 사모집합투자기구로서 개인(외국인, 기관전용 집합투자기구 업무집행사원의 임원 또는 운용인력 제외)은 그 참여가 제한된다(자본시장법 제9조).

기관전용 사모집합투자기구는 1인 이상의 무한책임사원(GP : General Partner)과 1인 이상의 유한책임사원(LP : Limited Partner)으로 구성하며, 무한책임사원 중 1인 이상을 업무집행사원으로 정하여 회사의 업무를 집행하게 하여야 한다(자본시장법 제249조의11). 여기서 LP는 일반 투자자를 지칭하며 투자한 금액만큼의 유한책임을 지는데, GP는 투자 결과에 무한책임을 지고 펀드를 운용하는 운용사라 할 수 있다. 사원 총수가 100인을 초과하지 아니하는 범위에서는 지분을 분할하여 양도할 수 있지만, 유한책임사원은 적격투자자가 아닌 자에게 그 지분을 양도해서는 안 된다. 그리고, 일반적인 집합투자기구는 자신이 보유한 집합투자증권의 보유비율만큼 동일한 권리와 책임이 주어지지만, 기관전용 사모집합투자기구의 무한책임 사원은 손실이 발생하는 경우 무한의 책임을 지고 손실의 인식도 먼저 부담하는 반면에 이익이 있는 경우에는 유한책임사원보다 이익이 더 크며 경우에 따라서 성과보수를 받을 수도 있다.

마. 일반 사모집합투자기구

자본시장법에서는 사모집합투자기구 중에서 기관전용 사모집합투자기구가 아닌 사모집합 투자기구를 일반 사모집합투자기구로 분류한다(자본시장법 제9조).

일반 사모집합투자기구는 적격투자자에 한정하여 집합투자증권을 발행할 수 있는데, 일반 사모집합투자기구의 적격투자자에 대해서는 국가, 한국은행, 은행, 금융투자업자 및 특정 개인 등의 일반 요건과 3억원 또는 5억원 이상의 특정 조건 등의 투자금액 요건을 정하고 있다(자본시장법 제249조의2 및 동법 시행령 제271조). 그리고, 일반 사모집합투자기구의 투자자는 그 집합투자증권을 적격투자자가 아닌 자에게 양도해서는 안 된다.

3) 상장지수 집합투자기구(ETF : Exchange Traded Fund)

ETF는 KOSPI200과 같은 특정 지수 또는 특정 자산의 가격 움직임과 수익률이 연동되도록 설계된 집합투자기구로서 거래소시장에 상장되어 주식처럼 거래되는 금융상품이다. 이러한 ETF는 개별 주식의 장점인 매매 편의성과 함께 분산투자에 따른 개별위험을 감소시키고 낮은 거래 비용과 높은 투명성을 가진다는 장점이 있는데, 자본시장법에서는 이러한 특징을 감안하여 특례조항을 두어 다른 집합투자기구와 구별하고 있다(자본시장법 제234조 및 동법 시행령 제246조~제252조).

| ETF 상품 참가구조 |

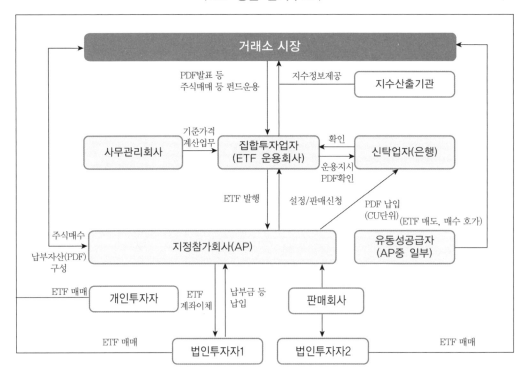

ETF는 설정·환매 기능을 담당하는 발행시장과 이를 상장시킨 후 매매를 담당하는 유통시장으로 나누어볼 수 있다.

(1) ETF 발행시장

ETF의 발행시장, 즉 설정 및 환매는 주로 금융기관인 법인 투자자가 참여하는 시장으로 CU(Creation Unit)라는 설정·환매 단위가 존재한다. CU는 설정 환매에 필요한 최소 수량으로서 집합투자업자가 정한 단위인데, 일정규모 이상을 유지함으로써 추종하는 지수 포트폴리오를 구성하는 최소자금을 확보하고, 설정·환매가 과도하게 자주 발생하지 않도록 하여 ETF 운용의 안정성을 도모한다.

ETF를 설정하고자 하는 법인 투자자는 1CU의 배수에 해당하는 만큼의 구성자산 바스켓이나 현금을 지정참가회사(AP : Authorized Participant)에 납입하여 설정을 요청함으로써 가능하다. 현금만 납입하거나 불완전한 바스켓을 납입한 경우 지정참가회사는 부족한 자산을 매입해 설정을 신청할 수도 있다. 법인 투자자는 환매시에도 현금이 아닌 CU에 해당하는 현물을 받는다.

ETF를 운용하는 집합투자업자는 해당 ETF의 자산구성현황(PDF : Portfolio Deposit File)을 공개하여야 하는데, 이는 ETF 설정 시 추적오차를 줄이고, 환매 시 단주 발생을 방지하기 위해 만들어진 것으로 해당 추종지수와 기본적으로 동일한 자산으로 구성된다. 이렇게 설정된 바스켓은 신탁업자에게 맡겨지며, 집합투자업자는 ETF를 거래소에 상장시키는 역할을 담당한다.

ETF의 이러한 설정·환매 프로세스도 한국예탁결제원의 〈Fund Net〉 플랫폼을 통해 온라인으로 이루어진다.

그리고, 발행시장에 참여한 법인 투자자는 발행시장의 ETF 가격이라 할 수 있는 바스켓 종목의 현재가치와 ETF 유통시장에서 형성된 시장 거래가격 사이에 괴리율이 크게 발생하면, 이에 대한 지속적인 차익거래(Arbitrage)로 수익을 추구하여 두 가격의 차이를 줄인다.

(2) ETF 유통시장

ETF는 거래소에 상장되어 주식 거래와 같이 매매가 가능하여, 소액으로 분산투자하는 효과를 누릴 수 있다.

ETF는 그 본질이 펀드이므로 설정·환매에 따라 상장주식수가 매일 바뀐다. 따라서 증자나 감자, 주식분할이 없을 경우, 상장주식의 변동이 없는 주식과 달리 ETF는 그 성격상 거래소에서 일어나는 매매뿐만 아니라 다양한 목적으로 설정·환매도 활발하게 이루어지고 있어 상장주식수는 자주 변한다.

이때, 시장 조성을 위해 유동성공급자(LP : Liquidity Provider)를 반드시 두어야 하는데 LP는 시장호가를 공급하며 AP 중에서 집합투자업자와 별도의 LP 계약을 맺은 회사들이다.

(3) 타 금융상품과의 비교

ETF는 이처럼 펀드로서의 특성과 주식으로서의 특징을 모두 가지고 있는데, 아래와 같이 타 금융상품과 비교해 볼 수 있다.

구분	ETF	주식	인덱스펀드	지수선물
법적 성격	집합투자증권	지분증권	집합투자증권	파생상품
결제일	T+2	T+2	T+3	T+1
시장위험	시장위험	시장·개별위험	시장위험	시장위험
분산투자	가능	불가	가능	가능
증권거래세	면제	양도 시	적용 배제	면제

4) 집합투자기구와 유사한 형태

(1) 부동산투자회사(Reits : Real Estate Investment Trusts)

리츠란 부동산 또는 부동산 관련 증권에 투자하여 그 운용수익을 주주에게 분배하는 것을 주된 목적으로 「부동산투자회사법」에 따라 설립되는 주식회사 형태의 투자회사이다.

재산의 50% 이상을 부동산 또는 부동산 관련 증권에 투자하는 자본시장법상의 부동산 집합투자기구와 유사하나, 리츠는 매 분기말 현재 총자산의 70% 이상이 부동산이어야 하고 또한 총자산의 80% 이상이 부동산, 부동산 관련 증권, 및 현금으로 구성되어야 하는 등의 요건이 있으며 운영방식에서도 차이가 있다. 리츠는 운영방식에 따라 자기관리리츠, 위탁운영리츠, 기업구조조정(CR : Corporate Restructuring)리츠로 나뉜다.

(2) 선박투자회사

선박투자회사란 자산을 선박의 취득과 임대 등에 투자하고 그 운용수익을 주주에게 분배하는 것을 주된 목적으로 「선박투자회사법」에 따라 설립되는 주식회사 형태의 투자회사이다.

선박투자회사는 1척의 선박을 소유하여야 하고, 존립기간이 최소 3년 이상이어야 한다. 또한, 선박투자회사는 선박운용회사에 선박의 취득·대선 등의 업무를 위탁하여야 하며 주식의 모집 또는 매매 등의 업무는 자본시장법상의 투자매매업자 또는 투자중개업자에게 위탁하여야 한다.

5) 집합투자재산의 평가와 회계

(1) 집합투자재산의 평가(자본시장법 제238조)

집합투자업자는 집합투자재산을 시가에 따라 평가하되, 평가일 현재 신뢰할 만한 시가가 없는 경우에는 공정가액으로 평가하여야 한다. 다만, MMF는 장부가액으로, 기관전용 사모집합투자기구가 취득한 지분증권은 취득가액으로 평가할 수 있다. 집합투자업자는 집합투자재산 평가위원회를 두어 집합투자재산의 평가업무를 수행하도록 하여야 하며, 동 평가가 공정하고 정확하게 이루어질 수 있도록 당해 집합투자재산을 보관·관리하는 신탁업자의 확인을 받아 집합투자재산 평가기준을 마련하여야 한다.

이렇게 평가한 집합투자재산의 실질가치를 기준가격이라고 하는데, 투자신탁이나 투자익명 조합의 집합투자업자 또는 투자회사 등은 집합투자기구의 기준가격을 매일(다만, 기준가격을 매일 공고·게시하기 곤란한 경우 등의 경우에는 해당 집합투자규약에서 기준가격의 공고· 게시 주기를 15일 이내의 범위에서 별도로 정할 수 있음) 공고·게시하여야 한다.

가. 기준가격

집합투자재산의 실질 가치를 나타내는 기준가격은 집합투자기구의 매수 또는 매도 시 적용되는 가격으로 자산총액에서 부채총액을 뺀 순자산가치(NAV : Net Asset Value)로 표시한다.

기준가격 = (집합투자기구의 순자산 총액/집합투자증권 총수(좌*수, 지분) × 1,000

* '좌'는 집합투자기구의 수량 단위로 1좌당 1원으로 하며, 1,000좌를 기준으로 1,000원으로 시작한다. 결산 시 이익이 발생한 경우에는 기준가격을 1,000원으로 조정하면서 그만큼 좌수를 늘려준다.

나. 기준가격의 적용

집합투자기구의 매수·매도 시 납입 또는 지급금액은 기준가격에 따라 결정되므로 기준가격 적용일의 파악이 매우 중요하다. 동일 유형의 펀드라도 주문하는 시간에 따라 다른 기준가격이 적용되는데, 일반적인 예를 들어보면 아래와 같다.

| 집합투자기구 주문 시간에 따른 기준가격 적용의 예 |

유 형	주문형태	주문시간	기준가격 적용
국내 주식형	매수	15:30 이전	제2영업일(T+1) 기준가 적용 제2영업일 결제
		15:30 경과	제3영업일(T+2) 기준가 적용 제3영업일 결제
	매도	15:30 이전	제2영업일 기준가 적용 제4영업일(T+3) 지급
		15:30 경과	제3영업일 기준가 적용 제4영업일 지급
국내 채권형	매수	17:00 이전	제2영업일 기준가 적용 제2영업일 결제
		17:00 경과	제3영업일 기준가 적용 제3영업일 결제
	매도	17:00 이전	제3영업일 기준가 적용 제3영업일 지급
		17:00 경과	제4영업일 기준가 적용 제4영업일 지급
MMF	매수	17:00 이전	제2영업일 기준가 적용 제2영업일 결제
		17:00 경과	제3영업일 기준가 적용 제3영업일 결제
	매도	17:00 이전	제2영업일 기준가 적용 제2영업일 지급
		17:00 경과	제3영업일 기준가 적용 제3영업일 지급

(2) 집합투자재산의 회계(자본시장법 제240조)

투자신탁이나 투자익명조합의 집합투자업자, 투자회사 등은 집합투자재산에 대하여 회계기간의 말일 및 특정일(계약기간의 종료일 또는 해지·해산·만료일)로부터 2개월 이내에

회계감사인의 감사를 받아야 한다. 다만 투자자의 이익을 해할 우려가 없는 경우(집합투자기구의 자산총액이 300억원 이하인 경우 등)는 제외한다.

집합투자기구는 결산을 통해 신탁재산의 운용 성과와 손익을 확정하고 신탁재산의 자산상태를 명확히 하기 위한 일련의 절차를 수행한다. 결산 시 보통 기준가격을 1,000좌당 1,000원의 형태로 환원하고, 회계기간 동안 발생한 이익금은 분배금으로 지급한다.

집합투자기구의 집합투자재산 운용에 따라 발생한 이익금은 투자자에게 금전 또는 새로운 집합투자증권으로 분배하여야 하는데, 집합투자규약에 따라 집합투자기구 내부에 유보할 수도 있다. 이때 이익금을 초과하여 분배할 필요가 있는 경우에는 이익금을 초과하여 분배할 수도 있지만, 투자회사의 경우에는 순자산액에서 최저 순자산액을 뺀 금액을 초과하여 분배할 수 없다.

③ 집합투자기구 관련 세제

집합투자기구와 관련된 세제는 집합투자기구 자체에 대한 과세와 당해 집합투자기구의 투자자 단계에 대한 과세 문제로 나누어 접근해볼 수 있다.

그런데, 먼저 집합투자기구에서 발생하는 운용수익에 대한 과세를 누구에게 할 것인가에 따라 다른 과세이론이 존재한다. 즉, 집합투자기구 자체를 세법상 하나의 독립적인 실체로 볼 것인 지의 여부에 따라 실체이론과 도관이론으로 나누어볼 수 있다.

1) 실체이론과 도관이론

(1) 실체이론

실체이론은 집합투자기구를 세법상 독립적인 과세 실체로 인정하여 운용성과를 당해 집합투자기구의 소득에 귀속되는 것으로 보는 이론이다.

그런데, 운용성과에 대하여 집합투자기구의 소득으로 보아 과세하고, 이를 투자자에게 분배하는 과정에서 다시 과세한다면 이중과세의 문제가 발생할 수 있다.

따라서, 실체이론을 적용할 때는 이 같은 문제점을 해소하기 위해 집합투자기구를 하나의 법인으로 의제하여 집합투자기구에 귀속되는 소득에 대하여 원천징수하고 추후 환급하거나 (2008년까지 투자신탁의 채권이자 소득에 대해 시행), 투자회사의 경우 법인으로서 법인세 납세의무를 부담하고 일정 비율 이상 분배할 경우 지급배당금을 소득에서 공제해 주는 방식(법인세법 제51조의2【유동화전문회사에 대한 소득공제】) 등을 이용해서 집합투자기구에 대해 실질적 세 부담을 부여하지 않는 방향으로 운용한다.

구법인세법(2008. 12. 26. 개정전) 제73조【원천징수】

① 「소득세법」 제127조 제1항 제1호의 이자소득금액(대통령령이 정하는 금융보험업의 수입금액을 포함한다)과 동법 제17조 제1항 제5호의 투자신탁의 이익을 내국법인에게 지급하는 자(이하 "원천징수의무자"라 한다)가 그 금액을 지급하는 때에는 그 지급하는 금액에 다음 각 호의 세율을 적용하여 계산한 금액에 상당하는 법인세를 징수(이하 "원천징수"라 한다)하여 그 징수일이 속하는 달의 다음 달 10일까지 이를 납세지 관할세무서 등에 납부하여야 한다.

1. 이자소득금액의 경우에는 100분의 14(「소득세법」 제16조 제1항 제12호의 비영업대금의 이익의 경우에는 100분의 25)
2. 투자신탁의 이익의 경우에는 100분의 14

> ② 「신탁업법」 및 「간접투자자산운용업법」의 적용을 받는 법인의 신탁재산에 귀속되는 이자소득금액으로서 대통령령이 정하는 것에 대하여는 제5조의 규정에 불구하고 당해 신탁재산을 내국법인으로 보아 제1항의 규정을 적용한다.

> **법인세법 제51조의2 【유동화전문회사 등에 대한 소득공제】**
> ① 다음 각 호의 어느 하나에 해당하는 내국법인이 대통령령으로 정하는 배당가능이익(이하 이 조에서 "배당가능이익"이라 한다)의 100분의 90 이상을 배당한 경우 그 금액(이하 이 조에서 "배당금액"이라 한다)은 해당 배당을 결의한 잉여금 처분의 대상이 되는 사업연도의 소득금액에서 공제한다.
> 1. 「자산유동화에 관한 법률」에 따른 유동화전문회사
> 2. 「자본시장과 금융투자업에 관한 법률」에 따른 투자회사, 투자목적회사, 투자유한회사, 투자합자회사(같은 법 제9조 제19항 제1호의 기관전용 사모집합투자기구는 제외한다) 및 투자유한책임회사

(2) 도관이론

도관이론은 집합투자기구를 세법상 독립적인 과세 실체로 보지 않고 단순히 투자자에게 수익을 분배하기 위하여 활용되는 도관으로 보아 발생한 소득의 내용에 따라 과세한다는 이론이다.

이러한 도관이론을 적용할 경우 이중과세의 문제는 발생하지 않으나 집합투자기구의 운용성과가 투자자에게 분배될 때 각 소득의 원천별로 세법상의 소득 구분에 따라 과세하게 되므로 투자재산이 수시로 변하고 다수의 투자자가 존재하는 집합투자기구의 경우에는 그 적용이 곤란하다. 우리 세법에서는 전통적 신탁상품에 대하여 이를 적용하고 있다.

(3) 집합투자기구에 대한 세법상 과세이론

현행 우리 세법에서는 실체이론과 도관이론을 혼용하여 규정하고 있는데, 소득세법은 적격집합투자기구*로부터의 이익은 그 원천이 무엇이든 간에 배당소득(2003년까지는 집합투자기구의 형태에 따라 이자소득과 배당소득으로 구분)으로 분류하고, 이외 신탁(보험회사의 특별계정 제외)의 이익에 대해서는 수탁자에게 이전되거나 그 밖에 처분된 재산권에서 발생하는 소득의 내용별로 과세하도록 규정하여 적격집합투자기구에 대해서는 실체이론의 입장을 취하고 그 이외의 신탁에 대해서는 도관이론을 취하고 있다 하겠다. 반면, 법인세법은

투자신탁의 이익에 대해서는 투자신탁 재산에 귀속되는 시점에는 해당 소득금액이 지급되지 아니한 것으로 보아 원천징수하지 아니하도록 하여(2008년까지는 집합투자재산에 귀속되는 채권이자소득에 대해 원천징수하고 추후 환급) 도관이론의 입장을 일부 취하고 있다(법인세법 제73조 제3항). 하지만 회사형 집합투자기구인 투자회사의 경우에는 배당가능이익의 90% 이상을 배당하는 경우에만 동 금액을 당해연도 소득금액에서 공제해 주도록 하여 실체이론을 취한다.

* 적격집합투자기구 요건(소득세법 시행령 제26조의2)
  ① 자본시장법에 따른 집합투자기구일 것(보험회사 특별계정 제외, 원금보전 금전신탁 포함)
    • 집합투자기구 자산총액의 10%를 초과하여 동일 종목 증권투자 제한
    • 하나의 법인에 대해 지분율 10% 초과 투자 제한
    • 집합투자기구 자산총액의 20%를 초과하여 동일 집합투자증권 투자 제한
  ② 해당 집합투자기구의 설정일부터 매년 1회 이상 결산·분배할 것
    (단, 이익금이 0보다 적거나 평가·매매이익 등의 경우에는 분배 유보 가능)
  ③ 금전으로 위탁받아 금전으로 환급할 것(금전 외의 자산으로 위탁받아 환급하는 경우로서 위탁가액과 환급가액이 모두 금전으로 표시된 것 포함)

  단, • 국외에서 설정된 집합투자기구는 위 각 요건을 갖추지 않더라도 무조건 해당
     • 사모집합투자기구로서 투자자가 1인 또는 1인과 특수관계인으로 구성되어 있고, 당해 투자자가 사실상 자산운용에 관한 의사결정을 하는 경우 상기 요건을 충족하더라도 적격집합투자기구로 보지 않음.

2) 집합투자기구 자체에 대한 과세

집합투자기구 자체에 대한 과세는 해당 집합투자기구의 법적 성격(신탁형·회사형·조합형)에 따라 세금 문제가 다르게 발생하는데, 여기서는 신탁형과 회사형을 주로 하여 설립·운영·결산에 따른 각 단계별로 알아보도록 한다.

(1) 집합투자기구의 설립에 따른 세무

집합투자기구의 설립과 관련해서 신탁형은 법인격이 없으므로 과세문제가 거의 발생하지 않고 회사형에서 많이 발생하는데, 주로 지방세와 관련된 문제다. 자본시장법 제194조에서는 투자회사를 설립할 때 설립등기를 하도록 하고 있는데, 이로 인해 등록과 면허 유지에 따른 등록면허세와 함께 균등할주민세 등의 세금이 발생한다(지방세특례제한법 제180조의2, 지방세법 제28조, 제34조, 제81조, 제151조).

집합투자기구별 설립과 관련된 지방세를 정리하면 아래와 같다.

구 분	투자신탁	투자회사*	투자조합	기관전용 사모집합투자기구
등록에 따른 등록면허세	해당없음	설립자본금의 0.4% 대도시 3배 중과 배제 지방교육세 0.4×20%	설립자본금의 0.4% 지방교육세 0.4×20%	설립자본금의 0.4% 대도시 3배 중과 배제 지방교육세 0.4×20%
면허 유지에 따른 등록면허세	연 67,500원 (집합투자업 자 부담)	연 67,500원	연 67,500원	연 67,500원
균등할주민세	해당없음	연 50,000원	해당없음	연 50,000원

* 부동산투자회사(Reits)와 선박투자회사도 투자회사에 준하여 과세

(2) 집합투자기구의 운영에 따른 세무

집합투자기구의 운영과 관련해서는 판매과정에서 발행하는 통장이나 증권에 대한 인지세, 투자기구 내의 투자재산 운용과정에서 발생하는 주식 등에 대한 증권거래세, 부동산의 취득·보유 등에 따른 취득세, 재산세, 종합부동산세, 부가가치세 등의 문제가 발생할 수 있다.

가. 인지세

신탁에 관한 통장의 발행과 자본시장법에 따른 채무증권, 지분증권 및 수익증권의 발행에는 인지세가 부과되는데, 집합투자기구를 투자자에게 판매하면서 발행하는 통장이나 투자신탁의 수익증권, 투자회사의 지분증권 등이 인지세 납부대상이 된다. 따라서, 통장은 발행되는 각 통장별로 100원씩, 증권에 대해서는 400원씩 납부해야 하는데(전자증권법에 따라 전자등록된 주식 등과 단기사채, 자본시장법에 따른 예탁자계좌부와 투자자계좌부에 기재된 증권 등은 제외), 전자증권법에 의거 투자신탁의 수익권과 투자회사의 주식은 전자등록 대상이기 때문에 인지세가 발생하지 아니한다(인지세법 제3조).

그리고, 집합투자기구에서 부동산을 취득하는 경우에는 당해 매매계약서에 인지세가 부과될 수 있다.

나. 증권거래세

주권과 지분을 유상으로 양도하는 경우에는 증권거래세를 부과한다. 여기서 주권이란 상법 또는 특별한 법률에 따라 설립된 법인의 주권과 증권시장에 상장된 외국법인이 발행한 주권을 말하고, 지분이란 합명회사·합자회사·유한책임회사·유한회사의 사원 지분을 말한다.

집합투자기구의 운용과 관련해서는 집합투자기구가 양도하는 주식에 대해서 증권거래세가 부과된다. 다만, 자본시장법상의 상장지수집합투자기구(ETF)가 추종지수의 구성 종목이 변경되어 이를 반영하기 위하여 증권시장 또는 다자간 매매체결거래를 통하여 주권을 양도하는 경우에는 증권거래세가 과세되지 아니한다.

예규 【사전법령재산 – 418, 2017. 6. 22.】
집합투자업자가 투자자로서 고유계정 보유 현물자산을 본인이 운용하는 투자신탁에 현물납입하는 거래는 증권거래세 과세 대상에 해당함

예규 【소비세제과 – 96, 2007. 3. 12.】
수익증권 매입시 현금이 아닌 주식으로 납입하는 경우와 수익증권의 환매시 주식으로 지급받는 경우에는 증권거래세 과세 대상에 해당함

예규 【법규부가 2008 – 50, 2009. 7. 27.】
상장지수집합투자기구의 수익증권을 투자신탁에 매도하고, 투자신탁이 자신의 명의와 계산으로 환매하며, 증권시장을 통하여 해당 투자신탁의 명의와 계산으로 양도하는 경우에는 증권거래세가 면제되는 것임

예규 【환경에너지세제과 – 333, 2010. 6. 28.】
상장지수집합투자기구(ETF)가 주식현물을 증권시장을 통하여 양도하는 경우 주권의 양도는 증권거래세 과세 대상이 되는 것임

조세특례제한법 제117조 【증권거래세의 면제】
① 다음 각 호의 어느 하나에 해당하는 경우에는 증권거래세를 면제한다.
21. 「자본시장과 금융투자업에 관한 법률」 제234조 제1항의 상장지수집합투자기구가 추종지수의 구성종목이 변경되어 이를 반영하기 위하여 증권시장 또는 같은 법 제78조에 따른 다자간매매체결거래를 통하여 주권을 양도하는 경우

증권거래세의 세율은 아래와 같이 연도별로 다르게 적용된다(증권거래세법 제8조 및 동법 시행령 제5조).

구 분		세 율	납세의무자
일반적인 양도		35/10,000	양도자*
유가증권시장 양도	2023.1.1~2023.12.31	5/10,000**	한국예탁결제원
	2024.1.1~2024.12.31	3/10,000**	
	2025.1.1 이후	0**	
코스닥, K-OTC 시장 양도	2023.1.1~2023.12.31	20/10,000	한국예탁결제원
	2024.1.1~2024.12.31	18/10,000	
	2025.1.1 이후	15/10,000	
코넥스시장 양도		10/10,000	한국예탁결제원

  * 단, 금융투자업자를 통한 양도는 해당 금융투자업자, 국내사업장을 가지고 있지 아니한 비거주자 또는 외국법인이
    주권 등을 금융투자업자를 통하지 아니하고 양도하는 경우에는 양수인
 ** 농어촌특별세 15/10,000 별도
*** 다자간 매매체결회사를 통한 상장주식 거래는 증권시장에서 거래되는 것으로 보아 과세(조특법 제104조의4)

다. 부동산 관련 세금

부동산 또는 그와 관련된 금융상품이나 권리 등에 집합투자재산의 50%를 초과하여 투자하는 부동산집합투자기구가 투자재산을 부동산에 운용하는 과정에서 부동산 관련 세금이 발생하는데, 취득세, 재산세 등의 지방세와 종합부동산세 및 부가가치세가 발생할 수 있다.

① 취득세

부동산의 취득과 관련해서는 취득세가 발생하는데, 이에는 다시 지방교육세와 농어촌특별세를 추가로 과세한다. 일반적인 매매 시 부동산 취득세의 세율은 4%이고, 여기에 0.4%(취득세율에서 2%를 차감한 세율의 20%)의 지방교육세와 0.2%(취득세 표준세율을 2%로 한정하고 이의 10%)의 농어촌특별세를 추가하여 총 4.6%가 부과된다(지방세법 제11조 및 제151조). 부동산집합투자기구가 집합투자재산으로 취득하는 부동산에 대해서는 대도시 내 법인 설립에 따른 부동산 취득에 대한 취득세 중과세(3배 중과) 규정이 적용되지 아니한다(지방세특례제한법 제180조의2).

② 재산세와 종합부동산세

또한, 집합투자기구가 보유한 부동산에 대해서는 재산세가 별도로 부과되고 일정 요건을 충족할 경우에는 종합부동산세도 부과될 수 있다. 다만, 부동산집합투자기구가 보유하는 토지는 분리과세 대상이므로 종합부동산세가 부과되지 않으나, 주택은 과세 대상이 된다(지방세법 시행령 제102조 제8항 제9호).

③ 부가가치세

집합투자기구가 제공하는 용역은 원칙적으로 부가가치세가 면세되지만, 집합투자기구의 투자재산이 부동산이어서 이에 대한 임대사업을 하거나 매매가 이루어지는 경우에는 부가가치세가 부과되고(토지 제외), 부동산 관련 권리나 어업권과 광업권 등을 운용하는 경우에도 집합투자업자와 신탁업자에게 지급하는 보수에 대해 부가가치세가 과세된다(부가가치세법 시행령 제40조).

④ 부동산 양도차익

집합투자기구에서 부동산을 처분하여 양도차익이 발생하는 경우, 신탁형 집합투자기구는 납세주체가 아니므로 양도차익에 대한 납세의무가 없고 투자자에게 환매대금 또는 이익분배금이 지급될 때 배당소득으로 과세된다. 회사형 집합투자기구의 경우에는 당해 양도차익이 법인의 익금으로 처리되지만 배당가능이익의 90% 이상을 배당하면 그 금액을 각 사업연도 소득금액에서 공제할 수 있으므로 실질적인 법인세 부담은 없고, 이 또한 투자자에게 귀속되는 단계에서 배당소득으로 과세된다(법인세법 제51조의2).

(3) 집합투자기구의 결산에 따른 세무

신탁형 집합투자기구는 과세 주체가 될 수 없으므로 직접적인 세무 문제가 발생하지 않지만, 회사형 집합투자기구는 법인격을 가지기 때문에 이중과세 문제를 제거하기 위하여 세법에서는 추가적으로 규정을 두고 있고, 실질적 내용에 따라 기관전용 사모집합투자기구에 대해서도 다른 과세제도를 두고 있다.

가. 회사형 집합투자기구의 결산과 과세

① 법인세 과세

회사형 집합투자기구(주식회사 형태의 투자회사, 투자유한회사, 투자합자회사 등)는 법인격을 가지고 있으므로 각 사업연도 소득에 대한 법인세 신고납부 의무가 있다. 하지만 동 법인 주주들의 배당소득에 대해서도 과세가 되기 때문에 이중과세 문제가 발생하여 이에 대한 조정이 필요한데, 법인세법(제51조의2)에서는 이에 대한 소득공제 규정을 두고 있다.

즉, 회사형 집합투자기구 등(기관전용 사모집합투자기구 제외)이 배당가능이익의 90% 이상을 배당하는 경우에는 그 금액을 해당 사업연도의 소득금액에서 공제하도록 하여 이중과세 문제를 해소하고 있다.

② 평가손익의 인식

일반기업의 결산 시에 유가증권평가손익 등을 인정하지 않는 세법 규정을 회사형 집합투자기구에도 적용할 경우 집합투자기구의 결산상 회계 순이익과 세무상 순이익이 다르게 나타나므로 매일의 NAV(순자산가치, Net Asset Value)에 의하여 설정·환매가 빈번하게 일어나는 시장의 왜곡을 초래할 수 있다. 이에 따라, 세법(법인세법 시행령 제70조 및 제75조)에서는 투자회사 등의 이자 및 할인액(당해 사업연도 이익 계상분 인정)과 유가증권평가손익(시가법 적용)에 대하여 예외 규정을 두어 회계상 이익과 세무상 이익의 불일치를 해소하도록 하고 있다.

또한, 일반법인에 대하여 의무적으로 제출하도록 하는 「주식등변동상황명세서」를 투자회사 등(기관전용 사모집합투자기구 제외)에는 그 제출을 면제하고 있다(법인세법 시행령 제161조).

나. 기관전용 사모집합투자기구의 결산과 과세

기관전용 사모집합투자기구는 무한책임사원(GP)과 유한책임사원(LP)으로 구성되어 있어 다른 회사형 집합투자기구와 다른 과세체계가 적용되는데, 세법에서는 동업기업 과세특례 제도를 적용하도록 하고 있다(조세특례제한법 제100조의15).

동업기업 과세특례제도(조세특례제한법 제100조의14~제100조의26)란 2명 이상이 금전이나 그 밖의 재산 또는 노무 등을 출자하여 공동사업을 경영하면서 발생한 이익 또는 손실을 배분하는 동업기업에 대하여 당해 동업기업을 도관으로 보아, 발생한 소득에 대하여 동업기업 단계에서는 과세하지 아니하고 투자자 단계에 귀속시켜 과세하는 제도이다. 동업기업 과세특례를 적용받으려면 과세연도 개시일 이전(설립시는 개시일로부터 1개월 이내)에 동업자 전원의 동의를 받아 적용신청서를 납세지 관할 세무서장에게 제출하여야 한다. 동업자 군별 배분 대상 소득금액 또는 결손금은 각 사업연도의 종료일에 해당 동업자군에 속하는 동업자들에게 동업자 간의 손익배분 비율에 따라 배분하여 소득세법 또는 법인세법에 따라 각 동업자가 신고납부한다. 다만 경영에 참여하지 않고 출자만 하는 수동적 동업자(기관전용 사모집합 투자기구의 경우 LP)에 배분하는 소득에 대해서는 배당소득으로 원천징수한다. 이에 대해서는 뒤에서 다시 한번 자세히 설명한다.

3) 집합투자기구의 투자자에 대한 과세

투자자는 자신이 취득한 집합투자증권으로부터 분배금을 받거나, 환매 또는 양도의 방식으로 투자금을 현금화할 수 있는데, 이때 차익은 원칙적으로 배당소득으로 과세되지만, 실질 내용은 집합투자기구의 성격에 따라 조금씩 다르다.

세법에서는 투자신탁·투자회사·투자조합·투자익명조합 등 집합투자기구로부터의 이익에 대해 당해 집합투자기구가 세법상 적격 집합투자기구에 해당하는지 여부에 따라 그 소득 구분을 달리하는데, 적격 집합투자기구의 이익에 해당할 경우에는 동 소득을 배당소득으로 과세한다. 하지만, 비적격 집합투자기구인 경우에는 신탁의 이익으로 보아 수탁자에게 이전되거나 소득의 원천별로 구분 과세하는데, 즉 회사형 비적격 집합투자기구와 동업기업 과세특례를 적용받지 않는 기관전용 사모집합투자기구로부터 받는 소득 및 기관전용 사모 집합투자기구의 수동적 사업자가 받는 소득은 배당소득으로 과세하고 나머지 비적격 집합투자기구로부터 받는 소득은 소득의 원천별로 구분하여 과세한다. 국외 집합투자기구의 경우에는 요건에 관계없이 분배금은 배당소득(지분 양도차익은 양도소득 과세)으로 과세한다.

집합투자기구의 집합투자재산에서 발생하는 이익이 상장주식, 장내파생상품의 양도·평가 손익인 경우에는 과세 대상소득에서 제외하고 채권의 양도·평가손익은 적격집합투자기구의 과세 대상에 포함한다.

이를 요약하면 아래와 같다.

| 집합투자기구 성격에 대한 소득구분 |

구 분		적격 집합투자기구	비적격 집합투자기구
신탁형	투자신탁	배당	소득 내용에 따라 구분
회사형	투자회사, 투자유한회사, 투자합자회사, 투자유한책임회사	배당	배당
조합형	투자합자조합, 투자익명조합	배당	소득 내용에 따라 구분
기관전용 사모집합투자기구		소득의 내용에 따라 구분 과세(수동적 동업자는 배당)	

| 집합투자재산 이익별 집합투자기구 과세구조 |

구 분			적격집합투자기구	비적격집합투자기구
집합 투자 재산	상장주식 (국내)	배당	배당소득	배당소득
		양도·평가손익	과세 제외	과세 제외
	국외주식	배당	배당소득	배당소득
		양도·평가손익		주식 양도소득
	채권	이자		이자소득
		양도·평가손익		과세 제외
	부동산	임대소득		부동산 임대소득
		양도·평가손익		부동산 양도소득

소득세법 제17조【배당소득】

① 배당소득은 해당 과세기간에 발생한 다음 각 호의 소득으로 한다.

5. 국내 또는 국외에서 받는 대통령령으로 정하는 집합투자기구로부터의 이익

소득세법 시행령 제26조의2【집합투자기구의 범위 등】

① 법 제17조 제1항 제5호에서 "대통령령으로 정하는 집합투자기구"란 다음 각 호의 요건을 모두 갖춘 집합투자기구를 말한다.

1. 「자본시장과 금융투자업에 관한 법률」에 따른 집합투자기구(같은 법 제251조에 따른 보험회사의 특별계정은 제외하되, 금전의 신탁으로서 원본을 보전하는 것을 포함한다. 이하 "집합투자기구"라 한다)일 것

2. 해당 집합투자기구의 설정일부터 매년 1회 이상 결산·분배할 것. 다만, 다음 각 목의 어느 하나에 해당하는 이익금은 분배를 유보할 수 있으며, 「자본시장과 금융투자업에 관한 법률」 제242조에 따른 이익금이 0보다 적은 경우에도 분배를 유보할 수 있다(같은 법 제9조 제22항에 따른 집합투자규약에서 정하는 경우로 한정한다).

   가. 「자본시장과 금융투자업에 관한 법률」 제234조에 따른 상장지수집합투자기구(이하 이 조에서 "상장지수집합투자기구"라 한다)가 지수 구성종목을 교체하거나 파생상품에 투자함에 따라 계산되는 이익(이자, 배당은 제외한다)

   나. 「자본시장과 금융투자업에 관한 법률」 제238조에 따라 평가한 집합투자재산의 평가이익

   다. 「자본시장과 금융투자업에 관한 법률」 제240조 제1항의 회계처리기준에 따른 집합투자재산의 매매이익

   라. 상장지수집합투자기구로서 증권시장에서 거래되는 주식의 가격만을 기반으로 하는 지수의 변화를 그대로 추적하는 것을 목적으로 하는 집합투자기구가 지수의 변화를 그대로 추적하기 위해 지수 구성종목에 전입한 이자 또는 배당이익

3. 금전으로 위탁받아 금전으로 환급할 것(금전 외의 자산으로 위탁받아 환급하는 경우로서 해당 위탁가액과 환급가액이 모두 금전으로 표시된 것을 포함한다)

② 제1항을 적용할 때 국외에서 설정된 집합투자기구는 제1항 각 호의 요건을 갖추지 않은 경우에도 제1항에 따른 집합투자기구로 본다.

③ 집합투자기구가 제1항 각 호의 요건을 갖추지 않은 경우에는 다음 각 호의 구분에 따라 과세한다.

1. 「자본시장과 금융투자업에 관한 법률」 제9조 제18항에 따른 투자신탁·투자합자조합·투자익명조합으로부터의 이익은 법 제4조 제2항에 따른 집합투자기구 외의 신탁의 이익으로 보아 과세한다.

2. 「자본시장과 금융투자업에 관한 법률」 제9조 제18항에 따른 투자회사·투자유한회사·투자합자회사 및 같은 조 제19항 제1호에 따른 기관전용 사모집합투자기구(법률 제18128호 자본시장과 금융투자업에 관한 법률 일부개정법률 부칙 제8조 제1항부터 제4항까지에

따라 기관전용 사모집합투자기구, 기업재무안정 사모집합투자기구 및 창업·벤처전문 사모집합투자기구로 보아 존속하는 종전의 경영참여형 사모집합투자기구를 포함한다. 이하 이 조 및 제27조의3 제3항에서 같다)로서 「조세특례제한법」 제100조의15에 따른 동업기업과세특례를 적용받지 않는 기구로부터의 이익은 법 제17조 제1항 제1호의 배당 및 분배금으로 보아 과세한다.

④ 제1항에 따른 집합투자기구로부터의 이익(이하 "집합투자기구로부터의 이익"이라 한다)에는 집합투자기구가 제1호 각 목의 방법으로 취득한 제2호 각 목의 증권(제1호 다목의 방법으로는 제2호 나목의 증권을 취득하는 경우로 한정한다) 또는 「자본시장과 금융투자업에 관한 법률」에 따른 장내파생상품의 거래나 평가로 발생한 손익을 포함하지 않는다. 다만, 비거주자 또는 외국법인이 「자본시장과 금융투자업에 관한 법률」 제9조 제19항 제2호에 따른 일반 사모집합투자기구나 「조세특례제한법」 제100조의15에 따른 동업기업과세특례를 적용받지 않는 기관전용 사모집합투자기구를 통하여 취득한 주식 또는 출자증권[「자본시장과 금융투자업에 관한 법률」 제8조의2 제4항 제1호에 따른 증권시장(이하 "증권시장"이라 한다)에 상장된 주식 또는 출자증권으로서 양도일이 속하는 연도와 그 직전 5년의 기간 중 그 주식 또는 출자증권을 발행한 법인의 발행주식 총수 또는 출자총액의 100분의 25 이상을 소유한 경우로 한정한다]의 거래로 발생한 손익은 집합투자기구로부터의 이익에 포함한다.

1. 취득 방법

   가. 집합투자기구가 직접 취득

   나. 집합투자기구가 「자본시장과 금융투자업에 관한 법률」 제9조 제21항에 따른 집합투자 증권에 투자[「자본시장과 금융투자업에 관한 법률」 제4조 제7항에 따른 파생결합증권 (이하 "파생결합증권"이라 한다) 중 같은 조 제10항에 따른 기초자산의 가격·이자율· 지표·단위 또는 이를 기초로 하는 지수 등의 변동과 연계하여 미리 정해진 방법에 따라 이익을 얻거나 손실을 회피하기 위한 계약상의 권리를 나타내는 것으로서 증권시장에 상장되어 거래되는 증권 또는 증서(이하 "상장지수증권"이라 한다)에 투자한 경우에는 그 상장지수증권의 지수를 구성하는 기초자산에 해당하는 증권에 투자하는 것을 말한다]하여 취득

   다. 집합투자기구가 「벤처투자 촉진에 관한 법률」에 따른 벤처투자조합 또는 「여신전문 금융업법」에 따른 신기술사업투자조합의 출자지분에 투자하여 취득

2. 취득 대상

   가. 증권시장에 상장된 증권(다음의 것은 제외한다. 이하 이 항에서 같다)

      1) 법 제46조 제1항에 따른 채권등

      2) 외국 법령에 따라 설립된 외국 집합투자기구의 주식 또는 수익증권

      3) 증권시장 또는 이와 유사한 시장으로서 외국에 있는 시장을 대표하는 종목을 기준으로 산출된 지수(해당 지수의 변동성을 기준으로 산출된 지수를 포함한다)를 추적하는 것을 목적으로 하는 상장지수집합투자기구의 주식 또는 수익증권

4) 증권시장 또는 이와 유사한 시장으로서 외국에 있는 시장을 대표하는 종목을 기준으로 산출된 지수(해당 지수의 변동성을 기준으로 산출된 지수를 포함한다)를 추적하는 것을 목적으로 하는 상장지수증권

나. 「벤처기업육성에 관한 특별법」에 따른 벤처기업의 주식 또는 출자지분

다. 가목의 증권을 대상으로 하는 「자본시장과 금융투자업에 관한 법률」에 따른 장내 파생상품

⑤ 「자본시장과 금융투자업에 관한 법률」 제9조 제21항에 따른 집합투자증권 및 같은 법 제279조 제1항에 따른 외국 집합투자증권(다음 각 호의 어느 하나에 해당하는 것은 제외한다)을 계좌간 이체, 계좌의 명의변경, 집합투자증권의 실물양도의 방법으로 거래하여 발생한 이익은 집합투자기구로부터의 이익에 해당한다.

1. 법 제94조 제1항 제3호의 주식 또는 출자지분

2. 상장지수집합투자기구로서 증권시장에서 거래되는 주식의 가격만을 기반으로 하는 지수의 변화를 그대로 추적하는 것을 목적으로 하는 집합투자기구의 집합투자증권

3. 증권시장에 상장된 「자본시장과 금융투자업에 관한 법률」 제9조 제18항 제2호에 따른 집합투자기구(이전 사업연도에 「법인세법」 제51조의2 제1항에 따른 배당가능이익 전체를 1회 이상 배당하지 않은 것은 제외한다)의 집합투자증권

⑥ 집합투자기구로부터의 이익은 「자본시장과 금융투자업에 관한 법률」에 따른 각종 보수·수수료 등을 뺀 금액으로 한다.

⑦ 「자본시장과 금융투자업에 관한 법률」 제9조 제19항에 따른 사모집합투자기구로서 다음 각 호의 요건을 모두 갖춘 집합투자기구에 대해서는 제1항 각 호의 요건을 모두 충족하는 경우에도 제1항에 따른 집합투자기구로 보지 않고 법 제4조 제2항을 적용한다.

1. 투자자가 거주자(비거주자와 국내사업장이 없는 외국법인을 포함한다. 이하 이 조에서 같다) 1인이거나 거주자 1인 및 그 거주자의 「국세기본법 시행령」 제1조의2 제1항부터 제3항까지의 규정에 따른 특수관계인(투자자가 비거주자와 국내사업장이 없는 외국법인인 경우에는 다음 각 목의 어느 하나에 해당하는 관계에 있는 자를 말한다)으로 구성된 경우

가. 비거주자와 그의 배우자·직계혈족 및 형제자매인 관계

나. 일방이 타방의 의결권 있는 주식의 100분의 50 이상을 직접 또는 간접으로 소유하고 있는 관계

다. 제3자가 일방 또는 타방의 의결권 있는 주식의 100분의 50 이상을 직접 또는 간접으로 각각 소유하고 있는 경우 그 일방과 타방 간의 관계

2. 투자자가 사실상 자산운용에 관한 의사결정을 하는 경우

⑧ 제7항 제1호 나목 및 다목에 따른 주식의 간접소유비율의 계산에 관하여는 「국제조세조정에 관한 법률 시행령」 제2조 제3항을 준용한다.

⑨ 집합투자기구로부터의 이익에 대한 과세표준 계산방식 등은 기획재정부령으로 정한다.

> **소득세법 제4조 【소득의 구분】**
>
> ② 제1항에 따른 소득을 구분할 때 다음 각 호의 신탁을 제외한 신탁의 이익은 「신탁법」 제2조에 따라 수탁자에게 이전되거나 그밖에 처분된 재산권에서 발생하는 소득의 내용별로 구분한다.
> 1. 「법인세법」 제5조 제2항에 따라 신탁재산에 귀속되는 소득에 대하여 그 신탁의 수탁자가 법인세를 납부하는 신탁
> 2. 「자본시장과 금융투자업에 관한 법률」 제9조 제18항 제1호에 따른 투자신탁(법 제17조 제1항 제5호에 따른 집합투자기구로 한정한다)
> 3. 「자본시장과 금융투자업에 관한 법률」 제251조 제1항에 따른 집합투자업겸영보험회사의 특별계정

(1) 과세소득의 계산

집합투자기구로부터의 이익은 Income Gain과 Capital Gain이 있다. Income Gain은 집합투자기구로부터 이익을 분배받는 경우의 이익이고, Capital Gain은 집합투자증권의 환매 및 매도 또는 집합투자기구의 해지·해산 등(이하 "환매 등")으로 발생하는 이익인데, 세법은 과세표준이 되는 소득금액 계산 방법을 각각 달리 규정한다(소득세법 시행규칙 제13조).

또한 세법에서는 자본시장법상의 주가지수 추종 상장지수집합투자기구(이하 "주식형 ETF") 및 이전 사업연도에 배당가능이익 전체를 1회 이상 배당한 상장된 주식회사형 집합투자기구(이하 "상장투자회사 집합투자증권")로부터의 이익과 이외의 집합투자기구로부터의 이익에 대한 소득금액 계산을 구분하여 규정하고 있다.

집합투자증권(외국 집합투자증권 포함)을 계좌 간 이체, 계좌의 명의변경, 실물 양도의 방법으로 거래하여 발생하는 이익도 집합투자기구로부터의 이익에 해당하는데, 주식형 ETF와 상장투자회사 집합투자증권은 그 대상에서 제외한다.

가. 이익분배에 대한 소득금액의 계산

① 주식형 ETF와 상장투자회사 집합투자증권

자본시장법상의 주식형 ETF와 상장투자회사 집합투자기구로부터 받는 분배금은 좌당 또는 주당 분배하는 금액(상장된 주식 등 소득세법 시행령 제26조의2 제4항에 의거 집합투자기구로부터의 이익에 포함되지 않는 손익 제외)을 좌당 배당소득금액으로 본다.

② 기타 집합투자증권

이외의 집합투자증권에 대해서는 당해 집합투자증권의 결산 시 과세표준기준가격(소득세법

시행령 제26조의2 제4항에 의거 집합투자기구로부터의 이익에 포함되지 않는 손익은 제외하고, 과세표준기준가격이 없는 외국 집합투자증권의 경우에는 자본시장법 제280조 제4항에 따른 기준가격)에서 매수 시(매수 후 결산·분배가 있었던 경우에는 직전 결산·분배 직후) 과세표준 기준가격을 뺀 후 직전 결산·분배 시 발생한 과세되지 아니한 투자자별 손익을 더하거나 뺀 금액으로 한다. 이 경우 소득세법 시행령 제26조의2에 따른 적격 집합투자기구로부터의 이익 으로서 집합투자기구가 투자자에게 분배하는 금액을 한도로 한다.

> 좌당 분배소득금액 = 결산 시 과세표준기준가격 - 매수 시(매수 후 결산·분배가 있었다면 직전 결산·분배 직후) 과세표준기준가격 ± 직전 결산·분배 시 발생 한 과세되지 않은 투자자별 손익

집합투자기구의 이익분배에 대한 과세소득 계산 시 특정 손익을 과세 대상 소득에서 제외하는 이유는 대주주가 아닌 일반투자자의 상장주식 매매 시 매매 및 평가손익을 과세하지 않음에 따른 형평성을 고려한 것이다. 이를 정리해보면 아래와 같다(소득세법 시행령 제26조의2).

과세 대상이 되는 손익	과세 대상에서 제외되는 손익
• 이자소득 및 배당소득 • 채권의 매매 및 평가손익 • 해외유가증권 매매 및 평가손익 • 외화자산의 환전·평가에 따른 환차손익 • 각종 보수 및 수수료 • 국외 주가지수 기초자산 상장지수증권 • 국외 주가지수 기초자산 상장지수집합투자 기구의 주식 또는 수익증권	• 증권시장에 상장된 증권(채권 등 및 외국 집합 투자기구의 주식 또는 수익증권 제외) • 「벤처기업육성에 관한 특별조치법」에 따른 벤처기업의 주식 또는 출자지분 • 상장된 증권을 대상으로 하는 장내파생상품

나. 환매 등에 따른 이익에 대한 소득금액의 계산

① 주식형 ETF와 상장투자회사 집합투자증권

자본시장법상의 주식형 ETF와 상장투자회사 집합투자기구의 환매 등(집합투자증권의 매도는 제외)에 따른 이익이 발생하는 경우의 소득금액 계산은 당해 이익이 발생하는 시점의 과세표준기준가격에서 직전 결산·분배 직후의 과세표준기준가격(최초 설정 또는 설립 후 결산·분배가 없었던 경우에는 최초 설정 또는 설립 시 과세표준기준가격)을 뺀 금액으로 한다.

> 좌당 환매 등 소득금액 = 환매일 등 과세표준기준가격 − 직전 결산·분배 직후(최초 설정·
> 설립 후 결산·분배가 없었던 경우는 최초 설정 또는 설립 시) 과
> 세표준기준가격

② 기타 집합투자증권

이외의 집합투자증권은 환매 등이 발생하는 시점의 과세표준기준가격에서 매수 시(매수
후 결산·분배가 있었던 경우에는 직전 결산·분배 직후) 과세표준기준가격을 뺀 후 직전
결산·분배 시 발생한 과세되지 아니한 투자자별 손익을 더하거나 뺀 금액으로 하여 배당소득
으로 과세한다. 다만, 증권시장에 상장된 집합투자증권을 증권시장에서 매도하는 경우(주식형
ETF와 상장투자회사 집합투자기구는 과세 제외)의 좌당 배당소득금액은 매수·매도 시의
과세표준기준가격을 실제 매수·매도가격으로 하여 계산된 금액과 비교하여 작은 금액으로
한다.

> 좌당 환매 등 소득금액 = 환매일 등 과세표준기준가격 − 매수 시(매수 후 결산·분배가
> 있었다면 직전 결산·분배 직후) 과세표준기준가격 ± 직전 결산·
> 분배 시 발생한 과세되지 않은 투자자별 손익

다. 해외상장 ETF

해외에 상장된 ETF는 해외주식과 동일하게 양도소득으로 과세되어 양도소득기본공제
(250만원) 후 22%(지방소득세 2% 포함)의 세율로 과세된다.

라. 중복 매수 시의 과세표준기준가격 산정

동일한 계좌 내에서 같은 집합투자증권을 2회 이상 매수한 경우 매수 시의 과세표준
기준가격은 선입선출법에 따라 산정하고, 투자자별 배당소득 금액은 같은 시점에서 결산·분배
또는 환매 등이 발생하는 집합투자증권 전체를 하나의 과세단위로 하여 계산한다. 또한, 동일한
계좌 내에서 같은 상장지수집합투자증권(ETF)을 증권시장에서 2회 이상 매수한 경우 매수
시의 과세표준 기준가격은 이동평균법에 따라 산정하고, 투자자별 배당소득 금액은 같은
시점에서 결산·분배 또는 환매 등이 발생하는 ETF 전체를 하나의 과세단위로 하여 계산한다.
다만, 같은 날 매도되는 상장지수집합투자증권은 전체를 하나의 과세단위로 하여 투자자별
배당소득 금액을 계산한다.

(2) 소득의 수입시기와 원천징수

집합투자기구로부터의 이익에 대한 배당소득의 수입시기는 그 지급을 받은 날이다. 다만,
원본에 전입하는 뜻의 특약이 있는 분배금은 그 특약에 따라 원본에 전입되는 날로 한다.
집합투자기구의 이익을 지급받은 날이라 함은 환매청구로 이익을 수령한 날 또는 결산
이익분배금을 받은 날, 집합투자증권의 양도로 이익을 수령한 날 등을 말한다.

이러한 이익에 대한 원천징수와 관련해서는 투자자가 개인인 경우와 법인인 경우가 다르게
적용된다.

가. 개인 투자자에 대한 과세

적격집합투자기구로부터의 이익을 거주자인 개인 투자자에게 지급하는 경우 당해 소득을
지급하는 때에 배당소득을 지급하는 것으로 보아 15.4%(지방소득세 1.4% 포함)의 세율(2014년
12월 31일 이전에 가입한 세금우대종합저축의 경우에는 9%, 지방소득세 없음)로 원천징수한다.
그리고, 동 이익이 분리과세되는 경우를 제외하고 다른 금융소득과 합산하여 2천만원을 초과
하는 경우에는 종합소득에 포함되어 누진세율(14%*~45%, 지방소득세 별도)로 과세된다.
이때 원천징수된 세액은 기납부세액으로 공제되며, 집합투자기구는 법인세를 부담하지 않으므로
집합투자기구로부터의 이익에 대해서는 배당세액공제를 적용하지 않는다[기관전용 사모집합
투자기구(배당가능이익의 90% 이상 배당으로 소득공제 받은 법인과 동업기업 등 제외)로부터
받는 배당소득은 제외].

* 비교과세 : 종합과세 적용 시 최소한 원천징수세율 이상 과세하도록 규정

투자자가 비거주자인 경우에는 거주자에 준해서 원천징수하되 조세조약이 체결된 나라의
투자자인 경우에는 양국 간에 체결한 제한세율로 원천징수하고 조세조약이 체결되지 아니한
나라의 투자자인 경우에는 22%(지방소득세 2% 포함)의 세율로 원천징수한다. 또한, 비거주자의
국내원천금융소득이 2천만원을 초과하는 경우에는 거주자와 마찬가지로 종합소득에 포함되어
누진세율로 과세한다.

만약, 집합투자기구(기관전용 사모집합투자기구 제외)가 외국납부세액이 있는 경우에는
이자소득, 배당소득 지급 시 당해 외국납부세액을 차감한 금액을 원천징수세액으로 한다.

나. 법인 투자자에 대한 과세

법인세법에서는 내국법인에게 소득을 지급하는 경우, 이자소득과 투자신탁의 이익(배당
소득)에 대해서만 원천징수하도록 하고 있다. 따라서 집합투자기구의 투자자가 내국법인인

경우, 집합투자기구로부터 받는 배당소득은 투자신탁의 이익에 해당하는 경우에만 15.4%(지방소득세 1.4% 포함)의 세율로 원천징수한다. 다만, 법인세법상 금융회사(법인세법 시행령 제111조 제1항)의 경우에 이러한 소득은 사업소득으로 보아 채권 등의 이자와 투자신탁의 수익증권 매도 시의 이익을 제외하고는 원천징수하지 않도록 하고 있는데, 따라서 투자자인 당해 내국법인이 법인세법상 금융회사에 해당하는 경우, 투자신탁의 이익을 지급할 때도 실질적으로 원천징수하지 아니한다. 만약, 법인이 집합투자기구(투자신탁 제외)로부터 받는 소득에 동 집합투자기구의 외국납부세액이 있는 경우에는 당해 법인의 외국납부세액으로 보아 공제할 수 있다. 다만, 투자신탁의 이익은 동 외국납부세액을 차감하고 원천징수한다.

집합투자기구로부터의 이익을 국내사업장이 없는 외국법인이 받거나, 또는 국내사업장이 있어도 당해 소득이 국내사업장과 실질적으로 관련되지 아니하거나 그 국내사업장에 귀속되지 않는 경우에는 배당소득으로 보아 조세조약이 체결된 국가의 외국법인에 대해서는 제한세율로 원천징수하고 조세조약 미체결국가의 외국법인인 경우에는 22%(지방소득세 2% 포함)의 세율로 원천징수한다. 국내사업장을 가진 외국법인의 경우, 당해 소득이 국내사업장과 실질적으로 관련되거나 국내사업장에 귀속되는 경우에는 내국법인과 동일하게 투자신탁의 이익을 제외하고 각 사업연도 소득금액에 대한 법인세로 과세한다.

(3) 기관전용 사모집합투자기구에 대한 과세

기관전용 사모집합투자기구에 대해서는 다른 집합투자기구와 다른 과세체계를 세법에서는 규정하고 있다. 기관전용 사모집합투자기구는 외형상 합자회사 형태를 가진다. 2009년 개정된 조세특례제한법(제100조의15)에서는 상법상 합자회사에 대하여 동업기업 과세특례를 적용하도록 하면서 집합투자기구 중에는 기관전용 사모집합투자기구(구 경영참여형 사모집합투자기구)만 적용하도록 규정함으로써 2009년 이후 설립되는 기관전용 사모집합투자기구는 동업기업 과세특례 신청을 하여야 과세특례를 적용받을 수 있다. 그 이전에는 유동화전문회사 등에 대한 소득공제(법인세법 제51조의2) 대상으로 하여 배당가능이익의 90% 이상을 배당할 경우 그 금액을 소득금액에서 제외하도록 하여 실제 납부할 세액이 발생하지 않도록 하는 구조였다(2008년 이전 설립 기관전용 사모집합투자기구도 시행 후 최초 개시 사업연도 개시일로부터 1개월 이내 신청 시 동업기업 과세특례 적용 가능). 기관전용 사모집합투자기구에 대해서만 동업기업 과세특례를 적용하도록 한 이유는 동업기업 과세특례는 능동적 사업자에 대해서는 소득의 내용별로 과세하고 수동적 동업자에 대해서는 배당소득으로 과세하는 제도인데, 기관전용 사모집합투자기구를 제외한 나머지 집합투자기구는 그 투자자가 모두

유한책임사원(수동적 투자자)으로만 구성되어 있어서 동업기업 과세특례를 적용하여도 모두 배당소득으로 과세하기 때문에 실익이 없기 때문이다.

동업기업 과세특례를 선택하면 기관전용 사모집합투자기구는 법인세를 부담하지 않고 그 소득을 동업자에게 귀속시킨다. 즉, 기관전용 사모집합투자기구의 소득금액을 동업자군별(거주자, 비거주자, 내국법인, 외국법인) 손익배분비율에 따라 배분하고 이를 다시 기관전용 사모집합투자기구 단계에서 취득한 소득의 구분에 따라 동업자별 손익배분비율로 배분한다. 다만, 투자만 하고 경영에 참여하지 않는 수동적 동업자(유한책임사원)는 기관전용 사모집합투자기구가 취득한 소득의 종류에도 불구하고 배당소득으로 과세한다(수동적 동업자가 비거주자 또는 외국법인인 경우에는 일반 동업자와 같이 소득 원천에 따라 과세).

(4) 청년형 장기집합투자증권저축에 대한 소득공제

2021년 세법 개정 시 청년형 장기집합투자증권저축에 대한 소득공제를 신설하였는데, 아래 ①, ②의 요건을 충족하는 거주자가 ③, ④의 조건을 모두 충족하는 금융상품에 2025년 12월 31일까지 가입하는 경우, 계약기간 동안 각 과세기간에 납입한 금액(연 600만원 한도)의 40/100에 해당하는 금액을 종합소득금액에서 공제하도록 하였다.

① 만 19세 이상 34세 이하[병역이행 기간(6년 한도) 제외]의 청년

② 직전 연도(1월~7월 가입자는 전전 연도 허용) 총급여 5천만원 또는 종합소득금액 3천 8백만원 이하인 거주자(직전 3개 연도 중 1회 이상 금융소득종합과세 대상자 제외)

③ 계약기간이 3년 이상 5년 이내

④ 국내 상장주식에 40% 이상 투자하는 집합투자기구의 집합투자증권에 투자하는 저축

단, 가입 중 총급여가 8천만원 또는 종합소득금액이 6천 7백만원 초과 시 해당 과세기간은 소득공제를 하지 아니한다. 또한, 가입 후 3년 이내에 사망, 해외이주법에 따른 해외 이주 또는 3개월 이상의 장기 요양, 다른 청년형 장기펀드로 전환 가입 후 보유기간 합계가 3년 초과 시 등의 사유 이외의 사유로 해당 저축을 해지하는 경우에는 납입한 누계액의 6%(소득공제로 감면받은 세액 한도)를 추징한다(조세특례제한법 제91조의20).

4) 부동산투자회사(Reits)와 선박투자회사에 대한 과세

부동산투자회사와 선박투자회사는 회사형이므로 이들로부터 지급받는 이익은 집합투자기구와 유사하게 배당소득으로 과세한다. 조세특례제한법에서는 부동산투자회사와 선박투자회사에 대해서 조세감면의 규정을 두고 있는데 일부는 일몰로 종료되었다. 먼저 부동산투자회사

등(부동산집합투자기구 포함)으로부터 받는 이익에 대해서는 회사별 액면가액 합계액이 2억원 이하인 보유주식 또는 수익증권 배당소득은 종합소득과세표준에 합산하지 아니하고, 또한 회사별 액면가액 합계액이 5천만원 이하인 주식 등의 배당소득에 대해서는 100분의 5의 세율을 적용하도록 하였었는데, 2018년 12월 31일로 동 특례가 일몰되었다. 2020년 시행 개정법률에서는 【공모부동산집합투자기구의 집합투자증권의 배당소득에 대한 과세특례】(조세특례제한법 제87조의7) 규정을 신설하였는데, 공모형 부동산투자회사 등(공모형 집합투자기구 포함)에 해당하는 신탁, 회사 또는 조합의 지분증권 또는 수익증권에 2026년 12월 31일까지 투자하는 경우 해당 거주자가 보유하고 있는 공모형 부동산투자회사 등의 지분증권 등 중 거주자별 투자금액의 합계액이 5천만원을 초과하지 않는 범위에서 지급받는 배당소득(투자일부터 3년 이내에 지급받는 경우에 한정)에 대해서는 종합소득과세표준에 합산하지 아니하고, 9%(지방소득세 별도)의 세율을 적용하여 원천징수한다.

선박투자회사에 대해서는 2015년 12월 31일 이전에 받는 선박투자회사별 액면가액이 2억원 이하인 보유주식의 배당소득은 종합소득과세표준에 합산하지 아니하고, 액면가액 5천만원 이하 보유주식의 배당소득에 대해서는 100분의 9의 세율을 적용하도록 하는 특례규정이 있었으나, 일몰되었다.

소득세법

제4조【소득의 구분】

제17조【배당소득】

제119조【비거주자의 국내원천소득】

제127조【원천징수의무】

제129조【원천징수세율】

제155조의2【특정금전신탁 등의 원천징수의 특례】

제155조의3【집합투자기구의 원천징수 특례】

소득세법 시행령

제26조의2【집합투자기구의 범위 등】

제27조의3【법인세의 면제 등을 받는 법인 등】

제46조【배당소득의 수입시기】

제179조【비거주자의 국내원천소득의 범위】

제191조【배당소득 원천징수시기에 관한 특례】

소득세법 시행규칙

제13조【집합투자기구로부터의 이익에 대한 과세표준 계산방식 등】

법인세법

제5조【신탁소득】

제51조의2【유동화전문회사 등에 대한 소득공제】

제73조【내국법인의 이자소득 등에 대한 원천징수】

제73조의2【내국법인의 채권등의 보유기간 이자상당액에 대한 원천징수】

제93조【외국법인의 국내원천소득】

제95조【세율】

법인세법 시행령

제70조【이자소득 등의 귀속사업연도】

제75조【유가증권 등의 평가】

제111조【내국법인의 이자소득 등에 대한 원천징수】

제113조【내국법인의 채권등 보유기간 이자상당액에 대한 원천징수】

제161조【주식등변동상황명세서의 제출】

증권거래세법

제3조【납세의무자】

제8조【세율】

증권거래세법 시행령

제5조【탄력세율】

인지세법

제3조【과세문서 및 세액】

지방세법

제28조【세율】

제34조【세율】

제81조【세율】

제151조【과세표준과 세율】

지방세법 시행령

제102조【분리과세대상 토지의 범위】

지방세특례제한법

제180조의2【지방세 중과세율 적용 배제 특례】

참고문헌 ●

한국거래소. ETF시장의 이해

한국거래소. 똑똑한 자산관리 ETF ETN

손영철 · 서종군. 금융상품과 세법. 삼일인포마인

김용민 · 박동규 · 양종식. 금융상품과 세금. 조세금융신문

금융투자교육원. 금융투자상품의 이해

IV

신탁과 세제

① 신탁의 개념과 신탁재산

1) 신탁의 개념

「신탁법」(제2조)에서는 신탁을 "신탁을 설정하는 자(위탁자)와 신탁을 인수하는 자(수탁자) 간의 신임관계에 기하여 위탁자가 수탁자에게 특정의 재산을 이전하거나 담보권의 설정 또는 그 밖의 처분을 하고 수탁자로 하여금 일정한 자(수익자)의 이익 또는 특정의 목적을 위하여 그 재산의 관리, 처분, 운용, 개발, 그 밖에 신탁 목적의 달성을 위하여 필요한 행위를 하게 하는 법률관계"라고 정의하고 있다. 더불어, 상증법(집행기준 9-0-1)은 "「신탁법」에 따라 위탁자와 수탁자와의 특별한 신임관계를 바탕으로 위탁자가 특정의 재산권을 수탁자에게 이전하거나 기타의 처분을 하고 수탁자로 하여금 수익자의 이익을 위하거나 특정의 목적을 위하여 그 재산권을 관리, 처분하게 하는 법률관계"로 신탁을 정의하는데, 신탁의 구성 요소로는 신탁 설정 의사(trust intent), 신탁재산, 신탁 목적, 위탁자, 수탁자, 수익자 등이 있다.

이러한 신탁에서 위탁자가 별도로 수익자를 지정하지 아니한 경우에는 위탁자가 수익자가 되며, 위탁자가 수익자를 별도로 지정한 경우에는 그 지정된 자가 수익자가 되는데, 전자를 자익신탁이라고 하고 후자를 타익신탁이라 한다. 그리고 당해 수익자가 가지는 신탁재산에 대한 권리를 수익권이라고 한다.

(1) 수익권의 취득과 양도(신탁법 제56조~제65조)

신탁행위로 정한 바에 따라 수익자로 지정된 자는 당연히 수익권을 취득하게 되는데, 이때 수탁자는 지체없이 수익자로 지정된 자에게 그 사실을 통지하여야 한다. 다만, 수익권에 부담이 있는 경우를 제외하고는 신탁행위로 그 통지 시기를 달리 정할 수 있다. 반면, 당해 수익자는 수탁자에게 수익권을 포기하는 취지의 의사표시를 할 수 있고, 수익자가 포기 의사표시를 한 경우에는 처음부터 수익권을 가지지 아니하였던 것으로 본다.

「신탁법」에서는 이러한 수익자의 수익권에 대해서 양도성을 부여하고 있는데, 수익권의 양도는 아래 어느 하나에 해당하는 경우에만 수탁자와 제3자에게 대항할 수 있도록 하고 있다.

① 양도인이 수탁자에게 통지한 경우

② 수탁자가 승낙한 경우

다만, 당해 통지 및 승낙을 확정일자가 있는 증서로 하지 아니하면 수탁자 외의 제3자에게 대항할 수 없다.

(2) 수익증권의 발행(자본시장법 110조)

자본시장법은 신탁업자가 금전신탁계약에 의한 수익권이 표시된 수익증권을 발행할 수 있도록 하고 있는데, 신탁업자는 수익증권을 발행하고자 하는 경우 금융위원회에 미리 신고하여야 한다.

수익증권은 무기명식으로 발행하는 것을 원칙으로 하되, 수익자의 청구가 있는 경우에는 기명식으로 발행할 수도 있다. 또한, 기명식으로 발행된 수익증권을 수익자의 청구에 의하여 무기명식으로 전환하는 것도 허용된다.

수익증권을 발행할 때에는 아래 각 내용을 기재하고 신탁업자의 대표자가 이에 기명날인 또는 서명하여야 하는데, 수익증권이 발행된 경우 해당 신탁계약에 의한 수익권의 양도 및 행사는 그 수익증권으로 하여야 한다. 다만, 기명식 수익증권의 경우에는 수익증권으로 하지 아니할 수 있다.

① 신탁업자의 상호

② 기명식의 경우에는 수익자의 성명 또는 명칭

③ 액면액

④ 운용방법을 정한 경우 그 내용

⑤ 손실의 보전 또는 이익의 보장에 관한 계약을 체결한 경우에는 그 내용

⑥ 신탁계약기간

⑦ 신탁의 원금의 상환과 수익분배의 기간 및 장소

⑧ 신탁보수의 계산방법

⑨ 그 밖에 대통령령으로 정하는 사항

이러한 신탁은 앞에서 알아봤던 집합투자기구의 투자신탁(펀드)과는 차이를 보인다. 가장 큰 차이는 신탁은 수탁대상이 금전 이외에 일반재산까지도 가능하지만, 투자신탁은 금전을 수탁대상으로 한다는 점인데 주요 차이를 비교해 보면 아래와 같다.

| 신탁과 투자신탁의 비교 |

구 분	신 탁	투자신탁
운용주체	신탁회사	집합투자업자
영위업종	신탁업	집합투자업
수탁재산	금전 또는 재산	금전
운용방법	개별운용	통합운용
운용근거	신탁계약	집합투자규약

| 신탁과 투자신탁의 구조 비교 |

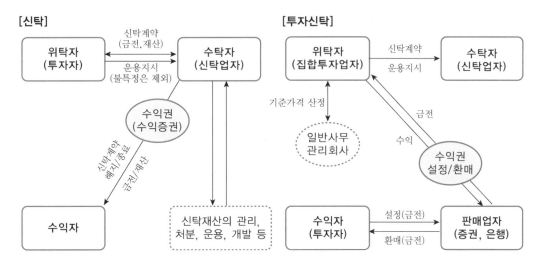

2) 신탁재산

신탁업자가 수탁할 수 있는 재산은 금전, 증권, 금전채권, 동산, 부동산, 지상권 · 전세권 · 부동산임차권 · 부동산소유권 이전등기청구권 · 그 밖의 부동산 관련 권리, 무체재산권(지적재산권 포함) 등의 재산으로 제한하고 있는데(자본시장법 제103조), 신탁은 이러한 수탁재산을 기준으로 하여 금전 여부에 따라 일반적으로 금전신탁과 금전 외의 신탁인 재산신탁 및 종합재산신탁으로 분류할 수 있다.

구 분		수탁업무의 내용
금전신탁		금전을 증권, 대출, 어음 등에 운용 관리
재산신탁	증권신탁	유가증권의 관리와 운용, 대여 등 활용
	금전채권신탁	대출채권·할부채권 등 금전채권의 추심 및 자금 조달
	동산신탁	기계·차량·선박 등 동산의 임대 및 수익권 양도에 의한 자금 조달
	부동산신탁	부동산의 관리, 임대, 담보, 처분 및 개발 등에 활용
	부동산관련신탁	지상권, 전세권, 부동산임차권, 부동산소유권 이전등기청구권 및 그 밖의 부동산 관련 권리의 활용
	무체재산신탁	저작권, 상표권 등의 관리 및 수익권 양도에 의한 자금 조달
종합재산신탁		위 둘 이상의 재산을 종합하여 수탁사에 맡기고 운용하는 신탁

> **자본시장법 제103조(신탁재산의 제한 등)**
> ① 신탁업자는 다음 각 호의 재산 외의 재산을 수탁할 수 없다.
> 1. 금전
> 2. 증권
> 3. 금전채권
> 4. 동산
> 5. 부동산
> 6. 지상권, 전세권, 부동산임차권, 부동산소유권 이전등기청구권, 그 밖의 부동산 관련 권리
> 7. 무체재산권(지식재산권을 포함한다)
> ② 신탁업자는 하나의 신탁계약에 의하여 위탁자로부터 제1항 각 호의 재산 중 둘 이상의 재산을 종합하여 수탁할 수 있다.

(1) 금전신탁(자본시장법 시행령 제103조)

금전신탁은 금전을 신탁으로 설정하고, 수탁자는 이를 증권이나 대출, 어음 등에 운용한후 신탁의 종료 시 금전 또는 운용 중의 상태로 교부하는 신탁으로, 운용의 방식에 따라특정금전신탁과 불특정금전신탁으로 나뉜다.

가. 특정금전신탁

특정금전신탁은 위탁자가 수탁자에게 금전을 신탁하면서 그 운용 방법을 지정하는 신탁으로, 고객이 금전을 신탁하고 신탁재산의 운용에 대하여 구체적으로 운용지시를 하면 신탁업자는

그 운용지시를 수행하고 그에 따른 자금의 결제 및 보관관리 업무를 이행하는 방식으로 이루어지는데, 운용의 일정 부분을 신탁업자에게 위임하기도 한다.

이러한 특정금전신탁으로는 상장기업들이 경영권 방어나 주가 관리를 목적으로 자사주를 취득할 때 활용하는 자사주 신탁과 고객의 돈을 모아 CP(기업어음)나 CD(양도성예금증서), 콜 등 단기금융상품에 집중투자하여 수익을 내는 MMF(Money Market Fund), MMT(Money Market Trust) 등이 있다.

나. 불특정금전신탁

불특정금전신탁은 신탁재산의 운용에 위탁자가 직·간접적으로 관여하는 특정금전신탁과 달리 위탁자가 신탁업자에게 금전을 맡기면서 그 운용 방법을 지정하지 않는 신탁으로, 신탁업자는 위탁자의 운용지시 없이 미리 약정된 계약 및 약관의 범위 내에서 임의대로 신탁재산을 운용할 수 있다.

이러한 불특정금전신탁은 집합투자기구와 큰 차이가 없어서 실제로 출시되는 상품이 거의 없는데, 개인연금 상품인 연금저축신탁이 이에 해당한다고 할 수 있겠다.

(2) 신탁재산의 운용(자본시장법 제105조)

신탁업자는 신탁재산에 속하는 금전을 아래의 방법으로 운용하여야 한다.

① 증권의 매수(아래 증권에 한함)
 i) 채무증권, ii) 지분증권, iii) 수익증권, iv) 파생결합증권, ⅴ) 증권예탁증권
② 장내파생상품 또는 장외파생상품의 매수
③ 대통령령으로 정하는 금융기관에의 예치
④ 금전채권의 매수
⑤ 대출
⑥ 어음의 매수
⑦ 실물자산의 매수
⑧ 무체재산권의 매수
⑨ 부동산의 매수 또는 개발
⑩ 그 밖에 신탁재산의 안전성·수익성 등을 고려하여 대통령령으로 정하는 방법
 i) 원화로 표시된 양도성 예금증서의 매수
 ii) 지상권, 전세권, 부동산임차권, 부동산소유권 이전등기청구권, 그 밖의 부동산 관련 권리에 의 운용
 iii) 환매조건부매수

iv) 증권의 대여 또는 차입

v) 「근로자퇴직급여 보장법」 제29조 제2항에 따른 신탁계약으로 퇴직연금 적립금을 운용하는
경우에는 같은 법 시행령 제26조 제1항 제1호 나목에 따른 보험계약의 보험금 지급
청구권에의 운용

다만, 신탁재산이 부동산 또는 부동산 관련 권리인 경우, 특별히 정하는 경우*를 제외하고는
신탁의 계산으로 그 신탁업자의 고유재산으로부터 금전을 차입할 수 없고, 그 신탁재산을
운용함에 따라 발생한 여유자금을 아래의 방법으로 운용하여야 한다.

* 고유재산으로부터 금전차입이 가능한 경우
  ① 부동산개발사업을 목적으로 하는 신탁계약을 체결한 경우로서 그 신탁계약에 의한 부동산개발사업별로
     사업비의 100분의 15 이내에서 금전을 신탁받는 경우
  ② 아래 각 요건을 모두 충족하는 경우로서 금융위원회의 인정을 받은 경우
    ⅰ) 신탁계약의 일부해지 청구가 있는 경우에 신탁재산을 분할하여 처분하는 것이 곤란할 것
    ⅱ) 차입금리가 공정할 것

가. 아래 금융기관에의 예치

① 은행
② 「한국산업은행법」에 따른 한국산업은행
③ 「중소기업은행법」에 따른 중소기업은행
④ 증권금융회사
⑤ 종합금융회사
⑥ 「상호저축은행법」에 따른 상호저축은행
⑦ 「농업협동조합법」에 따른 농업협동조합
⑧ 「수산업협동조합법」에 따른 수산업협동조합
⑨ 「신용협동조합법」에 따른 신용협동조합
⑩ 「산림조합법」에 따른 산림조합
⑪ 「우체국 예금·보험에 관한 법률」에 따른 체신관서
⑫ 「새마을금고법」에 따른 새마을금고
⑬ 위 기관에 준하는 외국 금융기관

나. 국채증권, 지방채증권 또는 특수채증권의 매수

다. 정부 또는 위 가.의 금융기관이 지급을 보증한 증권의 매수

라. 그 밖에 당해 신탁재산의 안정성·수익성 등을 저해하지 아니하는 방법으로서 아래의
방법

① 금융기관에 대한 30일 이내의 단기대출

② 위 가.의 금융기관이 발행한 채권(특수채증권은 제외한다)의 매수

(3) 신탁재산과 고유재산의 구분(신탁법 제34조 및 자본시장법 제104조)

자본시장법에서는 신탁업자는 누구의 명의로도 아래 행위를 하지 못하도록 하여 신탁재산과 고유재산을 구분하도록 하고 있다.

① 신탁재산을 고유재산으로 하거나 신탁재산에 관한 권리를 고유재산에 귀속시키는 행위
② 고유재산을 신탁재산으로 하거나 고유재산에 관한 권리를 신탁재산에 귀속시키는 행위
③ 여러 개의 신탁을 인수한 경우 하나의 신탁재산 또는 그에 관한 권리를 다른 신탁의 신탁재산에 귀속시키는 행위
④ 제3자의 신탁재산에 대한 행위에서 제3자를 대리하는 행위
⑤ 그 밖에 수익자의 이익에 반하는 행위

다만, 신탁업자는 아래 어느 하나에 해당하는 경우에는 신탁계약이 정하는 바에 따라 신탁재산을 고유재산으로 취득할 수 있다.

① 신탁행위에 따라 수익자에 대하여 부담하는 채무를 이행하기 위하여 필요한 경우[금전 신탁재산의 운용으로 취득한 자산이 거래소시장(다자간매매체결회사에서의 거래를 포함한다) 또는 이와 유사한 시장으로서 해외에 있는 시장에서 시세가 있는 경우에 한한다]
② 신탁계약의 해지, 그 밖에 수익자 보호를 위하여 불가피한 경우로서 아래의 요건을 모두 충족하고 금융위원회가 인정하는 경우(손실이 보전되거나 이익이 보장되는 신탁계약에 한한다)
　ⅰ) 신탁계약기간이 종료되기까지의 남은 기간이 3개월 이내일 것
　ⅱ) 신탁재산을 고유재산으로 취득하는 방법 외에 신탁재산의 처분이 곤란할 경우일 것
　ⅲ) 취득가액이 공정할 것

(4) 신탁재산의 의결권행사(자본시장법 제112조)

신탁재산으로 취득한 주식에 대한 권리는 신탁업자가 행사한다. 이 경우 신탁업자는 수익자의 이익을 보호하기 위하여 신탁재산에 속하는 주식의 의결권을 충실하게 행사하여야 한다.
하지만, 신탁업자가 신탁재산에 속하는 주식의 의결권을 행사함에 있어서 아래의 어느 하나에 해당하는 경우에는 신탁재산에 속하는 주식을 발행한 법인의 주주총회 참석 주식수에서

신탁재산에 속하는 주식수를 뺀 주식수의 결의내용에 영향을 미치지 아니하도록 의결권을 행사하여야 한다. 다만, 신탁재산에 속하는 주식을 발행한 법인의 합병, 영업의 양도·양수, 임원의 선임, 그 밖에 이에 준하는 사항으로서 신탁재산에 손실을 초래할 것이 명백하게 예상되는 경우에는 그러하지 아니하다.

가. 아래 어느 하나에 해당하는 자가 그 신탁재산에 속하는 주식을 발행한 법인을 계열회사로 편입하기 위한 경우

① 신탁업자 또는 그와 특수관계인 및 공동보유자

② 신탁업자에 대하여 사실상의 지배력을 행사하는 자로서 신탁업자의 대주주(최대주주 의 특수관계인인 주주를 포함)

나. 신탁재산에 속하는 주식을 발행한 법인이 그 신탁업자와 아래 어느 하나에 해당하는 관계에 있는 경우

① 계열회사의 관계에 있는 경우

② 신탁업자에 대하여 사실상의 지배력을 행사하는 관계로서 신탁업자의 대주주가 되는 관계에 있는 경우

│ 의결권의 제한 │

신탁업자는 신탁재산에 속하는 주식이 아래의 어느 하나에 해당하는 경우에는 그 주식의 의결권을 행사할 수 없다.

ⅰ) 동일법인이 발행한 주식 총수의 100분의 15를 초과하여 주식을 취득한 경우 그 초과하는 주식

ⅱ) 신탁재산에 속하는 주식을 발행한 법인이 자기주식을 확보하기 위하여 신탁계약에 따라 신탁업자에게 취득하게 한 그 법인의 주식

---

② 신탁 관련 세제

1) 신탁 과세이론

집합투자기구 세제에서 살펴본 바와 같이 신탁의 당사자는 위탁자와 수탁자, 수익자가 존재하는데, 세무적으로 과세 실체를 누구로 할 것이냐 하는 문제가 지속적으로 논란이 되어 왔다. 신탁과 관련한 과세는 신탁소득에 대한 과세 문제와 신탁재산에 대한 과세 문제가 제기되는데, 여기에서 과세 대상에 대한 납세주체를 정할 때 신탁 자체를 세법상 하나의 독립적인 실체로 볼 것인지 여부에 따라 도관이론과 실체이론이 존재한다.

(1) 도관이론

도관이론에 따르면 신탁은 신탁재산을 통하여 발생한 소득을 수익자에게 분배해주는 하나의 도관에 지나지 않기 때문에 독립된 과세주체가 될 수 없고 당해 신탁에서 발생한 소득이 실질적으로 귀속되는 수익자가 과세 실체가 된다고 주장한다. 즉 신탁은 단순히 투자자에게 수익을 분배하기 위하여 활용되는 도관에 불과하기 때문에 수탁자의 신탁행위로 인해 발생한 소득의 독립적인 납세의무자가 될 수 없다는 것이다. 이는 실질과세의 원칙에는 부합하지만, 소득의 귀속 시기와 분배 시기의 차이로 인한 과세상의 차이가 존재한다는 비판도 제기된다.

이러한 도관이론을 적용할 경우 자익신탁의 경우에는 위탁자, 타익신탁의 경우에는 지정된 수익자가 납세의무자가 된다.

(2) 실체이론

실체이론은 신탁을 세법상 독립적인 과세 실체로 보고 신탁재산의 운용성과가 당해 신탁에 귀속되는 것으로 보아 과세하는 이론이다.

즉, 실체이론은 신탁 자체를 과세의 주체인 납세의무자로 하여 신탁재산의 소득에 대해 과세한다는 논리인데, 실질과세의 원칙에 부합하지 않고 법인격이 없는 신탁을 납세의무자로 규정함에 따른 문제점 등이 제기된다.

우리 세법은 세목 또는 과세 요건에 따라 부분적으로 이러한 도관이론과 실체이론을 혼용하여 적용하도록 규정하는데, 이에 대해서는 신탁재산에 대한 과세와 신탁소득에 대한 과세로 구분하여 세목별로 살펴보도록 한다.

2) 신탁재산에 대한 과세

신탁재산과 관련해서는 상속·증여세, 부가가치세, 종합부동산세, 지방세 등의 과세 문제가 발생할 수 있는데, 각 세법에서 규정하고 있는 내용을 중심으로 신탁재산 세제를 알아보도록 한다.

(1) 상속세 및 증여세법

가. 상증법상 신탁재산의 범위와 귀속

상증법에서는 피상속인이 신탁한 재산을 상속재산(수익자의 증여재산가액으로 하는 해당 신탁의 이익을 받을 권리의 가액은 제외)으로 보도록 하고 있다. 다만, 신탁의 이익을 받을 권리를 타인이 소유하고 있는 경우에는 그 이익에 상당하는 가액을 상속재산에서 제외하고, 반대로 피상속인이 신탁의 이익을 받을 권리를 타인으로부터 소유하고 있는 경우에는 그 이익에 상당하는 가액을 상속재산에 포함한다(상증법 제9조). 이는 자익신탁이든 타익신탁이든 위탁자가 사망하면 신탁재산을 상속재산으로 보도록 하면서 다만, 타인을 신탁의 수익자로 지정하고 있는 경우에는 신탁재산을 상속재산에 포함하지 않도록 하여 도관이론을 표방하는 한 예로 볼 수 있겠다.

> **상속세 및 증여세법 제9조 【상속재산으로 보는 신탁재산】**
> ① 피상속인이 신탁한 재산은 상속재산으로 본다. 다만, 제33조 제1항에 따라 수익자의 증여재산가액으로 하는 해당 신탁의 이익을 받을 권리의 가액(價額)은 상속재산으로 보지 아니한다.
> ② 피상속인이 신탁으로 인하여 타인으로부터 신탁의 이익을 받을 권리를 소유하고 있는 경우에는 그 이익에 상당하는 가액을 상속재산에 포함한다.
> ③ 수익자연속신탁의 수익자가 사망함으로써 타인이 새로 신탁의 수익권을 취득하는 경우 그 타인이 취득한 신탁의 이익을 받을 권리의 가액은 사망한 수익자의 상속재산에 포함한다.
> ④ 신탁의 이익을 받을 권리를 소유하고 있는 경우의 판정 등 그밖에 필요한 사항은 대통령령으로 정한다.
>
> **상속세 및 증여세법 시행령 제5조 【상속재산으로 보는 신탁재산】**
> 법 제9조 제1항 단서 및 같은 조 제2항에 따른 신탁의 이익을 받을 권리를 소유하고 있는 경우의 판정은 제25조에 따라 원본 또는 수익이 타인에게 지급되는 경우를 기준으로 한다.

나. 신탁 이익의 귀속과 계산

신탁계약에 의하여 위탁자가 타인을 신탁 이익의 전부 또는 일부를 받을 수익자로 지정하여 당해 수익자가 그 원본 또는 수익을 받는 경우, 동 원본 또는 수익이 수익자에게 지급되는 날 등을 증여일로 하여 해당 신탁의 이익을 받을 권리의 가액을 수익자에게 증여한 것으로 보아 과세한다(상증법 제33조). 이러한 수익권은 다시 상속재산에 포함하여 상속세를 부과하고 기납부한 증여세를 공제한다.

하지만, 수익자가 특정되지 않거나 존재하지 않는 경우에는 위탁자 또는 그 상속인을 수익자로 보고, 수익자가 특정되거나 존재하게 된 때에는 새로운 신탁이 있는 것으로 보아 동 규정을 적용한다.

① 신탁 이익 증여일의 판단

신탁계약에 의하여 위탁자가 타인을 신탁 이익의 전부 또는 일부를 받을 수익자로 지정한 경우 증여일로 하는 원본 또는 수익이 수익자에게 지급되는 날 등이란 아래 정하는 경우를 제외하고는 원본 또는 수익이 수익자에게 실제 지급되는 날을 말한다.

ⅰ) 수익자로 지정된 자가 그 이익을 받기 전에 해당 신탁재산의 위탁자가 사망한 경우
: 위탁자가 사망한 날
ⅱ) 신탁계약에 의하여 원본 또는 수익을 지급하기로 약정한 날까지 원본 또는 수익이 수익자에게 지급되지 아니한 경우 : 해당 원본 또는 수익을 지급하기로 약정한 날
ⅲ) 원본 또는 수익을 여러 차례 나누어 지급하는 경우 : 해당 원본 또는 수익이 최초로 지급된 날. 다만, 아래의 어느 하나에 해당하는 경우에는 해당 원본 또는 수익이 실제 지급된 날로 한다.
㉮ 신탁계약을 체결하는 날에 원본 또는 수익이 확정되지 않는 경우
㉯ 위탁자가 신탁을 해지할 수 있는 권리, 수익자를 지정하거나 변경할 수 있는 권리, 신탁 종료 후 잔여재산을 귀속 받을 권리를 보유하는 등 신탁재산을 실질적으로 지배·통제하는 경우

상속세 및 증여세법 제33조【신탁이익의 증여】
① 신탁계약에 의하여 위탁자가 타인을 신탁의 이익의 전부 또는 일부를 받을 수익자 (受益者)로 지정한 경우로서 다음 각 호의 어느 하나에 해당하는 경우에는 원본(元本) 또는 수익(收益)이 수익자에게 실제 지급되는 날 등 대통령령으로 정하는 날을 증여일로 하여 해당 신탁의 이익을 받을 권리의 가액을 수익자의 증여재산가액으로 한다.

---

1. 원본을 받을 권리를 소유하게 한 경우에는 수익자가 그 원본을 받은 경우
2. 수익을 받을 권리를 소유하게 한 경우에는 수익자가 그 수익을 받은 경우
② 수익자가 특정되지 아니하거나 아직 존재하지 아니하는 경우에는 위탁자 또는 그 상속인을 수익자로 보고, 수익자가 특정되거나 존재하게 된 때에 새로운 신탁이 있는 것으로 보아 제1항을 적용한다.
③ 제1항을 적용할 때 여러 차례로 나누어 원본과 수익을 받는 경우에 대한 증여재산가액 계산방법 및 그밖에 필요한 사항은 대통령령으로 정한다.

상속세 및 증여세법 시행령 제25조【신탁이익의 계산방법 등】
① 법 제33조 제1항 각 호 외의 부분에서 "원본(元本) 또는 수익(收益)이 수익자에게 실제 지급되는 날 등 대통령령으로 정하는 날"이란 다음 각 호의 구분에 따른 날을 제외하고는 원본 또는 수익이 수익자에게 실제 지급되는 날을 말한다.
1. 수익자로 지정된 자가 그 이익을 받기 전에 해당 신탁재산의 위탁자가 사망한 경우 : 위탁자가 사망한 날
2. 신탁계약에 의하여 원본 또는 수익을 지급하기로 약정한 날까지 원본 또는 수익이 수익자에게 지급되지 아니한 경우 : 해당 원본 또는 수익을 지급하기로 약정한 날
3. 원본 또는 수익을 여러 차례 나누어 지급하는 경우 : 해당 원본 또는 수익이 최초로 지급된 날. 다만, 다음 각 목의 어느 하나에 해당하는 경우에는 해당 원본 또는 수익이 실제 지급된 날로 한다.
   가. 신탁계약을 체결하는 날에 원본 또는 수익이 확정되지 않는 경우
   나. 위탁자가 신탁을 해지할 수 있는 권리, 수익자를 지정하거나 변경할 수 있는 권리, 신탁 종료 후 잔여재산을 귀속 받을 권리를 보유하는 등 신탁재산을 실질적으로 지배·통제하는 경우
② 법 제33조 제1항을 적용할 때 여러 차례 나누어 원본과 수익을 받는 경우의 신탁이익은 제1항에 따른 증여시기를 기준으로 제61조를 준용하여 평가한 가액으로 한다.

② 신탁의 이익을 받을 권리 평가

신탁의 이익을 받을 권리의 가액은 아래 어느 하나에 따라 평가한 가액으로 한다. 다만, 평가기준일 현재 신탁계약의 철회, 해지, 취소 등을 통해 받을 수 있는 일시금이 동 평가가액보다 큰 경우에는 그 일시금의 가액으로 한다(상증법 시행령 제61조).

i) 원본과 수익을 받을 권리의 수익자가 같은 경우

신탁 수익권 평가액 : Max(㉮, ㉯)
㉮ 상증법상 재산평가방법에 따른 재산 평가액*
  * (상증법 제60조~제66조) 상속 개시일·증여일 현재의 시가. 단 시가산정이 어려운 경우 보충적 평가방법

㉯ 평가기준일 현재 신탁계약의 철회·해지·취소 등을 통해 받을 수 있는 일시금

제60조【평가의 원칙 등】

제61조【부동산 등의 평가】

제62조【선박 등 그밖의 유형재산의 평가】

제63조【유가증권 등의 평가】

제64조【무체재산권의 가액】

제65조【그밖의 조건부 권리 등의 평가】

제66조【저당권 등이 설정된 재산 평가의 특례】

ii) 원본과 수익을 받을 권리의 수익자가 다른 경우

㉮ 원본을 받을 권리를 수익하는 경우

신탁재산 평가액에서 ㉯의 계산식에 따라 평가한 신탁의 수익 평가액을 차감한 가액을 한도로 하여 원본 수익을 평가한다.

신탁 수익권 평가액 : Max(㉠, ㉡)

㉠ 상증법상 재산평가방법에 따른 재산 평가액 − 신탁의 수익 평가액
㉡ 평가기준일 현재 신탁계약의 철회·해지·취소 등을 통해 받을 수 있는 일시금

㉯ 수익을 받을 권리를 수익하는 경우

평가기준일 현재 기획재정부령으로 정하는 방법(평가기준일 현재 신탁재산의 수익에 대한 수익률이 확정되지 아니한 경우 원본의 가액에 1,000분의 30을 곱하여 계산한 금액)에 따라 추산한 장래에 받을 각 연도의 수익금에 대하여 수익의 이익에 대한 원천징수세액상당액 등을 고려하여 다음의 계산식에 따라 계산한 금액의 합계액

신탁 수익권 평가액 : Max(㉠, ㉡)

㉠ (각 연도에 받을 수익의 이익 − 원천징수세액상당액)/(1+기재부령으로 정하는 이자율*)^n
  n : 평가기준일부터 수익시기까지의 연수. 단, 신탁의 수익시기가 정해지지 않은 경우 평가기준일부터
      수익시기까지의 연수는 20년 또는 기대여명의 연수로 계산
㉡ 평가기준일 현재 신탁계약의 철회·해지·취소 등을 통해 받을 수 있는 일시금

* 2025년 2월 현재 : 30/1,000

> **상속세 및 증여세법 시행규칙 19조의2【신탁의 이익 및 정기금을 받을 권리의 평가】**
>
> ① 영 제61조 제1항 제2호 나목의 계산식에서 "기획재정부령으로 정하는 이자율"이란 연간 1,000분의 30을 말한다.
> ② 영 제61조 제1항 제2호 나목 계산식 외의 부분에서 "기획재정부령으로 정하는 방법에 따라 추산한 장래에 받을 각 연도의 수익금"이란 평가기준일 현재 신탁재산의 수익에 대한 수익률이 확정되지 않은 경우 원본의 가액에 1,000분의 30을 곱하여 계산한 금액을 말한다.
> ③ 영 제62조 제1호의 계산식에서 "기획재정부령으로 정하는 이자율"이란 연간 1,000분의 30을 말한다.

그리고, 여러 차례 나누어 원본과 수익을 지급받는 경우의 신탁 이익도 위 규정에 따른 증여 시기를 기준으로 위 각 평가 방법을 준용하여 평가한 가액으로 한다.

다. 새로운 유형의 신탁개념

2021년 개정세법 적용시기부터 기존 우리나라 세법에 포함되어 있지 않았던 유언대용신탁(「신탁법」 제59조) 및 수익자연속신탁(「신탁법」 제60조) 등 과거 「신탁법」 개정으로 인해 도입된 새로운 유형의 신탁에 대하여 그 과세 방법 및 구체적인 개념을 세법상에 명확히 반영하였다.

> **상속세 및 증여세법 제2조【정의】**
>
> 이 법에서 사용하는 용어의 뜻은 다음과 같다.
> 1. "상속"이란 「민법」 제5편에 따른 상속을 말하며, 다음 각 목의 것을 포함한다.
>   다. 「민법」 제1057조의2에 따른 피상속인과 생계를 같이 하고 있던 자, 피상속인의 요양 간호를 한 자 및 그밖에 피상속인과 특별한 연고가 있던 자(이하 "특별연고자"라 한다)에 대한 상속재산의 분여(分與)
>   라. 「신탁법」 제59조에 따른 유언대용신탁(이하 "유언대용신탁"이라 한다)
>   마. 「신탁법」 제60조에 따른 수익자연속신탁(이하 "수익자연속신탁"이라 한다)

이처럼 상증법상 '상속'의 정의에 유언대용신탁과 수익자연속신탁의 두 개념을 포함함으로써, 민법상의 유증·사인증여와 유사한 성격을 감안하여 증여세를 과세하지 아니하고 상속세를 과세하도록 하였다.

> **신탁법 제59조 【유언대용신탁】**
> ① 다음 각 호의 어느 하나에 해당하는 신탁의 경우에는 위탁자가 수익자를 변경할 권리를 갖는다. 다만, 신탁행위로 달리 정한 경우에는 그에 따른다.
> 1. 수익자가 될 자로 지정된 자가 위탁자의 사망 시에 수익권을 취득하는 신탁
> 2. 수익자가 위탁자의 사망 이후에 신탁재산에 기한 급부를 받는 신탁
> ② 제1항 제2호의 수익자는 위탁자가 사망할 때까지 수익자로서의 권리를 행사하지 못한다. 다만, 신탁행위로 달리 정한 경우에는 그에 따른다.
>
> **신탁법 제60조 【수익자연속신탁】**
> 신탁행위로 수익자가 사망한 경우 그 수익자가 갖는 수익권이 소멸하고 타인이 새로 수익권을 취득하도록 하는 뜻을 정할 수 있다. 이 경우 수익자의 사망에 의하여 차례로 타인이 수익권을 취득하는 경우를 포함한다.

또한, 수익자연속신탁의 수익자가 사망함으로써 타인이 새로 신탁의 수익권을 취득하는 경우 그 타인이 취득한 신탁의 이익을 받을 권리의 가액은 사망한 수익자의 상속재산에 포함한다고 규정(상증법 제9조 제3항)함으로써 직전 수익권자 사망 시 승계 수익권자에게 수익권을 상속한 것으로 보아 상속세를 과세하도록 하였다.

(2) 부가가치세법

부가가치세법은 사업자가 행하는 재화 또는 용역의 공급에 대하여 당해 사업자를 부가가치세의 납세의무자로 한다. 이처럼 부가가치세법은 영리목적의 유무에 관계없이 사업상 독립적으로 재화 또는 용역을 공급하는 자인 사업자를 부가가치세 납세의무자로 정하고 있다. 그런데, 신탁재산을 관리·처분하는 행위가 부가가치세 과세 대상에 해당하는 경우, 2017년 이전에는 이에 대한 세법 규정이 없어서 대법원 판례와 예규에 따라 납세의무자에 대한 판단을 하였다. 이에 대한 세법 규정은 2017년 12월 19일 부가가치세법 개정 시에 처음으로 부가가치세 납세의무자가 누구인지 명시(위탁자)하기 시작했고, 2021년에 다시 부가가치세법 개정을 통하여 납세의무자를 변경(위탁자 → 수탁자)하였다. 따라서 여기서는 2017년 이전과 2018년 이후, 그리고 2021년 이후로 로 나누어 부가가치세 납세의무자에 대한 변천과정을 알아본다.

가. 2017년 이전

2017년 이전에는 부가가치세법에 신탁재산과 관련된 부가가치세에 대한 명문규정이 없었기 때문에 대법원 판례와 예규를 따랐다. 2003년 생성된 대법원 판례는 신탁의 경제적 실질을

위탁자의 계산으로 수탁자가 자기 명의로 재화나 용역을 공급하거나 공급받는다는 점에서 위탁매매와 사실상 동일한 것으로 간주하고, 부가가치세법 제10조 제7항을 판단의 근거로 하여 부가가치세 납세의무자를 위탁자로 판단하였다(대법원 2000다33034, 2003.4.25. 판결). 즉, 자익신탁에서는 수탁자가 계약당사자로서 신탁재산을 관리·처분하지만, 그로 인한 손익은 위탁자에게 최종 귀속하게 되므로 실질적인 관점에서 위탁자를 부가가치세 납세의무자로 본다는 것이다.

> **부가가치세법 제10조【재화공급의 특례】**
> ⑦ 위탁매매 또는 대리인에 의한 매매를 할 때에는 위탁자 또는 본인이 직접 재화를 공급하거나 공급받은 것으로 본다. 다만, 위탁자 또는 본인을 알 수 없는 경우로서 대통령령으로 정하는 경우에는 수탁자 또는 그 대리인에게 재화를 공급하거나 수탁자 또는 대리인으로부터 재화를 공급받은 것으로 본다.

하지만, 2017년, 대법원은 수탁자가 위탁자로부터 이전받은 신탁재산을 관리·처분하면서 재화를 공급하는 경우 수탁자 자신이 신탁재산에 대한 권리와 의무의 귀속주체로서 계약당사자가 되어 신탁업무를 처리한 것이므로, 이때의 부가가치세 납세의무자는 재화의 공급이라는 거래행위를 통하여 그 재화를 사용·소비할 수 있는 권한을 거래상대방에게 이전한 수탁자로 보아야 하고, 그 신탁재산의 관리·처분 등으로 발생한 이익과 비용이 거래상대방과 직접적인 법률관계를 형성한 바 없는 위탁자나 수익자에게 최종적으로 귀속된다는 사정만으로 달리 볼 것은 아니라는 판결을 하였다(대법원 2012두22485, 2017. 5. 18. 판결). 그리고 세금계산서 발급·교부 등을 필수적으로 수반하는 다단계 거래세인 부가가치세의 특성을 고려할 때, 수탁자를 신탁재산 처분에 따른 공급의 주체 및 납세의무자로 보아야 신탁과 관련된 부가가치세법상 거래 당사자를 쉽게 인식할 수 있다고 그 이유를 제시한다. 종전에는 신탁을 자익신탁과 타익신탁으로 구분하여 부가가치세 납세의무자를 판단하였는데, 새로운 대법원 판결에서는 신탁재산을 공급한 경우 이처럼 신탁의 종류에 관계없이 수탁자가 부가가치세 납세의무를 진다고 판단함에 따라, 이러한 새로운 대법원 판례를 반영하여 기획재정부는 2017년 9월 1일 아래와 같은 새로운 예규를 내놓는다.

예규 【부가가치세제과 – 447, 2017. 9. 1.】
1. 수탁자가 신탁재산을 매각하는 경우 신탁 유형에 관계없이 부가가치세법 제3조에 따른 납세의무자는 수탁자임.
2. 동 질의 회신은 질의 회신일 이후 공급하는 분부터 적용하고 대법원판결 취지에 따라 판결일 이후부터 질의 회신일 전까지 수탁자가 해당 부가가치세의 납세의무자로서 부가가치세를 신고한 경우에는 수탁자를 납세의무자로 할 수 있음.
3. 신탁계약에 따라 위탁자가 수탁자에게 신탁재산을 이전하는 경우에는 세금계산서를 발급하지 아니하는 것임.

나. 2018년~2020년

정부는 2017년 12월 19일 부가가치세법 개정을 통하여 신탁과 관련된 규정을 부가가치세법에 명문화하는 과정을 거치는데, 신탁을 위탁매매로 보던 종전의 관점을 다시 반영하였다. 즉, 2018년 시행 개정 세법에서는 종전과 같이 위탁자를 부가가치세 납세의무자로 하되, 담보신탁은 위탁자의 의사와 관계없이 신탁재산이 강제로 매각되는 점을 고려하여 수탁자가 납세의무를 지도록 하였다. 또한, 신탁재산을 처분한 경우에 위탁자가 부가가치세를 체납할 가능성이 있으므로 이를 방지하기 위하여 수탁자에게 신탁재산을 한도로 물적 납세의무를 부여하고, 신탁계약에 따른 위탁자에서 수탁자로의 신탁재산 이전 등은 재화의 공급으로 보지 않는 내용을 명문화하였다. 그리고 동 개정 규정을 2018년 1월 1일 이후 공급하거나 공급받는 분부터 적용하도록 하였다.

다. 2021년 이후

하지만, 2021년부터 적용하는 개정 세법(2020. 12. 22. 개정)에서는 신탁세제 선진화를 위해 신탁재산과 관련한 재화 또는 용역을 공급하는 경우의 납세의무자 규정을 보완하였는데, 신탁재산과 관련된 재화 또는 용역을 공급하는 때에는 원칙적으로 수탁자에게 신탁재산별로 각각 별도의 납세의무자로서 부가가치세 납부 의무를 부여하여 부가가치세 납세의무자를 위탁자에서 수탁자로 변경하였다. 다만, 일괄적으로 변경할 경우 발생할지도 모르는 신탁 등 관련업계의 혼란을 피하기 위해 아래 하나에 해당하는 경우에는 위탁자를 부가가치세 납세의무자로 규정하였다(부가가치세법 제3조, 부가가치세법 시행령 제5조의2).

① 신탁재산과 관련된 재화 또는 용역을 위탁자 명의로 공급하는 경우
② 위탁자가 신탁재산을 실질적으로 지배·통제하는 경우로서 아래의 경우
  ⅰ) 수탁자가 위탁자로부터 자본시장법 제103조 제1항 제5호 또는 제6호의 재산(부동산 또는 부동산관련 권리)을 수탁받아 같은 조 제4항에 따라 부동산개발사업을 목적으로 하는 신탁계약을 체결한 경우로서 그 신탁계약에 따른 부동산개발사업비의 조달의무를 수탁자가 부담하지 않는 경우. 다만, 수탁자가 「도시 및 주거환경정비법」 제27조 제1항 또는 「빈집 및 소규모주택 정비에 관한 특례법」 제19조 제1항에 따른 재개발사업·재건축사업 또는 가로주택정비사업·소규모재건축사업·소규모재개발사업의 사업시행자인 경우는 제외한다.
  ⅱ) 수탁자가 「도시 및 주거환경정비법」 제28조 제1항 또는 「빈집 및 소규모주택 정비에 관한 특례법」 제56조 제1항에 따른 재개발사업·재건축사업 또는 가로주택정비사업·소규모재건축사업·소규모재개발사업의 사업대행자인 경우
  ⅲ) 수탁자가 위탁자의 지시로 위탁자와 국세기본법 시행령 제1조의2 제1항, 제2항, 같은 조 제3항 제1호 또는 법인세법 시행령 제2조 제8항 각호의 관계에 있는 특수관계인에게 신탁재산 관련 재화·용역을 공급하는 경우
  ⅳ) 「자본시장과 금융투자업에 관한 법률」 제9조 제18항 제1호에 따른 투자신탁의 경우

다만, 수탁자가 납세의무자가 되는 신탁재산에 둘 이상의 수탁자가 있는 경우 이 공동수탁자에게는 부가가치세를 연대하여 납부할 의무를 부여하였고, 이 경우 공동수탁자 중 신탁사무를 주로 처리하는 대표수탁자가 부가가치세를 신고·납부하여야 한다.

또한, 신탁재산에 대한 부가가치세가 체납된 경우, 체납이 발생한 해당 신탁재산 자체로 국한하여 체납처분하도록 하였고, 신탁재산을 하나의 사업장으로 하여 각 신탁재산별로 별도의 사업자등록을 발급하도록 하였다.

부가가치세법 제3조 【납세의무자】
① 다음 각 호의 어느 하나에 해당하는 자로서 개인, 법인(국가·지방자치단체와 지방자치단체조합을 포함한다), 법인격이 없는 사단·재단 또는 그밖의 단체는 이 법에 따라 부가가치세를 납부할 의무가 있다.
1. 사업자
2. 재화를 수입하는 자
② 제1항에도 불구하고 대통령령으로 정하는 신탁재산(이하 "신탁재산"이라 한다)과 관련된 재화 또는 용역을 공급하는 때에는 「신탁법」 제2조에 따른 수탁자(이하 이 조, 제3조의2, 제8조, 제10조 제9항 제4호, 제52조의2 및 제58조의2에서 "수탁자"라 한다)가 신탁재산별로 각각 별도의 납세의무자로서 부가가치세를 납부할 의무가 있다.
③ 제1항 및 제2항에도 불구하고 다음 각 호의 어느 하나에 해당하는 경우에는 「신탁법」

제2조에 따른 위탁자(이하 이 조, 제3조의2, 제10조 제9항 제4호 및 제52조의2에서 "위탁자"라 한다)가 부가가치세를 납부할 의무가 있다.

1. 신탁재산과 관련된 재화 또는 용역을 위탁자 명의로 공급하는 경우
2. 위탁자가 신탁재산을 실질적으로 지배·통제하는 경우로서 대통령령으로 정하는 경우
3. 그밖에 신탁의 유형, 신탁설정의 내용, 수탁자의 임무 및 신탁사무 범위 등을 고려하여 대통령령으로 정하는 경우

④ 제2항에 따라 수탁자가 납세의무자가 되는 신탁재산에 둘 이상의 수탁자(이하 "공동수탁자"라 한다)가 있는 경우 공동수탁자는 부가가치세를 연대하여 납부할 의무가 있다. 이 경우 공동수탁자 중 신탁사무를 주로 처리하는 수탁자(이하 "대표수탁자"라 한다)가 부가가치세를 신고·납부하여야 한다.

부가가치세법 제3조의2 【신탁 관련 제2차 납세의무 및 물적납세의무】

① 제3조 제2항에 따라 수탁자가 납부하여야 하는 다음 각 호의 어느 하나에 해당하는 부가가치세 또는 강제징수비(이하 "부가가치세 등"이라 한다)를 신탁재산으로 충당하여도 부족한 경우에는 그 신탁의 수익자(「신탁법」 제101조에 따라 신탁이 종료되어 신탁재산이 귀속되는 자를 포함한다)는 지급받은 수익과 귀속된 재산의 가액을 합한 금액을 한도로 하여 그 부족한 금액에 대하여 납부할 의무(이하 "제2차 납세의무"라 한다)를 진다.

1. 신탁 설정일 이후에 「국세기본법」 제35조 제2항에 따른 법정기일이 도래하는 부가가치세로서 해당 신탁재산과 관련하여 발생한 것
2. 제1호의 금액에 대한 강제징수 과정에서 발생한 강제징수비

② 제3조 제3항에 따라 부가가치세를 납부하여야 하는 위탁자가 제1항 각 호의 어느 하나에 해당하는 부가가치세 등을 체납한 경우로서 그 위탁자의 다른 재산에 대하여 강제징수를 하여도 징수할 금액에 미치지 못할 때에는 해당 신탁재산의 수탁자는 그 신탁재산으로써 이 법에 따라 위탁자의 부가가치세 등을 납부할 의무(이하 "물적납세의무"라 한다)가 있다.

③ 제1항 및 제2항에서 정한 사항 외에 제2차 납세의무 및 물적납세의무의 적용에 필요한 사항은 대통령령으로 정한다.

부가가치세법 제10조 【재화 공급의 특례】

⑧ 「신탁법」 제10조에 따라 위탁자의 지위가 이전되는 경우에는 기존 위탁자가 새로운 위탁자에게 신탁재산을 공급한 것으로 본다. 다만, 신탁재산에 대한 실질적인 소유권의 변동이 있다고 보기 어려운 경우로서 대통령령으로 정하는 경우에는 신탁재산의 공급으로 보지 아니한다.

⑨ 다음 각 호의 어느 하나에 해당하는 것은 재화의 공급으로 보지 아니한다.

4. 신탁재산의 소유권 이전으로서 다음 각 목의 어느 하나에 해당하는 것
　가. 위탁자로부터 수탁자에게 신탁재산을 이전하는 경우
　나. 신탁의 종료로 인하여 수탁자로부터 위탁자에게 신탁재산을 이전하는 경우
　다. 수탁자가 변경되어 새로운 수탁자에게 신탁재산을 이전하는 경우

그리고, 2021년 세법 개정(2022. 1. 1. 시행) 시 신탁업법상 위탁자의 지위가 이전되는 경우에는 재화의 공급으로 간주하도록 하였는데, 다만 실질적으로 소유권 변동이 없는 경우로서 집합투자업자가 다른 집합투자업자에게 위탁자의 지위를 이전하는 경우에는 제외하도록 하였다 (부가가치세법 제10조 제8항).

(3) 종합부동산세법

종합부동산세는 고액의 부동산 보유자에 대하여 부과함으로써 조세 부담의 형평성을 제고하고, 부동산의 가격안정을 도모하여 지방재정의 균형 발전과 국민경제의 건전한 발전을 도모한다는 목적하에 만들어진 세목이다. 따라서, 종합부동산세는 주택과 토지를 그 과세 대상으로 하는데, 토지는 지방세법 제106조에서 구분하는 종합합산과세 대상 토지와 별도 합산과세 대상 토지에 대해서만 과세한다.

신탁과 관련해서 종합부동산세는 신탁재산이 과세 대상 부동산인 경우에 발생하게 되는데, 보통 납세의무자와 관련된 문제가 논란이 된다. 2020년 이전까지는 「신탁법」에 따라 수탁자 명의로 등기·등록된 신탁재산의 경우 위탁자별로 구분된 재산에 대해서는 각각의 그 수탁자를 납세의무자로 보도록 규정하고 있었다. 따라서, 수탁자 명의로 종합부동산세가 부과되어 신탁제도를 이용한 종합부동산세 절세가 가능했다.

이에 신탁제도를 활용한 투기 수요가 부동산 시장에 유입되는 것을 차단하기 위하여 2021년부터 적용되는 개정세법에서는 신탁재산의 종합부동산세 납세의무자를 종전의 수탁자에서 위탁자로 변경하였는데, 즉, 수탁자의 명의로 등기 또는 등록된 신탁주택 또는 신탁토지의 경우 당해 신탁주택 또는 신탁토지의 위탁자가 종합부동산세를 납부할 의무가 있고, 위탁자가 동 신탁재산을 소유한 것으로 본다고 규정함으로써 신탁재산의 종합부동산세는 원칙적으로 신탁재산의 위탁자 기준으로 부과하도록 하였다.

따라서 2021년 이후로는 일정 부동산을 신탁을 통해 보관·관리하고 있더라도 종합부동산세는 위탁자가 해당 부동산을 보유하고 있는 것으로 보아 부과되므로, 보유 부동산, 특히 주택의 종합부동산세 절세를 주 목적으로 한 신탁제도 활용도 그 효과를 기대할 수 없게 되었다.

종합부동산세법 제7조【납세의무자】
① 과세기준일 현재 주택분 재산세의 납세의무자는 종합부동산세를 납부할 의무가 있다.
② 「신탁법」 제2조에 따른 수탁자(이하 "수탁자"라 한다)의 명의로 등기 또는 등록된 신탁재산으로서 주택(이하 "신탁주택"이라 한다)의 경우에는 제1항에도 불구하고 같은 조에

따른 위탁자(「주택법」 제2조 제11호 가목에 따른 지역주택조합 및 같은 호 나목에 따른 직장주택조합이 조합원이 납부한 금전으로 매수하여 소유하고 있는 신탁 주택의 경우에는 해당 지역주택조합 및 직장주택조합을 말한다. 이하 "위탁자"라 한다)가 종합부동산세를 납부할 의무가 있다. 이 경우 위탁자가 신탁주택을 소유한 것으로 본다.

종합부동산세법 제12조【납세의무자】

① 과세기준일 현재 토지분 재산세의 납세의무자로서 다음 각호의 어느 하나에 해당하는 자는 해당 토지에 대한 종합부동산세를 납부할 의무가 있다.

1. 종합합산과세 대상인 경우에는 국내에 소재하는 해당 과세 대상토지의 공시가격을 합한 금액이 5억원을 초과하는 자

2. 별도합산과세 대상인 경우에는 국내에 소재하는 해당 과세 대상토지의 공시가격을 합한 금액이 80억원을 초과하는 자

② 수탁자의 명의로 등기 또는 등록된 신탁재산으로서 토지(이하 "신탁토지"라 한다)의 경우에는 제1항에도 불구하고 위탁자가 종합부동산세를 납부할 의무가 있다. 이 경우 위탁자가 신탁토지를 소유한 것으로 본다.

이와 함께 개정세법은 수탁자의 신탁재산 물적 납세의무와 그 납부고지 및 징수 등에 관한 특례를 신설하여 위탁자의 다른 재산에 대하여 강제징수를 하여도 징수할 금액에 미치지 못할 때에는 해당 신탁재산의 수탁자는 그 신탁주택과 신탁토지로써 종합부동산세와 체납처분비 등을 납부하도록 하여 종합부동산세 부담의 형평을 제고하였다(종합부동산세법 제7조의2, 제12조의2, 제16조의2).

(4) 지방세법

신탁재산과 관련하여 발생할 수 있는 지방세는 취득세와 재산세가 있다.

가. 취득세

지방세법상 취득세는 부동산, 차량, 기계장비, 항공기, 선박 등을 취득한 자에게 부과하는데, 여기서 취득이란 관계 법령에 따른 등기·등록을 하지 아니한 경우라도 사실상 취득하면 각각 취득한 것으로 보고 해당 취득물건의 소유자 또는 양수인을 취득자로 한다.

신탁은 소유권이 이전되었음에도 불구하고 사실상의 취득이 이루어진 것이 아니므로 형식적인 취득에 불과한 것으로 인정하여 지방세법은 신탁(「신탁법」에 의한 신탁으로서 신탁등기가 병행되는 것만 해당)으로 인한 신탁재산의 취득으로서, 아래의 취득에 대해서는 취득세 과세 대상에서 제외하고 있다. 다만, 신탁재산의 취득 중 주택조합 등과 조합원 간의

부동산 취득 및 주택조합 등의 비조합원용 부동산 취득은 제외한다(지방세법 제9조 제3항).

① 위탁자로부터 수탁자에게 신탁재산을 이전하는 경우의 취득
② 신탁의 종료로 인하여 수탁자로부터 위탁자에게 신탁재산을 이전하는 경우의 취득
③ 수탁자가 변경되어 신수탁자에게 신탁재산을 이전하는 경우의 취득

이처럼 신탁계약의 설정에 의거 위탁자로부터 수탁자가 위탁자의 신탁재산을 취득하는 경우에는 비과세되지만, 위탁자가 금전을 수탁자에게 신탁한 이후에 수탁자가 그 금전으로 부동산 등을 취득한 경우에는 수탁자가 위탁자를 대신하여 사실상 취득한 것이기 때문에 수탁자를 취득세의 납세의무자로 본다. 다만, 집합건물로서 여러 사람이 공동으로 건축주가 되어 도급계약을 체결한 것이라면 그 집합건물의 각 전유부분 소유권이 누구에게 원시적으로 귀속되느냐는 공동건축주들 사이의 약정에 따른다(대법원 2009다66990, 2010. 1. 28. 판결).

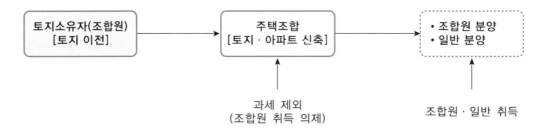

한편, 「신탁법」 제10조에 따라 신탁재산의 위탁자 지위는 신탁행위로 정한 방법에 따라 제3자에게 이전이 가능한데, 이 경우에는 새로운 위탁자가 해당 신탁재산을 취득한 것으로 보아 취득세를 과세한다. 다만, 위탁자 지위의 이전에도 불구하고 신탁재산에 대한 실질적인 소유권 변동이 있다고 보기 어려운 경우로서 다음과 같이 정하는 경우에는 과세 대상에서 제외한다(지방세법 제7조 제15항).

① 자본시장법에 따른 부동산집합투자기구의 집합투자업자가 그 위탁자의 지위를 다른 집합투자업자에게 이전하는 경우

> **신탁법 제10조 【위탁자 지위의 이전】**
> ① 위탁자의 지위는 신탁행위로 정한 방법에 따라 제3자에게 이전할 수 있다.
> ② 제1항에 따른 이전 방법이 정하여지지 아니한 경우 위탁자의 지위는 수탁자와 수익자의 동의를 받아 제3자에게 이전할 수 있다. 이 경우 위탁자가 여럿일 때에는 다른 위탁자의 동의도 받아야 한다.
> ③ 제3조 제1항 제2호에 따라 신탁이 설정된 경우 위탁자의 상속인은 위탁자의 지위를 승계하지 아니한다. 다만, 신탁행위로 달리 정한 경우에는 그에 따른다.

하지만, 타익신탁의 경우처럼 수탁자가 부동산 등을 위탁자가 아닌 제3의 수익자에게 이전하는 경우에는 비록 신탁에 의한 소유권 이전이라 하더라도 사실상 취득에 해당되어 신탁재산을 수령하는 시점에서 수익자에게 취득세가 과세된다.

① 수익권의 양도

위탁자가 부동산을 신탁한 후 수익권증서를 제3자에게 양도한 경우 동 수익권증서를 취득한 자가 그 수익권증서 상에 기재된 부동산을 취득한 것으로 보아 수익권 취득 시점에 새로운 수익자에게 취득세 납세의무가 발생한 것으로 보아야 하는지가 쟁점이 될 수 있는데, 조세심판원은 신탁재산에 대한 수익권증서를 양수받거나 위탁자로부터 수익권증서를 유상으로 매입하여 이를 양수한 것은 신탁재산에서 발생되는 이익을 우선적으로 받을 수 있는 권리를 양수한 것으로, 결과적으로 신탁재산의 수익권을 양수하기로 하는 변경 계약을 체결한 것에 불과할 뿐, 수익권증서에 표시된 신탁재산 그 자체를 취득한 것으로 볼 수는 없다고 판결하였다 (조심 2012지267, 2012. 10. 16.).

② 취득세 중과(지방세법 제13조)

지방세법에서는 ㉠ 과밀억제권역에서의 본점이나 주사무소의 사업용으로 신축 또는 증축하는 건축물과 그 부속토지를 취득하는 경우, ㉡ 과밀억제권역에서 공장을 신설하거나 증설하기 위하여 사업용 과세물건을 취득하는 경우, ㉢ 대도시에서 법인을 설립하거나 지점 또는 분사무소의 설치 또는 법인의 본점·주사무소·지점·분사무소를 대도시 밖에서 대도시로 전입함에 따라 대도시의 부동산을 취득하는 경우, ㉣ 대도시에서 공장을 신설하거나 증설함에 따라 부동산을 취득하는 경우 등에는 취득세를 중과하는 규정을 두고 있다. 따라서 「신탁법」에 따른 수탁자가 취득한 신탁재산 중 위탁자가 신탁 기간 중 또는 신탁 종료 후 위탁자의 본점이나 주사무소의 사업용으로 사용하기 위하여 신축하거나 증축하는 건축물과 그 부속토지, 대도시 내에서 수탁자가 취득하는 본점 또는 지점 등 설치, 공장 신·증설에 따른 부동산 취득에 대해서도 취득세를 중과세한다.

이와 같은 취득세 중과 규정을 요약해 보면 아래와 같다.

| 지방세법상 취득세 중과 요건 요약 |

취득 내용	적용 세율
1) 과밀억제권역 내에서의 취득 　① 과밀억제권역에서 위탁자의 본점이나 주사무소의 사업용으로 사용하기 위하여(취득 후 5년 이내 사용) 신축하거나 증축하는 건축물과 그 부속토지를 취득하는 경우 　② 과밀억제권역에서 공장을 신설하거나 증설하기 위하여 사업용 과세물건을 취득하는 경우	표준세율 + [중과기준세율(2%)×2]
2) 대도시 내에서의 취득 　① 대도시에서 법인을 설립하거나 지점 또는 분사무소를 설치하는 경우 및 법인의 본점·주사무소·지점 또는 분사무소를 대도시 밖에서 대도시로 전입함에 따라 설립·설치·전입 이후 5년 내에 대도시의 부동산을 취득하는 경우 　② 대도시에서 공장을 신설하거나 증설함에 따라 5년 내에 부동산을 취득하는 경우	(표준세율×3) － [중과기준세율(2%)×2]
3) 위 1), 2)의 요건이 동시에 적용되는 경우	표준세율×3

따라서, 수탁자가 취득한 신탁재산 중 위탁자가 신탁기간 중 또는 신탁 종료 후 과밀억제권역에서 위탁자의 본점이나 주사무소의 사업용으로 사용하기 위하여(취득 후 5년 이내 사용) 신축하거나 증축하는 건축물과 그 부속토지를 취득하는 경우와 과밀억제권역에서 공장을 신설하거나 증설하기 위하여 사업용 과세물건을 취득하는 경우의 취득세율은 표준세율에 중과기준세율(2%)의 100분의 200을 합한 세율을 적용한다.

> **예시**
>
> 원시취득 부동산의 경우 취득세 중과세율
> 2.8%(부동산 원시취득 시 세율) + [2%(중과기준세율)×2] = 6.8%

또한, 「신탁법」에 따른 수탁자가 신탁재산을 취득함에 있어 대도시에서 법인을 설립하거나 지점 또는 분사무소를 설치하는 경우 및 법인의 본점·주사무소·지점 또는 분사무소를 대도시

밖에서 대도시로 전입함에 따라 설립·설치·전입 이후 5년 내에 대도시의 부동산을 취득하는 경우와 대도시에서 공장을 신설하거나 증설함에 따라 5년 내에 부동산을 취득하는 경우에는 표준세율의 100분의 300에서 중과기준세율의 100분의 200을 뺀 세율로 적용한다.

> **예시**
>
> 원시취득 부동산의 경우 취득세 중과세율
> [2.8%(부동산 원시취득 시 세율)×3] - [2%(중과기준세율)×2] = 4.4%

한편 정부는 주택 실수요자를 보호하고 투기수요를 근절하기 위하여 2020년 8월 12일부터 시행하는 개정 지방세법을 통하여 법인이 주택을 취득하거나 1세대가 2주택 이상을 취득하는 경우 취득세를 중과세하는 규정을 신설하였는데, 「신탁법」에 따라 신탁된 주택은 위탁자의 주택 수에 가산하도록 하였다. 이 경우 적용되는 취득세율은 아래와 같다.

과세 대상	세 율	비 고
법인이 취득하는 경우	표준세율+중과기준세율(2%)의 400/100	국세기본법에 의해 법인으로 보는 단체와 사단·재단 등 포함
• 1세대 2주택자의 조정대상지역 내 주택 취득 • 1세대 3주택자의 조정대상 외 지역 주택 취득	표준세율+중과기준세율(2%)의 200/100	조정대상지역 내 무상취득은 400/100(단, 1세대 1주택자의 주택을 배우자 또는 직계존비속 취득 시 제외)
• 1세대 3주택자의 조정대상지역 내 주택 취득 • 1세대 4주택자의 조정대상 외 지역 주택 취득	표준세율+중과기준세율(2%)의 400/100	

나. 재산세

재산세는 토지, 건축물, 주택, 항공기 및 선박 등의 재산을 과세 대상으로 하여 과세기준일(매년 6월 1일) 현재 당해 재산을 사실상 소유하고 있는 자가 납세의무자가 된다.

지방세법에서는 신탁재산에 대해서 납세의무자를 별도로 규정하고 있는데, 종전 지방세법은 「신탁법」에 따라 수탁자 명의로 등기·등록된 신탁재산의 경우, 위탁자별로 구분된 재산에 대해서 그 수탁자를 납세의무자로 보도록 하고 있었는데, 2021년부터 적용되는 개정세법에서는 "「신탁법」 제2조에 따른 수탁자의 명의로 등기 또는 등록된 신탁재산의 경우에는 같은 조에 따른 위탁자(「주택법」 제2조 제11호 가목에 따른 지역주택조합 및 같은 호 나목에 따른 직장주택조합이 조합원이 납부한 금전으로 매수하여 소유하고 있는 신탁재산의 경우에는 해당 지역주택조합 및 직장주택조합)가 동 신탁재산을 소유한 것으로 보고 위탁자에게 재산세 납세의무를 부여"하도록 하여 납세의무자를 해당 신탁재산의 수탁자에서 위탁자로 변경하였다(지방세법 제107조 제2항 제5호).

또한, 신탁재산의 위탁자가 아래 어느 하나에 해당하는 재산세·가산금 또는 체납처분비 등을 체납한 경우로서 그 위탁자의 다른 재산에 대하여 체납처분을 하여도 징수할 금액에 미치지 못할 때에는 해당 신탁재산의 수탁자는 그 신탁재산으로써 당해 위탁자의 재산세 등을 납부하도록 그 의무를 부여하였다(지방세법 제119조의2).

① 신탁 설정일 이후에 지방세기본법 제71조 제1항에 따른 법정기일이 도래하는 재산세 또는 가산금(재산세에 대한 가산금으로 한정한다)으로서 해당 신탁재산과 관련하여 발생한 것. 다만, 신탁재산과 다른 토지를 합산하여 과세하는 경우에는 신탁재산과 관련하여 발생한 재산세 등을 신탁재산과 다른 토지의 시가표준액 비율로 안분 계산한 부분 중 신탁재산 부분에 한정한다.

② 위 ①의 금액에 대한 체납처분 과정에서 발생한 체납처분비

이처럼 신탁재산 위탁자의 재산세 등 체납에 따라 수탁자로부터 납세의무자의 재산세 등을 징수하려고 할 때, 현행 지방세법은 지방자치단체의 장이 납부통지서를 수탁자에게 고지하고, 고지가 있은 후 납세의무자인 위탁자가 신탁의 이익을 받을 권리를 포기 또는 이전하거나 신탁재산을 양도하는 등의 경우에도 당해 고지된 부분에 대한 납세의무에는 영향을 미치지 아니하며, 신탁재산의 수탁자가 변경되는 경우에 새로운 수탁자는 이전의 수탁자에게 고지된 납세의무를 승계한다고 규정하여 재산세 등 체납에 대한 세 부담의 형평을 고려하고 있다.

지금까지 알아본 지방세법상의 취득세와 재산세의 납세의무자와 과세 여부를 간단히 정리해보면 아래와 같다.

구 분	취득세	재산세
위탁자 → 수탁자 이전 시	비과세	납세의무자 : 수탁자 명의로 등기 또는 등록된 신탁재산의 경우 위탁자(지방세법 제107조 제2항 제5호)
수탁자 → 위탁자 이전 시	비과세	
수탁자가 위탁자의 상속인에게 이전 시	과세	
수탁자 → 수익자 이전 시	수익자＝위탁자 : 비과세 수익자＝위탁자가 아닌 경우 : 과세	

3) 신탁소득에 대한 과세

(1) 신탁재산 소득의 귀속

우리 세법은 신탁소득에 대해서 원칙적으로 도관이론에 근거하여 과세하고 있다고 볼 수 있다. 즉, 신탁재산에 귀속되는 소득은 그 신탁의 이익을 받을 수익자(수익자가 사망하는 경우에는 그 상속인)가 그 신탁재산을 가진 것으로 보고 관련 세법을 적용(소득세법 제2조의3, 법인세법 제5조)하도록 규정한다.

다만, 2021년 이후 계약을 체결하는 신탁분부터 아래의 어느 하나에 해당하는 신탁으로서 일정 요건*을 충족하는 신탁(자본시장법 제9조 제18항 제1호에 따른 투자신탁 및 소득세법 제17조 제1항 제5호의3에 따른 비금전 조각투자상품 수익증권 발행 신탁은 제외)의 경우에는 신탁재산에 귀속되는 소득에 대하여 신탁계약에 따라 그 신탁의 수탁자(내국법인 또는 거주자인 경우에 한정한다)가 법인세 납부 여부를 선택할 수 있도록 하다가 2024년부터는 수탁자에게 납세의무를 부여하는 등 실체이론을 일부 수용하고 있다. 이 경우 신탁재산별로 각각을 하나의 내국법인으로 본다. 이러한 법인세 과세신탁의 세제에 대해서는 아래 별도의 단락에서 자세히 알아보도록 한다.

* 아래 두 가지 요건 모두에 해당하지 않는 신탁
  ⅰ) 위탁자가 신탁을 해지할 수 있는 권리, 수익자를 지정하거나 변경할 수 있는 권리, 신탁 종료 후 잔여재산을 귀속받을 권리를 보유하는 등 신탁재산을 실질적으로 지배·통제할 것
  ⅱ) 신탁재산 원본을 받을 권리에 대한 수익자는 위탁자로, 수익을 받을 권리에 대한 수익자는 위탁자의 법인세법 시행령 제43조 제7항에 따른 지배주주등의 배우자 또는 같은 주소 또는 거소에서 생계를 같이 하는 직계존비속(배우자의 직계존비속을 포함한다)으로 설정했을 것

① 「신탁법」 제3조 제1항 각 호 외의 부분 단서에 따른 목적신탁

> **신탁법 제3조【신탁의 설정】**
> ① 신탁은 다음 각 호의 어느 하나에 해당하는 방법으로 설정할 수 있다. 다만, 수익자가 없는 특정의 목적을 위한 신탁(이하 "목적신탁"이라 한다)은 「공익신탁법」에 따른 공익신탁을 제외하고는 제3호의 방법으로 설정할 수 없다.

② 「신탁법」 제78조 제2항에 따른 수익증권발행신탁

> **신탁법 제78조【수익증권의 발행】**
> ① 신탁행위로 수익권을 표시하는 수익증권을 발행하는 뜻을 정할 수 있다. 이 경우 각 수익권의 내용이 동일하지 아니할 때에는 특정 내용의 수익권에 대하여 수익증권을 발행하지

아니한다는 뜻을 정할 수 있다.

② 제1항의 정함이 있는 신탁(이하 "수익증권발행신탁"이라 한다)의 수탁자는 신탁행위로 정한 바에 따라 지체 없이 해당 수익권에 관한 수익증권을 발행하여야 한다.

③ 「신탁법」 제114조 제1항에 따른 유한책임신탁

> **신탁법 제114조 【유한책임신탁의 설정】**
> ① 신탁행위로 수탁자가 신탁재산에 속하는 채무에 대하여 신탁재산만으로 책임지는 신탁(이하 "유한책임신탁"이라 한다)을 설정할 수 있다. 이 경우 제126조에 따라 유한책임신탁의 등기를 하여야 그 효력이 발생한다.

④ 그밖에 제1호부터 제3호까지의 규정에 따른 신탁과 유사한 신탁으로서 대통령령으로 정하는 신탁 – 2023. 3. 현재 없음.

하지만, 위 규정에도 불구하고 위탁자가 신탁재산을 실질적으로 통제하는 등의 아래 요건을 모두 충족하는 신탁의 경우 그 신탁재산에 귀속되는 소득은 위탁자에게 귀속되는 것으로 보고 신탁재산에 귀속되는 소득에 대하여 그 신탁의 위탁자가 소득세 또는 법인세를 납부할 의무가 있다.

① 위탁자가 신탁을 해지할 수 있는 권리, 수익자를 지정하거나 변경할 수 있는 권리, 신탁 종료 후 잔여재산을 귀속 받을 권리를 보유하는 등 신탁재산을 실질적으로 지배·통제할 것

② 신탁재산 원본을 받을 권리에 대한 수익자는 위탁자로, 수익을 받을 권리에 대한 수익자는 그 배우자 또는 같은 주소 또는 거소에서 생계를 같이 하는 직계존비속(배우자의 직계존비속을 포함한다)으로 설정했을 것

> **법인세법 제5조 【신탁소득】**
> ① 신탁재산에 귀속되는 소득에 대해서는 그 신탁의 이익을 받을 수익자가 그 신탁재산을 가진 것으로 보고 이 법을 적용한다.
> ② 제1항에도 불구하고 다음 각 호의 어느 하나에 해당하는 신탁으로서 대통령령으로 정하는 요건을 충족하는 신탁(「자본시장과 금융투자업에 관한 법률」 제9조 제18항 제1호에 따른 투자신탁 및 소득세법 제17조 제1항 제5호의3에 따른 수익증권이 발행된 신탁은 제외한다)의 경우에는 신탁재산에 귀속되는 소득에 대하여 신탁계약에 따라 그 신탁의 수탁자[내국법인 또는 「소득세법」에 따른 거주자(이하 "거주자"라 한다)인 경우에 한정한다]가 법인세를

납부할 의무가 있다. 이 경우 신탁재산 별로 각각을 하나의 내국법인으로 본다.

1. 「신탁법」 제3조 제1항 각 호 외의 부분 단서에 따른 목적신탁
2. 「신탁법」 제78조 제2항에 따른 수익증권발행신탁
3. 「신탁법」 제114조 제1항에 따른 유한책임신탁
4. 그밖에 제1호부터 제3호까지의 규정에 따른 신탁과 유사한 신탁으로서 대통령령으로 정하는 신탁

③ 제1항 및 제2항에도 불구하고 위탁자가 신탁재산을 실질적으로 통제하는 등 대통령령으로 정하는 요건을 충족하는 신탁의 경우에는 신탁재산에 귀속되는 소득에 대하여 그 신탁의 위탁자가 법인세를 납부할 의무가 있다.

④ 「자본시장과 금융투자업에 관한 법률」의 적용을 받는 법인의 신탁재산(같은 법 제251조 제1항에 따른 보험회사의 특별계정은 제외한다. 이하 같다)에 귀속되는 수입과 지출은 그 법인에 귀속되는 수입과 지출로 보지 아니한다.

법인세법 시행령 제3조의2 【신탁소득】

① 법 제5조 제2항 각 호 외의 부분 전단에서 "대통령령으로 정하는 요건을 충족하는 신탁"이란 제2항 각 호의 요건 모두에 해당하지 않는 신탁을 말한다.

② 법 제5조 제3항에서 "대통령령으로 정하는 요건을 충족하는 신탁"이란 다음 각 호의 어느 하나에 해당하는 신탁을 말한다.

1. 위탁자가 신탁을 해지할 수 있는 권리, 수익자를 지정하거나 변경할 수 있는 권리, 신탁 종료 후 잔여재산을 귀속 받을 권리를 보유하는 등 신탁재산을 실질적으로 지배·통제할 것
2. 신탁재산 원본을 받을 권리에 대한 수익자는 위탁자로, 수익을 받을 권리에 대한 수익자는 위탁자의 제43조 제7항에 따른 지배주주 등의 배우자 또는 같은 주소 또는 거소에서 생계를 같이 하는 직계존비속(배우자의 직계존비속을 포함한다)으로 설정했을 것

소득세법 제2조의3 【신탁재산 귀속 소득에 대한 납세의무의 범위】

① 신탁재산에 귀속되는 소득은 그 신탁의 이익을 받을 수익자(수익자가 사망하는 경우에는 그 상속인)에게 귀속되는 것으로 본다.

② 제1항에도 불구하고 위탁자가 신탁재산을 실질적으로 통제하는 등 대통령령으로 정하는 요건을 충족하는 신탁의 경우에는 그 신탁재산에 귀속되는 소득은 위탁자에게 귀속되는 것으로 본다.

소득세법 시행령 제4조의2 【신탁소득금액의 계산】

① 신탁업을 경영하는 자는 각 과세기간의 소득금액을 계산할 때 신탁재산에 귀속되는 소득과 그밖의 소득을 구분하여 경리하여야 한다.

② 법 제2조의3 제2항에 따른 수익자의 특정 여부 또는 존재 여부는 신탁재산과 관련되는

수입 및 지출이 있는 때의 상황에 따른다.

③ 「자본시장과 금융투자업에 관한 법률 시행령」 제103조 제1호에 따른 특정금전신탁으로서 법 제4조 제2항을 적용받는 신탁의 이익에 대한 소득금액 계산에 관하여는 제26조의2 제6항을 준용한다.

④ 법 제2조의3 제2항에서 "대통령령으로 정하는 요건을 충족하는 신탁"이란 다음 각 호의 어느 하나에 해당하는 신탁을 말한다.

1. 위탁자가 신탁을 해지할 수 있는 권리, 수익자를 지정하거나 변경할 수 있는 권리, 신탁 종료 후 잔여재산을 귀속 받을 권리를 보유하는 등 신탁재산을 실질적으로 지배·통제할 것

2. 신탁재산 원본을 받을 권리에 대한 수익자는 위탁자로, 수익을 받을 권리에 대한 수익자는 그 배우자 또는 같은 주소 또는 거소에서 생계를 같이 하는 직계존비속(배우자의 직계존비속을 포함한다)으로 설정했을 것

한편, 세법에서는 투자신탁에 대해서도 부분적으로 실체이론의 입장을 취하고 있기도 한데, 투자신탁에서 발생하는 이익을 소득의 원천별로 구분하지 않고 모두 배당소득으로 보도록 하고, 수익자의 신탁소득 귀속시기를 신탁재산으로부터 이익을 지급받은 날로 정하고 있는 점 등이 그것이다. 투자신탁과 관련해서는 집합투자기구 세제 편에서 자세히 설명하고 있으므로 여기서는 생략한다.

(2) 신탁재산 소득에 대한 과세

소득을 구분할 때 아래 각 신탁을 제외한 신탁의 이익은 「신탁법」 제2조에 따라 수탁자에게 이전되거나 그밖에 처분된 재산권에서 발생하는 소득의 내용별로 구분한다(소득세법 제4조 제2항).

① 「법인세법」 제5조 제2항에 따라 신탁재산에 귀속되는 소득에 대하여 그 신탁의 수탁자가 법인세를 납부하는 신탁

② 자본시장법 제9조 제18항 제1호에 따른 투자신탁(소득세법 제17조 제1항 제5호의 적격집합투자기구로부터의 이익에 한정한다)

③ 자본시장법 제251조 제1항에 따른 집합투자업 겸영 보험회사의 특별계정[변액보험 계약(보험금의 자산운용성과에 따라 변동되는 보험계약)]의 투자신탁

④ 소득세법 제17조 제1항 제5호의3에 따른 수익증권이 발행된 신탁(조각투자상품 수익증권)*

  * 2025. 7. 1. 이후 지급받는 분부터 적용

따라서 위 세 가지 신탁 외의 신탁재산에 귀속되는 소득은 그 신탁의 이익을 받을 수익자가 그 신탁재산을 소유한 것으로 보고 신탁에서 발생하는 소득에 대하여는 소득원천별로 소득구분별 세율에 따라 수익자(또는 위탁자)에게 신탁 이익의 지급일(소득이 신탁에 귀속된 날부터 동일 귀속연도의 3개월 이내)에 원천징수한다.

> **소득세법 제155조의2 【특정금전신탁 등의 원천징수의 특례】**
> 제4조 제2항 각 호를 제외한 신탁의 경우에는 다음 각 호에 따라 해당 소득에 대한 소득세를 원천징수하여야 한다.
> 1. 제130조에도 불구하고 제127조 제2항에 따라 원천징수를 대리하거나 위임을 받은 자가 제127조 제1항 제1호 및 제2호의 소득이 신탁에 귀속된 날부터 3개월 이내의 특정일(동일 귀속연도 이내로 한정한다)에 소득세를 원천징수할 것

원천징수의무와 관련해서는 신탁재산을 운용하거나 보관·관리하는 신탁업자와 신탁재산에 귀속되는 소득을 지급하는 자 사이에 대리 또는 위임의 관계가 있는 것으로 보도록 하여 수탁회사가 원천징수하도록 규정하고 있다(소득세법 제127조 제4항).

한편, 수탁자가 신탁재산에 대한 법인세를 납부할 경우, 신탁재산의 소득에 대해 수탁자에게는 법인세를 부과하지만, 수탁자가 수익자에게 배분 시 배당소득으로 과세한다(이중과세 조정을 위해 동 배당금액은 신탁재산에 소득공제 적용). 하지만, 자본시장법의 적용을 받는 법인(자본시장법에 따른 겸영 보험회사의 특별계정 제외)의 신탁재산에 귀속되는 수입과 지출은 그 법인에 귀속되는 수입과 지출로 보지 않는다(법인세법 제5조 제4항).

(3) 법인세 과세 신탁재산의 과세특례

신탁제도의 활성화를 위하여 신탁재산에 대한 법인세 과세를 허용하는 제도를 2021년부터 도입하면서 법인과세 신탁재산의 각 사업연도 소득에 대한 법인세 과세특례도 새롭게 신설되었는데, 그 주요 내용을 요약하면 다음과 같다.

구 분	내 용	세법 조항
신탁재산에 대한 법인세 과세 방식 적용	신탁재산을 내국법인으로 보아 법인세를 과세하는 경우 그 신탁의 수탁자는 신탁재산에 귀속되는 소득과 그 외의 소득을 구분하여 법인세를 납부하도록 하고, 해당 신탁재산의 재산으로 법인세 등을 충당하지 못하는 경우 분배받은 재산가액 및 이익을 한도로 그 신탁의 수익자에게 제2차 납세의무를	법인세법 제75조의11

구 분	내 용	세법 조항
	부과하며, 신탁재산의 이익을 수익자에게 분배하는 경우 배당으로 간주한다.	
법인과세 신탁재산의 설립 및 해산	신탁재산을 내국법인으로 보아 법인세를 과세하기 위하여 해당 신탁재산의 설정일과 종료일을 설립일과 해산일로 정하고, 수탁자가 해당 신탁재산에 대한 사업연도를 별도로 신고하도록 하며, 수탁자가 둘 이상인 경우에는 수탁자 중 신탁사무를 주로 처리하는 수탁자로 신고한 자가 납세의무를 부담하게 하고, 그 외 수탁자에게는 연대납부책임을 부과한다.	법인세법 제75조의12 및 제75조의13
법인과세 신탁재산의 과세표준과 그 계산	이중과세 조정을 위하여 법인과세 신탁재산이 수익자에게 배당한 금액에 대하여 법인과세 신탁재산에 소득공제를 적용하고, 소득공제를 적용받은 신탁재산으로부터 배당을 받는 수입배당금액에 대해서는 익금불산입 규정을 적용하지 아니하며, 신탁의 합병·분할을 법인의 합병·분할로 보고, 수탁자 변경에 따라 법인과세 신탁재산의 자산 및 부채를 이전하는 경우에는 변경 후의 수탁자에게 장부가액으로 이전한 것으로 간주한다.	법인세법 제18조의2 제2항 제5호, 제75조의14, 제75조의15, 제75조의16
법인과세 신탁재산의 신고·납부 및 징수	법인과세 신탁재산의 경우 성실신고확인서 제출과 중간예납 의무 규정을 적용하지 아니하고, 법인과세 신탁재산에 이자소득 등을 지급하는 자의 해당 소득에 대한 원천징수 의무를 법인과세 수탁자가 금융회사 등인 경우에는 부과하지 아니하며, 법인과세 신탁재산에 속하는 채권 등을 매도하는 경우 원천징수의무자는 법인과세 수탁자로 규정한다.	법인세법 제75조의17 및 제75조의18

4) 수익권 양도에 대한 양도소득세 부과

현행 「신탁법」에는 수익증권발행신탁이 명문화되어 있으며, 신탁의 수익자는 이러한 신탁의 이익을 받을 권리(신탁 수익권)를 제3자에게 양도할 수도 있다(「신탁법」 제64조). 그럼에도 불구하고 우리나라 세법은 이러한 신탁 수익권을 양도하는 경우의 명확한 과세 근거 및 구체화된 내용이 없어서 납세자들이 법적 예측가능성 불가와 안정성 침해 등으로 여러 부분에서 혼란을 느낄 수밖에 없었다.

이를 반영하여 2021년부터 이러한 신탁 수익권을 소득세법상 양도소득세가 과세되는 자산의 범위에 포함시키고, 신탁 수익권 양도에 적용될 세율 및 기준시가 등을 명문화하는 등 신탁 수익권을 양도하는 경우의 명확한 과세 근거 조항을 마련하였다.

(1) 양도소득세 과세 대상 신탁 수익권의 범위

소득세법 제94조 제1항 제6호에서는 "신탁의 이익을 받을 권리의 양도로 발생하는 소득"을 양도소득세 과세 대상에 포함하고 단, 신탁 수익권의 양도를 통하여 신탁재산에 대한 지배·통제권이 사실상 이전되는 경우는 신탁재산 자체의 양도로 보도록 하였다.

하지만, 모든 신탁의 수익권이 양도소득세 과세 대상은 아니며, 일부 신탁의 수익권에 대해서는 양도소득세 과세 대상에서 제외하고 있다. 양도세 과세 대상에서 제외되는 신탁 수익권은 다음과 같다(소득세법 시행령 제159조의3).

① 자본시장법 제110조에 따른 금전신탁계약의 수익권(수익증권)

② 자본시장법 제189조의 투자신탁 수익권(수익증권)의 양도로 발생하는 소득이 소득세법 제17조 제1항에 따른 배당소득으로 과세되는 경우 해당 수익권

③ 신탁 수익권(수익증권)의 양도로 발생하는 소득이 소득세법 제17조 제1항에 따른 배당소득으로 과세되는 경우 해당 수익권

④ 위탁자의 채권자가 채권담보를 위하여 채권 원리금의 범위 내에서 선순위 수익자로서 참여하고 있는 경우 해당 수익권

(2) 신탁 수익권의 기준시가

신탁의 이익을 받을 권리인 신탁 수익권의 평가에 관한 부분은 세법상 명확하게 정의되어 있지 않아 과세에 어려움이 있었으나, 2021년 시행 개정세법에서 이를 보완하여 원본 및 이익 수익권의 평가 방법을 구체화하였다.

즉, 신탁의 이익을 받을 권리의 가액은 아래의 어느 하나에 따라 평가한 가액으로 하는데, 다만 평가기준일(취득일 또는 양도일) 현재 신탁계약의 철회, 해지, 취소 등을 통해 받을 수 있는 일시금이 해당 평가가액보다 큰 경우에는 그 일시금의 가액으로 하도록 하였다(소득세법 제99조, 상증법 시행령 제61조).

가. 원본을 받을 권리와 수익을 받을 권리의 수익자가 같은 경우
: 평가기준일 현재 법에 따라 평가한 신탁재산의 가액

나. 원본을 받을 권리와 수익을 받을 권리의 수익자가 다른 경우
: 다음 각 분류에 따른 가액

① 원본을 받을 권리를 수익하는 경우에는 평가기준일 현재 법에 따라 평가한 신탁재산의

가액에서 ②의 계산식에 따라 계산한 금액의 합계액을 뺀 금액

② 수익을 받을 권리를 수익하는 경우에는 평가기준일 현재 기획재정부령으로 정하는 방법에 따라 추산한 장래에 받을 각 연도의 수익금에 대하여 수익의 이익에 대한 원천징수세액 상당액 등을 고려하여 다음의 계산식에 따라 계산한 금액의 합계액

$$\frac{\text{각 연도에 받을 수익의 이익} - \text{원천징수세액상당액}}{(1 + \text{신탁재산의 평균 수익률 등을 고려하여 기획재정부령이 정하는 이자율*})^n}$$

n : 평가기준일부터 수익시기까지 연수. 단, 수익시기가 정해지지 않은 경우 평가기준일부터 수익시기까지의 연수는 20년 또는 기대여명의 연수

* 2025년 2월 현재 : 30/1,000

(3) 신탁수익권의 양도소득 세율

신탁수익권의 양도소득세율은 양도소득 과세표준에 아래의 세율을 적용하여 계산한 금액으로 한다.

양도소득 과세표준	세 율
3억원 이하	20%
3억원 초과	6천만원 + (3억원 초과액 × 25%)

(지방소득세 별도)

관련세법

소득세법

제2조의3【신탁재산 귀속 소득에 대한 납세의무의 범위】

제4조【소득의 구분】

제94조【양도소득의 범위】

제99조【기준시가의 산정】

제104조【양도소득세의 세율】

제155조의2【특정금전신탁 등의 원천징수의 특례】

소득세법 시행령

제4조의2【신탁소득금액의 계산】

제159조의3【양도소득세 과세대상에서 제외되는 수익권】

법인세법

제5조【신탁소득】

제75조의10【적용 관계】

제75조의11【신탁재산에 대한 법인세 과세방식의 적용】

제75조의12【법인과세 신탁재산의 설립 및 해산 등】

제75조의13【공동수탁자가 있는 법인과세 신탁재산에 대한 적용】

제75조의14【법인과세 신탁재산에 대한 소득공제】

제75조의15【신탁의 합병 및 분할】

제75조의16【법인과세 신탁재산의 소득금액 계산】

제75조의17【법인과세 신탁재산의 신고 및 납부】

제75조의18【법인과세 신탁재산의 원천징수】

상속세 및 증여세법

제9조【상속재산으로 보는 신탁재산】

제33조【신탁이익의 증여】

제60조【평가의 원칙 등】

제61조【부동산 등의 평가】

참고문헌

류연호 · 권형기, "현행 지방세법상 신탁재산에 대한 재산세 납세의무자와 법령개선에 관한 연구". 세무학연구. 2019. 9. pp.117~152

전동흔, "신탁관련 지방세 쟁점과 향후과제". 2017. 11. 1.

김병일 · 남기봉, "신탁법상 수익자과세에 관한 연구". 세무와회계저널. 2012. 3. pp.357~386

김병일. "신탁세제 개편과제에 관한 소고". 2017. 11. 1.

이철재. "신탁과 관련된 부가가치세". 2017. 9. 27.

김종해 · 김병일. "부가가치세법상 납세의무자에 관한 연구_신탁법상 위탁자와 수탁자를 중심으로". 세무학연구. 2017. 12. pp.211~234

V

파생금융상품과 세제

① 파생상품의 개념과 종류

파생상품은 말 그대로 기초를 이루는 특정 자산으로부터 파생된 상품으로서, 동 기초 변수의 가치 변동에 따라 그 가치가 결정되는 금융상품이다. 이러한 파생상품은 자본시장에서 그 중요성이 점차 증가하고 있는데, 자본시장법에서는 금융투자상품을 원본 초과손실 가능성을 기준으로 하여 파생상품과 증권으로 분류하고 있다. 즉, 원본을 초과하여 손실이 발생할 가능성이 있는 금융상품은 파생상품으로 분류하고, 원본을 초과한 손실 발생 가능성이 없는 금융상품은 증권으로 분류한다. 그리고, 파생상품과 결합한 증권을 파생결합증권으로 재분류하고 있는데, 여기서는 이러한 파생상품과 파생결합증권을 파생금융상품으로 묶어서 관련 세제를 알아보도록 하겠다.

1) 파생상품의 개념

파생상품은 일반상품이나 외환, 주식, 채권 등 기초상품(underlying asset)의 가격변동으로부터 파생되어 그 경제적 가치가 결정되는 금융상품을 말하는데, 현물자산의 가격변동 위험을 상쇄하기 위한 헤지거래(Hedging) 또는 파생상품 가격변화에 따른 시세차익을 얻기 위한 투기적 거래(Speculation), 그리고 현물시장과 파생상품시장 간 또는 파생상품시장 내에서의 가격형성 과정에서 일시적 괴리가 발생하였을 때 이를 이용한 차익거래(Arbitrage) 등을 하기 위한 목적으로 거래가 이루어진다.

자본시장법에서는 "이익을 얻거나 손실을 회피할 목적으로 현재 또는 장래의 특정 시점에 금전, 그 밖의 재산적 가치가 있는 것을 지급하기로 약정함으로써 취득하는 권리로서, 그 권리를 취득하기 위하여 지급하였거나 지급하여야 할 금전 등의 총액이 그 권리로부터 회수하였거나 회수할 수 있는 금전 등의 총액을 초과하게 될 위험이 있는 것"을 금융투자 상품으로 정의하고, 이를 다시 원본까지만 손실 가능성이 있는 증권과 원본을 초과하여 손실이 발생할 수 있는 파생상품으로 분류한다. 그리고, 파생상품을 아래의 어느 하나에 해당하는 계약상의 권리로 재정의하고 있다(자본시장법 제5조).

① 기초자산*이나 기초자산의 가격·이자율·지표·단위 또는 이를 기초로 하는 지수 등에 의하여 산출된 금전 등을 장래의 특정 시점에 인도할 것을 약정하는 계약 〈선도, 선물〉

② 당사자 어느 한쪽의 의사표시에 의하여 기초자산이나 기초자산의 가격·이자율·지표·단위 또는 이를 기초로 하는 지수 등에 의하여 산출된 금전 등을 수수하는 거래를 성립시킬 수 있는 권리를 부여하는 것을 약정하는 계약 〈옵션〉

③ 장래의 일정기간 동안 미리 정한 가격으로 기초자산이나 기초자산의 가격·이자율·지표·단위 또는 이를 기초로 하는 지수 등에 의하여 산출된 금전 등을 교환할 것을 약정하는 계약 〈스왑〉

* 기초자산 : 금융투자상품, 통화(외국통화 포함), 일반상품(농산물·축산물·수산물·임산물·광산물·에너지에 속하는 물품 및 이 물품을 원료로 하여 제조하거나 가공한 물품, 그 밖에 이와 유사한 것), 신용위험(당사자 또는 제3자의 신용등급의 변동, 파산 또는 채무재조정 등으로 인한 신용의 변동)

2) 파생상품의 종류

파생상품은 이처럼 선도(Forward)거래와 선물(Futures)거래, 옵션(Option) 및 스왑(Swap) 등으로 분류할 수 있다.

(1) 선도거래와 선물거래

선도거래는 매우 단순한 파생상품인데, 오늘 자산을 사고파는 현물계약과 달리 미래의 특정 시점에 특정 가격으로 기초자산을 사거나 팔기로 현재 시점에서 약정하는 계약을 말한다. 선도거래의 당사자 중 하나는 매입포지션(long position)을 취하여 특정 기초자산을 사전에 약정한 가격으로 미래 특정 시점에 매입할 것을 약속하고, 상대 당사자는 그 반대로 매도포지션(short position)을 취하여 동일한 기초자산을 동일한 시점에 동일한 가격으로 매도할 것을 약속한다.

선도거래는 장외시장에서 거래가 이루어지는데 이를 공식적인 거래소에서 거래할 수 있게 하기 위해서는 동 계약을 표준화하는 절차가 필요하다. 이러한 선도거래의 거래장소와 거래조건, 증거금 및 일일정산제도 등이 표준화된 조건에 의해 거래소라는 특정 장소에서 그 거래가 이루어지도록 한 것이 선물거래이다. 이 둘 간의 차이를 살펴보면 아래 표와 같다.

구 분	선도거래	선물거래
거래조건	매매 당사자 간의 합의에 따라 결정되어 조건이 다양	거래방법 및 계약단위, 만기일 등의 거래조건이 표준화됨.
거래장소	일정한 장소가 없이 당사자들 간에 직접 만나 이루어짐.	거래소라는 물리적 장소에서 공개적으로 거래가 이루어짐.
중도청산	상대방이 응하지 않으면 중도에 청산이 쉽지 않음.	시장 상황에 따라 자유롭게 반대거래를 통해 청산이 가능
신용위험	당사자 간의 약속으로 신용위험 존재	청산소의 계약이행 보증으로 신용위험 없음.
일일정산	계약 종료일에 단 한 번 정산됨.	가격변동에 따라 거래일별로 청산소가 수행
인수도	대부분의 거래가 종료 시 실물 인수도가 이루어짐.	대부분의 거래가 만기일 전에 반대거래로 종료됨.

선물시장에 주로 참여하는 투자자들은 현물가격의 미래 가격변동위험을 감소시키는 헤지(hedge)를 하기 위한 헤저(hedger)들이다.

선물거래의 예를 하나 들여다보자.

3월 24일 현물가격이 배럴당 60달러이고 거래소에서 거래되는 6월물 선물가격이 58달러인 원유를 3개월 후에 인도하는 계약을 체결한 원유생산업자의 경우에 6월 24일의 원유 가격 변동위험을 배럴당 58달러에 맞출 수 있다. 즉 계약 시점에서 6월물 원유선물을 매도하는 헤지전략인데, 만약 6월 24일의 원유 현물가격이 배럴당 50달러로 하락한다면 원유생산업자는 현물계약에서 50달러를 수취하고, 선물계약의 매도포지션으로부터 8달러(58 - 50)의 이익을 얻음으로써 원유 가격을 배럴당 58달러에 고정시키는 것이다.

(2) 옵션거래

옵션(Option)거래는 기초자산을 미래의 특정 시점 또는 특정 기간에 일정한 가격(행사가격)으로 매입(Call) 또는 매도(Put)할 권리를 매매하는 거래로서, 권리를 행사할 수 있는 기간이 미래에 있다는 점에서 선도 또는 선물거래와 비슷하다. 하지만, 옵션은 소유자에게 무엇인가 할 권리를 부여하는 것이므로 선도·선물계약과는 달리 반드시 이런 권리를 행사할 필요는 없다. 이는 기초자산을 반드시 사거나 팔아야 하는 선도·선물계약과는 다른 옵션거래의 특징인데, 거래 시점에서 옵션의 매수자가 매도자에게 프리미엄을 지급해야 하는 비용이 발생한다는 점도 거래 시점의 프리미엄 수수가 필요 없는 선도·선물거래와의 차이라 할 수 있다. 이러한 옵션거래는 거래소시장과 장외시장 모두에서 이루어진다.

옵션을 살 수 있는 권리를 부여한 옵션을 콜옵션(Call Option)이라고 하는데, 콜옵션 매수자는 기초자산이 시장에서 사전에 정한 행사가격보다 높은 가격으로 거래될 경우 그 권리를 행사함으로써 차익을 획득할 수 있다. 하지만 기초자산의 가격이 시장에서 행사가격보다 낮게 거래되는 경우에는 그 권리를 포기하고 시장에서 그냥 상품을 구입하게 되는데 옵션은 권리이지 의무가 아니기 때문이다. 이때 옵션을 매수하는 사람은 매도하는 사람에게 일정한 구입의 대가를 지불하는데 이를 "프리미엄"이라고 한다.

반면에 옵션을 팔 수 있는 권리를 풋옵션(Put Option)이라고 하는데, 풋옵션 매수자는 기초자산이 시장에서 행사가격보다 낮은 가격으로 거래될 경우 그 권리를 행사하여 차익을 획득한다. 하지만 기초자산의 가격이 행사가격보다 높은 경우에는 그 권리를 포기하고 그냥 시장에서 파는 것이 유리하다.

콜옵션의 한 예를 들어보자.

행사가격이 8만원, 결제월 9월인 삼성전자 주식 1주를 매입할 수 있는 콜옵션을 옵션 가격 5천원에 매입했다고 가정했을 때, 투자자는 만기일의 주가가 9만원일 때는 콜옵션을 행사해서 삼성전자 주식을 8만원에 매입하고 9만원에 매도함으로써 5천원의 이익(9만원-8만원-5천원)을 얻겠지만, 7만원으로 하락했을 때는 투자자는 옵션 행사를 포기할 것이고 지급한 5천원의 손실을 볼 것이다(1번 정산, 거래비용 없음 가정).

(3) 스왑거래

스왑(Swap)은 거래당사자 간에 미리 정한 계약조건에 따라 미래의 일정 시점에 두 개의 서로 다른 방향의 현금흐름(cash flow)을 교환하기로 하는 계약으로, 주로 금리나 환율변동 위험에 노출되어 있는 자산 또는 부채를 헤지하거나 자신이 원하는 리스크를 가진 구조로 전환하고자 할 때 거래가 이루어지는 금융상품이다. 금리스왑(IRS : Interest Rate Swap), 통화스왑(CRS : Currency interest rate Swap), 주식관련스왑, 신용부도스왑(CDS : Credit Default Swap) 등이 있는데, 가장 대표적인 형태의 스왑이 변동금리와 고정금리 간의 이자 지급을 교환하는 금리스왑이다

3) 장내파생상품과 장외파생상품

파생상품은 거래가 이루어지는 장소에 따라 장내파생상품과 장외파생상품으로 나누어볼 수 있다. 거래소에 상장되어 거래되는 파생상품으로서 계약조건이 표준화·정형화되어 있는

것을 장내파생상품이라 하고 조직화된 시장을 거치지 않고 거래당사자 간에 일대일 계약으로 거래가 이루어지는 파생상품을 장외파생상품이라 한다. 장내파생상품 시장에서는 표준화된 선물, 옵션이 거래되며 장외파생상품시장에서는 비정형적인 선도계약, 옵션, 스왑이 거래되는데 두 시장을 비교해보면 아래와 같다.

| 장내파생상품 시장과 장외파생상품 시장 |

구 분	장내파생상품	장외파생상품
거래상품	선물, 옵션	선도, 옵션, 스왑
이용자	개인 포함 불특정 다수	상대적으로 규모가 크고 신용이 우수한 금융기관 등
신용위험	보증금제도와 일일정산제도 도입으로 신용위험 없음.	신용위험 존재
상품구조	표준화	다양한 상품의 구조화 용이
상품분류	금리관련 : 금리선물 통화관련 : 통화선물, 통화옵션 주식관련 : 주식선물, 주식옵션, 주가지수선물, 주가지수옵션 Commodity : 금선물, 돈육선물	금리관련 : 금리스왑(IRS), 금리선도거래(FRN) 통화관련 : 통화스왑(CRS), 통화선도거래, 역외선물환거래(NDF), FX스왑(외환스왑), 통화옵션 주식관련 : 주식스왑, 주식옵션 신용관련 : 신용부도스왑(CDS), 신용연계채권(CLN)

여기서는 현재 거래소에서 거래되고 있는 장내파생상품에는 어떤 것들이 존재하는지 알아보고 장외파생상품 중 금리스왑과 통화스왑, 그리고 신용부도스왑(CDS)과 신용연계채권(CLN)에 대해서 간단히 알아본다.

(1) 장내파생상품 종류

장내파생상품시장에서는 선도거래가 표준화되어 발전한 선물과 옵션거래를 기초로 하여 만들어진 다양한 상품들이 거래되고 있는데 기초자산별로 분류하여 알아보면 다음과 같은 상품들이 거래되고 있다.

구 분	장내파생상품 종류	비 고
주가지수상품	코스피200선물, 코스피200옵션, 섹터지수선물, 미니코스피200선물, 미니코스피200옵션, 코스닥150선물, 코스닥150옵션, KRX300선물, 유로스톡스50선물, 코스닥글로벌선물	미니코스피200 상품은 코스피200지수를 기초자산으로 하지만 소액투자가 가능하도록 축소한 상품
변동성지수상품	코스피200변동성지수선물	미래(30일) 코스피200의 변동성을 나타낸 지수 V-KOSPI200을 기초자산으로 함.
개별주식상품	개별주식선물, 개별주식옵션	318개 종목(2025년 2월 현재)
ETF상품	ETF선물	
채권/금리상품	3년국채선물, 5년국채선물, 10년국채선물, 30년국채선물, 상품간스프레드, 3개월무위험지표금리선물	상품간스프레드상품은 국채선물 3년물과 10년물의 국채 장단기 금리차의 변화에 투자
통화상품	미국달러선물, 미국달러옵션, 엔선물, 유로선물, 위안선물	
Commodity상품	돈육선물, 금선물	돈육선물은 2021년 1월부터 신규상장 휴면

(2) 주요 장외파생상품

가. 금리스왑(IRS : Interest Rate Swap)

금리스왑이란 두 당사자가 일정한 계약기간 동안 동일한 원금에 대하여 다른 흐름을 가진 금리를 서로 교환하기로 합의하는 계약으로, 가장 일반적인 거래가 고정금리와 변동금리를 교환하는 거래이다. 금리스왑의 가장 큰 목적은 금리위험의 헤지에 있다. 예를 들어, 어떤 기업이 고정금리로 자금을 조달하고 싶은데 낮은 신용도로 인해 변동금리로 자금을 조달할 수밖에 없다면 변동금리로 조달 가능한 신용도 높은 은행과 스왑거래를 통해 고정금리 채무로 변환함으로써 당해 기업은 금리 변동에 따른 위험을 회피할 수 있다.

나. 통화스왑(CRS : Currency Rate Swap)

통화스왑은 상이한 통화표시계약을 상호교환하는 계약으로, 한 나라 통화 기준의 차입 원금 및 이자와 다른 나라 통화 기준의 차입 원금 및 이자를 교환하는 스왑이 통화스왑의 가장 일반적인 형태이다. 통화스왑은 계약초기에 원금을 주고받기도 하지만 만기일에 대한 계약환율을 정해놓지 않고 최초 교환 환율로 원금을 재교환한다. 그 대신 환리스크에 대한 보상으로 계약 동안에 약속된 기간마다 쿠폰을 주고받는다. 예를 들어, 달러를 주고 원화를 받은 입장에서는 원화에 대한 고정금리를 지불하고 달러에 대한 변동금리를 받는 구조이다.

최근에는 이처럼 채권과 통화스왑, 금리스왑을 혼합한 차익거래가 많이 이루어지는데, 그 구조를 들여다보면, 두 당사자가 계약시점에 서로 다른 통화의 원금을 교환(초기교환)하고, 이후 수취 또는 지급한 원금통화에 대해 통화별 이자를 지급 또는 수취(이표교환)하고, 계약 만기 시에 교환했던 동일 원금을 재교환(만기교환)하는 과정으로 이루어진다.

예를 들면, 어떤 기업이 변동금리 외화 대출이 존재할 경우, 거래상대방에게 변동금리 외화 대출 원금을 지급하고 그에 상응하는 고정금리 원화를 받는다. 그리고, 상대방으로부터 외화변동금리 이자를 받고 원화 고정금리 이자를 지급하는데, 원금은 거래 종료 시 다시 동일 금액으로 재교환한다.

다. 신용부도스왑(CDS : Credit Default Swap)

신용부도스왑은 신용파생 상품 중 가장 기초적인 형태로 거래도 가장 많이 되는데, 신용위험을 일방에서 다른 일방으로 이전시키는 쌍무적인 장외계약 형태로 수수료를 지급하고 준거 자산(Reference Entity : 신용위험을 이전하고자 하는 대상 자산)의 부도 등 신용사건에 따른 손실에 대해 보상하는 보험을 제공하는 계약이다. 신용보장매입자는 신용보장매도자에게 계약기간 동안 일정 수수료(프리미엄)를 지급하는 대신 신용사건이 발생할 경우, 신용보장 매도자로부터 시장가치 감소분을 지급받거나 준거자산을 신용보장매도자에게 인도함으로써 신용위험을 제거한다. 즉, 보장매입자가 계약기간 동안 보장매도자에게 일정한 수수료를 정기적으로 지급받는 대가로 보장매도자로부터 신용사건이 발생할 경우 사전에 약속한 금액이나 사고로 인한 당해 대출이나 채권의 시장가치 감소분을 지급받는 계약으로, CDS 매입자는 CDS매도자에게 CDS의 만기 혹은 신용사건 발생 시점까지 정기적으로 프리미엄을 지불하고, 신용사건이 발생할 경우 준거기업이 발행한 특정 채권을 액면가에 팔 수 있는 권리를 갖게 되는데 실물 인도 혹은 현금결제에 의해 당해 거래를 정산하게 된다.

라. 신용연계노트(CLN : Credit Linked Note)

CLN은 신용위험 방지요소가 결합된 채권을 의미하는데 통상 채권보유자(신용위험 전가자, 보장매입자)가 보유채권(기초자산)에 대한 신용위험 방지요소가 결합된 채권을 발행하여 제3자(신용위험인수자, 보장판매자)에게 매각하고 기초자산과 관련된 신용사건이 발생할 경우에는 채권인수자에게 기초자산을 양도하거나 사전에 약정된 일정 금액을 지급하는 등으로 신용위험을 방지한다. 이러한 신용연계노트는 채권을 이용하여 신용위험을 다수의 투자자에게 분산 또는 이전하도록 고안한 신용파생상품으로 신용보장매입자는 기초자산의 신용상태와 연계된 채권을 발행하고 채권 이자를 지급하며 신용보장매도자는 신용연계채권을 시장에서 매입한다. 즉, 채권발행자가 채권매입자에게 프리미엄을 지급하고 발행자가 보유 중인 신용위험자산이 부도나 신용등급 하향으로 회수할 수 없을 때 계약조건에 따라 일정 부분 손실을 보상받는 것이다.

② 파생결합증권의 개념과 종류

1) 파생결합증권의 개념

파생결합증권이란 기초자산의 가격·이자율·지표·단위 또는 이를 기초로 하는 지수 등의 변동과 연계하여 미리 정하여진 방법에 따라 지급하거나 회수하는 금전 등이 결정되는 권리가 표시된 증권화된 금융투자상품을 말한다(자본시장법 제4조).

우리 자본시장에서는 주식워런트증권(ELW : Equity Linked Warrant) 외에 주가연계증권 (ELS : Equity Linked Securities), 기타파생결합증권(DLS : Derivatives Linked Securities), 상장지수증권(ETN : Exchange Traded Note) 등 다양한 기초자산과 연계한 파생결합 증권이 발행되어 거래되고 있다.

이러한 파생결합증권의 기초자산으로는 금융투자상품, 통화, 신용(당사자 또는 제3자의 신용등급 변동, 파산 또는 채무재조정 등으로 인한 신용의 변동), Commodity(농산물, 축산물, 수산물, 임산물, 광산물, 에너지에 속하는 물품 및 이 물품을 원료로 하여 제조하거나 가공한 물품, 그 밖에 이와 유사한 것)와 그 밖에 자연적, 환경적, 경제적 현상 등에 속하는 위험으로써 합리적이고 적정한 방법에 의하여 가격·이자율·지표·단위의 산출이나 평가가 가능한 것까지 다양하다.

2) 파생결합증권의 종류

(1) 주식워런트증권(ELW)

주식워런트증권(ELW : Equity Linked Warrant)은 특정 주식 또는 주가지수 등의 기초 자산을 사전에 정한 미래의 일정 시점에 미리 정하여진 조건으로 사거나 팔 수 있는 권리를 나타내는 증권으로, 레버리지 효과를 이용하여 위험헤지 등 다양한 투자전략을 수립할 수 있어 옵션상품과 동일한 경제적 효과를 갖지만, 옵션과 달리 증거금을 예탁할 필요가 없고 소액으로 매매할 수 있다는 특징을 가지고 있다.

이러한 주식워런트증권의 발행조건은 발행인인 증권회사가 투자자의 수요(Needs) 등 시장수요를 반영하여 자유롭게 결정하는 것이 원칙이며, 주식워런트증권의 가격이나 투자자의 투자의사 결정에 중요한 영향을 미치는 발행조건으로 기초자산(주식/주가지수), 권리유형 (콜/풋), 행사가격, 만기, 권리행사기간(유럽형/미국형), 만기결제방식(현금결제/실물인수도 결제), 전환비율 등이 있다.

주식워런트증권에는 콜(Call)과 풋(Put)이 있는데, Call ELW는 기초자산을 만기 시점에 사전에 정한 행사가격으로 살 수 있는 권리를 말하고, Put ELW는 기초자산을 행사가격에 팔 수 있는 권리를 말한다. 따라서, Call 매수자는 기초자산의 가격이 행사가격보다 높게 형성되면 이익이 발생하고, 반대로 Put 매수자는 기초자산의 가격이 행사가격보다 낮게 형성될 때 이익이 발생한다.

(2) 주가연계증권(ELS)과 기타파생결합증권(DLS)

ELS(Equity Linked Securities)와 DLS(Derivatives Linked Securities)는 상품의 구조나 운용방식은 비슷하나, 기초자산의 종류에 차이가 있다. 특정 주식 또는 다수 주식의 가격이나 주가지수 수치의 변동에 따라 지급이익이 결정되는 증권을 ELS라 하고, DLS는 이자율, 통화, 실물자산(금, 원유 등), 신용위험(기업 신용등급의 변동, 파산 등) 등의 변동과 연계하여 미리 정하여진 방법에 따라 이익이 결정되는 증권이다. 따라서, 여기서는 ELS를 중심으로 설명한다.

ELS는 원금보장형과 원금비보장형이 있는데, 원금보장형은 투자원금 중 대부분을 우량 채권에 투자하고 일부는 옵션 복제 재원으로 사용하여, 우량채권에 투자한 원금과 이자를 합하여 사전에 제시한 수준의 원금을 보장한다.

자본시장법에서는 원금이 보장되는 ELS를 ELB(Equity Linked Bond)로, 원금이 보장되는 DLS를 DLB(Derivatives Linked Bond)로 분류하여 파생결합증권의 범위에서 제외하고 있고, 소득세법은 이를 파생결합사채(상법 제469조)로 보아 이로부터 발생하는 소득을 배당소득 으로 과세한다.

반면에 원금비보장형은 투자원금 중 일정 부분을 기초자산에 직접투자하고 나머지 부분을 채권에 투자하는데, 이러한 원금비보장형이 주류를 이룬다.

한편, ELS는 수익이 결정되는 상품구조에 따라 그 종류가 다양한데 종류별 특징을 살펴보면 아래와 같다.

| ELS의 종류 및 특성 |

종 류	특 징
녹아웃형	미리 정한 주가에 한 번이라도 도달하면 확정 수익 지급
스텝다운형	미리 정한 시점(일반적으로 6개월)마다 주가를 평가하는데, 이때 정해놓은 주가에 도달하면 확정 수익 지급으로 조기상환

종 류	특 징
불스프레드형	가입 시 최대 상승한도를 정하고, 만기 시점의 주가 상승률에 비례하여 수익 지급
디지털형	만기나 일정 시점에 미리 정한 주가 수준을 초과하면 일정 수익 지급
리버스 커버터블형	가입 시 정해놓은 하락 폭 이하로 주가가 하락하지 않는다면 약속된 수익 지급
양방향 녹아웃형	미리 정해놓은 주가에 한 번이라도 도달하면 확정 수익 지급(주가가 상승하든 하락하든 수익 발생 가능)

ELS에서 알아둬야 할 중요한 개념 중 하나가 스텝다운형 ELS에서 사용되는 낙인(Knock - In)과 노낙인(No Knock - In)의 개념이다.

낙인(Knock - In)이란 투자기간 동안 하나 이상의 기초자산 가격이 특정 기준점(Knock - In barrier) 아래로 한 번이라도 내려가면, 수익구조 그래프가 바뀌어 만기가 되더라도 제시 수익률을 받지 못하고 기초자산의 최초 기준가 대비 하락률만큼 투자원금의 손실을 보게 되는 기준선을 말한다. 만약 낙인 베리어 아래로 내려간 기초자산 가격이 만기 시에 만기상환 조건 이상으로 회복되었다면 정해진 수익을 지급한다. 노낙인(No Knock - In)은 낙인 베리어가 없는 스텝다운형 ELS인데 만기 전까지 가장 마지막 조기상환 조건을 충족하면 제시된 수익률을 지급한다. 마찬가지로 만약 마지막 조기상환 조건보다 만기 때의 기초자산 가격이 아래에 있다면 손실이 발생한다.

이처럼 지수와 연계되어 내재된 옵션에 따라 수익률이 결정되는 ELS와 비슷한 주가연계 파생결합금융상품의 유형으로 주가연계펀드(ELF : Equity Linked Fund)와 주가지수연동예금(ELD : Equity Linked Deposit)이 있는데 비교해보면 다음과 같다.

| 주가연계 파생금융상품 비교 |

구 분	ELS	ELF	ELD
발행기관	증권회사	투신(자산)운용사	은행 등 예금취급기관
자산운용	고유계정과 혼합	분리, 별도운영(펀드)	고유계정과 혼합
형태	유가증권	유가증권(수익증권)	정기예금
투자방법	유가증권 매입	펀드 가입	정기예금 가입
만기수익률	지수변동과 연계하여 사전에 제시된 계산식에 따름.	운용실적에 따른 배당	지수변동과 연계하여 사전에 제시된 계산식에 따름.
원금보장	사전에 제시	보장 없음.	원금 100% 보장

구 분	ELS	ELF	ELD
예금보호	없음.	없음.	보장(예금자보호법에 의해 5천만원까지)
상장	상장 가능	불가	불가
과세	배당	배당	이자
상품의 다양성	다양한 상품 가능	다양한 상품 가능	100% 원금보장의 보수적인 상품만 주로 취급
공통점	미리 정해진 조건에 따라 차별적으로 수익금(이자) 지급		

(3) 상장지수증권(ETN)

상장지수증권(ETN : Exchange Traded Note)은 기초지수 변동과 수익률이 연계되도록 증권회사가 발행하는 파생결합증권으로, 주식처럼 거래소에 상장되어 거래되는데, 자본시장 법에서는 "기초자산의 가격, 이자율, 지표, 단위 또는 이를 기초로 하는 지수의 변동과 연계하여 미리 정하여진 방법에 따라 이익을 얻거나 손실을 회피하기 위한 계약상의 권리를 나타내는 상장된 파생결합증권"이라 정의한다. 즉, ETN은 증권회사가 무담보 신용으로 발행한 상품 으로, 변동하는 지수수익률에 의해 결정되는 실질 가치를 만기에 투자자에게 지급하는 계약상의 의무가 있는 증권(Note)으로서, 확정 수익률을 지급하는 채권(Bond), 발행 시 약정한 조건에 따라 확정 수익률을 지급하는 ELS 또는 실물자산을 보유하는 펀드(Fund)와는 구분된다.

이러한 ETN은 수익구조 등 경제적 실질 측면에서 ETF와 매우 유사한 특징을 보이지만 발행 주체나 발행 방식 등에서 차이가 있다.

| ETN과 ETF의 비교 |

구 분		ETN	ETF
공통점	지수 추종형 상품	기초지수의 수익률을 추종하는 인덱스상품	
	거래소 상장 상품	거래소에 상장되어 중도상환 절차 없이 실시간 매매 가능	
	유사한 수익구조	기초자산의 가격변화를 추종하는 선형 구조. 일부 옵션 포함 상품은 비선형	
차이점	법적 구분	파생결합증권	집합투자증권
	기초자산 운용방법	발행자 재량으로 운용	기초지수 100% 추적 운용
	발행 주체	증권회사 무담보 신용	자산운용사
	발행자 신용위험	있음	없음(펀드 운용자산 신탁보관)
	만기	1년 이상 20년 이내	없음

③ 파생상품 관련 세제

1) 개인 투자자에 대한 과세

소득세법에서는 특정 파생금융상품으로부터 발생한 이익에 대해서는 양도소득으로 분류하여 과세한다. 다만, 파생상품이 이자소득 또는 배당소득이 발생하는 상품과 결합하여 거래되는 경우 결합하는 상품의 종류에 따라 이자소득 또는 배당소득으로 분류한다.

(1) 양도소득 과세

가. 과세범위

소득세법은 아래의 파생상품 등을 양도소득 과세 대상으로 열거하고 있는데, 여기서 유의해야할 것은 양도소득세가 과세되는 파생상품 등의 범위를 열거하면서 파생결합증권 중 주가지수를 기초자산으로 하는 ELW의 양도차익을 과세범위에 포함하고 있다는 점이다. 따라서, 파생결합증권 중 ELW의 세제와 관련해서는 여기에서 같이 다루도록 한다.

① 국내외 주가지수를 기초자산으로 하는 장내파생상품(선물, 옵션 등)
② 차액결제거래(CFD：Contract For Difference)* _ 2021. 4. 1. 이후 발생하는 소득분부터 적용
③ 파생결합증권 중 주가지수 주식워런트증권(ELW)
④ 국외 장내파생상품
⑤ ①과 유사한 장외파생상품

* **차액결제거래**(CFD: contract for difference) : 기초자산을 직접 보유하지 않으면서 자본이득 차액만을 정산하는 장외파생상품으로, 아래 요건을 갖춘 것
  ⅰ) 계약체결 당시 약정가격과 계약에 따른 약정을 소멸시키는 반대거래 약정가격 간의 차액을 현금으로 결제하고, 계약 종료 시점을 미리 정하지 않고 일방의 의사표시로 계약이 종료되는 상품일 것
  ⅱ) 주식 등, 주가지수(변동성지수 포함) 추적 상장지수집합투자기구(ETF), 주가지수(변동성지수 포함) 추적 상장지수증권(ETN) 등 중 하나 이상의 가격과 연계하는 상품일 것

> **소득세법 제94조【양도소득의 범위】**
> ① 양도소득은 해당 과세기간에 발생한 다음 각 호의 소득으로 한다.
> 5. 대통령령으로 정하는 파생상품 등의 거래 또는 행위로 발생하는 소득(제16조 제1항 제13호 및 제17조 제1항 제10호에 따른 파생상품의 거래 또는 행위로부터의 이익은 제외한다)

소득세법 시행령 제159조의2【파생상품 등의 범위】

① 법 제94조 제1항 제5호에서 "대통령령으로 정하는 파생상품 등"이란 파생결합증권, 「자본시장과 금융투자업에 관한 법률」 제5조 제2항 제1호부터 제3호까지의 규정에 따른 장내파생상품 또는 같은 조 제3항에 따른 장외파생상품 중 다음 각 호의 어느 하나에 해당하는 것을 말한다.

1. 「자본시장과 금융투자업에 관한 법률」 제5조 제2항 제1호에 따른 장내파생상품으로서 증권시장 또는 이와 유사한 시장으로서 외국에 있는 시장을 대표하는 종목을 기준으로 산출된 지수(해당 지수의 변동성을 기준으로 산출된 지수를 포함한다)를 기초자산으로 하는 상품

2. 「자본시장과 금융투자업에 관한 법률」 제5조 제3항에 따른 파생상품으로서 다음 각 목의 요건을 모두 갖춘 파생상품(경제적 실질이 동일한 상품을 포함한다)
   가. 계약 체결 당시 약정가격과 계약에 따른 약정을 소멸시키는 반대거래 약정가격 간의 차액을 현금으로 결제하고 계약 종료시점을 미리 정하지 않고 거래 일방의 의사표시로 계약이 종료되는 상품일 것
   나. 다음의 어느 하나 이상에 해당하는 기초자산의 가격과 연계하는 상품일 것
      1) 주식 등(외국법인이 발행한 주식을 포함한다)
      2) 제26조의2 제5항 제2호에 따른 상장지수집합투자기구(상장지수집합투자기구와 유사한 것으로서 외국 상장지수집합투자기구를 포함한다)로서 증권시장 또는 이와 유사한 시장으로서 외국에 있는 시장을 대표하는 종목을 기준으로 산출된 지수(해당 지수의 변동성을 기준으로 산출된 지수를 포함한다)를 추적하는 것을 목적으로 하는 집합투자기구의 집합투자증권
      3) 증권시장 또는 이와 유사한 시장으로서 외국에 있는 시장을 대표하는 종목을 기준으로 산출된 지수(해당 지수의 변동성을 기준으로 산출된 지수를 포함한다)를 추적하는 것을 목적으로 하는 상장지수증권(상장지수증권과 유사한 것으로서 외국 상장지수증권을 포함한다)

3. 당사자 일방의 의사표시에 따라 제1호에 따른 지수의 수치의 변동과 연계하여 미리 정하여진 방법에 따라 주권의 매매나 금전을 수수하는 거래를 성립시킬 수 있는 권리를 표시하는 증권 또는 증서

4. 「자본시장과 금융투자업에 관한 법률」 제5조 제2항 제2호에 따른 해외 파생상품시장에서 거래되는 파생상품

5. 「자본시장과 금융투자업에 관한 법률」 제5조 제3항에 따른 장외파생상품으로서 경제적 실질이 제1호에 따른 장내파생상품과 동일한 상품

한편, 주가지수 관련 국내 장내·외 파생상품뿐만 아니라 해외 주가지수 관련 파생상품까지 포함하여 양도소득세 과세 대상이 되는데, 현재 거래소에서 거래되고 있는 주가지수를 기초자산으로 하는 파생금융상품을 살펴보면 아래와 같다.

① 코스피200 선물·옵션

② 섹터지수 선물

③ 미니코스피200 선물·옵션

④ 코스피200 변동성지수 선물

⑤ 코스닥150 선물·옵션

⑥ KRX300 선물

⑦ 유로스톡스50 선물

⑧ 코스닥글로벌 선물

⑨ 코스피200 ELW, 코스닥150 ELW

나. 양도차익의 계산(소득세법 시행령 제161조의2)

소득세법에서는 양도소득세 과세 대상이 되는 파생금융상품의 양도차익 계산방법을 각 금융상품별로 제시하고 있다. 이때 파생상품 거래와 관련된 위탁매매수수료 등의 비용을 차감한다.

① 주가지수 추종 선물거래

국내외 주가지수를 기초자산으로 하는 선물거래의 양도차익은 계좌별로 동일한 종목의 매도 미결제약정과 매수 미결제약정이 상계(반대거래를 통한 상계)되거나 최종거래일이 종료되는 등의 원인으로 소멸된 계약에 대하여 각각 계약체결 당시 약정가격과 최종결제가격 및 거래승수 등을 고려하여 아래의 방법에 따라 산출되는 손익에서 그 계약을 위하여 직접 지출한 위탁매매수수료 등의 비용을 공제한 금액의 합계액으로 한다.

$$(A \times C + B \times C) \times D$$

A : 미결제약정 수량을 증가시키는 거래의 계약체결 당시 약정가격
B : 각 종목의 매수계약과 매도계약별로 미결제약정 수량을 소멸시키는 거래("반대거래")의 계약 체결 당시 약정가격 또는 최종거래일의 도래로 소멸되는 계약의 최종거래일 최종결제가격
C : 매도계약의 경우(매수계약의 최종거래일이 종료되는 경우 포함)이면 1, 매수계약의 경우(매도계약의 최종거래일이 종료되는 경우 포함)이면 −1
D : 자본시장법 제393조 제2항의 파생상품시장업무규정에 따른 거래승수

② 주가지수 추종 옵션거래

국내외 주가지수를 기초자산으로 하는 옵션거래의 양도차익은 반대거래를 통한 상계, 권리행사, 최종거래일의 종료 등의 원인으로 소멸된 계약에 대하여 각각 계약체결 당시 약정가격,

권리행사결제기준가격, 행사가격, 거래승수 등을 고려하여 아래의 방법에 따라 산출되는 손익에서 그 계약을 위하여 직접 지출한 위탁매매수수료 등의 비용을 공제한 금액의 합계액으로 한다.

ⅰ) 반대거래로 계약이 소멸되는 경우

$$(A \times C + B \times C) \times D$$

  A : 미결제약정 수량을 증가시키는 거래의 계약체결 당시 약정가격
  B : 반대거래의 계약체결 당시 약정가격
  C : 매도계약의 경우이면 1, 매수계약의 경우이면 −1
  D : 자본시장법 제393조 제2항의 파생상품시장 업무규정에 따른 거래승수

ⅱ) 권리행사 또는 최종거래일의 종료로 계약이 소멸되는 경우

$$[\{(A - B) \times C\}와\ 0\ 중\ 큰\ 금액 - D] \times E \times F$$

  A : 최종거래일의 권리행사결제기준가격
  B : 해당 옵션의 행사가격
  C : 옵션의 유형이 콜옵션이면 1, 풋옵션이면 −1
  D : 미결제약정 수량을 증가시키는 거래의 계약체결 당시 약정가격
  E : 자본시장법 제393조 제2항의 파생상품시장업무규정에 따른 거래승수
  F : 매수계약이 소멸되는 경우이면 1, 매도계약이 소멸되는 경우이면 −1

③ 차액결제거래(CFD)

차액결제거래의 양도차익은 계좌별로 동일한 종목의 계약체결 당시 약정가격과 반대거래의 약정가격의 차액 및 그 계약을 위하여 발생한 수입과 비용 등을 고려하여 아래의 정하는 방법에 따라 산출된 금액의 합계액으로 한다.

$$(A \times C + B \times C) + D - E$$

  A : 미결제약정 수량을 증가시키는 거래의 계약체결 당시 약정가격
  B : 반대거래의 계약체결 당시 약정가격
  C : 매도계약의 경우이면 1, 매수계약의 경우이면 −1
  D : 기초자산에서 발생하는 배당소득 등 약정에 따른 매매차익 외의 계약에 따라 지급받는 소득
  E : 증권거래세, 농어촌특별세, 차입이자, 수수료(투자일임수수료는 위탁매매수수료 기준 적용) 등 약
      정에 따른 매매차손 이외의 계약에 따라 지급하는 비용

④ 주가지수 ELW

소득세법은 파생결합증권인 ELW에 대해 주가지수를 기초자산으로 하는 ELW 거래만 양도소득으로 과세하고 있는데, ELW의 양도차익은 환매, 권리행사, 최종거래일의 종료 등의

원인으로 양도 또는 소멸된 증권에 대하여 각각 매수 당시 증권가격, 권리행사결제기준가격, 행사가격, 전환비율 등을 고려하여 아래의 정하는 방법에 따라 산출되는 손익에서 그 증권의 매매를 위하여 직접 지출한 위탁매매수수료 등의 비용을 공제한 금액의 합계액으로 한다.

ⅰ) 증권을 환매하는 경우

증권의 매도가격 – 증권의 매수가격

ⅱ) 권리행사 또는 최종거래일의 종료로 증권이 소멸되는 경우

[(A - B) × C × D]와 0 중 큰 금액 - E

A : 최종거래일의 권리행사결제기준가격
B : 증권의 행사가격
C : Call ELW이면 1, Put ELW이면 -1
D : 자본시장법 제390조 제1항의 증권상장규정에 따른 전환비율
E : 증권의 매수가격

이러한 양도차익의 계산 시 다수의 거래가 존재할 때에는 먼저 거래한 것부터 순차적으로 소멸된 것으로 보아 양도차익을 계산한다.

예규【서면자본거래-1809, 2020. 3. 3.】

파생상품을 거래방식에 상관없이 파생상품의 양도차익은 「소득세법 시행령」 제161조의2 제4항에 따라 먼저 거래한 것부터 순차적으로 소멸된 것으로 보아 계산하는 것임.

(사실관계)
파생상품 거래는 통상 선입선출법으로 거래가 이루어지나 질의인은 '지정청산'방식(매입순서와 관계없이 특정 미결제잔고를 지정하는 방식)으로 거래함.

(질의내용)
'지정청산'방식으로 파생상품을 거래하는 경우 양도소득 계산에서 양도가액에 대응하는 취득가액을 선입선출법에 의해 계산하는 것이 맞는지.

(회신)
귀 질의의 경우 파생상품의 양도차익은 「소득세법 시행령」 제161조의2 제4항에 따라 먼저 거래한 것부터 순차적으로 소멸된 것으로 보아 계산하는 것입니다.

다. 신고납부

개인 투자자가 파생상품 등의 거래를 통해 얻은 소득이 있는 경우, 당해 소득이 양도소득세 과세 대상이 되는 파생상품 등의 매매로 인한 소득인지 여부를 확인하고 양도소득세 과세 대상이 되는 파생상품 등으로부터 발생한 소득에 대해서는 기본공제 250만원(다른 양도소득세 과세 대상 자산들과 구분하여 별도로 공제)을 차감하여 과세표준을 계산한다. 파생상품의 양도소득에 대한 기본세율은 22%(지방소득세 2% 포함)이지만, 현행 소득세법에서는 탄력세율을 적용(소득세법 시행령 제167조의9)하여 11%(지방소득세 1% 포함)의 세율로 과세하고 있다. 다만, 양도소득세는 소득세법상 원천징수대상 소득이 아니므로 소득이 발생한 다음 연도 5월 말일까지 소득자가 직접 관할 세무서 등에 신고·납부하여야 한다(파생상품은 예정신고제도 없음).

(2) 이자소득 또는 배당소득 과세

소득세법에서는 당해 파생상품이 이자소득이 발생하는 이자부상품과 결합했는지 또는 배당소득이 발생하는 배당부상품과 결합했는지에 따라 이자소득 또는 배당소득으로 분류하여 과세하거나 과세 제외를 하는데, 그 각각의 분류 요건을 보면 아래와 같다.

가. 이자소득으로의 분류 요건(소득세법 시행령 제26조)

개인이 이자소득이 발생하는 상품과 자본시장법 제5조에 따른 파생상품을 함께 거래하는 경우로서 다음의 어느 하나에 해당하는 경우에는 이자소득으로 분류한다.

① 다음의 각 요건을 모두 갖추어 실질상 하나의 상품과 같이 운영되는 경우

> ⅰ) 금융회사 등이 직접 개발·판매한 이자부상품의 거래와 해당 금융회사 등의 파생상품 계약이 해당 금융회사 등을 통하여 이루어질 것
> ⅱ) 파생상품이 이자부상품의 원금 및 이자소득의 전부 또는 일부(이자소득 등)나 이자소득 등의 가격·이자율·지표·단위 또는 이를 기초로 하는 지수 등에 따라 산출된 금전이나 그 밖의 재산적 가치가 있는 것을 거래하는 계약일 것
> ⅲ) 당해 금융회사 등이 이자부상품의 이자소득 등과 파생상품으로부터 이익을 지급할 것

② 다음의 각 요건을 모두 갖추어 장래의 특정 시점에 금융회사 등이 지급하는 파생상품 (위험회피목적의 장외파생상품 거래에 한정)으로부터의 이익이 확정되는 경우

ⅰ) 금융회사 등이 취급한 이자부상품의 거래와 해당 금융회사 등의 파생상품 계약이 해당 금융회사 등을 통하여 이루어질 것(이자부상품의 거래와 파생상품의 계약이 2 이상의 금융회사 등을 통하여 별도로 이루어지더라도 파생상품의 계약을 이행하기 위하여 이자부상품을 질권으로 설정하거나 자본시장법에 따른 금전신탁을 통하여 이루어지는 경우 포함)
ⅱ) 파생상품이 이자부상품의 이자소득 등이나 이자소득 등의 가격·이자율·지표·단위 또는 이를 기초로 하는 지수 등에 따라 산출된 금전이나 그 밖의 재산적 가치가 있는 것을 거래하는 계약일 것
ⅲ) 파생상품으로부터의 확정적인 이익이 이자부상품의 이자소득보다 클 것

나. 배당소득으로의 분류요건(소득세법 시행령 제26조의3)

개인이 배당소득이 발생하는 상품과 파생상품을 함께 거래하는 경우로서 다음의 어느 하나에 해당하는 경우에는 배당소득으로 분류한다.

① 다음의 요건을 모두 갖추어 실질상 하나의 상품과 같이 운영되는 경우

ⅰ) 금융회사 등이 직접 개발·판매한 배당부상품의 거래와 해당 금융회사 등의 파생상품 계약이 해당 금융회사 등을 통하여 이루어질 것
ⅱ) 파생상품이 배당부상품의 원금 및 배당소득의 전부 또는 일부(배당소득 등)나 배당소득 등의 가격·이자율·지표·단위 또는 이를 기초로 하는 지수 등에 따라 산출된 금전이나 그 밖의 재산적 가치가 있는 것을 거래하는 계약일 것
ⅲ) 당해 금융회사 등이 배당부상품의 배당소득 등과 파생상품으로부터 이익을 지급할 것

② 다음의 요건을 모두 갖추어 장래의 특정 시점에 금융회사 등이 지급하는 파생상품 (위험회피목적의 장외파생상품 거래에 한정)으로부터의 이익이 확정되는 경우

ⅰ) 금융회사 등이 취급한 배당부상품의 거래와 해당 금융회사 등의 파생상품 계약이 해당 금융회사 등을 통하여 이루어질 것(배당부상품의 거래와 파생상품의 계약이 2 이상의 금융회사 등을 통하여 별도로 이루어지더라도 파생상품의 계약을 이행하기 위하여 배당부상품을 질권으로 설정하거나 자본시장법에 따른 금전신탁을 통하여 이루어지는 경우 포함)
ⅱ) 파생상품이 배당부상품의 배당소득 등이나 배당소득 등의 가격·이자율·지표·단위 또는 이를 기초로 하는 지수 등에 따라 산출된 금전이나 그 밖의 재산적 가치가 있는 것을

거래하는 계약일 것

　ⅲ) 파생상품으로부터의 확정적인 이익이 배당부상품의 배당소득보다 클 것

2) 법인 투자자에 대한 과세

　파생상품의 투자자가 법인인 경우에는 순자산 증가설에 입각해서 모든 파생상품으로부터 발생한 이익을 각 사업연도 소득에 포함하여 법인세로 신고·납부하여야 한다. 하지만, 법인세법상 원천징수 대상소득은 이자소득과 투자신탁의 이익에 한정하고 있기 때문에 파생상품으로부터의 이익이 이자소득으로 분류되는 경우에 한하여 15.4%(지방소득세 포함)의 세율로 원천징수한다. 다만, 이 경우에도 소득자가 법인세법 시행령 제111조 제1항의 금융회사 등에 해당하는 경우에는 원천징수하지 않는다.

　파생상품과 관련한 법인세제에서는 손익 귀속 시기와 평가손익의 인식 문제가 있을 수 있는데, 원래 법인세법상 손익의 귀속 시기는 '익금과 손금이 확정된 날'을 기준으로 하므로 자산에 대한 평가손익은 원칙적으로 인정되지 아니한다. 다만, 법인세법은 화폐성 외화자산·부채와 통화선도 등, 그리고 화폐성 자산·부채의 환위험 회피용 통화선도 등에 대해서는 예외의 규정을 두고 있다(법인세법 시행령 제73조). 먼저, 은행(법인세법 제61조 제2항 제1호부터 제7호까지*)이 보유하는 화폐성 자산·부채와 통화선도 등(통화선도·통화스왑·환변동보험)의 경우 아래의 방법으로 평가하여야 한다.

* 파생상품 등 평가가 강제되는 은행 범위
　① 「은행법」에 의한 인가를 받아 설립된 은행
　② 「한국산업은행법」에 의한 한국산업은행
　③ 「중소기업은행법」에 의한 중소기업은행
　④ 「한국수출입은행법」에 의한 한국수출입은행
　⑤ 「농업협동조합법」에 따른 농업협동조합중앙회(상호금융사업에 한정) 및 농협은행
　⑥ 「수산업협동조합법」에 따른 수산업협동조합중앙회(상호금융사업에 한정) 및 수협은행

① 화폐성외화자산·부채 : 사업연도 종료일 현재의 매매기준율 또는 재정(裁定) 매매기준율
② 통화선도 등 : 아래 어느 하나에 해당하는 방법 중 관할 세무서장에게 신고한 방법. 다만, 최초로 ⅱ)의 방법을 신고하여 적용하기 이전 사업연도에는 ⅰ)의 방법을 적용한다.
　ⅰ) 계약의 내용 중 외화자산 및 부채를 계약체결일의 매매기준율 또는 재정(裁定) 매매기준율로 평가
　ⅱ) 계약의 내용 중 외화자산 및 부채를 사업연도 종료일 현재의 매매기준율 또는 재정(裁定) 매매기준율로 평가

다만, 은행 이외의 법인의 경우에는 화폐성 외화자산·부채와 동 화폐성 외화자산·부채의 환위험을 회피하기 위하여 보유하는 환위험 회피용 통화선도 등에 대해서만 아래 어느 하나에 해당하는 방법 중 관할 세무서장에게 신고한 방법에 따라 평가하여야 한다. 최초로 ②의 방법을 신고하여 적용하기 이전 사업연도의 경우에는 ①의 방법을 적용한다.

① 화폐성 외화자산·부채와 환위험 회피용 통화선도 등의 계약 내용 중 외화자산 및 부채를 취득일 또는 발생일(통화선도 등의 경우에는 계약체결일) 현재의 매매기준율 또는 재정(裁定) 매매기준율로 평가하는 방법

② 화폐성 외화자산·부채와 환위험 회피용 통화선도 등의 계약 내용 중 외화자산 및 부채를 사업연도 종료일 현재의 매매기준율 또는 재정(裁定) 매매기준율로 평가하는 방법

법인이 위의 내용에 따라 신고한 평가방법은 그 후의 사업연도에도 계속하여 적용하여야 한다. 다만, 은행 외의 법인의 경우 파생상품 등 평가를 위하여 신고한 평가방법을 적용한 사업연도를 포함하여 5개 사업연도가 지난 후에는 다른 방법으로 신고를 하여 변경된 평가방법을 적용할 수 있다. 또한, 이렇게 화폐성 외화자산·부채, 통화선도 등 및 환위험 회피용 통화선도 등을 평가함에 따라 발생하는 차익 또는 차손은 해당 사업연도의 익금 또는 손금에 이를 산입한다.

| 화폐성외화자산·부채와 파생상품의 평가 |

구 분	평가대상	강제 여부
은 행	화폐성 외화자산·부채	강제규정
	통화선도·통화스왑·환변동보험	
비은행	화폐성 외화자산·부채	강제규정
	환위험 회피용 통화선도 등	
	환위험 회피용 이외 통화선도 등	선택규정

3) 비거주자·외국법인에 대한 과세

파생상품에 대한 투자자가 비거주자 또는 외국법인인 경우에는 장내파생상품과 위험회피 목적의 장외파생상품에서 발생하는 이익을 국내원천소득에서 배제하도록 하고 있다.

소득세법 시행령 제179조【비거주자의 국내원천소득의 범위】

⑫ 국내사업장이 없는 비거주자가 다음 각 호의 어느 하나에 해당하는 파생상품을 통하여 취득한 소득은 국내원천소득으로 보지 아니한다.

1. 「자본시장과 금융투자업에 관한 법률」 제5조 제2항에 따른 장내파생상품
2. 「자본시장과 금융투자업에 관한 법률」 제5조 제3항에 따른 장외파생상품으로서 같은 법 시행령 제186조의2에 따른 위험회피목적의 거래인 것

법인세법 시행령 제132조【국내원천소득의 범위】

⑨ 국내사업장이 없는 외국법인이 다음 각 호의 어느 하나에 해당하는 파생상품의 거래를 통하여 취득한 소득은 국내원천소득으로 보지 아니한다.

1. 「자본시장과 금융투자업에 관한 법률」 제5조 제2항에 따른 장내파생상품
2. 「자본시장과 금융투자업에 관한 법률」 제5조 제3항에 따른 장외파생상품으로서 같은 법 시행령 제186조의2에 따른 위험회피목적의 거래인 것

④ 파생결합증권 관련 세제

1) 개인 투자자에 대한 과세

소득세법은 파생상품과 결합된 금융투자상품인 파생결합증권에 대한 과세 요건을 명확하게 열거하고 있는데, 우선 자본시장법 제4조 제7항에 따른 파생결합증권, 즉 ELS나 DLS로부터 발생한 이익은 배당소득으로 과세한다. 다만, 파생상품 세제에서 살펴본 바와 같이 주가지수를 기초자산으로 하는 ELW에 대해서는 양도소득으로 과세하고 기타 ELW에 대해서는 과세하지 않고 있는데, 이에 대해서는 앞에서 설명하였으므로 생략한다.

파생결합증권 중 ETN의 계좌 간 이체, 계좌의 명의변경, ETN의 실물 양도의 방법으로 거래하여 발생한 이익도 배당소득으로 과세한다. 다만, 증권시장에서 거래되는 주식의 가격만을 기반으로 하는 지수의 변화를 그대로 추적하는 것을 목적으로 하는 ETN을 동일한 방법으로 거래하여 발생한 이익은 제외한다.

과세 대상 파생결합증권(ELW 제외)의 소득을 개인 투자자에게 지급하는 자는 거주자의 배당소득에 대한 15.4%의 원천징수세율(지방소득세 1.4% 포함)을 적용한 세액을 원천징수하여 익월 10일까지 관할 세무서 등에 납부하여야 한다. 단, 개인별 소득금액이 2천만원을 초과하는 경우에는 금융소득종합과세 대상이 되어 기본세율(6%~45%, 지방소득세 별도)로 누진 과세되므로 익년 5월 1일부터 5월 31일까지 종합소득을 신고하여야 한다. 이에 대해서는 제1장을 참고하면 된다.

이러한 규정을 바탕으로 ELW, ELS, DLS, ETN의 파생결합증권과 ELF*, ELD**의 과세 방식을 종합적으로 비교해보면 아래 표와 같다.

 * ELF : 주가연계펀드로, ELS에 투자하는 펀드 상품
** ELD : 주가지수나 주가에 연동하여 금리가 결정되는 주가연계형 예금

| 파생결합증권과 ELF 및 ELD 등의 과세 방식 비교 |

구 분	소득 분류	과세 방식	과세 근거
주가지수형 ELW	양도소득	수익 전액 과세 (기본공제 250만원)	소득세법 시행령 제159조의2 및 제26조의3
ELS, DLS	배당소득	수익 전액 과세	소득세법 제17조 및 동법 시행령 제26조의3
ELB, DLB	배당소득	수익 전액 과세	소득세법 제17조 및 동법 시행령 제26조의3

구 분	소득 분류	과세 방식	과세 근거
ETN	배당	수익 전액 과세 (국내주식형 ETN 매매차익 제외)	소득세법 시행령 제26조의3
ELF	배당	수익 과세(상장주식 양도차손익 제외)	소득세법 제17조 및 동법 시행령 제26조의2
ELD	이자	수익 전액 과세	소득세법 시행령 제26조

2) 법인 투자자에 대한 과세

법인세법에서는 원천징수 대상 소득의 범위를 이자소득과 투자신탁의 이익으로 한정하고 있다. 따라서, 파생결합증권의 투자자가 법인인 경우, 해당 소득이 이자소득으로 분류되는 경우에는 원천징수대상이고, 배당소득으로 분류되는 경우에는 원천징수를 하지 않는데, 세법은 파생결합증권으로부터의 이익을 배당소득으로 분류하고 있다.

하지만 법인의 모든 소득은 자산 순증가설에 입각하여 원천징수 여부와 관계없이 포괄적으로 각 사업연도 소득에 포함하여 법인세를 신고·납부하여야 한다.

3) 비거주자·외국법인에 대한 과세

비거주자 또는 외국법인에게 지급하는 파생결합증권의 이익은 국내원천소득으로서 국내사업장과 실질적으로 관련되지 아니하거나 그 국내사업장에 귀속되지 아니하는 소득일 때에는 소득세 또는 법인세를 원천징수하여 원천징수한 날이 속하는 달의 다음 달 10일까지 관할 세무서 등에 납부하여야 한다. 원천징수세율은 조세조약 체결국가의 투자자인 경우에는 제한세율을, 조세조약 미체결국가의 투자자인 경우에는 22%(지방소득세 2% 포함)의 세율을 적용한다.

소득세법

제16조【이자소득】

제17조【배당소득】

제94조【양도소득의 범위】

제104조【양도소득세의 세율】

제119조【비거주자의 국내원천소득】

제121조【비거주자에 대한 과세방법】

제127조【원천징수의무】

제129조【원천징수세율】

소득세법 시행령

제26조【이자소득의 범위】

제26조의3【배당소득의 범위】

제45조【이자소득의 수입시기】

제46조【배당소득의 수입시기】

제159조의2【파생상품등의 범위】

제161조의2【파생상품등에 대한 양도차익 등의 계산】

제167조의9【파생상품등에 대한 양도소득세 탄력세율】

제179조【비거주자의 국내원천소득의 범위】

소득세법 시행규칙

제14조【상장지수증권으로부터의 이익에 대한 과세표준 계산방식 등】

제69조의6【파생상품소득의 결손금 한도】

제69조의10【상장지수증권의 양도소득금액 계산 특례】

제69조의11【파생상품소득금액의 계산】

제76조의3【파생상품등에 대한 양도차익 계산 등】

법인세법

제42조【자산·부채의 평가】

제73조【내국법인의 이자소득 등에 대한 원천징수】

제93조【외국법인의 국내원천소득】

제95조【세율】

법인세법 시행령

제73조【평가대상자산 및 부채의 범위】

제76조【외화자산 및 부채의 평가】

제132조【국내원천소득의 범위】

제137조【외국법인에 대한 원천징수】

법인세법 시행규칙

제37조의2【통화관련 파생상품】

제39조의2【외화자산 및 부채의 평가기준이 되는 매매기준율】

제42조의4【파생상품】

참고문헌 ●

한국거래소. ETN과 함께하는 자산관리

강병호 · 김석동 · 서정호. 금융시장론. 박영사

김운섭 · 강철준 · 노상규. 파생금융상품의 이해. 한국금융연수원

김준석. 화폐성외화자산 · 부채 및 파생상품평가손익에 대한 개정규정

김철중 · 박경욱 · 윤평식. 선물 · 옵션투자의 이론과 전략. 피어슨에듀케이션코리아

이영기 · 남상구. 투자론. 한국맥그로힐

금융감독원/금융투자협회. 파생상품의 이해

VI

연금과 세제

① 연금소득의 개념과 분류

1) 연금소득의 개념

연금이란 소득의 일부를 일정 기간 납부한 다음, 퇴직하거나 노령·장애 또는 사망 등의 사고가 발생한 경우에 일정 기간마다 계속해서 규칙적으로 지급받는 급여를 말한다. 나이가 들어 은퇴하게 되면 일반적으로 소득이 감소하거나 없어지게 되므로 노후 생활의 안정을 위해서는 연금제도가 필요하다.

장수(長壽)라는 개념이 또 하나의 리스크로 해석되기까지 하는 현대 사회에서 연금제도는 노후생활자금을 준비하는 아주 중요한 수단이다.

우리나라의 연금제도는 아래와 같이 3단계 노후보장체제로 구축되어 있다.

| 우리나라의 연금제도 |

연금제도	적용대상	특 성	비 고
국민연금	전국민 (강제가입)	최저연금 보장, 가입 강제	공무원연금 등 타 공적 연금 가입자 제외
퇴직연금	기업 (노사합의)	국민연금과 함께 표준적인 생활 보장	DB, DC 또는 IRP 형태 가입
연금저축	전국민 (개인선택)	퇴직연금 가입자에게는 추가 보장, 이외의 자에게는 표준 생활 보장	연금신탁, 연금펀드, 연금보험 중 선택

소득세법은 국민연금, 공무원연금, 군인연금, 사학연금 등 공적 연금 관련 법률에 따라 받는 연금을 공적 연금소득으로 정의(소득세법 제20조의3)하고 있고, 연금저축과 퇴직연금을 사적 연금소득으로 분류하고 있음에 따라, 연금소득 세제는 공적 연금소득과 사적 연금소득으로 나누어 살펴보도록 한다.

| 연금소득의 구분(소득세법 집행기준 20의3 - 0 - 1) |

구 분	내 용	비 고
공적 연금	공적 연금 관련법*에 따라 받는 각종 연금	2002년 1월 1일 이후 불입분
사적 연금	퇴직소득을 퇴직연금계좌를 통해 과세이연하고 받는 연금, 세액공제 또는 소득공제를 받고 연금저축계좌에 납입한 보험료를 기초로 지급받는 연금	

* 공적 연금 관련법 : 국민연금법, 공무원연금법, 군인연금법, 사립학교교직원연금법, 별정우체국법, 국민연금과 직역연금의 연계에 관한 법률

2) 연금소득의 범위

(1) 공적 연금소득(소득세법 제20조의3)

소득세법에서 정의하는 공적 연금소득은 아래의 공적 연금 관련 법률에 따라 지급하는 연금을 말하는데, 우리 세법은 공적 연금의 기여 불입액에 대해 2001년 이전까지는 소득공제도 하지 않고 추후 연금수령 시 과세하지도 않았다. 하지만, 과세기반을 확충하고 소득 종류 간 과세형평을 위해 2002년 이후부터 연금소득 관련 조항이 신설되어, 납입한 연금기여금은 소득공제하고 연금수령 시 연금소득으로 과세하는 제도가 마련되었다. 따라서, 공적 연금소득은 아래의 공적 연금 관련 법률에 따라 받는 각종 연금 중 과세기준일(2002. 1. 1.) 이후에 납입한 연금기여금 및 사용자 부담금(국가 또는 지방자치단체의 부담금 포함)을 기초로 하거나 2002년 1월 1일 이후 근로의 제공을 기초로 하여 받는 연금소득을 말한다.

① 국민연금법
② 공무원연금법
③ 군인연금법
④ 사립학교교직원연금법
⑤ 별정우체국법
⑥ 국민연금과 직역연금의 연계에 관한 법률

이러한 공적 연금 중 가장 대표적인 것이 국민연금이고, 공무원연금, 군인연금 및 사학연금 등을 직역연금이라 하는데, 직역연금은 공무원과 군인, 그리고 사립학교 교직원 등의 특정 직업 또는 자격에 의해 연금 수급권이 주어지는 연금이다.

4개 공적 연금의 주요 내용을 비교해 보면 아래 표와 같다.

구분	국민연금	직역연금		
		공무원연금	군인연금	사학연금
도입연도	1988	1960	1963	1975
적용대상	18세 이상 60세 미만 전 국민 (직역연금 적용자 제외)	국가 · 지방공무원	부사관 이상의 현역 군인	사립학교 교직원
최소가입기간	10년	10년	20년	10년
보험료율	• 사업장 가입자 사용자 : 4.5% 근로자 : 4.5% • 지역 · 임의 · 임의 계속가입자 : 9.0%	국가 : 9.0% 공무원 : 9.0%	국가:군인 보수예산의 7.0% 군인:개인기준 소득월액의 7.0%	• 교원 국가 : 3.706% 법인 : 5.294% 교원 : 9.0% • 사무직원 법인 : 9.0% 직원 : 9.0%
수급개시연령	65세*	65세**	퇴역 즉시	65세**
주무부처	보건복지부	인사혁신처	국방부	교육부
집행기관	국민연금공단	공무원연금공단	국군재정관리단	사학연금공단

* '53~'56년생 : 61세, '57~'60년생 : 62세, '61~'64년생 : 63세, '65~'68년생 : 64세, '69년생 이후 : 65세
** 2016~21년 퇴직 : 60세, 2022~23년 퇴직 : 61세, 2024~26년 퇴직 : 62세, 2027~29년 퇴직 : 63세, 2030~32년 퇴직 : 64세, 2033년 이후 퇴직 : 65세

(2) 사적 연금소득(소득세법 제20조의3)

사적 연금소득은 공적 연금소득 외에 아래에 해당하는 소득을 연금저축계좌나 퇴직연금 계좌에서 연금형태로 수령하는 경우의 당해 연금을 말한다. 즉, 사적 연금소득에 해당하는 연금소득은 원천징수되지 아니한 퇴직급여나 실제 소득공제 또는 세액공제를 받은 금액 또는 연금계좌의 운용실적에 따른 이익을 기초로 하여 연금형태로 받는 소득이다.

만약 이러한 계좌의 소득을 연금 외의 형태로 수령하는 경우에는 연금소득이 아닌 기타소득 또는 퇴직소득으로 과세한다.

---

① 원천징수되지 아니한 이연퇴직소득
② 소득 · 세액공제를 받은 연금저축계좌 납입액
③ 연금계좌의 운용실적에 따라 증가된 금액

가. 퇴직연금계좌(소득세법 시행령 제40조의2)

퇴직연금제도는 기업이 근로자의 노후소득 보장과 생활 안정을 위해 근로자의 재직기간 중 사용자가 퇴직금 지급 재원을 외부의 금융기관에 적립하고, 이를 사용자(기업) 또는 근로자의 지시에 따라 운용하여 근로자 퇴직 시 연금 또는 일시금으로 지급하도록 하는 제도로서, 가입이 강제되는 국민연금과는 달리 노사합의에 따라 자율적으로 도입할 수 있다.

퇴직연금제도에는 근로자가 퇴직 시 수령할 퇴직급여가 근무기간과 평균임금에 따라 사전적으로 확정되는 확정급여형 퇴직연금제도(DB : Defined Benefit)와 기업이 매년 근로자 연간 임금의 1/12 이상을 부담금으로 납부하고, 근로자가 당해 적립금의 운용 방법을 결정하는 확정기여형 퇴직연금제도(DC : Defined Contribution) 및 근로자가 퇴직 또는 이직 시 받은 퇴직금을 자기 명의의 퇴직연금 계좌에 적립(가입자가 자기 부담금으로 연 1,800만원 한도로 추가 불입 가능)하여 연금 등 노후자금으로 활용할 수 있는 개인형 퇴직연금(IRP : Individual Retirement Pension)제도가 있다.

① 퇴직연금의 종류

ⅰ) 확정급여형 퇴직연금(DB)

확정급여형 퇴직연금은 근로자가 받을 연금급여는 사전에 확정되고, 기업은 퇴직연금 사업자에게 적립금을 적립하는 제도로, 당해 적립금의 운용 결과에 따라 기업의 부담금은 변동될 수 있다. 이때 근로자가 받을 연금급여의 총액은 현재의 퇴직금을 일시금으로 받았을 때와 동일한 금액이 되며 근로자는 5년 이상의 기간에 분할하여 받게 된다. 이러한 확정급여형 퇴직연금제도는 경영이 안정적이고 고용안정을 추구하는 기업에 적합하다 할 것이다.

ⅱ) 확정기여형 퇴직연금(DC)

확정기여형 퇴직연금은 기업이 근로자 임금총액의 1/12 이상을 기업의 부담금으로 확정하여 근로자가 선택한 퇴직연금 사업자의 근로자 계좌에 적립하고, 퇴직연금 사업자는 근로자의 지시에 따라 당해 적립금을 운용하는 제도로, 근로자가 받을 연금급여의 총액은 그 운용실적에 따라 변동될 수 있다.

이러한 확정기여형 퇴직연금제도는 기업으로부터 독립되어 근로자 명의로 적립이 되기 때문에, 기업의 도산 위험으로부터 자유로워질 수 있다. 따라서, 경영이 불안정한 기업 또는 이직이 잦은 기업 등에 적합한 제도라 할 수 있다.

iii) 중소기업퇴직연금기금

소규모 중소기업은 적립금 액수가 적어 낮은 수익률 등으로 인해 개별적으로 퇴직연금제도를 운용하기가 어려웠다. 이에 따라 정부는 근로자퇴직급여보장법을 개정하고 중소기업 퇴직연금기금제도를 도입하여, 근로복지공단에서 공동기금을 조성하여 운용하도록 하였는데, 시행일(2022. 4. 14.)로부터 3년 이내 가입하는 사업주에게는 저임금(최저임금 120% 미만)근로자에 대한 사용자부담금의 10%를 국가가 지원하고, 최저수준의 운용수수료가 적용된다.

iv) 개인형 퇴직연금(IRP)

개인형 퇴직연금은 가입자의 선택에 따라 가입자가 납입할 일시금이나 사용자 또는 가입자가 납입한 부담금을 적립·운용하기 위하여 설정한 퇴직연금제도로, 기업형 IRP와 개인형 IRP가 있다. 근로자 10인 미만 사업장이 근로자 전원의 동의를 얻으면 기업형 IRP에 가입이 가능하고, 개인형 IRP는 이직 시 일시금으로 받은 퇴직금을 적립하거나 근로자의 재량에 따라 일정 한도(연간 1,800만원) 내에서 추가불입이 가능하다.

| 퇴직연금제도의 비교 |

| 구 분 | 확정급여형 (DB) | 확정기여형 (DC) | 중소기업 퇴직연금기금 | 개인형 퇴직연금 | |
				기업형 IRP	개인형 IRP
개념	근로자의 퇴직 시 지급할 퇴직급여를 노사가 사전에 약정하고 기업은 최소 수준 이상의 부담금을 퇴직연금사업자에게 납부하여 기업이 운용	노사가 사전에 약정한 근로자 임금 총액의 1/12 이상을 매년 기업이 퇴직연금사업자에게 납부하고 근로자가 동 적립금 운용하여 운용 결과에 따라 퇴직급여 수령	중소기업(상시 30명 미만) 근로자의 노후 생활 보장을 지원하기 위해서 둘 이상의 중소기업 사용자 및 근로자가 납입한 부담금 등으로 공동의 기금을 조성·운용하여 근로자에게 지급하는 제도로 가입자의 추가 납입 가능	10인 미만 사업장의 경우 근로자 전원의 동의를 얻어 설정하면 퇴직급여제도 도입 인정. DC형을 준용하여 근로자가 직접 운용	근로자가 이직 시 퇴직연금 유지를 위한 장치로, 일시금에 대한 퇴직소득세 과세 이연. 일시금 수령자 및 근로자, 자영업자 등은 연간 1,800만원 한도 내 추가불입 가능

구 분	확정급여형 (DB)	확정기여형 (DC)	중소기업 퇴직연금기금	개인형 퇴직연금	
				기업형 IRP	개인형 IRP
연금 수급 요건	• 나이 : 만 55세 이후 • 가입기간 : 10년 이상 가입 • 연금수급 : 5년 이상				• 나이 : 만55세 이후 • 연금수급 : 5년 이상
일시금 수급 요건	• 연금수급요건을 갖추지 못한 경우 • 일시금수급을 원하는 경우				만 55세 이상으로 일시금 수급을 원하는 경우
적합 대상	도산 위험이 낮고 고용 안정 추구 기업	체불 위험 기업과 직장 이동이 빈번한 근로자	30인 미만의 중소기업	10인 미만의 영세 사업장	퇴직일시금 수령자 및 연말정산 공제 목적

한편, 소득세법에서는 퇴직연금을 지급받기 위하여 가입하여 설정하는 아래의 계좌를 퇴직연금계좌로 정의하고 있다.

㉮ 「근로자퇴직급여보장법」 제2조 제9호의 확정기여형퇴직연금제도에 따라 설정하는 계좌

㉯ 「근로자퇴직급여보장법」 제2조 제10호의 개인형퇴직연금제도에 따라 설정하는 계좌

㉰ 「과학기술인공제회법」 제16조 제1항에 따른 퇴직연금급여를 받기 위하여 설정하는 계좌

㉱ 「근로자퇴직급여보장법」 제2조 제14호의 중소기업퇴직연금기금제도에 따라 설정하는 계좌

퇴직급여가 사전적으로 확정되어 기업이 퇴직연금사업자에게 예치하여 운용하는 확정급여형 퇴직연금(DB)제도하에서, 근로자가 퇴직하면 기업은 근로자의 IRP계좌로 퇴직금 전액(과세 전 금액)을 입금하고 근로자는 이를 연금형태로 수령한다(소득세법 제146조 제2항).

소득세법 제146조 【퇴직소득에 대한 원천징수시기와 방법 및 원천징수영수증의 발급 등】

① 원천징수의무자가 퇴직소득을 지급할 때에는 그 퇴직소득과세표준에 원천징수세율을 적용하여 계산한 소득세를 징수한다.

② 거주자의 퇴직소득이 다음 각 호의 어느 하나에 해당하는 경우에는 제1항에도 불구하고 해당 퇴직소득에 대한 소득세를 연금외수령하기 전까지 원천징수하지 아니한다. 이 경우 제1항에 따라 소득세가 이미 원천징수된 경우 해당 거주자는 원천징수세액에 대한 환급을 신청할 수 있다.

1. 퇴직일 현재 연금계좌에 있거나 연금계좌로 지급되는 경우

2. 퇴직하여 지급받은 날부터 60일 이내에 연금계좌에 입금되는 경우

③ 퇴직소득을 지급하는 자는 그 지급일이 속하는 달의 다음 달 말일까지 그 퇴직소득의 금액과 그밖에 필요한 사항을 적은 기획재정부령으로 정하는 원천징수영수증을 퇴직소득을 지급받는 사람에게 발급하여야 한다. 다만, 제2항에 따라 퇴직소득에 대한 소득세를 원천징수하지 아니한 때에는 그 사유를 함께 적어 발급하여야 한다.

④ 퇴직소득의 원천징수 방법과 환급절차 등에 관하여 필요한 사항은 대통령령으로 정한다.

② 퇴직연금의 운용

퇴직연금은 노후 생활의 재원임을 고려할 때 그 운용에 있어서 수익성보다는 안전성을 더 추구해야 한다. 이에 따라 「근로자퇴직급여 보장법」은 퇴직연금계좌의 운용 방법을 정하고 위험자산별 투자 한도를 두고 있다(근로자퇴직급여 보장법 시행령 제26조).

ⅰ) 적립금의 운용 방법

현행 퇴직연금제도는 투자 가능한 금융상품을 운용 방법에 따라 원리금 보장자산과 원리금 비보장 자산으로 구분하고, 원리금 비보장 자산에 대해서는 투자금지대상을 정하고 있다.

㉮ 원리금 보장자산 운용

확정기여형 퇴직연금(DC) 및 개인형 퇴직연금(IRP)의 경우 적립금 운용의 책임이 근로자에게 있으므로, 보다 안정적인 자산운용이 가능하도록 운용관리기관의 적립금 운용 방법 제시 시 원리금 보장 운용 방법을 반드시 하나 이상 포함하도록 하고 있다. 현재 인정되고 있는 원리금 보장 운용 방법에는 '안정적 금융기관'(신용등급이 투자적격 이상이며 금융위원회 고시 자기자본비율 이상인 기업)이 원리금 지급을 보장하는 금융상품과 정부나 공공기관 등이 원리금 지급을 보장하는 국채증권, 통화안정증권 및 정부보증채권 등이 있다.

㉯ 원리금 비보장 자산운용

원리금 비보장 자산은 아래 정하는 투자금지대상을 제외하고 나머지 자산에 대해서만 투자를 허용하고 있다.

구 분		투자금지대상
증권	지분증권	비상장주식, 해외 비적격시장 주식, 파생형 펀드, 일부 특수목적 펀드
	채무증권	투자 부적격등급 채권
	수익증권	파생형 펀드, 투자 부적격등급 수익증권
	파생결합증권	사모 발행, 최대손실률 −40% 초과
	증권예탁증권	국내 상장되지 않은 증권예탁증권
파생상품		위험회피목적 이외의 파생상품 계약
실적배당형 보험		수익증권과 동일한 기준 적용

ii) 위험자산별 투자한도

퇴직연금제도는 투자 가능한 적립금 운용 방법이라 하더라도 투자위험의 최소화를 위해 퇴직연금제도별로 특정 적립금 운영방법에 대해 아래와 같이 일정 수준의 투자 한도를 설정하고 있다.

| 퇴직연금별 위험자산 투자 한도 |

구 분	DB	DC/IRP*
원리금 비보장 자산 총투자 한도(비위험 자산 제외)	70%	70%
지분증권	총한도(70%) 내 자율운영	금지
채무증권		총한도(70%) 내 자율운영
펀드(실적배당형 보험 포함)		
파생결합증권		
사모펀드		금지
증권예탁증권		금지
파생상품	헤지목적만 허용	헤지목적만 허용

* DC/IRP형의 경우 금융감독원장이 정한 기준(퇴직연금감독규정 시행세칙 제5조의2)을 충족한 TDF(Target Date Fund)에 대한 투자한도는 적립금의 100%

③ 사전지정 운용제도(Default Option)

퇴직연금을 합리적으로 운용하여 가입자들의 수익률을 높이고 노후소득 보장을 강화하기 위해 사전지정 운용제도를 2022년 7월에 도입하였는데, 디폴트 옵션 제도라고도 한다.

사전지정 운용제도는 확정기여(DC)형 퇴직연금과 개인형 퇴직연금(IRP) 가입자의 상품

만기 시 운용지시가 없을 경우, 일정 기간(6주) 경과 후에 근로자가 사전에 지정한 상품으로 퇴직연금을 운용하는 제도이다.

기존 상품의 만기가 도래한 후 4주간 가입자의 운용지시가 없을 경우, 2주 이내에 운용지시를 하지 않으면 사전에 지정한 방법으로 운용된다는 내용을 가입자에게 통지하고, 통지 후 2주가 경과하면 사전지정 방법으로 운용한다. 다만, 신규가입 시 운용지시가 없을 경우에는 4주의 유예기간 없이 통지 후 2주 대기기간만 적용한다(근로자퇴직급여 보장법 제21조의2).

사전지정 운용 가입 대상 상품은 원리금 보장형 상품 또는 TDF(Target Date Fund), BF(Balanced Fund), SVF(Stable Value Fund), SOC(Social Overhead Capital) Fund 등의 집합투자기구로 한정한다.

ⅰ) TDF : 은퇴 시점을 목표로 생애주기에 따라 자동으로 안전자산과 위험자산 비중을 배분하는 집합투자기구
ⅱ) BF : 금융시장 상황, 시장 전망 및 펀드 내 가치변동 등을 고려하여 주기적으로 채권, 주식 등의 자산을 배분하는 집합투자기구
ⅲ) SVF : 1년 미만 단기금융자산 등에 투자하여 손실 가능성을 최소화하고, 안정적으로 단기 수익을 추구하는 집합투자기구
ⅳ) SOC Fund : 국가 및 지방자치단체가 추진하는 사회기반시설 사업 등에 투자하는 집합투자기구

나. 연금저축계좌(소득세법 시행령 제40조의2)

연금저축계좌는 일정 기간 납입 후 연금 형태로 인출할 경우 연금소득으로 과세되는 세제 혜택 금융상품으로, 다음의 금융회사 등과 체결한 계약에 따라 "연금저축"이라는 명칭으로 설정하는 계좌를 말한다.

① 자본시장법 제12조에 따라 인가받은 신탁업자(은행)와 체결하는 신탁계약 : 연금저축신탁
② 자본시장법 제12조에 따라 인가받은 투자중개업자(증권회사)와 체결하는 집합투자증권 중개계약 : 연금저축펀드/계좌
③ 보험업법 제4조에 따라 허가받은 보험회사와 체결하는 보험계약 : 연금저축보험

| 연금저축 상품별 특성 비교 |

구 분	연금저축신탁*	연금저축펀드	연금저축보험
취급 금융회사	은행	자산운용회사	보험회사
납입방식	자유적립식	자유적립식	정기납입
적용금리	실적배당	실적배당	공시이율
연금수령	확정 기간형	확정 기간형	확정 기간형 종신형(생명보험)
원금보장	비보장**	비보장	보장

구 분	연금저축신탁*	연금저축펀드	연금저축보험
예금자보호	보호	비보호	보호

* 연금저축신탁은 2018년부터 판매 중단
** 2017년 이전까지 가입분은 원금보장

그런데, 이러한 연금저축계좌는 그 가입연도별로 납입요건과 연금수령요건, 세제 혜택 등이 다르다.

| 연금저축계좌의 가입연도별 적용 방법 비교 |

구 분	(구)개인연금저축	연금저축	연금저축계좌
가입대상	만 18세 이상 국내거주자		제한없음
판매기간	1994.6~2000.12	2001.1~2013.2	2013.3~
납입요건	10년 이상 납입, 분기 300만원 한도		5년 이상 가입 [(연 1,800만원*+①ISA전환금액 + ②보유주택매각연금**+ ③기초연금수급자 장기보유부동산양도차액**) 한도] * IRP와 합산 한도 ** ②③합산 생애 누적 1억원
연금수령요건	적립 후 10년 경과 + 만 55세 이후 수령 + 5년 이상 분할 수령	만 55세 이후 수령 + 5년 이상 연금 수령	만 55세 이후 수령 + 연금 수령 한도* 내 수령
세제혜택(한도)	소득공제, Min(연간 납입액 ×40%, 72만원)	소득공제, Min(연간 납입액 ×100%, 400만원) * 2014년부터 세액공제	세액공제, 세액공제한도 금액 × 세율 * 2014년부터 세액공제
중도해지시 과세	이자소득(15.4%) 과세	기타소득(16.5%) 과세	기타소득(16.5%) 과세
연금수령시 세율	비과세	연금소득(5.5~3.3%) 과세	연금소득(5.5~3.3%) 과세
종합과세	–	연간 연금수령액이 1,500만원 초과 시 수령액 전액 (사적 연금수령액만 고려. 16.5% 분리과세 선택 가능)	
적용 세법	조세특례제한법 (구)제86조 및 동법 시행령 (구)제80조	조세특례제한법 (구)제86조의2 및 동법 시행령 (구)제80조의2 소득세법 제129조	소득세법 제21조, 제129조 및 동법 시행령 제40조의2

* 연금수령한도 = 연금계좌의 평가액/(11 – 연금수령연차) × 120%

－ 연금수령한도 내 수령시 연금소득세율을 적용하고, 한도초과 인출분은 의료목적, 천재지변이나 그 밖의 부득이한 사유(사망, 해외이주, 파산 등)가 아닌 경우 연금외수령으로 보아 기타소득 세율(16.5%) 적용 과세

다. 계좌이체 제도

계좌이체 제도는 연금계좌에 있는 금액이 연금수령이 개시되기 전의 다른 연금계좌로 이체되는 경우 인출로 보지 않아 과세하지 않고 연금가입 기간을 존속시키는 제도로서 아래와 같은 경우에 가능하도록 하고 있다(소득세법 시행령 제40조의4).

① 연금계좌(2001. 1월 이후 상품)에서 2013. 3. 1. 이후 개설된 연금저축계좌로 전액 이체

② 적립기간이 5년 경과하고 만 55세가 경과한 가입자가 연금저축계좌 금액을 개인형퇴직 연금계좌(개인형 IRP)로 전액 이체

③ 적립기간이 5년 경과하고 만 55세가 경과한 가입자가 개인형퇴직연금계좌(개인형 IRP)의 금액을 연금저축계좌(2013. 3. 1. 이후 개설)로 전액 이체

④ 개인형 IRP에서 개인형 IRP(2013. 3. 1. 이후 개설)로의 전액 이체

다만, 다음과 같은 경우에는 계좌이체를 제한하고 있다.

① 연금수령 중인 계좌는 연금수령 전인 다른 연금저축계좌로 전액 이체할 수 있으나 반대의 경우는 불가능

② 종신연금을 수령 중인 계좌는 상품 특성상 계좌이체가 불가능

③ 2013. 3. 1. 이전에 가입한 연금계좌로의 계좌이체는 불가능

④ 압류, 가압류, 질권 등이 설정된 계좌는 이체가 불가능

⑤ 계좌 내 일부 금액의 타 계좌로의 계좌이체는 제한

계좌이체의 신청은 가입자가 신규 가입 금융회사(이체받을 계좌의 금융회사)를 방문하거나 온라인으로 계좌이체를 신청하면 된다. 만약, 연금계좌의 이체로 인해 연금계좌취급자가 변경되는 경우에는 이체하는 연금계좌취급자가 이체받는 연금계좌취급자에게 연금계좌 이체명세서를 통보하여야 한다.

연금 관련 세제

1) 연금납입액에 대한 세제 혜택

(1) 공적 연금보험료 소득공제(소득세법 제51조의3)

기업이 근로자를 위하여 관련 법률에 따라 부담한 공적 연금 분담금은 전액 법인의 비용으로 인정이 되며, 종합소득이 있는 거주자가 공적 연금 관련법에 따른 기여금 또는 개인부담금을 납입한 경우에는 해당 과세기간의 종합소득금액에서 그 과세기간에 납입한 연금보험료 전액을 공제한다.

다만, 이러한 연금보험료를 공제함에 있어, 아래의 공제를 모두 합한 금액이 종합소득금액을 초과하는 경우, 당해 초과금액은 연금보험료 공제를 받지 아니한 것으로 한다.

① 인적 공제
② 연금보험료 공제
③ 주택담보 노후연금 이자 비용 공제
④ 특별소득공제
⑤ 「조세특례제한법」에 따른 소득공제

(2) 사적 연금계좌 납입액 세제 혜택(소득세법 제59조의3)

기업이 근로자의 퇴직금을 지급하기 위해 확정급여형 퇴직연금 계좌에 적립하거나 근로자의 확정기여형 퇴직연금 계좌에 적립하는 금액은 전액 비용으로 인정이 되며, 종합소득이 있는 거주자가 사적 연금계좌에 납입한 금액에 대해서 소득세법에서는 거주자의 소득금액 규모에 따라 일정률의 세액공제를 허용하고 있다.

여기에는 연금계좌 납입액에 대한 세액공제와 개인종합자산관리계좌의 만기에 따라 연금저축계좌로 전환한 금액에 대한 세액공제제도가 있는데 이를 나누어 알아보도록 한다.

가. 연금계좌 납입액에 대한 세액공제

종합소득이 있는 거주자가 연금계좌에 납입한 금액이 있는 경우에는 당해 금액에서 다음 각 호에 해당하는 금액을 제외한 연금계좌 납입액(연금저축계좌 납입액은 연 600만원 한도, 퇴직연금계좌 납입액과 합산하여 연 900만원 한도)의 12%[종합소득금액이 4천5백만원 (근로소득만 있는 경우에는 총급여액 5천5백만원) 이하인 경우에는 15%]에 해당하는 금액을 종합소득 산출세액에서 공제한다.

① 소득세가 원천징수되지 아니한 퇴직소득 등 과세가 이연된 소득

② 연금계좌에서 다른 연금계좌로 계약을 이전함으로써 납입되는 금액

그리고, 연금계좌 세액공제 한도액 초과 납입분으로 공제받지 못한 금액은 연금계좌 취급자에게 다음 연도 납입액으로 전환 신청하여 공제받을 수 있다(소득세법 시행령 제118조의3).

| 소득기준별 연금계좌 납입액 세액공제 한도 |

총급여 기준*	종합소득 기준	세액공제 대상 납입한도		세액공제율 (지방소득세 별도)
		연금저축 납입한도	퇴직연금 납입한도	
5천5백만원 이하	4천5백만원 이하	6백만원	9백만원	15%
5천5백만원 초과	4천5백만원 초과	6백만원	9백만원	12%

* 근로소득만 있는 경우

나. ISA 전환금액의 추가 세액공제 등

「조세특례제한법」 제91조의18에 따른 개인종합자산관리계좌(ISA : Individual Savings Accuunt)의 계약기간이 만료되고 동 만료일로부터 60일 이내에 해당 계좌 잔액의 일부 또는 전부를 연금계좌로 납입한 경우, 당해 전환금액의 10% 또는 300만원 중 적은 금액을 연금계좌 세액공제 대상이 되는 연금계좌 납입액에 포함하여 추가로 세액공제 금액을 계산한다. 이때 직전 과세기간과 해당 과세기간에 걸쳐 납입한 경우에는 300만원에서 직전 과세기간에 적용한 금액을 차감한 금액으로 한다(소득세법 제59조의3 제3항). 다만, ISA 전환금액 초과 한도는 다음연도 납입액으로 전환할 수 없고 연금계좌로 전환한 연도에만 적용할 수 있다(소득세법 시행령 제118조의3).

그리고, 1주택 고령가구(부부 중 1인이 60세 이상)가 기준시가 12억원 이하의 소유주택을 양도하고, 이를 대체하여 소유주택의 양도가액 미만의 다른 주택을 취득하거나 취득하지 않은 거주자가 그 양도가액과 취득가액의 차액을 연금계좌에 납입(누적 1억원 한도)하는 경우 연간 1,800만원과 ISA 전환금액에 더하여 연금계좌 납입액으로 본다.

이에 더하여 2025년 시행 세법 개정 시, 부부 합산 1주택 이하인 기초연금 수급자가 10년 이상 보유한 주택, 토지 또는 건물을 양도하고 양도일로부터 6개월 이내에 그 양도차익을 연금계좌에 납입하는 경우, 해당 부동산의 양도차익과 1억원 중 적은 금액을 한도로 하여 추가로 연금계좌 납입액으로 인정하였다. 다만, 동 납입액의 한도는 위의 고령가구 주택

양도차익 납입액과 합산하여 생애 누적 1억원으로 한다(소득세법 시행령 제40조의2).

다. 연금저축의 해지 또는 연금외수령 시 과세

① (구)개인연금저축(1994. 6.~2000. 12.)

(구)개연연금저축 가입자는 당해연도 저축 납입액의 40%(72만원 한도)을 종합소득에서 소득공제하였다. 그런데 소득공제를 받은 자가 가입일로부터 5년 이내에 당해 저축을 해지하면 저축납입액의 4.4%(지방소득세 포함. 매년 7만2천원과 해지 환급금 중 적은 금액 한도)에 해당하는 금액을 해지 추징세액으로 징수한다(단, 천재지변, 가입자의 사망 등의 경우는 제외).

그리고, 동 연금저축 금액을 연금으로 받는 경우에는 동 저축에서 발생한 소득에 대하여 비과세하나, 계약기간 만료 전에 해지하거나 연금 외의 형태로 수령하는 경우에는 그 저축에서 발생한 소득을 이자소득(15.4%, 지방소득세 포함)으로 과세한다(조세특례제한법 (구)제86조).

② 연금저축(2001. 1.~2013. 2.)

연금저축에 불입한 금액은 해당연도 불입액을 400만원 한도로 종합소득에서 소득공제하였다. 그런데, 이렇게 소득공제를 받은 가입자가 가입일로부터 5년 이내에 당해 저축을 해지하는 경우에 매년 납입액(400만원 한도) 누계액의 2.2%(지방소득세 포함)에 해당하는 금액(해지 환급금 한도)을 해지 추징세액으로 과세한다(단, 천재지변, 가입자의 사망 등의 경우는 제외).

그리고, 동 연금저축 금액을 연금으로 받는 경우에는 연금소득으로 과세하지만, 해지하거나 연금 외의 형태로 받는 경우에는 소득공제 받은 금액에 해당하는 만큼의 해지 환급액 또는 연금외수령액을 기타소득(16.5%, 지방소득세 포함)으로 과세한다(조세특례제한법 (구)제86조의2).

③ 연금저축계좌(2013. 3.~)

연금저축계좌에 불입한 금액에 대해서는 앞에서 살펴본 바와 같이 가입자의 소득금액이나 나이에 따른 세액공제 한도금액의 12% 또는 15%를 세액공제한다. 그리고, 동 연금저축금액을 연금으로 수령하는 경우에는 연금소득으로 과세하지만, 연금 외로 수령하는 경우에는 기타소득 (16.5%, 지방소득세 포함)으로 과세한다(소득세법 제21조, 제129조).

2) 연금소득에 대한 과세

(1) 연금소득의 과세원칙

연금소득은 아래의 분리과세 연금을 제외하고는 기본적으로 이자소득, 배당소득, 사업소득, 근로소득, 기타소득 등과 합산하여 종합소득금액으로 과세한다(소득세법 제14조).

다만, 분리과세분을 제외한 사적 연금소득의 합계액이 연 1,500만원을 초과하는 경우에는 종합과세 또는 15%(지방소득세 별도)의 세율로 분리과세를 선택할 수 있다(소득세법 제64조의4).

> ① 세액공제를 받은 연금계좌 납입액과 연금계좌의 운용실적에 따라 증가된 금액을 연금외수령한 금액은 기타소득으로 분리과세
> ② 연금소득 중 다음에 해당하는 연금소득(종합과세 선택한 경우 제외)
>   ⅰ) 퇴직소득을 연금수령하는 연금소득
>   ⅱ) 세액공제를 받은 연금계좌 납입액과 연금계좌의 운용실적에 따라 증가된 금액을 의료목적, 천재지변이나 그 밖의 부득이한 사유 등으로 정하는 요건을 갖추어 인출하는 연금소득
>   ⅲ) 위 ⅰ), ⅱ) 외의 연금소득의 합계액이 연 1천 5백만원 이하인 경우 그 연금소득

| 연금외수령의 경우 과세방법 |

구 분	과세소득	세 율
원천징수되지 않은 퇴직소득	퇴직소득	기본세율
소득·세액공제를 받은 연금계좌 납입액	기타소득	15%
연금계좌 운용실적에 따라 증가된 금액	기타소득	15%

(지방소득세 별도)

(2) 연금소득의 수입금액 계산

가. 공적 연금소득

공적 연금소득의 과세기준일은 원칙적으로 2002년 1월 1일이 되는데, 이러한 과세기준일을 정함에 있어 만약, 공적 연금 관련법에 따른 일시금을 반납하고 재직기간 합산제도에 의해 재직기간, 복무기간 또는 가입기간을 합산한 경우에는 재임용일 또는 재가입일을 과세기준일로 보아 계산한다. 또한, 과세기준일 이후에 연금보험료 공제를 받지 아니하고 납입한 기여금 또는 개인부담금이 있는 경우에는 당해 금액을 과세기준이 되는 공적 연금소득에서 차감하고, 공적 연금소득을 지급하는 자가 연금소득의 전부 또는 일부를 지연하여 지급하면서 지연지급 이자를 함께 지급하는 경우에는 해당 이자는 공적 연금소득으로 본다.

공적 연금소득의 계산식은 아래와 같다(소득세법 시행령 제40조).

① 공적 연금소득 중 「국민연금법」에 따른 연금소득과 「국민연금과 직역연금의 연계에 관한 법률」에 따른 연계노령연금

$$\text{과세기간 연금수령액} \times \frac{\text{과세기준일 이후 납입금액의 환산소득* 누계액}}{\text{총 납입기간의 환산소득 누계액}}$$

* 환산소득 : 매년의 기준소득월액을 보건복지부장관이 고시하는 재평가율표에 따라 현재가치로 환산한 금액

② 그 밖의 공적 연금소득

$$\text{과세기간 연금수령액} \times \frac{\text{과세기준일 이후 기여금 납입월수}}{\text{총 기여금 납입월수}}$$

나. 사적 연금소득

연금저축계좌와 퇴직연금계좌에서 연금형태로 수령하는 것은 아래 요건을 모두 충족하여야 하고 그렇지 않은 경우 연금외수령으로 본다. 다만, 원천징수되지 아니한 퇴직소득을 연금계좌 가입자의 해외 이주를 사유로 인출하는 경우에는 퇴직소득을 연금계좌에 입금한 날로부터 3년 이후 해외 이주하는 경우에 한정하여 연금수령으로 본다(소득세법 시행령 제40조의2).

① 가입자가 55세 이후 연금계좌취급자에게 연금수령 개시를 신청한 후 인출할 것
② 연금계좌 가입일로부터 5년 경과 후에 인출할 것. 다만, 원천징수되지 아니한 이연퇴직소득(퇴직소득이 연금계좌에서 직접 인출되는 경우 포함)이 연금계좌에 있는 경우 제외
③ 과세기간 개시일(연금개시를 신청한 날이 속하는 과세기간에는 연금개시를 신청한 날) 현재 아래의 계산식에 따른 연금수령한도 내에서 인출할 것(의료목적*, 천재지변, 그 밖의 부득이한 사유**에 따라 인출한 금액은 제외)

$$\text{연금수령한도} = \frac{\text{연금계좌의 평가액}}{(11 - \text{연금수령연차})} \times \frac{120}{100}$$

- 연금수령한도 초과분은 연금외수령으로 봄.

* 연금계좌가입자 본인을 위한 의료비에 한정하며, 의료비 지급일로부터 6개월 이내에 증명서류를 연금계좌취급자에게 제출하여야 한다(1인 1개의 의료비 연금계좌 지정).
** 천재지변, 그 밖의 부득이한 사유로 인한 인출 요건(소득세법 시행령 제20조의2)
아래 중 어느 하나에 해당하는 사유로 그 발생일로부터 6개월 이내에 확인서류를 연금계좌를 취급하는 금융회사 등에 제출한 경우

ⅰ） 천재지변

ⅱ） 연금가입자의 사망 또는 해외이주

ⅲ） 연금계좌 가입자 또는 그 부양가족(기본공제대상)의 질병·부상으로 3개월 이상의 요양이 필요한 경우

ⅳ） 가입자 파산, 개인회생

ⅴ） 연금계좌 취급자 영업정지 등

ⅵ） 사회재난지역에서 재난으로 15일 이상 입원 치료

┃ 연금수령연차 ┃

연금수령연차는 아래와 같이 예외적인 사유로 기산연차를 별도로 정한 경우를 제외하고는, 최초로 연금 수령할 수 있는 날이 속하는 과세기간을 기산연차로 하여 그 다음 과세기간을 누적 합산한 연차를 말하며, 이때 연금수령 연차가 11년 이상인 경우에는 그 계산식을 적용하지 아니하고 연금소득으로 과세한다.

ⅰ） 2013년 3월 1일 전에 가입한 연금계좌의 경우(2013년 3월 1일 전에 「근로자퇴직급여보장법」 제2조 제8호에 따른 확정급여형 퇴직연금제도에 가입한 사람이 퇴직하여 퇴직소득 전액이 새로 설정된 연금계좌로 이체되는 경우 포함) : 6년

ⅱ） 연금계좌를 승계한 경우 : 사망일 당시 피상속인의 연금수령연차

(3) 연금소득의 과세표준

연금소득금액은 연금소득에서 제외되는 소득과 비과세소득의 금액을 제외한 총연금액에서 다음의 산식과 같이 연금소득공제를 적용한 금액으로 한다(소득세법 제20조의3 제3항).

연금소득금액＝총연금액* － 연금소득공제

* 총연금액이란 각종의 연금소득 합계액에서 연금소득에서 제외되는 소득과 비과세 대상 연금소득을 제외한 금액을 말한다.

가. 연금소득공제(소득세법 제47조의2)

연금소득이 있는 거주자에 대해서는 해당 과세기간의 총 연금액(분리과세 연금소득 제외)에서 900만원을 한도로 하여 아래 금액을 공제한다.

| 연금소득공제 금액 |

총연금액	공제액
350만원 이하	총연금액
350만원 초과 700만원 이하	350만원 + 350만원을 초과하는 금액의 100분의 40

총연금액	공제액
700만원 초과 1,400만원 이하	490만원 + 700만원을 초과하는 금액의 100분의 20
1,400만원 초과	630만원 + 1,400만원을 초과하는 금액의 100분의 10

┃ 주택담보 노후연금이자 공제 ┃

연금소득이 있는 거주자가 아래 요건을 모두 갖춘 주택담보 노후연금을 받은 경우에는 그 받은 연금에 대하여 해당 과세기간에 발생한 이자비용 상당액을 연금소득 금액에서 200만원을 한도로 공제한다. 이때 이자비용 상당액은 한국주택금융공사법에 따른 한국주택금융공사가 발급한 주택담보 노후연금 이자비용증명서에 적힌 금액으로 하며 당해 증명서를 과세표준 신고서에 첨부하여 납세지 관할세무서장에게 제출하여야 한다.

① 한국주택금융공사법 제2조 제8호의2에 따른 주택담보 노후연금보증을 받아 지급받거나 동법 제2조 제11호에 따른 금융기관의 주택담보 노후연금일 것

② 주택담보 노후연금 가입 당시 담보권의 설정 대상이 되는 법 제99조 제1항에 따른 주택 (연금소득이 있는 거주자의 배우자 명의의 주택 포함)의 기준시가가 12억원 이하일 것

나. 비과세연금소득(소득세법 제12조)

연금소득 중 아래의 어느 하나에 해당하는 소득은 과세하지 않는다.

① 공적 연금 관련법*에 따라 받는 유족연금, 장애연금, 장해연금, 상이연금, 연계노령유족 연금, 연계퇴직유족연금 등

> * 국민연금법, 공무원연금법 또는 공무원재해보상법, 군인연금법 또는 군인재해보상법, 사립학교교직원연금 법, 별정우체국법 또는 국민연금과 직역연금의 연계에 관한 법률

② 「산업재해보상법」에 따라 받는 각종 연금

③ 「국군포로의 송환 및 대우 등에 관한 법률」에 따른 국군포로가 받는 연금

(4) 연금소득의 수입시기(소득세법 시행령 제50조)

연금소득의 수입시기는 아래에 따른 날로 한다.

① 공적 연금소득 : 공적 연금 관련법에 따라 연금을 지급받기로 한 날

② 연금저축계좌와 퇴직연금계좌에서 발생하는 연금소득 : 연금수령한 날

③ 그 밖의 연금소득 : 해당 연금을 지급받은 날

(5) 연금소득에 대한 원천징수

가. 공적 연금소득(소득세법 제143조의2)

원천징수의무자가 공적 연금소득을 지급할 때에는 연금소득 간이세액표를 적용하여 해당란의 세액을 기준으로 원천징수하고, 연금소득원천징수부를 비치·기록하여야 한다. 그리고 해당 과세기간의 다음 연도 1월분 공적 연금소득을 지급할 때에는 공적 연금소득세액 연말정산을 통해 소득세액을 징수(또는 환급)하여야 한다.

연금소득자의 소득공제 등 신고 절차(소득세법 제143조의6)

① 공적 연금소득자는 공적 연금소득을 최초로 지급받기 전에 연금소득자 소득·세액공제서를 원천징수의무자에게 제출하여야 한다.

② 공적 연금소득을 받는 사람이 자신의 배우자 또는 부양가족에 대한 인적공제와 자녀세액공제를 적용받고자 하는 경우에는 해당 연도 12월 31일까지 소득·세액공제서를 제출하여야 하는데, 연금소득을 최초로 지급받기 전에 제출한 소득자로서 배우자 또는 부양가족의 변동내역이 없는 경우에는 추가로 제출하지 아니할 수 있다.

③ 연금소득자가 해당 과세기간에 사망한 경우에는 상속인이 그 사망일이 속하는 다음 달 말일까지 연금소득자 소득·세액 공제신고서를 제출하여야 한다.

④ 원천징수의무자는 연금소득자 소득·세액 공제신고서를 작성하여 정보통신망에 게재할 수 있고 연금소득자는 해당 연금소득자 소득·세액 공제신고서를 정보통신망을 통하여 제출할 수 있다. 이때 연금소득자가 원천징수의무자가 작성한 연금소득자 소득·세액 공제신고서에 오류가 없음을 확인하거나 연금소득자가 해당 오류를 수정하는 경우 해당 연금소득자가 직접 작성하여 제출한 신고서로 본다.

공적 연금소득 연말정산 절차(소득세법 제143조의4)

① 공적 연금소득을 지급하는 원천징수의무자는 연금소득원천징수부에 의하여 해당 과세기간에 지급한 소득자별 연금소득의 합계액에서 연금소득공제·인적공제를 한 금액을 과세표준으로 하여 기본세율을 적용하여 종합소득산출세액을 계산한다.

② 위의 종합소득산출세액에서 아래의 각 금액을 공제한 금액을 소득세로 징수한다. 다만, 아래의 합계액이 종합소득산출세액을 초과하는 경우에는 그 초과하는 부분은 없는 것으로 한다.

ⅰ) 공적 연금소득을 지급하면서 연금소득 간이세액표를 적용하여 원천징수한 금액

ⅱ) 연금에 대한 외국납부세액 공제

ⅲ) 자녀세액 공제

ⅳ) 표준세액 공제

나. 사적 연금소득(소득세법 제129조 및 제143조의2)

① 소득 · 세액공제를 받은 연금계좌 납입액과 연금계좌의 운용실적에 따라 증가된 금액

소득 · 세액공제를 받은 연금계좌 납입액과 연금계좌의 운용실적에 따라 증가된 금액을 연금수령한 연금소득에 대해서는 아래 표의 원천징수세율을 적용하되 아래의 각 요건을 동시에 충족하는 경우에는 낮은 세율을 적용한다.

구 분		세 율
연금소득자의 나이	70세 미만	5%
	70세 이상 80세 미만	4%
	80세 이상	3%
사망할 때까지 연금수령하는 종신계약*에 따라 받는 연금소득 * 사망일까지 연금수령하면서 중도해지할 수 없는 계약		4%

(지방소득세 별도)

② 원천징수되지 아니한 이연퇴직소득(소득세법 시행령 제187조의3 및 제202조의2)

원천징수되지 아니한 이연퇴직소득이 연금계좌에서 지급되는 경우에는 아래와 같이 본래의 퇴직소득 세율보다 낮은 세율로 원천징수하고, 당해 원천징수로 납세의무가 종결된다.

㉠ 연금 실제 수령연차가 10년 이하인 경우 : 연금외수령 원천징수세율*의 70%

㉡ 연금 실제 수령연차가 10년을 초과하는 경우 : 연금외수령 원천징수세율의 60%

* 연금외수령 원천징수세율

$$
\text{연금외수령 당시 이연퇴직소득세**} \times \frac{\text{연금외수령한 이연퇴직소득}}{\text{연금외수령 당시 이연퇴직소득}} \div \text{연금외수령금액}
$$

** 연금외수령 당시 이연퇴직소득세 = 연금외수령 전까지 이연퇴직소득세 누계액 − 인출퇴직소득 누계액에 대한 세액***

$$
\text{*** 인출퇴직소득 누계액에 대한 세액} = \text{이연퇴직소득세 누계액} \times \frac{\text{인출퇴직소득 누계액}}{\text{이연퇴직소득 누계액}}
$$

| 퇴직소득세 : [(퇴직소득 - ①)/근속연수 × 12 - ②] × 기본세율/12 × 근속연수 |

① 근속연수에 따른 다음의 금액

근속연수	공제액	근속연수	공제액
5년 이하	100만원×근속연수	5년 초과 10년 이하	500만원+200만원×(근속연수-5년)
10년 초과 20년 이하	1천500만원+250만원×(근속연수-10년)	20년 초과	4천만원+300만원×(근속연수-20년)

② 환산급여*에 따라 정한 다음의 금액

환산급여	공제액	환산급여	공제액
8백만원 이하	환산급여의 100%	8백만원 초과 7천만원 이하	8백만원+(8백만원 초과분의 60%)
7천만원 초과 1억원 이하	4천520만원+(7천만원 초과분의 55%)	1억원 초과 3억원 이하	6천170만원+(1억원 초과분의 45%)
3억원 초과	1억5천170만원+(3억원 초과분의 35%)		

* 환산급여 : (퇴직급여 - ①의 금액)/근속연수 × 12

분리과세되는 연금소득을 제외한 사적 연금소득의 합계액이 연 1,500만원을 초과하는 거주자가 종합과세 대신 분리과세를 선택한 경우에는 15%(지방소득세 별도)의 세율로 원천징수한다(소득세법 제64조의4).

(6) 연금소득 과세 정리

공적 연금소득과 사적 연금소득의 과세체계를 요약해서 정리하면 아래 표와 같다.

| 연금소득에 대한 과세율 표 |

구 분			연금수령	연금외(일시금) 수령	종합과세 여부
공적연금	과세기준일* 전 납입 기여금 등		과세하지 않음.		
	과세기준일* 이후 납입 기여금 등		공단에서 간이세율표 원천징수 후 연말정산	퇴직소득 과세	연금수령은 종합과세
사적연금	연금저축계좌	공제받지 않은 납입액	과세하지 않음.		
		공제받은 납입액과 연금계좌 운용수익	• 연간 1,500만원 이하 : 3.3%~5.5% 분리과세**	기타소득*** 16.5%	연금수령은 종합과세

구 분		연금수령	연금외(일시금) 수령	종합과세 여부
퇴직 연금 계좌		• 연간 1,500만원 초과 : 16.5% 분리과세	분리과세	선택 가능
	공제받지 않은 근로자 납입액	과세되지 않음.		
	공제받은 근로자 납입액과 연금계좌 운용수익	• 연간 1,500만원 이하 : 3.3%~5.5% 분리과세** • 연간 1,500만원 초과 : 16.5% 분리과세	기타소득*** 16.5% 분리과세	연금수령은 종합과세 선택 가능
	이연퇴직소득	• 이연퇴직 소득세의 70%(10년 이내 연금수령) • 이연퇴직 소득세의 60%(10년 초과 연금수령)		분리과세

  * 과세기준일 : 2002. 1. 1
 ** 연금계좌 원천징수 세율 : 70세 미만-5.5%, 70세 이상 80세 미만-4.4%, 80세 이상 - 3.3%
*** 사망, 천재지변 등 부득이한 사유로 연금외수령 시 3.3%~5.5% 연금소득 분리과세
**** 지방소득세 포함

3) 연금계좌 인출순서와 승계

(1) 연금계좌의 인출순서(소득세법 시행령 제40조의3)

연금계좌에서 연금의 지급 등으로 일부 금액이 인출되는 경우에는 아래의 금액이 순서에 따라 인출되는 것으로 본다.

① 사적 연금소득의 범위에 해당하는 소득 등(㉮ 원천징수되지 아니한 이연퇴직소득, ㉯ 소득·세액공제를 받은 연금계좌 납입액, ㉰ 연금계좌의 운용실적에 따라 증가된 금액)에 해당하지 않는 과세제외금액. 그리고 이 과세제외금액은 또 아래의 순서로 인출되는 것으로 본다.

ⅰ) 인출한 날이 속하는 과세기간에 해당 연금계좌에 납입한 연금보험료

ⅱ) 개인자산종합관리계좌(ISA) 전환금액(만기 후 60일 이내 연금계좌 납입금액)

ⅲ) 해당 연금계좌만 있다고 가정할 때 해당 연금계좌에 납입된 연금보험료로서 연금계좌 세액공제 한도액을 초과하는 금액

ⅳ) 위 외에 연금계좌에 납입한 연금보험료 중 연금계좌세액공제를 받지 아니한 금액

② 이연퇴직소득

③ 사적 연금소득의 범위에 해당하는 소득 중 "소득·세액공제를 받은 연금계좌 납입액"과 "연금계좌의 운용실적에 따라 증가된 금액"

만약 인출된 금액이 연금수령한도를 초과하는 경우에는 연금수령분이 먼저 인출되고 그 다음으로 연금외수령분이 인출되는 것으로 보고, 연금계좌에 납입한 연금보험료 중 연금계좌세액공제 한도액 이내의 연금보험료는 납입일이 속하는 과세기간의 다음 과세기간 개시일(납입일이 속하는 과세기간에 연금수령 개시를 신청한 날이 속하는 경우에는 연금수령 개시를 신청한 날)부터 연금저축 세액공제를 받은 것으로 본다.

만약, 연금계좌의 운용에 따라 연금계좌에 있는 금액이 원금에 미달하는 경우 연금계좌에 있는 금액은 원금이 위의 인출순서와 반대의 순서로 차감된 후의 금액으로 본다.

(2) 연금계좌 승계(소득세법 시행령 제100조의2)

세법에서는 연금계좌의 가입자가 사망하였으나 그 배우자가 연금외수령 없이 해당 연금계좌를 상속으로 승계하는 경우에 해당 연금계좌에 있는 피상속인의 소득금액은 상속인의 소득금액으로 보아 소득세를 계산한다고 규정함으로써 연금계좌는 배우자에 한해 승계할 수 있도록 하고 있다.

이 경우 배우자가 해당 연금계좌의 소득금액을 승계하는 날에 그 연금계좌에 가입한 것으로 본다.(다만, 연금수령요건을 판단하기 위한 연금계좌의 가입일은 피상속인의 가입일로 하여 적용)

연금계좌의 승계신청은 피상속인의 사망일이 속하는 달의 말일부터 6개월 이내에 연금계좌 취급자에게 이루어져야 하며, 승계신청을 받은 연금계좌취급자는 사망일부터 승계신청일까지 인출된 금액에 대하여 이를 피상속인이 인출한 소득으로 보아 이미 원천징수된 세액과 상속인이 인출한 금액에 대한 세액과의 차액이 있으면 세액을 정산하여야 한다.

연금계좌의 가입자가 사망하였음에도 승계신청을 하지 아니한 경우에는 사망일 현재 아래 금액의 합계액을 인출하였다고 보아 계산한 세액에서 사망일부터 사망확인일(연금계좌취급 자가 확인한 날을 말하며, 사망확인일이 승계신청기한 이전인 경우에는 신청기한의 말일로 하고, 상속인이 신청기한이 지나기 전에 인출하는 경우에는 인출하는 날)까지 이미 원천징수된 세액을 뺀 금액을 피상속인의 소득세로 한다.

① 사망일부터 사망확인일까지 인출한 소득
② 사망확인일 현재 연금계좌에 있는 소득

4) 연금소득에 대한 절세전략

(1) 연금저축 등 중도해지 시 절세전략

연금저축 등을 중도 해지하면 기타소득세가 부과된다. 즉, 2001년 1월 이후 연금저축상품에 가입하여 세제 혜택을 받은 후, 연금저축상품을 중도 해지할 경우 [세제혜택을 받은 납입금액 + 운용수익]에 대해 16.5% 세율의 기타소득세(지방소득세 포함)가 부과되는 만큼, 중도해지는 신중을 기할 필요가 있다. 특히, 2013년 3월 이전에 가입한 계약은 가입 후 5년 이내 해지하면 [세제혜택을 받은 납입금액]에 대해 2.2% 세율(지방소득세 포함)의 해지가산세까지 부과된다. 여기서는 연금저축 등의 해지에 따른 불이익을 회피하기 위한 방법을 알아본다.

가. 납입 유예제도 활용

그러므로 만약, 일시적으로 연금저축 납입이 곤란하다면 연금저축을 해지하기보다는 납입 중지 또는 납입 유예제도를 활용하는 것이 바람직하다. 연금저축신탁 · 펀드는 자유납이므로 납입을 중단했다가 경제 상황이 좋아지게 되면 언제든지 납입을 재개할 수 있다. 연금저축보험은 2014년 4월 이후 체결했다면 1회당 최대 12개월, 최대 3회까지 납입유예가 가능하다. 만약, 납입유예하지 않고 보험료(월납)를 2회 이상 납입하지 않으면 실효되고 이후 일정 기간(2년) 내에 계약을 부활시키지 않으면 해지만 가능하다.

나. 담보대출 활용

또 다른 방법으로는 연금저축 담보대출을 활용하는 방법인데, 대부분의 금융회사는 노후대비 자금인 연금저축상품의 특성을 반영하여 대출이자율을 비교적 낮게 정한 연금저축 담보대출 제도를 운영하고 있다. 따라서, 생활자금이 단기간 필요하다면 연금저축 해지보다는 연금 저축상품을 담보로 대출을 받는 것도 고려할 필요가 있다.

다. 부득이한 사유 해당 여부 검토

그리고, 세법상 부득이한 사유에 해당할 경우 연금저축을 해지하지 않고도 납입금액의 일부를 중도인출하거나 전액 인출(해지)할 수 있는 제도('01. 1월 이후 가입한 연금저축만 가능)가 있으므로 인출 사유가 당해 사유에 해당한다면 이 제도를 이용하는 게 유리하다. 이 경우의 중도인출은 연금수령으로 간주하여 인출액에 대해 낮은 세율의 연금소득세(5.5% ~3.3%, 지방소득세 포함)가 부과된다. 다만, 사유가 발생한 날로부터 6개월 내 증빙서류를 갖추어 가입한 금융회사에 신청해야 한다.

부득이한 사유	증빙서류
가입자 또는 그 부양가족의 3개월 이상 요양	진단서 등
가입자의 사망	사망진단서 등
해외이주	해외이주신고서
가입자의 파산 또는 개인회생절차 개시	법원 결정문 등
천재지변	신문 등 객관적 증빙자료

(2) 연금저축 등 연금수령 시 절세전략

연금저축과 퇴직연금(본인추가납입액)에서 받는 연금에 대해서는 기본적으로 연금소득세 (3.3%~5.5%)가 부과되는데, 연금수령액이 연간 1,500만원을 초과하면 연금수령액 전체에 대해 연금소득세 대신 종합소득세(6.6%~49.5%, 다른 소득과 합산과세)가 부과된다. 따라서 연금수령액을 확인하여 연간 총 1,500만원을 초과하지 않도록 연금의 수령시기 또는 수령기간을 조정할 필요가 있다.

가. 연금수령 시기의 조정

종합소득세 부과기준인 1,500만원 한도 산정 시 공적 연금(국민연금 등), 퇴직금으로 받는 퇴직연금, 구 개인연금은 제외되며, 연금저축·퇴직연금(본인추가납입액)의 경우 소득· 세액공제를 받지 않은 금액에서 지급받는 연금액은 한도에 포함되지 아니한다(본인이 가입한 연금종류와 예상연금액은 금융감독원 "통합연금포털"을 통해 확인 가능).

| 연간수령액 1,500만원 한도가 적용되는 연금 종류 |

연금 종류		한도 적용	비 고
국민연금, 공무원연금, 사학연금, 군인연금		×	
퇴직연금	퇴직금	×	
	본인 추가 납입액	○	소득·세액공제를 받은 금액과 운용수익
개인연금	연금저축*	○	
	구 개인연금**	×	
	연금보험	×	

* 2001년 1월 이후 판매된 소득·세액공제 혜택이 있는 상품
** 1994. 6.~2000. 12. 기간 중 판매된 소득공제 혜택이 있는 상품

나. 연금저축 또는 퇴직연금은 10년(또는 5년) 이상(초과) 분할 수령

연금저축 또는 퇴직연금(퇴직금, 본인 추가납입액)에서 연금을 수령할 때 10년 이상 또는 초과하여 연금수령 한도 이내의 금액으로 받아야 저율의 연금소득세 또는 감면된 퇴직소득세가 부과되므로 연금을 10년 이상(초과)에 걸쳐 분할 수령하는 것이 좋다.

또한, 연금수령 기간을 10년 미만으로 단축할 경우 연간 연금수령액이 세법상 수령 한도를 초과할 가능성이 있는데, 한도를 초과한 금액에 대해서는 기타소득세 또는 퇴직소득세 전액이 부과되어 손해를 볼 수 있으므로 유의해야 한다[2013년 3월 이후 개설된 연금저축과 퇴직연금은 10년 이상 세법상 한도 이내에서 분할수령해야 연금소득세 적용(다만, 2013년 3월 이전 계약은 5년 동안 분할수령 가능)].

다. 연금수령 나이가 많을수록 낮은 세율의 세금 부과

세법상 연금소득세는 가입자의 연금수령 시 나이가 많을수록 세율이 낮아진다. 따라서 경제적 여유가 있는 가입자는 연금수령 시기를 늦춤으로써 납부할 세금을 줄일 수 있다.

라. 연계연금제도의 활용

앞에서 살펴본 바와 같이 공적 연금에는 일반 직장인과 자영업자 등이 가입하는 국민연금 외에 공무원연금, 군인연금, 사학연금 등 특정 직업 또는 자격요건에 따라 가입할 수 있는 직역연금이 있다. 국민연금은 10년 이상 가입해야 노령연금을 받을 수 있고, 직역연금도 10년 (군인연금은 20년) 이상 가입해야 퇴직연금을 받을 수 있다. 그런데 최소가입 기간을 채우지 못한 채 연금을 이동하는 경우(국민연금 → 직역연금 또는 직역연금 → 국민연금)에는 연계신청을 하면 된다. 이때 양쪽 연금의 가입 기간을 합쳐서 10년(2022. 2. 18. 이전에는 20년) 이상이면 모두 연금으로 수령할 수 있다.

소득세법

제12조 【비과세소득】

제14조 【과세표준의 계산】

제20조의3 【연금소득】

제47조의2 【연금소득공제】

제51조의3 【연금보험료 공제】

제51조의4 【주택담보노후연금 이자비용공제】

제59조의3 【연금계좌세액공제】

제64조의4 【연금소득에 대한 소득계산의 특례】

제129조 【원천징수세율】

제143조의2 【연금소득에 대한 원천징수시기 및 방법】

제143조의4 【공적 연금소득세액의 연말정산】

제143조의6 【연금소득자의 소득공제 등 신고】

제146조 【퇴직소득에 대한 원천징수시기와 방법 및 원천징수영수증의 발급 등】

소득세법 시행령

제20조의2 【의료 목적 또는 부득이한 인출의 요건 등】

제40조 【공적 연금소득의 계산】

제40조의2 【연금계좌 등】

제40조의3 【연금계좌의 인출순서 등】

제40조의4 【연금계좌의 이체】

제50조 【기타소득 등의 수입시기】

제108조의3 【주택담보노후연금 이자비용공제】

제118조의2 【연금계좌세액공제】

제187조의2 【종신계약의 범위】

제201조의5 【연금소득간이세액표의 적용】

제201조의6 【연금소득세액 연말정산】

제201조의7 【연금소득자의 소득공제 및 세액공제 신고】

제202조의2 【이연퇴직소득세액 및 원천징수세액의 계산】

`조세특례제한법`

제86조의4【연금계좌세액공제 등】

`근로자퇴직급여보장법`

제30조(운용관리업무의 수행)

`근로자퇴직급여보장법 시행령`

제26조(적립금의 안정적 운용을 위한 운용방법 및 기준)

`근로자퇴직급여보장법 시행규칙`

제9조(위험자산의 범위 및 운용기준)

`퇴직연금 감독규정`

제9조(증권 및 기타 적립금 운용방법의 종류 등)

제11조(확정급여형 퇴직연금의 투자 한도 등)

제12조(확정기여형 퇴직연금 및 개인형 퇴직연금의 투자 한도 등)

`참고문헌` ●

금융감독원 홈페이지 〈금융소비자정보포털〉

손영철 · 서종군. 금융상품과 세법. 삼일인포마인

김용민 · 박동규 · 양종식. 금융상품과 세금. 조세금융신문

금융투자교육원. 금융투자상품의 이해

정인영 · 권혁창 · 이예인. 국민연금과 특수직역연금 비교연구. 국민연금연구원

VII

보험과 세제

① 보험의 개념과 용어 정리

1) 보험의 개념

보험은 미래에 내가 바라는 바람직한 결과와 반대되는 부(負)의 가능성, 즉 미래의 위험 (Risk)을 관리(Management)하기 위한 것이다. 즉, 동일한 종류의 경제적 위험에 놓여있는 다수인이 하나의 집단을 구성하여, 미리 통계적 기초에 의해 산출된 일정 보험료를 내어 공동준비재산을 형성한 후, 현실적으로 우발적인 사고(보험사고)를 입은 사람에게 이 공동재산에서 일정 보상적 급여(보험금)를 지급하여 경제생활의 불안에 대비하는 제도이다. 따라서, 보험은 내가 가진 위험을 다수와 공유하여 그 위험을 분산함으로써 총 위험이 줄어드는 효과를 발휘한다.

이러한 보험은 사회보험과 민영보험으로 분류되는데, 사회보험은 국민에게 발생한 사회적 위험을 보험방식에 의하여 대처함으로써 국민의 건강과 소득을 보장하고자 국가가 주도하는 사회경제제도의 하나이고, 사회보험의 부족한 부분을 충당하는 것이 민영보험이다.

사회보험과 민영보험은 아래와 같이 그 차이를 비교해 볼 수 있다.

| 사회보험과 민영보험의 비교 |

구 분	사회보험	민영보험
제도의 목적	최저생계 또는 의료보장	개인적 필요에 따른 보장
보험가입	강제	임의
부양성	국가 또는 사회부양성	없음
수급권	법적 수급권	계약적 수급권
독점/경쟁	정부 및 공공기관의 독점	자유경쟁
공동부담 여부	공동부담의 원칙	본인 부담 위주
재원부담	능력비례부담	개인의 선택

구 분	사회보험	민영보험
보험료 부담방식	주로 정률제	주로 정액제
보험료 수준	위험률 상당 이하 요율	위험률 비례 요율(경험률)
보험자의 위험선택	할 수 없음	할 수 있음
급여 수준	균등급여	차등급여(기여비례 보상)
인플레이션 대책	가능	취약

〈출처 : 건강보험심사평가원〉

2) 보험 관련 용어 정리

보험은 기본적으로 가입자와 보험회사 간에 체결하는 쌍무계약으로 청약과 계약 승낙(또는 승낙거절 및 청약철회)의 과정을 거치면서 보험료를 납부하고, 계약의 효력이 발생한다. 상법에 의하면 보험회사는 보험계약을 체결할 때 미리 작성한 일반적·정형적·표준적인 계약조항이 담긴 보험 약관을 보험계약자에게 교부해야 하는데(상법 제638조의3), 보험가입자가 알아야 하는 보험 약관상 주요 용어들을 간단히 살펴본다.

가. 보험의 목적(Subject matter of Insurance)

보험의 목적이란 보험사고 발생의 객체가 되는 피보험자의 재화(손해보험의 경우) 또는 피보험자의 생명·신체(생명보험의 경우) 등을 말하는데, 보험회사는 보험의 목적에 보험 사고가 난 경우에 보험금을 지급할 책임을 지기 때문에 보험계약 시 목적물을 구체적으로 정하여 보험증권에 기재하도록 하고 있다. 손해보험에서는 피보험자의 재산이나 물건이 보험의 목적이 되는데, 건물, 선박 등 재화가 보험의 목적이 될 수도 있고, 채권, 피보험자의 책임과 같은 권리도 보험의 목적이 될 수 있다. 인보험(생명보험·상해보험·질병보험)에서는 피보험자의 생명이나 신체가 보험의 목적이 된다.

나. 보험료(Premium)

보험료란 보험계약에 의거 보험회사가 보험금 지급책임을 지는 대가로 보험계약자가 보험회사에 지급하는 금액을 말한다.

다. 보험금(Claim Amount)

보험금은 보험사고 발생 시 보험계약에 의거 보험회사가 보험계약자에게 실제로 지급하는 금액이다.

라. 보험사고(Risk Covered)

보험사고란 보험회사의 책임을 구체화시키는 우연한 사고를 말하는데, 보험사고의 내용은 보험의 종류에 따라 다르나, 일반적 요건으로는 ① 우연한 것이어야 하고, ② 발생이 가능한 것이어야 하며, ③ 일정한 보험 목적에 대한 것으로서 그 범위는 특정되어야 한다(대법원 2010. 5. 13. 선고 2010다6857 판결 등). 만약, 보험계약 당시에 보험사고가 이미 발생하였거나 또는 발생할 수 없는 것인 때에는 그 계약은 무효로 한다. 그러나 당사자 쌍방과 피보험자가 이를 알지 못한 때에는 그러하지 아니하다(상법 제644조).

마. 보험가액(Insurance Value)

보험가액은 보험 목적물의 실제 가치를 의미하는데 이는 보험사고로 입게 되는 손해액의 최고 견적액으로서, 이러한 보험가액 이상으로 보험료를 초과 납부해도 초과 보험료를 돌려주지는 않는다.

바. 보험가입금액(Sum Insured)

보험가입금액은 보험사고가 발생하였을 때 보험회사가 보험수익자에게 보상하는 보험금의 계약상 최고 한도이다.

사. 보험가입금액과 보험가액

보험가입금액과 보험가액은 서로 동액(同額)인 경우가 가장 합리적인 경우인데 이를 전부보험(Full Insurance)이라 하고, 보험가입금액이 보험가액보다 큰 경우를 초과보험(Over Insurance), 보험가입금액이 보험가액보다 적은 경우를 일부보험(Under Insurance)으로 구분한다.

중복보험(Double Insurance)은 동일한 피보험이익에 두 개 이상의 보험계약이 중복되어 체결된 경우를 말하는데, 손해보험에서는 여러 개의 보험을 체결하였다 하더라도 보험가입금액의 합계액이 보험가액을 초과하는 부분은 보상하지 아니한다. 이때 각 보험회사는 보험가입금액의 비율에 따라 그 책임을 진다(상법 제672조).

아. 고지의무와 통지의무

고지의무란 보험계약자 또는 피보험자가 보험계약의 체결 당시에 보험회사에 대하여 중요한 사항을 고지하거나 또는 부실 고지를 아니할 의무를 말하는데, 이를 위반했을 때 보험회사는 보험계약을 해지할 수 있다(상법 제652조).

통지의무는 보험기간 중에 보험계약자 또는 피보험자가 사고 발생의 위험이 현저하게 변경 또는 증가된 사실을 안 때에는 지체없이 보험회사에 통보하여야 하는 의무로서, 이를 해태하면 보험회사는 보험계약을 해지할 수 있다. 또한, 보험계약자 또는 피보험자는 보험사고의 발생을 안 때에는 지체없이 보험회사에 통지하여야 할 의무가 있는데 그 의무를 해태함으로써 손해가 증가된 때에는 보험회사는 그 증가된 손해를 보상할 책임이 없다(상법 제657조).

자. 실손보상과 정액보상

실손보상은 의료실비보험, 운전자보험 등과 같이 정해진 한도 내에서 실제 손해액만큼만 보상하는 것이고, 정액보상은 암보험 등과 같이 보험사고가 발생했을 때 미리 약속한 지급 사유에 해당하면 정액을 지급하는 것을 말한다. 따라서 실손보상 보험상품은 중복해서 가입할 필요가 없다.

차. 소멸시효

보험금청구권은 3년간, 보험료 또는 적립금의 반환청구권은 3년간, 보험료청구권은 2년간 행사하지 아니하면 시효의 완성으로 소멸한다(상법 제662조).

카. 보험 나이

보험에서는 만(滿) 나이와 다른 개념의 보험 나이를 사용한다. 실손의료보험을 비롯한 생명보험과 질병·상해보험(손해보험) 등과 같이 사람의 생명과 신체의 보험사고 발생에 대해 보험금을 지급하는 보험의 표준약관에는 보험 나이에 관한 내용을 규정하고 있다.

보험 나이는 계약일 현재 피보험자의 실제 만 나이를 기준으로 6개월 미만의 끝수는 버리고 6개월 이상의 끝수는 1년으로 계산하여, 매년 계약 해당일에 나이가 증가하는 개념의 나이이다.

예를 들면 1984년 3월 1일 출생자가 2023년 7월 1일에 보험계약을 하면 보험 나이가 39세(2023. 7. 1. - 1984. 3. 1. = 39년 4개월)이고, 2023년 10월 1일에 계약을 하면 보험 나이는 40세(2023. 10. 1. - 1984. 3. 1. = 39년 7개월)가 된다.

따라서, 나이가 많을수록 보험사고의 발생확률이 높아져 보험료가 일반적으로 비싸게 산정되기 때문에, 보험에 가입하고자 할 때는 만 나이를 기준으로 하여 6개월이 경과하기 전에 가입하는 것이 유리하다.

② 보험제도와 보험회사

1) 사회보험의 종류와 특징

사회보험은 국민에게 발생할 수 있는 질병, 장애, 노령, 실업, 사망 등의 사회적 위험을 예상하고 이에 대처함으로써, 국민의 경제생활을 보장하는 제도이다.

우리나라의 대표적인 사회보험제도는 아래 4대 보험제도를 들 수 있다.

① 노령·사망 등에 대비한 국민연금보험

② 질병과 부상에 대비한 건강보험

③ 실업에 대비한 고용보험

④ 업무상의 재해에 대비한 산업재해보상보험

이러한 4대 사회보험의 특징은 아래 표와 같이 비교해 볼 수 있는데, 4대 사회보험에 대해 간략히 알아본다.

| 4대 사회보험의 특징 비교 |

구 분	국민연금	건강보험	고용보험	산재보험
시행연도	1988년	1977년(노인장기요 양보험은 2007년)	1995년	1964년
기본성격	소득보장 장기보험	의료보장 단기보험	실업고용 중기보험	산재보상 단기보험
급여방식	현금급여 소득비례	현물급여 균등급여	현금급여 소득비례	현물-균등급여 현금-소득비례
관리단위	개인별 관리	사업장·세대별 관리	사업	사업장
보험료관장 (처리기관)	보건복지부장관 (국민연금공단)	보건복지부장관 (국민건강보험공단)	고용노동부장관 (근로복지공단)	고용노동부장관 (근로복지공단)
자격관리 방식	직장·지역 통합관리	직장·지역 통합관리	사업별 관리 가입자 관리	사업별 관리 가입자 관리
보험료부과 단위	사업장 지역(개인별)	사업장 지역(세대별)	사업	사업

〈출처 : 4대 사회보험 정보연계센터〉

(1) 국민연금

국민연금은 소득이 있을 때 일정 보험료를 납부하고, 노령, 장애, 사망 등의 특정 사유로 소득이 줄어들거나 없어졌을 때 연금을 지급하여 최소한의 소득을 보장하는 사회보장제도이다.

가. 가입 대상

국민연금의 가입 대상은 국내에 거주하는 18세 이상 60세 미만의 국민으로서, 타 공적 연금에 가입되지 않았으면 모두 가입 대상이 되는데 가입 방식에 따라 아래와 같이 분류된다.

| 국민연금 가입 대상 |

가입자 종류	가입 대상	당연가입 여부
사업장 가입자	당연 적용 사업장에 근무하는 60세 미만 근로자와 사용자	당연가입
지역 가입자	18세 이상 60세 미만 국민으로 사업장 가입자가 아닌 자	당연가입
임의계속 가입자	가입 이력이 있는 60세 이상인 자가 가입 희망하는 경우	임의가입
임의 가입자	사업장 및 지역 가입자가 아닌 자가 가입 희망하는 경우	임의가입

외국인의 경우 국내에 거주하면 사업장 가입자 또는 지역 가입자로의 당연가입 대상이지만, 임의가입은 불가능하다. 그런데, 그 국가의 연금제도에 우리 국민의 가입을 배제하는 등의 조건이 있다면 상호주의에 따라 당해 외국인의 가입을 배제할 수 있고, 외국인 등록을 하지 않았거나 불법 체류 외국인 및 유학이나 종교 목적 체류 외국인, 외교관이나 영사관 등도 가입 대상에서 제외된다.

나. 국민연금 급여의 종류

① 노령연금

노령연금은 국민연금의 기초가 되는 급여로, 국민연금 가입 기간이 10년 이상이면 아래 지급개시 연령 도달 이후부터 평생 매월 지급한다.

| 노령연금 지급개시 연령 |

출생연도	1952년 이전	1953~56년생	1957~60년생	1961~64년생	1965~68년생	1969년 이후
지급개시 연령	60	61	62	63	64	65

만약, 조기에 노령연금을 수령하고 싶다면 조기노령연금을 신청할 수 있는데, 가입 기간이 10년 이상이고 지급개시 연령 도달 5년 이내이면서 소득이 있는 일에 종사하지 않는 사람이

신청할 수 있다. 그런데, 조기노령연금을 신청하면 기본 연금액 대비 낮은 지급률로 지급하므로 신중한 선택이 필요하다.

| 조기노령연금 지급률 예시_1966년생(노령연금 지급개시 : 64세)이 신청한 경우 |

청구당시 연령	59세	60세	61세	62세	63세
지급률	70%	76%	82%	88%	94%

* 1966년생이 59세에 청구하는 경우 기본 연금액의 70%에 부양가족 연금액을 합산하여 평생 지급

한편, 배우자와 이혼한 경우, 배우자의 정신적·물질적 기여를 인정하고 이혼한 배우자의 안정적인 노후 생활을 보장하기 위한 제도로서 분할연금 제도를 두고 있는데, 배우자의 가입 기간 중 혼인 기간이 5년 이상이고, 국민연금 수급권이 존재하며, 본인이 지급개시 연령 이상일 경우에 배우자였던 사람의 노령연금액 중 혼인 기간에 해당하는 연금액의 1/2을 지급한다.

② 장애연금

장애연금은 가입자나 가입자였던 자가 질병이나 부상으로 신체적 또는 정신적 장애가 남았을 때 이에 따른 소득 감소 부분을 보전함으로써 본인과 가족의 안정된 생활을 보장하기 위한 급여로서, 질병이나 부상의 초진일 당시 일정한 가입 기간이 있고 완치된 후에도 신체 또는 정신상 장애가 남은 자에게 장애정도(1급~4급)에 따라 일정한 급여를 지급한다.

장애연금을 받고 있는 사람이라도 18세 이상 60세 미만인 기간 동안은 국민연금 가입 대상이 되며 근로소득이나 사업소득 등이 있는 경우에는 연금보험료를 납부하여야 한다.

③ 유족연금

유족연금은 국민연금에 일정한 가입 기간이 있는 사람 또는 노령연금이나 장애등급 2급 이상의 장애연금을 받던 사람이 사망하면 그에 의하여 생계를 유지하던 유족에게 가입 기간에 따라 일정률의 기본 연금액*에 부양가족 연금액을 합한 금액을 지급하는 연금으로, 수급요건이 되는 사망자는 아래와 같다.

* 가입 기간 10년 미만 : 기본 연금액의 40%, 10년 이상 20년 미만 : 50%, 20년 이상 : 60%

㉮ 노령연금 수급권자

㉯ 가입자(단, 1년 미만 가입자가 질병이나 부상으로 사망한 경우 가입 중에 발생한 질병이나 부상으로 사망한 경우에 한함)

㉰ 가입기간 10년 이상인 가입자였던 자

㉱ 장애등급 2급 이상의 장애연금 수급권자

㉮ 10년 미만 기간의 가입자였던 자로서 가입 중에 발생한 질병이나 부상 또는 그 부상으로 인한 질병으로 가입 중 초진일 또는 가입자 자격상실 후 1년 이내의 초진일로부터 2년 이내에 사망한 때

그런데, 이 유족연금 등은 사망한 사람에 의해 부양되고 있던 유족의 생활 보장 등을 목적으로 하는 것으로서, 그 배우자가 재혼하면 유족연금의 지급 목적이 종료된 것으로 보아 배우자의 유족연금 수급권이 상실한다.

국민연금은 가족 단위가 아니라 개개인에 대한 연금제도이므로, 부부가 함께 국민연금에 가입하였다면 각자 납부한 기간에 따라 부부 모두 노후에 연금을 받을 수 있다. 다만, 부부 모두 노령연금을 받는 중에 한 사람이 사망하면 남은 배우자에게 유족연금을 받을 권리가 발생하는데, 이때는 두 가지 급여 모두를 받을 수는 없으며, 본인의 노령연금과 배우자의 사망으로 발생한 유족연금 중에 하나를 선택하여야 한다. 이때, 본인의 노령연금을 선택하면 그 노령연금액에 유족연금액의 30%를 추가로 받게 되며, 유족연금을 선택하면 유족연금만 받게 된다. 이는 한 사람이 2개 이상의 급여를 받으면 급여를 제한하여 더 많은 사람에게 혜택이 돌아갈 수 있도록 하는 사회 보장의 기본원리에 따른 것이다.

④ 반환일시금

반환일시금은 더 이상 국민연금 가입자 자격을 유지할 수 없는 경우(10년 미만 가입 기간인 자의 60세 도달, 사망, 국외 이주, 국적상실)에만 지급되는 급여로서, 가입 기간 중 본인이 납부한 연금보험료에 일정률의 이자를 더하여 받게 된다.

하지만, 현재 국민연금 자격을 상실한 자라고 하더라도 60세 도달 전에 소득이 있는 업무에 종사하게 되면 다시 가입자가 되므로 반환일시금을 즉시 지급받을 수 없다. 또한, 국외 이주의 목적이 아닌 취업, 학업 등 기타 사유로 외국에 체류하는 경우에도 기간과 상관없이 반환일시금을 지급받을 수 없다.

만약, 60세 도달로 반환일시금을 수령한 때에는 국민연금에 재가입할 수 없다. 다만, 60세 도달 시점에서 가입 기간이 부족하여 연금으로 지급받을 수 없는 경우에 반환일시금을 지급받지 않고, 본인 희망에 의하여 임의계속가입을 신청한 경우는 재가입이 가능하다.

⑤ 사망일시금

사망일시금은 가입자 또는 가입자였던 자, 연금 수급권자(노령연금 또는 장애등급 3급 이상 장애연금)*가 사망하였으나 국민연금법 제73조에 의한 유족이 없어 유족연금 또는 반환일시금을 지급받을 수 없는 경우, 더 넓은 범위의 유족에게 지급하는 장제부조적·보상적

성격의 급여이다.

사망일시금은 지급 한도를 정해놓고 있어서 반환일시금보다 금액이 적고, 배우자, 자녀, 부모, 손자녀, 조부모, 형제자매 또는 4촌 이내의 방계혈족 중 최우선 순위자에게 지급한다.

(2) 건강보험

건강보험은 의료비 문제 해결을 통하여 국민의 건강과 가계를 보호하고, 소득 재분배와 위험 분산 기능으로 사회적 연대를 강화하고 사회통합을 도모하는 데 그 목적이 있다.

이러한 건강보험은 직장가입자와 지역가입자로 적용 대상을 구분하는데, 직장가입자는 사업장의 근로자 및 사용자와 공무원 및 교직원, 그리고 그 피부양자를 대상으로 하고 지역가입자는 직장가입자와 그 피부양자를 제외한 자를 대상으로 한다.

한편, 외국인 등록을 한 외국인, 국내 거소 신고한 외국 국적 동포, 주민등록 신청한 재외국민 등도 일정 서류를 첨부한 신청을 통해 건강보험 직장가입자 자격을 취득할 수 있다.

가. 건강보험 보험료

건강보험의 보험료는 직장가입자의 경우 보수 월액에 일정 보험료율을 곱하여 산정한 금액에 경감률 등을 적용하여 부과한다. 그런데, 보수 월액의 산정에 포함된 보수를 제외한 보수외소득이 연간 2천만원을 초과하는 직장가입자는 보수외소득 월액 보험료 부과 대상으로, 보수외소득에서 2천만원을 공제한 나머지 금액을 12로 나누어 소득 종류에 따른 금액 비율로 곱해 산정한 보수외소득 월액 보험료를 추가로 부과한다.

지역가입자의 건강보험료는 가입자의 소득, 재산(전월세 포함)을 기준으로 각 부과 요소별로 산정한 후 합산한 보험료에 경감률 등을 적용하여 세대 단위로 부과한다. 즉, 이자·배당, 사업, 기타소득 및 근로, 공적 연금소득 등의 소득월액(근로소득과 연금소득은 50% 적용)에 건강보험료율을 곱한 금액과 주택, 건물, 토지, 선박, 항공기, 전월세 등의 재산 등급(60등급)별 부과 점수에 점수당 금액을 곱하여 산정한 금액을 합한 금액을 부과할 보험료로 한다.

나. 피부양자 요건

건강보험 대상자 중 피부양자는 직장가입자에게 주로 생계를 의존하는 사람으로서 소득 및 재산이 보건복지부령으로 정하는 피부양자 요건에 해당하는 사람을 말하며, 직장가입자의 배우자와 직계존속(배우자의 직계존속 포함), 직계비속(배우자의 직계비속 포함)과 그 배우자, 그리고 직장가입자의 형제·자매를 일부 포함한다. 즉, 피부양자 요건에 해당하기 위해서는 아래 소득요건과 재산요건을 모두 갖추고, 부양요건에 해당하는 자여야 하는데, 소득요건은 내용 전부를, 재산요건은 내용 중 어느 하나를 충족하면 된다.

| 건강보험 피부양자 자격요건 |

구 분	피부양자 자격인정 기준
소득요건	① 사업자 등록자로 사업소득이 없는 경우 ② 사업자등록이 없고 사업소득이 연간 500만원 이하 ③ 소득(이자·배당·사업·기타·근로·연금 소득) 합이 연간 2천만원 이하 　• 피부양자가 기혼자인 경우에는 부부 모두 소득요건을 충족해야 함. 　• 주택임대 소득자의 경우 사업자등록 유무에 관계없이 소득이 있는 경우 제외 　• 장애인, 국가유공·보훈보상 대상 상이등급자는 사업자등록 유무와 관계없이 연간 　　소득 500만원 이하
재산요건	① 재산과표가 5.4억원 이하 ② 재산과표가 5.4억원을 초과하면서 9억원 이하인 경우 연간 소득 1천만원 　이하 ③ 형제자매는 재산과표 1.8억원 이하 　• 재산의 종류: 토지, 건축물, 주택, 선박, 항공기
부양요건	① 직장가입자의 배우자 ② 직장가입자의 직계존속(배우자의 직계존속 포함) ③ 직장가입자의 직계비속(배우자의 직계비속 포함)과 그 배우자 ④ 소득·재산 요건을 충족하는 형제·자매 중 미혼으로 65세 이상, 30세 미만, 　장애인, 국가유공·보훈 보상 대상 상이등급자 등 　• 동거/비동거 시 기준 상이함.

* 소득요건 전부와 재산요건 중 어느 하나를 모두 갖추고, 부양요건에 해당하는 자

(3) 고용보험

　고용보험은 근로자가 실직했을 경우 실업수당만 지급하는 실업보험과 달리 실업수당뿐 아니라 구인·구직 정보망 운용, 취업 알선 등 노동시장 정책을 적극적으로 연계하여 통합적으로 실시하는 것을 목적으로 도입된 사회보장보험으로, 피보험자와 사업주가 공동 부담하는 기금을 재원으로 실업의 예방, 고용의 촉진 및 직업능력의 개발·향상은 물론 생활에 필요한 급여를 지급하여 실직자의 생활 안정 및 재취업 지원을 도모한다.

　근로자를 사용하는 모든 사업장은 고용보험 당연 적용 사업장이며, 해당 사업장에서 근무하는 근로자는 모두 고용보험 적용 근로자에 해당한다. 다만, 아래와 같이 사업장 규모 등에 따라 고용보험 적용을 제외하고 있으며, 특정 근로자에 대해서도 그 적용을 배제한다.

① 고용보험 적용 제외 사업장

- 농업·임업 및 어업 중 법인이 아닌 자가 상시 4명 이하의 근로자를 사용하는 사업
- 관련 법에 따른 주택건설 사업자, 건설업자, 전기 공사업자, 정보통신 공사업자, 소방시설 공사업자 또는 문화재 수리업자가 아닌 자가 시공하는 아래의 공사
  - 총 공사금액이 2천만 원 미만인 공사
  - 연면적 100제곱미터 이하 건축물 건축 또는 연면적 200제곱미터 이하 건축물 대수선 공사
- 가구 내 고용 활동 및 달리 분류되지 아니한 자가소비 생산활동

② 고용보험 적용 제외 근로자

- 65세 이후에 고용된 자(실업급여는 적용 제외하나 고용안정·직업능력개발사업은 적용) 다만, 65세 이전부터 피보험 자격을 유지하던 사람이 65세 이후에 계속하여 고용된 경우는 실업급여 및 고용안정·직업능력개발사업 모두 적용
- 1개월간 소정근로시간이 60시간 미만인 자(1주간의 소정근로시간이 15시간 미만인 자를 포함). 다만, 3개월 이상 계속하여 근로를 제공하는 자와 일용근로자*는 적용 대상임.
  * 일용근로자 : 1개월 미만 동안 고용되는 자
- 외국인 근로자
- 「별정우체국법」에 따른 별정우체국 직원
- 「국가공무원법」과 「지방공무원법」에 따른 공무원, 별정직공무원, 임기제공무원의 경우는 본인의 의사에 따라 고용보험(실업급여 사업에 한함)에 가입 가능
- 「사립학교교직원 연금법」의 적용을 받는 자

(4) 산재보험

산재보험은 공업화가 진전되면서 급격히 증가하는 산업 재해 근로자를 보호하기 위하여 도입된 우리나라 최초의 사회보장보험인데, 근로자 등의 업무상 재해와 관련하여 국가가 사업주로부터 소정의 보험료를 징수하여 그 기금(재원)으로 사업주를 대신하여 보상을 함으로써, 재해자의 치료와 생계, 사회복귀를 지원하여 재해자 및 그 가족의 생활 안정을 도모하고 사업주에게는 일시에 소요되는 과중한 보상비용을 분산시켜 정상적인 기업 활동을 보장하고자 하는 데 그 목적이 있다.

근로자를 사용하는 모든 사업장은 산재·고용보험 당연 적용 사업장이다. 다만, 아래 사업은

그 적용 대상에서 제외한다.

- 「공무원재해보상법」 또는 「군인재해보상법」에 따라 재해보상이 되는 사업
- 「선원법」, 「어선원 및 어선재해보상보험법」 또는 「사립학교교직원연금법」에 따라 재해보상이 되는 사업
- 가구 내 고용 활동
- 농업·임업(벌목업 제외)·어업 및 수렵업 중 법인이 아닌 자의 사업으로서 상시 근로자수가 5명 미만인 사업

2) 민영보험 상품의 종류

(1) 보험상품의 정의

보험상품은 제1장에서 금융상품 분류 시 예금, 적금 등과 함께 원금손실 가능성이 없는 비금융투자상품으로 분류되는 금융상품이다.

보험업법 제2조에서는 보험상품을 "위험보장을 목적으로 우연한 사건 발생에 관하여 금전 및 그 밖의 급여를 지급할 것을 약정하고 대가를 수수하는 계약(「국민건강보험법」에 의한 건강보험, 「고용보험법」에 의한 고용보험 등 보험계약자의 보호 필요성 및 금융거래 관행 등을 고려하여 대통령령이 정하는 것*은 제외)"으로 정의한다.

* 「국민건강보험법」에 의한 건강보험, 「고용보험법」에 의한 고용보험, 「국민연금법」에 의한 국민연금, 「노인장기요양법」에 의한 장기요양보험, 「산업재해보상법」에 따른 산업재해보상보험, 「할부거래에 관한 법률」에 따른 선불식 할부계약

보험업법은 보험상품을 생명보험상품과 손해보험상품, 그리고 제3보험상품으로 구분하고 있는데, 아래에 정한 경우를 제외하고는 생명보험업과 손해보험업을 겸영(兼營)하지 못하도록 하고 있다.

---

① 생명보험의 재보험 및 제3보험의 재보험
② 연금저축계약 및 퇴직보험계약[단, 손해보험업의 일부종목(재보험과 보증보험 제외)만 취급하는 보험회사와 제3보험업만 하는 회사 제외]
③ 질병을 원인으로 하는 사망을 제3보험의 특약 형식으로 담보하는 보험으로서 만기가 80세 이하고, 보험금액의 한도가 개인당 2억원 이내, 만기 시에 지급하는 환급금이 납입보험료 합계액의 범위 내인 보험

한편, 상법에서는 보험을 손해보험과 인보험으로 구분하고, 인보험에 생명보험과 상해보험, 질병보험을 포함하고 있다.

(2) 보험상품의 종류

가. 생명보험상품

생명보험상품은 위험보장을 목적으로 사람의 생존 또는 사망에 관하여 약정한 금전 및 그 밖의 급여를 지급할 것을 약속하고 대가를 수수하는 계약으로 아래와 같은 계약을 말한다.

---

① 생명보험계약
② 연금보험계약(퇴직보험계약 포함)

이러한 생명보험상품은 인간의 생명과 신체를 보험의 목적으로 하기 때문에 과학적이고 합리적인 방법, 즉 대수의 법칙*, 수지상등의 원리** 등을 기초로 하여 개발, 판매되고 있는데 그 종류를 구체적으로 살펴보면 아래와 같은 보험들이 있다.

 * 대수의 법칙 : 어떤 사건의 발생비율을 1회나 2회의 관측으로는 예측이 어렵지만 관찰 횟수를 늘려가면 일정한 형태를 관측할 수 있다는 개념
** 수지상등의 원리 : 보험료는 대수의 법칙에 의해 파악된 사고발생 확률에 기초하여 회사가 장래에 수입되는 보험료와 향후 보험사고로 인해 지급될 보험금 등이 일치하도록 산출된다는 개념으로, 개별 보험계약자 측면에서 본다면 총 납입보험료와 지급받은 보험금 사이에 차이가 있을 수 있겠지만 전체 보험계약자 측면에서는 계약자들이 납입한 보험료 총액과 보험회사가 지급하는 보험금과 지출비용 총액은 동일한 규모가 된다는 원리

ⅰ) 연금보험
ⅱ) 교육보험
ⅲ) 어린이보험
ⅳ) 종신보험
　　피보험자가 사망할 때까지를 보험기간으로 하여 피보험자가 사망한 후 유족들에게 보험금이
　　지급되는 사망보험
ⅴ) CI(치명적 질병)보험
　　종신보험과 건강보험이 결합된 형태로, 암·심근경색 등의 중대한 질병이 발생하면 치료비
　　또는 생활비 등의 생존자금 보장을 위해 사망보험금의 일정률을 미리 지급해주고 사망
　　시 잔여 보험금을 지급하는 상품
ⅵ) 유니버설보험
　　보험료의 추가납입, 보험금의 중도인출 등이 가능한 상품

---

vii) 변액보험

고객이 납입한 보험료를 모아 주식, 채권 등 유가증권 등에 투자하여 발생한 이익을 배분해주는 실적배당형 상품

나. 손해보험상품

생명보험이 주로 피보험자의 생명과 신체를 보험사고 발생의 객체로 삼는 데 비해 손해보험은 위험보장을 목적으로 우연한 사건(제3보험으로 분류되는 질병·상해 및 간병은 제외)으로 발생하는 손해(계약상 채무불이행 또는 법령상 의무불이행으로 발생하는 손해를 포함)에 관하여 금전 및 그 밖의 급여를 지급할 것을 약속하고 대가를 수수하는 계약이다.

이처럼 손해보험은 주로 피보험자의 재산상 손실을 보상하기 위한 것으로 이득 금지의 원칙이 적용되어 피보험자는 실제로 입은 손해만큼의 보상을 하고 그 이상을 받게 되지는 않는데, 이러한 손해보험상품으로 보험업법에서는 아래와 같은 상품들을 열거하고 있다.

① 화재보험계약
② 해상보험계약(항공·운송보험계약을 포함한다)
③ 자동차보험계약
④ 보증보험계약
⑤ 재보험계약
⑥ 책임보험계약
⑦ 기술보험계약
⑧ 권리보험계약
⑨ 도난보험계약
⑩ 유리보험계약
⑪ 동물보험계약
⑫ 원자력보험계약
⑬ 비용보험계약
⑭ 날씨보험계약

이와 같은 손해보험은 생명보험에서 설명한 과학적 기법인 대수의 법칙과 수지상등의 원리뿐만 아니라 위험의 분담을 위한 상호부조제도, 급부·반대급부의 법칙*, 실손보상의 원칙**이라는 손해보험 기본원리를 바탕으로 상품들이 개발되어 판매된다.

* 급부·반대급부의 법칙 : 위험집단 구성원 각자가 부담하는 보험료는 지급보험금에 사고 발생의 확률을 곱한 금액과 같다는 법칙

** **실손보상의 원칙** : 보험사고 시 피보험자가 실제로 입은 손해만을 지급한다는 것으로 손해보험 보상원칙의
근간이다.

손해보험에는 생명보험에는 없는 보험자의 대위와 보험위부라는 제도가 있는데 이에 대해서
간단히 정리한다.

① 보험자의 대위

보험자 대위라 함은 보험회사가 보험사고로 인한 손실을 피보험자에게 보상하여 준 때에
보험의 목적이나 제3자에 대하여 가지는 피보험자 또는 보험계약자의 권리를 법률상 당연히
취득하는 것으로, 생명보험과 제3보험에는 원칙적으로 허용되지 않는데, 제3보험 중 상해보험의
경우에 예외적으로 상호 간의 특약이 있는 때에 한하여 피보험자의 권리를 해하지 아니하는
범위에서 제3자에 대한 보험자 대위를 인정하고 있다.

② 보험위부

보험위부란 해상보험에서 전손이 아니라도 전손과 동일하게 보아야 할 경우 또는 전손이
추정되기는 하지만 그 증명이 곤란한 경우 등에 이것을 법률상 전손과 동일시하여 피보험자가
그 보험의 목적에 대한 모든 권리를 보험회사에 위부(委付)*하고 보험회사에 대하여 보험금의
전액을 청구할 수 있는 제도로서, 보험회사는 위부로 인하여 피보험자의 보험의 목적에 대하여
가지고 있는 모든 권리를 취득하고, 피보험자는 원칙적으로 보험금액 전부를 청구할 수 있다.

* **위부** : 해상보험에서 보험의 목적에 손해가 발생했을 경우 피보험자가 보험의 목적에 관한 모든 권리를 보험자에게
넘기는 것

다. 제3보험

제3보험은 위험보장을 목적으로 사람의 질병·상해 또는 이에 따른 간병에 관하여 금전
또는 그 밖의 급여를 지급할 것을 약속하고 대가를 수수하는 계약으로 아래의 세 가지 상품으로
분류할 수 있다.

---

① 상해보험
피보험자의 신체 상해에 관한 보험사고가 생길 경우에 보험금액 또는 기타의 급여를 하기로
한 계약
② 질병보험
실손의료보험, 암보험 등
③ 간병보험

제3보험은 보험의 객체가 '사람'이라는 점에서 생명보험과 함께 상법에서는 인보험으로 분류하고 있으며, 피보험자의 재산상의 손해를 보상할 것을 목적으로 하는 손해보험계약과는 구별된다.

① 실손의료보험

질병이나 부상으로 인해 발생하는 고액의 진료비로 국민에게 과도한 부담이 되는 것을 방지하기 위해, 우리나라는 사회보험제도의 하나로서 「국민건강보험법」에 의한 건강보험 제도를 시행하고 있다.

하지만, 건강보험은 재정상의 문제 등으로 인하여 환자 본인이 지출한 의료비 전액을 보장해 주지는 않는다. 진료 항목을 급여항목과 비급여항목으로 나누어 급여항목만 건강보험에서 지원하되, 그 중에도 일부 본인 부담금 제도를 두고 있다. 이러한 급여항목 중의 본인 부담금과 비급여항목 등의 개인 부담 진료비를 충당해 주는 민간보험이 실손의료보험이다. 실제 손실을 보장해 준다고 해서 실손보험이라고도 부른다.

실손의료보험은 보험업법상 제3보험에 속하는데, 누적 적자 등으로 인해 그 보장 내용 등이 계속 변동되어 왔다. 판매 시기나 담보 구성 등에 따라 1세대~4세대 실손보험으로 나누는데, 그 내용을 비교해 보면 아래와 같다.

| 실손의료보험의 세대별 비교 |

구 분	제1세대	제2세대	제3세대	제4세대
가입시기	~2009.9	2009.10~2017.3	2017.4~2021.6	2021.7~
상품특징	보험사마다 상이	표준약관 도입 상품 표준화	기본형, 특약(도수·비급여주사·비급여 MRA)▶3대 비급여 특약 담보 도입	기본형(급여), 특약 (비급여·3대 비급여) ▶특약(비급여) 할인할증제 도입
자기부담금	손해보험사 : 0% 생명보험사 : 20%	10% 혹은 20%	기본형-급여 : 10% 혹은 20%, 비급여 : 20% 특약-30%	기본형-급여 : 20% 특약-비급여 : 30% 최저 자기부담금 있음
갱신주기	1~5년	1~3년	1년	1년, 5년 주기 재가입

3) 보험회사의 운영과 규제

가. 보험회사의 필요성

보험은 위험을 분산하기 위하여 다수가 공유해야 하므로 이를 조정할 기구가 필요하다.

또한, 구성원들에게 신뢰를 줄 수 있어야 하고, 파산위험으로부터 보호받아야 한다. 이러한 역할을 수행하기 위하여 보험회사가 필요한 것이다.

보험회사는 가격책정 능력과 자산의 운용 능력을 가지고 있어야 하고, 손실처리 능력과 감독 기능 또한 갖추고 있어야 한다. 그래서 보험회사는 보험위험과 금리위험, 신용위험, 유동성위험 등에 직면하게 되는데, 이에 따라 제도적 규제가 따른다.

나. 기준 지급여력 제도

보험사의 위험 관리 능력을 제고하기 위해 위험 기준 지급여력(RBC : Risk Based Capital) 제도를 2009년에 도입하여 시행하고 있는데, 보험회사에 예상하지 못한 손실이 발생하더라도 이를 충당할 수 있는 자기자본 제도로, 아래와 같이 산출·관리된다.

RBC 비율 = 자기자본/지급여력 기준금액*

* 지급여력 기준금액 = $\sqrt{보험위험^2 + (금리위험 + 신용위험)^2 + 시장위험^2}$ + 운영위험

☞ 우리나라의 경우, 150% 이상의 RBC 비율 유지 권고

하지만, IFRS17이 시행되면서 신지급여력제도(K-ICS)가 2023년부터 적용되었는데, 보험사의 새로운 제도 대응을 돕기 위해 2025년까지의 경과조치 규정 등을 두고 있다.

K-ICS 지급여력 비율은 가용자본을 요구자본으로 나눈 값으로, 보험회사의 재무 건전성을 평가하는 핵심 지표이다. K-ICS는 보험부채와 자산을 시가로 평가하는 것이 핵심이어서 시장금리가 내려갈 경우, 보험부채의 증가와 자본감소로 이어져 K-ICS 비율이 하락하게 된다.

| RBC와 K-ICS(신지급여력제도) 비교 |

구분	RBC제도	K-ICS제도
평가	일부 자산 및 부채 원가 평가	모든 자산·부채 시가 평가
지급여력 금액	자본금·이익잉여금 등 재무제표 상 자본 중심으로 열거	시가 평가된 순자산(자산 – 부채)에서 손실 흡수성 정도에 따라 차감 또는 가산
지급여력 기준금액	신뢰수준 99%, 위험계수 방식으로 요구 자본 산정	신뢰수준 99.5%, 충격 시나리오 방식으로 요구 자본(충격 후 순자산 감소분) 산정 * 일부 리스크(일반손보·신용·운영)는 위험계수 방식 적용

구분	RBC제도	K-ICS제도
	5대 리스크 (보험 · 금리 · 시장 · 신용 · 운영)	① 5대 리스크 : 생명/장기보험 · 일반 손보 · 시장 · 신용 · 운영 * 보험리스크를 생명/장기 · 일반손보로 분리, 금리리스크를 시장리스크에 포함
		② 5개 하위 위험 신설 * 보험리스크 內 : 장수, 해지, 사업비, 대재해 * 시장리스크 內 : 자산집중
건전성기준	지급여력비율(=지급여력금액/지급여력기준금액) ≥ 100%	

〈금융감독원. 보험회사의 신지급여력제도 주요 개선사항〉

③ 보험 관련 세제

보험상품 관련 세제는 크게 보험료 납입액에 대한 소득공제 또는 세액공제 제도 등 보험료 납입 시의 세무와 보험금 수령 시의 보험차익 또는 연금소득 등에 대한 세무 이슈가 발생할 수 있는데 먼저 이 두 가지 상황에서의 세무 관련 문제를 살펴보고 보험 관련 세무에서 자주 이슈(isssue)가 되는 상속·증여 관련 내용을 정리해 보도록 한다.

1) 보험료 납입 관련 세제

(1) 납입 보험료에 대한 세제 혜택

가. 연금보험료, 건강보험료 및 고용보험료 납입액에 대한 소득공제(소득세법 제51조의3, 제52조)

종합소득이 있는 거주자가 공적 연금 관련법에 따른 기여금 또는 개인부담금 등의 연금보험료를 납입하거나, 근로소득이 있는 거주자(일용근로자는 제외)가 해당 과세기간에 「국민건강보험법」, 「고용보험법」 또는 「노인장기요양보험법」에 따른 국민건강보험료, 고용보험료, 노인장기요양 보험료를 납입한 경우, 동 거주자가 부담한 당해 보험료 전액을 해당 과세기간의 종합소득 또는 근로소득금액에서 공제한다. 다만, 근로자가 부담하지 아니하고 사용자 등이 부담한 보험료는 소득공제 대상이 아니다.

나. 보장성보험료 납입액에 대한 세액공제(소득세법 제59조의4)

근로소득이 있는 거주자(일용근로자는 제외)가 해당 과세기간에 기본공제대상자를 피보험자로 하고, 만기에 환급되는 금액이 납입보험료를 초과하지 아니하는 보험의 보험계약에 따라 지급하는 보장성보험에 대한 보험료를 납부한 경우 연간 100만원 한도 내에서 그 금액의 12%(지방소득세 별도)에 해당하는 금액을 해당 과세기간의 종합소득산출세액에서 공제한다.

다만, 기본공제대상자 중 장애인을 피보험자 또는 수익자로 하는 장애인 전용 보장성보험의 보험료로 납입한 금액에 대해서는 100만원의 한도 내에서 납입금액의 15%(지방소득세 별도)에 해당하는 금액을 해당 과세기간의 종합소득 산출세액에서 추가적으로 공제한다.

다. 연금저축보험료 납입액에 대한 세액공제(소득세법 제59조의3)

종합소득이 있는 거주자가 연금저축보험의 보험료를 납입한 금액이 있는 경우에는 연금계좌 납입액(연 600만원 한도)의 12%[종합소득금액이 4천5백만원(근로소득만 있는 경우에는 총급여액 5천5백만원) 이하인 경우에는 15%. 지방소득세 별도]에 해당하는 금액을 종합소득

산출세액에서 공제한다.

보험료 납입 관련 세제 혜택을 요약해 보면 아래와 같다.

구 분	세제 혜택
연금보험료 건강보험료 고용보험료	근로자 부담분 전액 소득공제
보장성 보험료	• 보험료 납부액(연 100만원 한도)의 12%(지방소득세 별도) 세액공제 • 장애인 전용 보험 추가(연 100만원 한도) 15%(지방소득세 별도) 세액공제
연금저축 보험료	납입액(연 600만원 한도)의 12%*(지방소득세 별도) 세액공제 *종합소득금액 4천5백만원(근로소득만 있는 경우 총급여 5천5백만원) 이하인 경우 15%

(2) 종업원단체보장보험의 사용자 부담분에 대한 근로소득 비과세

소득세법에서는 원칙적으로 종업원이 계약자이거나 종업원 또는 그 배우자 및 그 밖의 가족을 수익자로 하는 보험·신탁 또는 공제와 관련하여 사용자가 부담하는 보험료·신탁부금 또는 공제부금은 근로소득의 범위에 포함한다. 다만, 사용자가 부담하는 당해 보험료·신탁부금 또는 공제부금 중 아래의 보험료에 대해서는 복리후생적 성질의 급여로 보아 비과세소득으로 한다(소득세법 시행령 제17조의4).

① 종업원의 사망·상해 또는 질병을 보험금의 지급 사유로 하고 종업원을 피보험자와 수익자로 하는 보험으로서 만기에 납입보험료를 환급하지 않는 보험(단체순수보장성 보험)과 만기에 납입보험료를 초과하지 않는 범위에서 환급하는 보험(단체환급부보장성 보험)의 보험료 중 연 70만원 이하의 금액

② 임직원의 고의(중과실을 포함) 외의 업무상 행위로 인한 손해의 배상청구를 보험금의 지급사유로 하고 임직원을 피보험자로 하는 보험의 보험료

위 ①의 경우를 간단히 요약하면 아래와 같이 정리할 수 있다.

구 분		회 사	근로자
만기환급금 ≤ 납입보험료	1인당 연간 70만원 이내	복리후생비 처리	비과세
	1인당 연간 70만원 초과분	급여경비 처리	근로소득 과세
만기환급금 〉 납입보험료		전액 급여경비 처리	전액 근로소득 과세

2) 보험금 수령 관련 세제

(1) 개인의 보험차익에 대한 과세

우리 소득세법에서는 이자소득의 범위를 열거하면서 아래 요건에 해당하는 저축성보험의 보험차익*에 대해서만 과세소득에 포함하고 있다(소득세법 제16조 제1항 제9호).

* 아래의 보험계약에 따라 만기 또는 보험의 계약기간 중에 받는 보험금·공제금 또는 계약기간 중도에 해당 보험계약이 해지됨에 따라 받는 환급금(피보험자의 사망·질병·부상 그 밖의 신체상의 상해로 인하여 받거나 자산의 멸실 또는 손괴로 인하여 받는 것이 아닌 것으로 한정)에서 납입보험료 또는 납입공제료를 뺀 금액
①「보험업법」에 따른 생명보험계약 또는 손해보험계약
② 다음 각 기관이 해당 법률에 의하여 영위하는 생명공제계약 또는 손해공제계약
　i)「수산업협동조합법」에 의한 수산업협동조합중앙회 및 조합
　ii)「신용협동조합법」에 의한 신용협동조합중앙회
　iii)「새마을금고법」에 따른 새마을금고중앙회
③「우체국예금·보험에 관한 법률」에 의한 우체국보험계약
④ 위와 유사한 생명·손해보험계약

따라서, 거주자가 각종 보장성보험에 가입한 후 질병 또는 사고 등으로 보험금을 수령하면서 보험차익이 발생한 경우 당해 보험차익에 대해서는 과세하지 아니한다. 여기서 보험차익이란, 보험계약에 의하여 지급받는 만기보험금 또는 중도해지환급금에서 보험계약 기간 중에 납입한 보험료를 차감한 금액을 말한다.

다만, 소득세가 과세되는 저축성보험의 보험차익 중 다음에서 설명하는 것처럼 일정 요건을 충족하는, 계약기간 10년 이상의 장기저축성보험과 종신형 연금보험의 보험차익은 비과세하는데, 역외 보험회사와 체결한 보험계약 및 위 ④에 따른 보험계약은 제외한다.

(2) 장기저축성보험 및 종신형 연금보험 비과세

아래의 비과세 요건을 갖춘 장기저축성보험과 종신형 연금보험에 대해서 2013년 2월 14일까지는 가입형태에 따른 구분 없이 만기일 또는 중도해지일까지의 기간이 10년 이상이면 무조건 비과세를 적용했었다(소득세법 시행령 제25조).

> **2013. 2. 14. 이전 계약 저축성보험 보험차익 비과세 요건**
> ① 일시납 또는 월 납입식에 관계없이 보험계약의 만기일 또는 중도해지일까지의 기간이 10년 이상인 저축성보험의 보험차익은 비과세
> ② 다만, 최초납입일부터 만기일 또는 중도해지일까지의 기간은 10년 이상이지만 최초 납입일부터 10년이 경과하기 전에 납입한 보험료를 확정된 기간 동안 연금형태로 분할하여 지급받는 경우에는 이자소득으로 과세

그런데, 2013년 2월 15일에 소득세법 시행령이 개정되면서 보험차익을 일시납과 월 적립식 및 종신형 연금보험의 3가지로 구분하여 각각 정해진 요건을 충족하는 경우에만 보험차익에 대한 비과세를 적용하도록 하였고, 동 규정은 2017년 4월 1일에 또 한 번의 개정과정을 거친다. 이에 따라 각 보험의 가입 시기마다 비과세 적용요건이 조금씩 다른데, 현행 규정과 함께 각 시기의 개정내용을 살펴본다.

가. 장기저축성보험

현행 소득세법에서 비과세되는 장기저축성보험이란 최초로 보험료를 납입한 날부터 만기일 또는 중도해지일까지의 기간이 10년 이상으로서 보험계약 체결 시점부터 아래의 어느 하나에 해당하는 보험을 말한다.

---

① 계약자 1명당 납입할 보험료 합계액[계약자가 가입한 모든 저축성보험 계약(아래 ②의 월 적립식 저축성보험 및 종신형 연금보험 제외)의 보험료 합계액]이 다음 구분에 따른 금액 이하인 저축성보험.(다만, 최초 보험료 납입일부터 만기일 또는 중도 해지일까지의 기간은 10년 이상이지만 납입한 보험료를 최초납입일부터 10년이 경과하기 전에 확정된 기간 동안 연금형태로 분할하여 지급받는 경우는 제외한다)

ⅰ) 2017년 3월 31일까지 체결하는 보험계약 : 2억원

ⅱ) 2017년 4월 1일부터 체결하는 보험계약 : 1억원

② 아래의 요건을 모두 갖춘 월적립식 저축성보험

ⅰ) 최초납입일부터 납입기간이 5년 이상인 월적립식 보험계약일 것

ⅱ) 최초납입일부터 매월 납입하는 기본보험료가 균등(최초 계약한 기본보험료의 1배 이내로 기본보험료를 증액하는 경우 포함)하고, 기본보험료의 선납기간이 6개월 이내일 것

ⅲ) 계약자 1명당 매월 납입하는 보험료 합계액[계약자가 가입한 모든 월적립식 보험계약 (만기에 환급되는 금액이 납입보험료를 초과하지 아니하는 보험계약으로서 순수보장성 보험 및 만기환급금이 없는 보험*은 제외)의 기본보험료, 추가로 납입하는 보험료 등 월별로 납입하는 보험료는 아래 방식에 따라 계산한 합계액]이 150만원 이하일 것(2017년 4월 1일부터 체결하는 보험계약으로 한정)

$$\frac{해당연도의\ 기본보험료와\ 추가로\ 납입하는\ 보험료의\ 합계액}{보험계약기간\ 중\ 해당연도에서\ 경과된\ 개월\ 수}$$

* 저축을 목적으로 하지 아니하고 피보험자의 사망·질병·부상, 그밖의 신체상의 상해나 자산의 멸실 또는 손괴만을 보장하는 계약과 만기 또는 보험 계약기간 중 특정 시점에서의 생존을 사유로 지급하는 보험금·공제금이 없는 보험

앞에서 살펴본 바와 같이 이러한 장기저축성보험의 보험차익 비과세 관련 현행 규정은 2013년 2월 15일과 2017년 4월 1일의 두 차례 개정과정을 통하여 완성되었는데 2013년과 2017년의 개정내용은 아래의 표처럼 간략히 요약·비교해 볼 수 있다(소득세법 시행령 제25조. 2017. 2. 3. 제27829호).

구 분	2013. 2. 15.~2017. 3. 31. 계약	2017. 4. 1. 이후 계약
일시납 저축성 보 험	① 계약자 1명당 가입한 납입보험료 합계액이 2억원 이하인 저축성보험 계약으로 최초납일일부터 만기일 또는 중도해지일까지의 기간이 10년 이상일 것 ② 다만, 최초 보험료 납입일부터 만기일 또는 중도해지일까지의 기간은 10년 이상이지만 납입한 보험료를 최초납입일부터 10년이 경과하기 전에 확정된 기간 동안 연금형태로 분할하여 지급받는 경우는 제외	① ― ― ― ― ― ― ― ― ― ― ― ― ― ― ― ― ― 1억원 이하인 ― ② (좌 동)
월 적립식 저축성 보 험	① 최초로 보험료를 납입한 날부터 만기일 또는 중도해지일까지의 기간이 10년 이상일 것 ② 최초납입일부터 납입기간이 5년 이상인 월적립식 보험계약일 것 ③ 최초납입일부터 매월 납입하는 기본보험료가 균등(최초 계약한 기본보험료의 1배 이내로 기본보험료를 증액하는 경우 포함)하고, 기본보험료의 선납기간이 6개월 이내일 것 (신 설)	(좌 동) ④ 계약자 1명당 매월 납입하는 보험료 합계액[계약자가 가입한 모든 월적립식 보험계약(만기에 환급되는 금액이 납입보험료를 초과하지 아니하는 보험계약으로서 순수보장성보험 및 만기환급금이 없는 보험은 제외)의 기본보험료, 추가로 납입하는 보험료 등 월별로 납입하는 보험료는 별도 방식에 따라 계산한 합계액]이 150만원 이하일 것

나. 종신형 연금보험

비과세되는 종신형 연금보험은 보험계약 체결 시점부터 아래의 각 요건을 모두 갖춘 종신형 연금보험을 말한다(소득세법 시행령 제25조).

① 계약자가 보험료 납입 계약 기간 만료 후 55세 이후부터 사망 시까지 보험금·수익 등을 연금으로 지급받을 것
② 연금 외의 형태로 보험금·수익 등을 지급하지 아니할 것
③ 사망 시[「통계법」제18조에 따라 통계청장이 승인하여 고시하는 통계표에 따른 성별·연령별 기대여명 연수(소수점 이하는 버림) 이내에서 보험금·수익 등을 연금으로 지급하기로 보증한 기간이 설정된 경우로서 계약자가 해당 보증기간 이내에 사망한 경우에는 해당 보증기간의 종료 시를 말한다] 보험계약 및 연금재원이 소멸할 것
④ 계약자와 피보험자 및 수익자가 동일하고 최초 연금지급개시 이후 사망일 전에 중도 해지할 수 없을 것
⑤ 매년 수령하는 연금액[연금수령 개시 후에 금리변동에 따라 변동된 금액과 이연(移延)하여 수령하는 연금액은 포함하지 아니한다]이 다음의 계산식에 따라 계산한 금액을 초과하지 아니할 것

$$\frac{\text{연금수령 개시일 현재 연금계좌 평가액}}{\text{연금계좌 개시일 현재 기대여명연수}} \times 3$$

(3) 법인의 보험차익에 대한 과세

법인에 귀속되는 소득은 각 사업연도 소득에 대하여 포괄적으로 과세하기 때문에 법인의 보험차익은 저축성이냐 보장성이냐에 따른 구분 없이 법인세가 과세된다.

(4) 저축성보험의 보험계약 변경 시 기산일 적용

저축성보험의 보험계약 변경 시 2013년 2월 15일 세법변경 전까지는 최초 보험료 납입일로부터 10년을 충족하였는지 여부에 따라 과세 여부를 판단하였기 때문에 계약자 변경을 통한 저축성보험 보험차익 비과세 혜택의 타인에게로의 이전이 가능했다. 그런데, 세법개정으로 명의변경 등이 있는 경우에는 당해 변경일을 최초 납입일로 보도록 하여 비과세 혜택의 타인 이전이 불가능해졌다(소득세법 시행령 제25조 제6항).

이에 따라, 일시납 및 월 적립식 보험계약과 2013년 2월 15일 전에 체결된 종전의 보험계약에 대하여 아래 어느 하나에 해당하는 변경(2013년 2월 15일 전에 체결된 종전의 보험계약은

③의 경우에 한정)이 있는 때에는 그 변경일을 해당 보험계약의 최초 납입일로 한다. 다만, 월 적립식 보험계약에 대하여 아래 ① 또는 ②에 해당하는 변경이 있을 때에는 계약변경일까지의 보험료 납입기간은 월 적립식 저축성보험의 납입기간(5년)에 포함하고, 계약변경 전에 납입한 보험료는 계약변경 이후에도 보험료 균등 요건을 충족한 것으로 본다.

   ① 계약자 명의가 변경(사망에 의한 변경은 제외한다)되는 경우

   ② 보장성보험을 저축성보험으로 변경하는 경우

   ③ 최초 계약한 기본보험료의 1배를 초과하여 기본보험료를 증액하는 경우

(5) 보험차익의 귀속연도

보험사고로 인하여 보험회사로부터 손해보험금을 수령함에 따라 발생하는 보험차익의 귀속연도는 그 보험금의 지급이 확정된 날이 속하는 과세기간으로 한다(소득세법 기본통칙 39-0…6).

3) 보험상품 종류에 따른 세제

우리 세법은 이처럼 보험을 기본적으로 저축성보험과 보장성보험으로 나누어 보험차익에 대한 과세 여부를 판단하고 있다. 금융시장이 발전함에 따라 다양한 보험상품이 개발되고 있는데 여기서는 주요 보험상품별 세제를 알아보도록 한다.

(1) 변액보험과 세금

변액보험은 세법상 저축성보험의 일종으로, 납입된 보험료 중 사업비와 위험보험료를 제외한 저축보험료를 주식·채권 등에 투자하여 그 투자성과에 따라 보험금을 지급하는 상품으로 상품을 설계하는 방식에 따라 변액연금보험과 변액유니버셜보험, 변액종신보험 등으로 구분할 수 있다.

저축성보험에 해당하기 때문에 변액연금보험과 변액유니버셜보험은 앞에서 살펴본 일시납 또는 월 적립식, 종신형 연금 등의 비과세 요건을 충족하면 동 보험의 보험차익에 대해서 비과세된다. 변액종신보험은 질병·사고 등으로 인한 보장성 보험차익은 비과세하지만 연금전환 또는 중도해지로 인한 보험차익 발생 시 월납, 일시납 등의 비과세 요건을 충족해야 당해 보험차익에 대해 비과세한다.

(2) 즉시연금보험과 세금

즉시연금보험이란 일시에 거액을 예치한 뒤 매달 연금형태로 받는 보험상품으로 확정형과 상속형, 그리고 종신형이 있다.

구 분	내 용
확정형	가입자가 기간을 정하고 그 기간 동안 연금을 수령하는 형태
상속형	매월 납입원금의 이자만 수령하고 원금은 사망 후 상속인에게 상속하는 형태
종신형	피보험자가 사망할 때까지 원금과 이자를 수령하고, 조기사망에 대비해 일정 기간 또는 100세까지 지급을 보증하는 형태

앞에서 살펴본 바와 같이 연금형태로 지급하는 보험차익에 대하여 2013년 2월 14일 이전까지는 최초가입일부터 만기 또는 중도해지일까지의 기간이 10년 이상 경과 요건만 충족하면 비과세하였다. 하지만 2013년 2월 15일부터 가입하는 즉시연금보험은 종신형의 경우에는 종신형 연금의 비과세 요건을 충족해야 하고, 그 외 형태의 즉시연금은 계약 시기별로 납입원금 요건 등 비과세 요건을 충족해야 비과세된다.

이러한 즉시연금보험은 연금저축보험과는 달리 납입한 연금보험료에 대한 세액공제 혜택이 없을 뿐만 아니라 수령하는 당해 연금에 대해서도 저축성보험의 보험차익으로 보아 연금소득이 아닌 이자소득으로 과세한다.

> **예규【원천세과 - 312, 2012. 6. 4.】**
> 상속종신형 즉시연금보험의 가입자가 최초로 보험료를 납입한 날부터 10년 이내에 사망하여 해당 보험계약이 소멸하는 경우 가입자가 기 수령한 연금월액은 「소득세법」 제16조 제1항 제9호와 같은 법 시행령 제25조 제1항 제1호에 따른 저축성보험의 보험차익으로 이자소득에 해당하는 것임.

> **예규【서면1팀 - 456, 2007. 4. 9.】**
> 최초 보험료납입일부터 만기일까지의 기간이 10년 이상인 경우로 10년이 경과하기 전에 납입한 보험료를 확정된 기간 동안 연금형태로 분할하여 지급받는 경우 보험차익은 이자소득인 것임.
>
> (질의)
> 보험사에서 판매하고 있는 즉시연금은 10년, 15년, 20년형(상속환급형)과 종신형(상속

종신형)이 있는데, 상속환급형은 매월 연금을 수령하고 해당 기간(10년, 15년, 20년) 도래시 책임준비금(납입보험료상당액)을 받게 되며, 상속종신형은 사망시점까지 매월 연금을 수령하고 사망시 책임준비금(납입보험료의 90%~95% 수준)을 받게 됨.

1. 이 경우 상속환급형과 상속종신형의 보험차익 과세 여부

   또한, 위의 즉시연금에 가입하여 연금수령 중 사망시에는 사망 당시의 책임준비금(납입보험료의 90%~98% 수준)과 납입보험료의 10% 상당액을 사망보험금으로 지급하고 있음.

2. 이 경우 고객이 3년간 연금을 수령하다가 사망한 경우 이미 수령한 3년간의 연금에 대한 보험차익 과세 여부 및 사망보험금의 보험차익 과세 여부

3. 만일 원천징수의무자(보험사)가 과세되는 보험차익 지급 건에 대해 원천징수를 하지 아니한 경우 보험사나 고객에 대한 과세 문제 및 절차는 무엇인지 여부

(회신)

1. 보험계약에 따라 최초로 보험료를 납입한 날부터 만기일 또는 중도해지일까지의 기간이 10년 이상인 경우로서 그 최초 납입일부터 10년이 경과하기 전에 납입한 보험료를 확정된 기간 동안 연금형태로 분할하여 지급받는 경우의 보험차익은 「소득세법」 제16조 제1항 제10호 및 같은법 시행령 제25조 제1항의 규정에 의한 이자소득에 해당하는 것이며, 확정된 기간 동안 연금형태로 분할하여 지급받는 경우의 확정된 기간이란 연금의 지급기간이 일정한 기간(5년, 10년, 20년 등)으로 정해져 있는 것으로서, 종신형 또는 종신상속형은 이에 포함되지 아니하는 것임.

2. 저축성보험의 보험차익을 계산함에 있어 확정된 기간 동안 연금형태로 분할하여 지급받다가 사망한 경우 이미 지급받은 보험차익에 대해서는 과세되는 것이나, 피보험자의 사망·질병·부상 기타 신체상의 상해로 인하여 지급받는 보험금은 과세제외(「소득세법」 시행령 제25조 제1항 제2호)되는 것임.

3. 과세되는 저축성보험의 보험차익에 대해 원천징수의무자가 원천징수의무를 이행하지 않았다면 「소득세법」 제85조의 규정에 따라 원천징수의무자로부터 그 징수하여야 할 세액에 같은 법 제158조 제1항의 규정에 따른 가산세액을 가산한 금액을 그 세액으로 하여 징수하는 것임.

다만, 최초로 보험료를 납입한 날부터 만기일 또는 중도 해지일까지의 기간이 10년 이상으로서, 소득세법 시행령 제25조 제3항의 요건을 충족하는 경우의 저축성 보험의 보험차익은 납입한 보험료를 최초 납입일로부터 10년이 경과하기 전에 확정된 기간 동안 연금형태로 분할하여 지급받는 경우에도 이자소득 과세 대상에 해당하지 않는다.

소득법 §16 ① (9) 가.에 따라 최초로 보험료를 납입한 날부터 만기일 또는 중도 해지일까지의 기간이 10년 이상으로서 소득령 §25 ③ (2)의 요건을 충족하는 경우의 저축성 보험의 보험차익은 납입한 보험료를 최초 납입일부터 10년이 경과하기 전에 확정된 기간 동안 연금형태로 분할하여 지급받는 경우에도 이자소득 과세 대상에 해당하지 않는 것임.

(질의)

질의인이 판매하는 연금보험상품*에 가입한 일반연금 가입자가 연금개시일을 '20.6월로 변경하여 상속형 연금으로 즉시연금 수령 후 계약일자로부터 10년 이후 해지 예정임.

 * 계약일: '15.6.15, 연금개시일: '45.6.15, 납입기간: 5년('20년 5월로 납입완료), 월보험료: 13,540천원

 – 최초 납입일로부터 10년이 도래되기 전에 보험금을 상속형 또는 종신형 연금으로 수령 소득령 §25 ③ (2)의 요건을 모두 충족한 월 적립식 저축성 보험의 납입한 보험료를 최초 납입일부터 10년이 경과하기 전에 확정된 기간 동안 연금형태로 분할하여 지급받는 경우, 그 보험차익이 이자소득으로 과세되는지 여부

(회신)

귀 서면질의의 경우, 「소득세법」 제16조 제1항 제9호 가목에 따라 최초로 보험료를 납입한 날부터 만기일 또는 중도 해지일까지의 기간이 10년 이상으로서 같은 법 시행령 제25조 제3항 제2호의 요건을 충족하는 경우의 저축성 보험의 보험차익은 납입한 보험료를 최초 납입일부터 10년이 경과하기 전에 확정된 기간 동안 연금 형태로 분할하여 지급받는 경우에도 이자소득 과세 대상에 해당하지 않는 것입니다.

(3) 연금저축보험과 세금

연금저축계좌는 일정 기간 납입 후 연금형태로 인출할 경우 연금소득으로 과세되는 세제 혜택 금융상품으로, 보험업법 제4조에 따라 허가받은 보험회사와 체결하는 보험계약을 연금저축보험으로 분류한다.

연금계좌에 납입한 금액이 있는 경우에는 당해 공제대상 연금계좌 납입액은 600만원을 한도로 연금계좌 납입액의 12%[종합소득금액이 4천5백만원(근로소득만 있는 경우에는 총급여액 5천5백만원) 이하인 경우에는 15%. 지방소득세 별도]에 해당하는 금액을 종합소득 산출세액에서 공제하고, 당해 연금계좌로부터 수령하는 연금은 연금소득으로 분류하여 과세한다.

이에 대한 자세한 내용은 앞의 연금 관련 세제를 참고하기 바란다.

4) 상증법상 보험금 관련 내용 정리

(1) 보험금과 증여세(상증법 제34조)

보험계약의 계약자(보험료 납부자)와 피보험자, 그리고 수익자(보험금 수령인)가 모두 동일인인 경우에는 증여세 문제가 발생하지 아니하나, 다른 경우에는 증여세 문제가 발생한다. 즉 생명보험이나 손해보험에서 보험사고(만기보험금 지급의 경우를 포함)가 발생한 경우 해당 보험사고가 발생한 날을 증여일로 하여 당해 수령하는 보험금 상당액을 수익자(보험금 수령인)의 증여재산가액으로 한다. 이때 보험료 중 일부를 수익자가 부담하였다면 아래 산식에 따라 계산한 금액(수령하는 보험금 중 수익자 외의 자가 납부한 보험료의 비율만큼)을 증여재산가액으로 하여 증여세를 계산한다.

$$증여재산가액 = 보험금 \times \frac{보험금 \ 수령인 \ 외의 \ 자가 \ 납부한 \ 보험료}{총 \ 납입보험료}$$

또한, 보험계약 기간에 수익자가 재산을 증여받아 보험료를 납부한 경우에는 증여받은 재산으로 납부한 보험료 납부액에 대한 보험금 상당액에서 증여받은 재산으로 납부한 보험료 납부액을 뺀 가액을 증여재산가액으로 본다.

$$증여재산가액 = 보험금 \times \frac{타인재산수증분으로 \ 납입한 \ 보험료}{총 \ 납입보험료} - \begin{matrix} 타인재산수증분으로 \\ 납입한 \ 보험료 \end{matrix}$$

다만, 장애인*을 수익자로 하여 수령하는 연간 4천만원 이내의 보험금은 증여세를 과세하지 아니한다(상증법 제46조 제8호).

* 장애인의 범위(소득세법 시행령 제107조)
  ① 「장애인복지법」에 따른 장애인 및 「장애아동복지지원법」에 따른 장애아동 중 발달 재활서비스를 지원받고 있는 사람
  ② 「국가유공자 등 예우 및 지원에 관한 법률」에 의한 상이자 및 이와 유사한 사람으로서 근로능력이 없는 사람
  ③ 항시 치료를 요하는 중환자

(2) 보험금과 상속세(상증법 제8조)

상증법에서는 피상속인의 사망으로 인하여 받는 생명보험 또는 손해보험의 보험금으로서 피상속인이 보험계약자인 보험계약에 의하여 받는 것은 상속재산으로 보도록 하고 있다.

또한, 보험계약자가 피상속인이 아닌 경우에도 피상속인이 실질적으로 보험료를 납부하였을 때에는 피상속인을 보험계약자로 보도록 하여, 보험금 중에서 피상속인이 사망 시까지 실질적으로 부담한 보험료의 비율에 해당하는 만큼을 상속재산으로 보도록 하고 있다.

$$\text{상속재산으로 보는 보험금} = \text{보험금} \times \frac{\text{피상속인 부담 보험료}}{\text{총 납입보험료}}$$

금융재산 상속공제(상증법 제22조)

거주자의 사망으로 상속이 개시되는 경우로서 상속 개시일 현재 상속재산가액 중 금융재산의 가액에서 금융채무를 뺀 순금융재산의 가액이 있으면 2억원을 한도로 하여 아래 구분에 따른 금액을 상속세 과세가액에서 공제한다.

① 순금융재산의 가액이 2천만원을 초과하는 경우 : 그 순금융재산의 가액의 100분의 20 또는 2천만원 중 큰 금액

② 순금융재산의 가액이 2천만원 이하인 경우 : 그 순금융재산의 가액

관련세법

소득세법

제16조【이자소득】

제51조의3【연금보험료 공제】

제59조의3【연금계좌세액공제】

제59조의4【특별세액공제】

소득세법 시행령

제17조의4【복리후생적 급여의 범위】

제25조【저축성보험의 보험차익】

상속세 및 증여세법

제8조【상속재산으로 보는 보험금】

제22조【금융재산 상속공제】

제34조【보험금의 증여】

상속세 및 증여세법 시행령

제4조【상속재산으로 보는 보험금】

제19조【금융재산상속공제】

보험업법

제2조【정의】

제4조【보험업의 허가】

제10조【보험업 겸영의 제한】

보험업법 시행령

제1조의2【보험상품】

보험업 감독규정

제7-1조【지급여력금액】

제7-2조【지급여력기준금액】

참고문헌 ●

한국금융리스크관리전문가협회. "Insurance Practices"

4대사회보험 정보연계센터

정성진. 실전 보험과 세금. 에듀케이션예지

김동희·유재관. 보험 및 은퇴 설계. 한국금융연수원

금융감독원. 보험회사 新지급여력제도(K-ICS) 해설서

국민연금공단 홈페이지

건강보험공단 홈페이지

근로복지공단 홈페이지

VIII

예금과 세제

 예금의 종류

예금은 금융기관이 고객으로부터 금전의 보관과 운용을 위탁받아 관리하는 민법상의 소비임치계약으로 금융기관 측면에서는 예금주에 대한 채무이며, 예금주로서는 금융기관에 대한 지급 청구권이 된다.

이러한 예금은 예금의 목적에 따라 요구불예금과 저축성예금으로 나뉘는데, 요구불예금은 원할 때 언제든지 조건 없이 입금과 출금을 할 수 있는 자유로운 예금으로 이자가 지급되지 않거나 저리의 이자를 지급한다. 반면, 저축성예금은 예금주가 일정 기간 자금을 회수하지 않을 것을 약속하고 금융기관은 예금주에게 일정 이자수익을 보장하는 예금이다.

요구불예금과 저축성예금 등 예금 대부분(주택청약종합저축, CD 등 제외)은 원금과 이자를 합쳐 금융회사별 1인당 5천만원까지 예금자 보호가 되는데, 2025년 중 1억원으로 확대된다.

1) 요구불예금

원할 때 언제든지 입·출금이 자유로운 요구불예금의 종류로는 대표적으로 보통예금과 당좌예금, 가계 당좌예금 및 별단예금 등이 있다.

(1) 보통예금

보통예금은 대표적인 요구불예금으로 가입대상, 예치금액, 예치기간, 입출금 횟수 등에 아무런 제한 없이 자유롭게 거래할 수 있는 상품이다.

보통예금의 이율은 은행이 자율적으로 결정하고 이자 계산은 통상 결산기(매 3개월 또는 6개월)마다 평균 예금 잔액에 대하여 이자를 계산한 후 원금에 가산한다.

(2) 당좌예금

당좌예금은 은행과 당좌거래계약을 체결한 자가 일반 상거래로 취득한 자금을 은행에 예치하고 그 예금 잔액(또는 당좌대출 한도) 범위 내에서 거래은행을 지급인으로 하는 당좌수표, 또는 거래은행을 지급장소로 하는 약속어음을 발행할 수 있는 예금이다. 당좌예금은 보통 신용과 자산 상태가 양호하다고 인정(거래기간, 거래금액 등의 실적)되는 법인 또는 사업자등록증을 소지한 개인이 가입 대상이 되는데 구체적 거래대상 기준은 은행별로 각기 차이가 있고, 원칙적으로 이자가 지급되지 않는다.

(3) 가계 당좌예금

가계 당좌예금은 개인 가계수표의 활성화를 통해 국민의 현금 사용을 줄이고 신용사회의 정착을 위해 도입된 제도로 전 금융기관을 통하여 1인 1계좌만 개설 가능하며, 무이자인 일반 당좌예금과 달리 금리가 자유화되어 있다. 금리의 결정은 은행이 자율적으로 설정하며, 이자 계산은 통상 결산기(매 3개월 또는 6개월)마다 평균 예금 잔액에 대하여 이자를 계산한 후에 원금에 가산한다.

이러한 가계 당좌예금의 가입 대상은 신용 상태가 양호한 개인으로 하며, 구체적인 자격 기준은 은행이 자율적으로 결정한다(일반적으로 신용평가 결과 종합평점이 60점 이상인 자에게 자격 부여).

(4) 별단예금

별단예금은 환, 대출, 보관 등 금융기관의 업무수행 과정에서 발생하는 미결제, 미정리 자금 또는 다른 예금계정으로 취급할 수 없는 자금 등 각종 원인으로 인한 일시적 보관금이나 예수금 등을 처리하기 위해 설치한 일시적 편의 계정으로, 후일 다른 계정으로 대치되거나 지급될 과도적인 예금이다. 따라서, 일정 거래기한이나 거래약관이 없고 예금증서나 통장 등도 발행하지 않으며 필요한 경우에는 예치증, 영수증 또는 확인서 등을 발행해 준다.

이처럼 별단예금은 사무처리 중에 일시 예치하는 예금이므로 이자를 지급하지 않는 것이 원칙이나, 따로 약정하는 경우에는 별단예금에 대한 최고 이율 범위 내에서 이자를 지급할 수 있는데, 일반적으로 주식 대금 불입금, 자기앞수표 발행대전(發行代錢), 부도대금 및 부도제재대금 등이 별단예금으로 처리된다.

2) 저축성예금

저축성예금은 자금의 입·출금 방식에 따라 입출금식 예금과 적립식 예금, 그리고 거치식 예금으로 나누어볼 수 있는데, 입출금식 예금으로는 저축예금, MMDA(Money Market Deposit Account), 기업자유예금 등이 있으며, 적립식 예금으로는 정기적금, 거치식 예금으로는 정기예금을 대표적인 상품으로 들 수 있다. 또한, 주택청약과 관련된 주택청약종합저축이 있는데, 여기서는 MMDA와 정기예금, 정기적금, 그리고 주택청약종합저축에 대해 간단히 알아본다.

(1) MMDA

MMDA(Money Market Deposit Account)는 시장금리부 수시입출금식 예금으로 금액에 제한 없이 통장을 개설할 수 있고 수시로 입·출금할 수 있으며 높은 이자를 지급한다는 점에서 저축예금과 차이가 없으나, 예금금액에 따라 차등 금리를 제공한다는 점이 저축예금과 다르다.

이러한 MMDA는 예금주가 은행에 맡긴 자금을 단기금융상품에 투자해 얻은 이익으로 이자를 지급하는 구조로 되어 있어 실세금리를 적용하고, 통상 매일의 잔액에 해당 금리를 적용하여 이자를 계산한 후 매일 원금에 가산한다.

MMDA와 비슷한 상품으로 예금자 보호가 되지 않는 MMF(Money Market Fund)가 있는데, MMF는 고객의 돈을 금리가 높은 단기금융상품에 집중 투자하여 수익을 돌려주는 실적배당 상품으로 가입 및 환매가 당일에 즉시 이루어지므로 입·출금이 자유롭고 실적에 따라 수익이 지급된다.

| MMDA와 MMF의 비교 |

구 분	취급금융기관	예금자보호	이율	이체 및 결제
MMDA	은행	보호	확정금리(차등)	가능
MMF	은행, 증권사	비보호	실적배당	불가능

(2) 정기적금

정기적금은 일정 기간 동안 일정한 금액을 납입할 것을 미리 약정하고 매월 납입 약정일에 정해진 금액을 적립하는 상품으로서 푼돈을 모아 목돈을 마련하는 가장 보편적인 적립식 예금의 형태이다. 정기적으로 일정 금액을 적립하는 정액 적립식과 예금주가 상황에 따라 자유롭게 적립하는 자유적립식이 있는데, 가입대상자는 제한이 없고, 계약기간은 일반적으로 6개월 이상 60개월 이내 월 단위로 정하며, 자유적립식의 경우에는 일 단위 상품도 존재한다. 월 적립금액은 은행마다 상이하나 정액 적립식의 경우 통상적으로 1만원 이상으로 결정된다.

| 정기적금의 상품 구조 |

구 분	내 용
상품특징	월 적금, 자유적립식 적금형태로 운영
가입대상	제한 없음
예치기간	6개월 이상
저축한도	월 1만원 이상
예금보호	1인당 원리금 5천만원 이내

(3) 정기예금

정기예금은 일정한 예치기간을 미리 정하여 일정 금액을 예치하고 기간 만료 전에는 원칙적으로 지급 청구할 수 없도록 설계된 기한부 예금으로, 가입 대상에는 제한이 없고 상품별로 1개월 이상 5년 이내에서 가입 기간이 결정되며, 이율은 은행이 자율적으로 결정하고 이자의 계산은 만기 지급식과 월 이자 지급식 등이 존재한다.

이러한 정기예금에 양도성을 부여한 특수한 형태의 금융상품으로 양도성 예금증서(CD : Certificate of Deposit)가 있는데 이는 무기명으로 자금을 운용하는 수단으로, 세법에서는 CD를 채권 등의 범위에 포함하고 있다.

| 정기예금의 상품 구조 |

구 분	내 용
상품특징	단리 또는 복리식으로 운영
가입대상/예치한도	제한 없음
이자계산	단리(원금에만 이자 지급) 또는 복리[원리금(원금+이자)에 이자 지급]
예금보호	1인당 원리금 5천만원 이내

(4) 주택청약종합저축

주택청약종합저축은 국민주택 등을 공급받기 위하여 가입하는 저축으로 적금형식 또는 일시예치식으로 납부 가능하다. 다만 "주택공급에 관한 규칙"에서 정한 청약예금 지역별 예치금액을 납부한 것으로 인정되는 경우 민영주택에도 청약이 가능한 입주자저축이다(2015. 9. 1.부터 주택청약종합저축으로 입주자저축 일원화).

가입 대상은 국민인 개인(국내에 거주하는 재외동포 포함) 또는 외국인 거주자 모두 가능하다. 전 금융기관을 통하여 주택청약종합저축, 청약예금, 청약부금, 청약저축 중 1계좌만 가입이 가능(2015. 9. 1.부터 기존의 청약예금, 청약부금, 청약저축은 신규가입 중단)하나, 예금자 보호 대상 저축은 아니다. 다만, 기존의 청약저축을 해지하는 즉시 당해 납입금을 주택청약종합저축에 가입하여 납입한 경우 청약저축 납입기간 동안의 납입횟수를 합산한다.

적립금액은 매월 2만원 이상 50만원 이하의 금액을 자유롭게 적립(국고금관리법에 따라 10원단위까지 납입가능)이 가능하며, 잔액이 1,500만원 미만인 경우 월 50만원을 초과하여 잔액 1,500만원까지 일시예치가 가능하다. 만약, 잔액이 1,500만원 이상인 경우에는 월 50만원 이내에서 자유적립할 수 있다.

주택청약종합저축의 약정이율은 가입일로부터 해지일까지 저축 기간에 따라 적용하는데, 기간별 아래의 이율이 적용되며 본 이율은 변동금리로서 정부의 고시에 의해 변동될 수 있으며, 가입자의 한도 내에서 비과세종합저축으로의 가입이 가능하다.

| 주택청약종합저축의 이자율 |

1개월 이내	1개월 초과 1년 미만	1년 이상 2년 미만	2년 이상
무이자	연 2.3%	연 2.8%	연 3.1%

이러한 주택청약종합저축의 청약 기준은 예치기준 금액에 따라 공급 가능 전용면적이 다른데, 그 기준을 보면 아래와 같다.

| 민영주택 예치 기준금액* | (단위 : 만원)

공급받을 수 있는 주택의 전용면적	지 역		
	특별시 및 부산광역시	그 밖의 광역시	특별시 및 광역시를 제외한 지역
85제곱미터 이하	300	250	200
102제곱미터 이하	600	400	300
135제곱미터 이하	1,000	700	400
모든 면적	1,500	1,000	500

* 주택공급에 관한 규칙 별표2

(5) 청년주택드림 청약통장

청년주택드림 청약통장은 2024년 2월 「주택청약종합저축의 이자율 및 운영에 관한 고시」를 개정하면서 기존 청년우대형 주택청약종합저축의 명칭이 바뀐 것이다.

주택청약종합저축의 청약 기능과 소득공제 혜택은 그대로 유지하면서 재형 기능을 강화한 청년우대형 청약통장으로, 2025년 12월 31일까지 가입이 가능하다. 동 저축의 가입 조건은 아래와 같이 제한하고 있고, 높은 이자율의 적용과 이자소득에 대한 비과세 혜택 등이 일반 주택청약종합저축과 다른 점이다. 여기서는 가입 조건과 적용이자율 등을 알아보고 이자소득에 대한 비과세 혜택은 세제에서 살펴본다.

| 청년주택드림 청약통장 가입조건 |

구 분	가입조건
나이	19세 이상 34세 이하 [병역을 이행한 경우에는 그 기간(6년 한도)을 청년주택드림 청약통장 가입일 현재 연령에서 빼고 계산한 연령이 34세 이하인 사람 포함]
소득	가입일 기준 소득세법상 종합소득(이자소득, 배당소득, 연금소득은 제외) 총수입금액(소득 발생 기간이 1년 미만이며 소득 기간이 증빙된 자는 총수입금액을 소득 발생 개월 수로 나눈 금액에 12를 곱한 금액)이 연 5천만원 이하*인 자 *이자소득 비과세 대상 소득 기준은 일부 상이
기타	① 월납입금은 2만원 이상 200만원 이하(단, 청년희망적금, 청년도약계좌 및 장병내일준비적금의 만기 수령금을 일시납 시 5천만원 한도 내 선납 가능) ② 무주택자*, ③ 가입 기간이 2년 이상일 것 *이자소득 비과세 대상 무주택 기준은 상이

청년주택드림 청약통장과 일반 주택청약종합저축의 저축 기간에 따른 이자율을 비교해 보면 납입원금 5천만원 한도(단, 전환 신규한 경우 전환 원금은 제외) 내에서 청년주택드림 청약통장을 1개월 초과 10년 이내의 기간을 유지했을 때 우대이율을 더한다는 점이 다르다.

| 주택청약종합저축과 청년주택드림 청약통장의 이자율 비교 |

구 분	1개월 이내	1개월 초과 1년 미만	1년 이상 2년 미만	2년 이상 10년 이내	10년 초과
주택청약종합저축	무이자	연 2.3%	연 2.8%	연 3.1%	연 3.1%
청년주택드림 청약통장	무이자	연 3.7%	연 4.2%	연 4.5%	연 3.1%

② 예금 관련 세제

1) 예금 이자소득에 대한 과세

(1) 예금 이자소득에 대한 원천징수

예금의 이자소득에 대해서는 원칙적으로 원천징수를 통하여 과세를 하게 되는데, 이자소득의 원천징수시기는 당해 이자소득을 지급하는 날이다.

소득세법에서는 예금의 이자에 대한 원천징수시기를 동 소득의 수입시기로 규정하고 있다(소득세법 시행령 제190조). 따라서 예금의 이자에 대한 원천징수는 실제로 이자를 지급할 때 하는 것을 원칙으로 하되 원본 전입의 특약이 있는 예금의 이자는 원본 전입일에, 해약 시는 해약일에, 계약 기간 연장 시에는 당해 연장일 등에 원천징수한다.

예금이자에 대한 원천징수 세율은 거주자 및 내국법인의 이자소득에 대해서는 15.4%(지방소득세 1.4% 포함)이다. 그런데 내국법인 중 법인세법상 금융회사(법인세법 시행령 제111조 제1항)에 지급하는 예금 이자소득에 대해서는 원천징수를 하지 않는다*.

* 금융회사가 받는 이자소득은 그 사업의 특성상 사업소득에 해당하기 때문이다.

법인의 소득은 각 사업연도 소득에 대하여 포괄적으로 과세가 이루어지기 때문에 법인세 계산 시 원천징수된 이자소득도 과세표준에 포함하여 세액을 계산한 다음, 원천징수 세액은 기납부세액으로 납부할 세액에서 공제한다. 개인의 경우에는 이자소득과 배당소득의 합계액이 2천만원을 초과하는 경우 종합소득에 포함하여 과세한다(금융소득종합과세).

다만, 비실명 금융소득에 대해서는 금융실명법상의 금융회사가 아닌 자와의 거래에서 발생하는 금융소득은 49.5%(지방소득세 4.5% 포함), 동 금융회사와의 거래에 따른 금융소득은 99%(지방소득세 9% 포함)의 세율을 적용하여 원천징수한다.

소득자가 비거주자 또는 외국법인인 경우, 당해 소득자의 거주지국이 조세조약 체결국가인 경우에는 제한세율로, 조세조약 미체결국가인 경우에는 22%(지방소득세 2% 포함)로 원천징수한다.

| 예금 이자소득의 원천징수 세율 |

구 분	세 율	비 고
거주자	14%	배당소득과 합산 2천만원 초과 시 종합과세

구 분		세 율	비 고
내국법인		14%	각 사업연도 소득으로 과세
비실명금융소득	금융회사 거래	90%	금융실명법 제5조
	비금융회사 거래	45%	2023. 1. 1. 이후 지급분부터 (이전 42%)
비거주자·외국법인	조세조약 체결국	제한세율	각국과의 조세조약 내용에 따름
	조세조약 미체결국	20%	

(지방소득세 별도)

(2) 예금 이자소득의 수입시기(소득세법 시행령 제45조)

소득세법에서는 이자소득의 수입시기를 규정하면서 예금 등의 이자에 대한 수입시기를 아래와 같이 정하고 있다.

구 분	수입시기
보통예금·정기예금·적금 또는 부금의 이자	실제로 이자를 지급받은 날 •원본전입 특약 이자 : 원본전입일 •해약 시 : 해약일 •계약기간 연장 시 : 연장일 •정기예금연결정기적금 : 정기예금(적금)의 해약일 또는 정기적금의 저축기간 만료일

즉, 예금 이자소득의 수입시기는 원칙적으로 실제로 이자를 받는 날이지만 예금 각각의 성격에 따라 달리 규정하는데, 원본 전입의 특약이 있는 예금은 원본 전입일, 예금의 해약 시에는 당해 해약일, 정기예금과 연결된 정기적금의 경우에는 당해 정기적금의 저축기간 만료일 또는 해약 시는 해약일을 그 수입시기로 본다.

이러한 이자소득의 수입시기는 해당 소득이 귀속되는 연도를 말한다. 그러므로 예금의 수입시기를 조정하여 금융소득 종합과세를 회피하는 방법으로 절세가 가능할 수도 있다.

(3) 비과세종합저축

금융실명법 제2조 제1호의 금융회사 또는 특정 공제회*가 취급하는 저축에 아래 어느 하나에 해당하는 거주자가 2025년 12월 31일까지 가입하고 가입 당시 비과세 적용을 신청하는 경우 해당 저축에서 발생하는 이자소득에 대해서는 과세하지 아니한다(조세특례제한법 제88조의2). 이때 1명당 저축원금은 5천만원(세금우대종합저축**을 가지고 있는 경우에는 5천만원에서 해당 세금우대종합저축의 계약금액 총액을 뺀 금액)을 한도로 한다.

│ 비과세종합저축 가입 대상자 │

① 65세 이상인 거주자
②「장애인복지법」제32조에 따라 등록한 장애인
③「독립유공자 예우에 관한 법률」제6조에 따라 등록한 독립유공자와 그 유족 또는 가족
④「국가유공자 등 예우 및 지원에 관한 법률」제6조에 따라 등록한 상이자(傷痍者)
⑤「국민기초생활보장법」제2조 제2호에 따른 수급자
⑥「고엽제후유의증 등 환자지원 및 단체설립에 관한 법률」제2조 제3호에 따른 고엽제후유의증환자
⑦「5·18민주유공자예우 및 단체설립에 관한 법률」제4조 제2호에 따른 5·18민주화운동부상자

---

* 「군인공제회법」에 따라 설립된 군인공제회, 「한국교직원공제회법」에 따라 설립된 한국교직원공제회, 「대한지방행정공제회법」에 따라 설립된 대한지방행정공제회, 「경찰공제회법」에 따라 설립된 경찰공제회, 「대한소방공제회법」에 따라 설립된 대한소방공제회, 「과학기술인공제회법」에 따라 설립된 과학기술인공제회
** 2014년 12월 31일까지 가입한 조세특례제한법 제89조의 요건을 갖춘 예금

│ 금융실명거래 및 비밀보장에 관한 법률 제2조 제1호 따른 금융회사 │

가. 「은행법」에 따른 은행
나. 「중소기업은행법」에 따른 중소기업은행
다. 「한국산업은행법」에 따른 한국산업은행
라. 「한국수출입은행법」에 따른 한국수출입은행
마. 「한국은행법」에 따른 한국은행
바. 「자본시장과 금융투자업에 관한 법률」에 따른 투자매매업자·투자중개업자·집합투자업자·신탁업자·증권금융회사·종합금융회사 및 명의개서대행회사
사. 「상호저축은행법」에 따른 상호저축은행 및 상호저축은행중앙회
아. 「농업협동조합법」에 따른 조합과 그 중앙회 및 농협은행
자. 「수산업협동조합법」에 따른 조합과 그 중앙회 및 수협은행
차. 「신용협동조합법」에 따른 신용협동조합 및 신용협동조합중앙회
카. 「새마을금고법」에 따른 금고 및 중앙회
타. 「보험업법」에 따른 보험회사
파. 「우체국예금·보험에 관한 법률」에 따른 체신관서
하. 시행령에서 정하는 다음의 금융회사
　①「여신전문금융업법」에 따른 여신전문금융회사 및 신기술사업투자조합
　②「기술보증기금법」에 따른 기술보증기금
　③「대부업 등의 등록 및 금융이용자 보호에 관한 법률」제3조에 따라 대부업 또는

대부중개업의 등록을 한 자

④ 「벤처투자 촉진에 관한 법률」 제2조 제10호 및 제11호에 따른 벤처투자회사 및 벤처투자조합

⑤ 「신용보증기금법」에 따른 신용보증기금

⑥ 「산림조합법」에 따른 지역조합·전문조합과 그 중앙회

⑦ 「지역신용보증재단법」에 따른 신용보증재단

⑧ 「온라인투자연계금융업 및 이용자 보호에 관한 법률」 제5조에 따라 등록한 온라인 투자연계금융업자

⑨ 「자본시장과 금융투자업에 관한 법률」에 따른 거래소(「자본시장과 금융투자업에 관한 법률」 제392조 제2항에 따라 같은 법 제391조 제2항 제1호의 신고사항과 같은 항 제3호에 따른 신고 또는 확인 요구사항에 대하여 정보의 제공을 요청하는 경우만 해당한다)

⑩ 「한국주택금융공사법」에 따른 한국주택금융공사

⑪ 「외국환거래법」 제8조 제3항 제2호에 따라 등록한 소액해외송금업자

(4) 주택청약종합저축에 대한 소득공제 혜택(조세특례제한법 제87조)

세법은 2025년 12월 31일까지 주택청약종합저축에 납입한 금액에 대해서 근로소득의 연말정산 또는 종합소득 신고 시 소득공제 혜택을 주는데, 그 요건과 내용은 아래와 같다.

구 분	내 용
대상자	총급여액이 7천만원 이하 근로자인 무주택세대주 또는 세대주의 배우자
소득공제 조건	과세기간의 다음 연도 2월 말일까지 취급기관에 "무주택확인서"를 제출한 자
소득공제 한도	해당 과세연도 납부분(연간 300만원 한도)의 40%(120만원 한도). 단, 주택 당첨 및 주택청약종합저축 가입자가 청년주택드림 청약통장에 가입하는 것 외의 사유로 중도해지하는 경우는 공제 제외
추징대상	① 가입일로부터 5년 이내 해지 시(예외 : 천재지변, 퇴직, 주택 당첨 등) ② 국민주택규모(85㎡)를 초과하는 주택에 당첨된 자(기간제한 없음)
추징금액	소득공제 적용 과세기간 이후에 납입한 금액(연간 300만원 한도) 누계액의 6%

(5) 청년우대형 주택청약종합저축 이자소득 비과세(조세특례제한법 제87조)

청년우대형 주택청약종합저축은 주택청약종합저축의 소득공제 혜택 외에 이자소득에 대한 비과세 혜택이 추가로 주어진다. 청년우대형 주택청약종합저축에 2025년 12월 31일까지 가입하여 아래 요건을 충족하는 거주자의 해당 저축에서 발생하는 이자소득의 합계액에

대해서는 500만원까지 소득세를 부과하지 아니한다. 단, 원금 기준으로는 모든 금융회사에 납입한 금액을 합하여 연 600만원을 한도로 한다.

> ① 가입 당시 청년(19세~34세, 병역 기간 인정)에 해당하고 무주택 세대주 또는 세대주의 배우자로서 다음의 어느 하나에 해당하는 거주자를 가입 대상으로 할 것
> ⅰ) 직전 과세기간[1월~7월 가입자는 전전 연도 허용(조특법 제91조의24)]의 총급여액이 3천 6백만원 이하인 근로소득자(직전 과세기간에 근로소득만 있거나 근로소득 및 종합소득과세 표준에 합산되지 아니하는 종합소득이 있는 자로 한정하고, 비과세소득만 있는 자는 제외)
> ⅱ) 직전 과세기간(1월~7월 가입자는 전전 연도 허용)의 종합소득과세표준에 합산되는 종합소득금액이 2천 6백만원 이하인 사업소득자(직전 과세기간의 총급여액이 3천 6백만원을 초과하는 근로소득이 있는 자 및 비과세소득만 있는 자는 제외)
> ② 계약기간이 2년 이상일 것. 다만, 가입일로부터 2년 이내에 해지한 경우에는 감면받은 세액을 추징한다(사망, 천재지변 등의 경우 제외).

(6) 청년희망적금에 대한 비과세(조세특례제한법 제91조의21)

만 19세 이상 34세[병역 이행 시 가입일 현재 연령에서 복무기간(최대 6년) 제외] 이하의 청년으로서 총급여 3천 6백만원 또는 종합소득금액 2천 6백만원 이하(직전 과세기간에 근로소득 또는 사업소득이 있고, 직전 과세기간의 총급여액이 3천 6백만원을 초과하지 아니하는 경우로 한정)의 저소득 근로자가 청년희망적금*에 2022년 12월 31일까지 가입하여 2024년 12월 31일까지 받는 이자소득에 대하여 비과세한다. 다만, 직전 3개 연도 중 1회 이상 금융소득 종합과세 대상자는 제외하며, 납입금액은 연 600만원을 한도로 한다.

* 청년의 저축금액에 대하여 정부에서 저축장려금(납입액의 1년 2%, 2년 4% 수준)을 지급하는 2년 만기 상품

사망 · 해외이주 · 3개월 이상 장기요양 등의 이유로 만기 전에 해지 시에는 감면세액 추징을 배제한다.

(7) 청년도약계좌에 대한 비과세(조세특례제한법 제91조의22)

청년도약계좌*는 청년의 자산 증식 기회 확대를 위한 청년 전용 예금상품으로, 아래의 가입조건을 갖춘 거주자가 동 계좌에 2025년 12월 31일까지 가입하는 경우, 은행 이자 외에 납입 금액에 비례한 정부기여금을 소득 구간별로 추가 지급하며, 해당 계좌에서 발생하는 이자소득과 배당소득의 합계액에 대해서는 소득세를 부과하지 아니한다. 다만, 직전 3개 연도 중 1회 이상 금융소득 종합과세 대상자는 제외한다.

구 분	가입조건
나이	19세 이상 34세 이하 [병역을 이행한 경우에는 그 기간(6년 한도)을 가입일 현재 연령에서 빼고 계산한 연령이 34세 이하인 사람 포함]
소득	• 직전 과세기간(1월~7월 가입자는 전전 연도 허용)의 총급여액이 7천 5백만원 (직전 과세기간에 근로소득만 있거나 종합소득 과세표준에 합산되지 아니하는 종합소득만 있는 경우로 한정) 이하 또는 종합소득금액이 6천 3백만원(직전 과세기간의 총급여액이 7천 5백만원을 초과하는 근로소득이 있는 자 또는 비과세소득만 있는 자 제외) 이하 • 가구소득이 가구원 수에 따른 기준 중위소득 250% 이하

> *** 청년도약계좌**
>
> ① 1인 1계좌 보유
> ② 계약 기간이 5년일 것
> ③ 납입한도가 연 840만원 이하일 것
> ④ 예금·적금, 집합투자증권, 파생결합증권·파생결합사채, 상장주식 등 조특법에서 정하는 재산으로 운용할 것

다만, 청년희망적금에 가입하여 만기일 이후에 해지한 거주자가 해지일이 속하는 달의 다음 달 말일까지 청년도약계좌에 가입을 신청하고 가입한 날로부터 30일 이내에 만기 지급금의 60% 이상을 납입하는 경우, 가입일로부터 2년간 납입액의 합계가 1,680만원을 초과하지 아니하는 범위에서 만기 지급금을 일시에 납입할 수 있다.

위의 세제 혜택을 받기 위해서는 동 계좌를 3년 이상 유지해야 하는데, 가입자의 혼인 또는 출산(배우자의 출산 포함), 사망, 해외이주법에 따른 해외 이주, 3개월 이상 장기 요양, 생애 최초 주택(국민주택규모 이하이면서 기준시가 5억원 이하인 주택) 구입 등의 이유로 계약체결일로부터 3년이 되는 날 이전에 해지하는 경우에는 감면세액 추징을 배제한다.

2) 이자소득과 금융소득 종합과세

이자소득과 배당소득을 합산한 금융소득(비과세 소득과 분리과세 대상 금융소득 제외)이 개인별로 연간 2천만원을 초과하는 경우, 그 초과 금액을 다른 종합소득과 합산하여 기본세율(14%*~45%. 지방소득세 별도)로 종합과세한다. 다만, 종합과세 대상이 아닌 경우에는 14%(지방소득세 별도)의 원천징수로서 납세의무가 종결된다.

이에 대해서는 제1장에서 자세히 설명하였으므로 제1장 〈Ⅲ. 금융상품과 금융소득 세제〉편을

참고하길 바란다.

한편, 2021년부터 적용된 개정 세법에서는 금융소득 종합과세 기준금액(2천만원)을 초과하는 금융소득(이자소득, 배당소득)이 있는 소득자의 경우에는 조세특례제한법상의 일부 과세특례 적용을 배제하는데, 예금 이자소득에서는 비과세종합저축과 청년우대형 주택종합저축, 청년희망적금(2022년 이후), 청년도약계좌(2023년 이후) 등이 이에 해당한다.

│ 금융소득 종합과세 대상자 이자소득 등 비과세 제외(조세특례제한법 제129조의2*) │

조세특례제한법 제129조의2 및 동법 시행령 제123조의2에 의거, 2021년 1월 1일 이후 가입자의 경우 가입일이 속한 과세기간의 직전 3개 과세기간 중 1회 이상 소득세법 제14조 제3항 제6호에 따른 이자소득과 배당소득의 합계액이 금융소득 종합과세 기준금액(2천만원)을 초과하는 경우, 비과세종합저축과 청년우대형 주택종합저축, 청년희망적금(2022년 이후 적용), 청년도약계좌(2023년 이후 적용) 등의 이자소득과 배당소득은 비과세 대상에서 제외한다.

---

* 2021. 1. 1. 이후 가입 · 보유 · 취득 · 연장하는 경우부터 적용

관련세법

제132조【국내원천소득의 범위】

제137조【외국법인에 대한 원천징수】

조세특례제한법

제87조【주택청약종합저축 등에 대한 소득공제 등】

제88조의2【비과세종합저축에 대한 과세특례】

제89조【세금우대종합저축에 대한 과세특례】

제91조의21【청년희망적금에 대한 비과세】

제91조의22【청년도약계좌에 대한 비과세】

제129조의2【저축지원을 위한 조세특례의 제한】

참고문헌

강병호 김석동 서정호. 금융시장론. 박영사

은행연합회 소비자포털

금융감독원 금융소비자 정보포털

주택도시기금 청약/채권 포털

IX

기타 상품 세제

 가상자산과 세제

1) 가상자산의 개념

2008년 금융위기 이후 중앙에서 모든 거래 내역을 장부 관리하는 플랫폼 경제의 한계(ex : 너무 많은 데이터 관리 등)와 플랫폼의 횡포에 대한 대응으로 탈 중앙화된 장부 관리체계인 Protocol Economy로의 전환 요구가 거세게 일어났다.

이 과정에서 블록체인* 기술을 기반으로 주어지는 암호화폐에 대해 가치가 부여되고 투자자들 사이에 활발한 거래가 이루어지면서, 다양한 암호화폐가 생겨났다. 또한, 암호화폐 이용자가 급속도로 증가하고 그 가치 변동성이 심화됨에 따라 이에 대한 사회적 관심이 뜨거운 가운데, 학계와 정치권을 중심으로 암호화폐의 제도권 편입에 대한 논의가 계속되고 있다.

우선, 암호화폐 또는 가상화폐 등 여러 가지 이름으로 불리던 것을 가상자산(Virtual Asset)의 개념 도입과 함께 이를 가상자산의 범주에 포함했는데, 가상자산의 거래금액과 투자자가 날로 증가함에 따라 이에 대한 가치 측정과 투자자 보호 및 거래 투명성 확보, 그리고 세무 등과 관련된 여러 문제에 대해 많은 논쟁이 있다. 이와 함께 이러한 가상자산의 범주에 대한 논의도 함께 진행되고 있는데, NFT**를 가상자산의 개념에서 어떻게 접근해야 하는지와 관련된 논란이 대표적인 예라 할 수 있다.

* 블록체인(Block Chain) : 네트워크 기술 기반 위에 수학과 암호학을 응용하여 구현된 분산원장 기술로서, 중앙기관의 도움 없이 네트워크 참여자들에 의해 거래기록을 신뢰할 수 있게 저장하고 처리할 수 있도록 설계된 알고리즘
** NFT(Non Fungible Token) : "대체 불가능한 토큰"이라는 의미로, 블록체인 기술을 이용해 그림·게임·예술품·부동산 등 기존 자산의 디지털 파일 주소를 토큰에 담아 디지털화하고 디지털 자산의 소유주를 증명하는 가상토큰

가상자산은 말 그대로 그 실체가 없는 가상의 자산으로 현재 우리나라에서는 금융상품으로 인정하지 않고 있다. 하지만, 미국을 비롯한 일부 국가에서 암호화폐를 기초자산으로 하는

ETF가 출시되고, 국제회계기준에서는 가상자산의 가치를 인정하여 회계제도 내에 편입하였으며, 우리 세법에서도 가상자산의 거래에 대한 과세를 앞두고 있다. 비록 이렇게 금융상품의 범주에서 벗어나 있기는 하지만 갈수록 중요해지고 있는 가상자산의 회계 및 세무와 관련하여 현재 규정되어 있는 내용을 중심으로 간단히 알아보도록 한다.

(1) 특정금융정보법상의 가상자산 도입

가상자산이라는 용어는 먼저 국제자금세탁방지기구(Financial Action Task Force on Money Laundering : FATF)에서 도입하여, 이를 자산·수익 등과 같은 개념으로 간주하였다. 이에 따라 우리나라도 2021년에 자금세탁과 공중협박자금 조달 행위를 규제하는 「특정 금융거래정보의 보고 및 이용 등에 관한 법률」(이하 "특정금융정보법")에서 처음으로 가상자산과 가상자산사업자의 개념을 도입하였다. 그런데, 2024년 「가상자산 이용자 보호 등에 관한 법률」(이하 "가상자산 이용자 보호법")이 시행되면서, 동 법률에서 가상자산의 개념을 정의하고, 특정금융정보법도 이 법에서 정의하는 개념을 인용하는 것으로 개정되었다.

한편, 특정금융정보법은 가상자산의 거래 투명성을 확보하고 가상자산 투자자들을 보호하기 위하여 가상자산사업자에 대한 관리·감독을 강화하고 있다.

가상자산사업자의 자금세탁 방지, 정보보호관리체계(ISMS), 실명확인 입출금계정, 예치금 분리관리 등을 규율하는 특정금융정보법의 시행에 따라 가상자산사업자는 신고요건(① 정보보호 관리체계(ISMS) 인증 획득, ② 실명확인 입출금 계정 개설 확인, ③ 대표·임원이 특정금융정보법, 금융관련법령 등 위반 없을 것 등)을 갖추고 금융정보분석원장에게 신고하도록 하였는데, 각 요건을 하나라도 갖추지 못한 경우에는 신고를 수리하지 않거나 말소 처리할 수 있도록 하였다. 2025년 2월 17일 기준으로, 금융정보분석원에 신고수리된 가상자산사업자는 총 28개사이고, 한국인터넷진흥원에서 ISMS 인증을 취득한 가상자산 사업자는 총 48개사인데, 각각 금융정보분석원과 한국인터넷진흥원 홈페이지에서 확인할 수 있다.

* ISMS(Information Security Management System): 기업이 주요 정보자산 보호를 위해 구축·운영 중인 정보보호 관리체계(예: 보안정책·인력·장비·시설 등)가 인증기준(관리적·기술적·물리적)에 적합한지를 인증하는 제도(근거: 정보통신망법 제47조). ISMS 인증 유효기간은 3년이며, 사업자는 인증 획득 후 3년마다 갱신심사 필요

(2) 가상자산 이용자 보호법의 시행

가상자산의 이용자가 급속도로 증가하고, "테라·루나 사태"*와 같이 이용자 재산 침해

사고가 발생함에 따라 가상자산 이용자의 권익을 보호하기 위한 법률 도입이 절실해졌다.

* 스테이블코인 테라와 암호화폐 루나의 폭락에 따른 암호화폐 시장 붕괴 사건

이에 따라 가상자산 이용자 보호법이 제정되어 2024년 7월 19일부터 시행되고 있는데, 동 법은 가상자산과 가상자산사업자의 개념을 다시 정의하고, 가상자산 이용자 보호와 불공정거래 규제에 관한 내용을 담고 있는데 그 주요 내용을 보면 아래와 같다.

가. 가상자산과 그 사업자의 정의

가상자산 이용자 보호법은 가상자산을 "경제적 가치를 지닌 것으로서 전자적으로 거래 또는 이전될 수 있는 전자적 증표(그에 관한 일체의 권리를 포함한다)"로 정의하고, 아래의 하나에 해당하는 것은 제외하고 있다.

① 화폐·재화·용역 등으로 교환될 수 없는 전자적 증표 또는 그 증표에 관한 정보로서 발행인이 사용처와 그 용도를 제한한 것

②「게임산업진흥에 관한 법률」제32조 제1항 제7호에 따른 게임물의 이용을 통하여 획득한 유·무형의 결과물

③「전자금융거래법」제2조 제14호에 따른 선불전자지급수단 및 같은 조 제15호에 따른 전자화폐

④「주식·사채 등의 전자등록에 관한 법률」제2조 제4호에 따른 전자등록주식 등

⑤「전자어음의 발행 및 유통에 관한 법률」제2조 제2호에 따른 전자어음

⑥「상법」제862조에 따른 전자선하증권

⑦「한국은행법」에 따른 한국은행이 발행하는 전자적 형태의 화폐 및 그와 관련된 서비스

⑧ 거래의 형태와 특성을 고려하여 대통령령이 정하는 아래의 것

  ⅰ)「전자금융거래법」제2조 제16호에 따른 전자채권

  ⅱ) 발행자가 일정한 금액이나 물품·용역의 수량을 기재하여 발행한 상품권 중 휴대폰 등 모바일기기에 저장되어 사용되는 상품권

  ⅲ)「은행법」에 의한 은행, 농협은행, 수협은행, 중소기업은행, 한국산업은행 등이 「한국은행법」에 따른 한국은행의 네트워크(한국은행이 발행하는 전자적 형태의 화폐를 발행·관리하는 네트워크를 말한다)를 통해 전자적 형태로 취급하는 예금 및 그에 준하는 전자적 증표

  ⅳ) 수집을 주된 목적으로 하거나 거래 당사자 간에 거래의 확인을 위하여 수수하는 것 등과 같이 단일하게 존재하여 상호 간에 대체할 수 없는 전자적 증표. 다만,

특정 재화나 서비스의 지급수단으로 사용될 수 있는 전자적 증표는 제외

ⅴ) 그 밖에 거래의 형태와 특성을 고려하여 금융위원회가 정하여 고시하는 것

가상자산사업자는 아래의 어느 하나에 해당하는 행위를 영업으로 하는 자를 말한다.

① 가상자산을 매도·매수(이하 "매매")하는 행위

② 가상자산을 다른 가상자산과 교환하는 행위

③ 가상자산 영업을 위해 하나의 가상자산 주소에서 다른 가상자산 주소로 전송하는 행위

④ 가상자산을 보관 또는 관리하는 행위

⑤ ① 및 ②의 행위를 중개·알선하거나 대행하는 행위

나. 이용자 자산의 보호

① 예치금 보호

가상자산사업자는 이용자로부터 받은 예치금을 고유재산과 분리하여 공신력 있는 관리기관인 「은행법에 의한 은행」등(농협은행, 수협은행, 중소기업은행 포함)에 안전하게 보관·관리하고, 그 예치금이 이용자의 재산이라는 뜻을 밝혀야 한다. 그리고, 가상자산사업자는 예치금 이용료 산정기준 및 지급 절차를 마련하고, 이에 따라 이용자에게 예치금의 이용 대가를 지급하여야 한다.

또한, 누구든지 관리 기관에 예치 또는 신탁한 예치금을 상계·압류(가압류 포함)하지 못하며, 가상자산사업자는 합병이나 영업양도 등의 경우 외에는 관리 기관에 예치 또는 신탁한 예치금을 양도하거나 담보로 제공하여서는 아니 된다.

가상자산사업자의 사업자 신고가 말소되거나 해산·합병의 결의를 한 경우 또는 파산선고를 받은 경우에 관리 기관은 이용자의 청구에 따라 예치 또는 신탁된 예치금을 그 이용자에게 우선하여 지급하여야 한다.

② 가상자산의 보관

가상자산사업자가 이용자로부터 위탁을 받아 가상자산을 보관하는 경우 이용자의 주소와 성명, 가상자산의 종류 및 수량, 그리고 가상자산 주소(가상자산의 전송기록 및 보관 내역의 관리를 위하여 전자적으로 생성시킨 고유식별번호) 등을 기재한 이용자명부를 작성·비치하여야 한다.

가상자산사업자는 자기의 가상자산과 이용자의 가상자산을 분리하여 보관하여야 하며, 이용자로부터 위탁받은 가상자산과 동일한 종류와 수량의 가상자산을 실질적으로 보유하여야

하고, 이용자의 가상자산 중 70/100 이상의 범위에서 금융위원회가 정하는 비율(2025년 2월 현재 80/100) 이상을 인터넷과 분리하여 안전하게 보관하여야 한다.

한편, 가상자산사업자는 이용자의 가상자산을 일정 보안 기준을 충족하는 기관에 위탁하여 보관할 수 있다.

③ 보험의 가입

가상자산사업자는 해킹·전산장애 등의 사고에 따른 책임을 이행하기 위하여 보험 또는 공제에 가입하거나 준비금을 적립하는 등 필요한 조치를 하여야 하는데, 보험 또는 공제의 보상한도, 준비금 적립액 및 예치·신탁금의 총합은 아래 정하는 각 금액 이상이어야 한다.

ⅰ) 가상자산사업자가 보관 중인 이용자 가상자산 중 인터넷과 분리하여 보관하는 가상자산을 제외한 나머지 가상자산의 경제적 가치(가상자산 종류별로 보관 중인 총 수량에 최근 1년간 일평균 원화환산액을 곱한 금액의 총합)의 100분의 5에 상당하는 금액
ⅱ) 30억원. 다만, 특정금융정보법 제7조 제3항 제2호 단서에 해당하는 가상자산사업자(고객과의 거래에서 가상자산 과 금전의 거래가 없는 사업자) 가상자산의 경우에는 5억원

다. 불공정 거래 규제

가상자산사업자와 가상자산 이용자를 비롯한 모든 가상자산시장 참여자 누구에게든 적용되는 주요 불공정 거래 행위에 대한 규제 내용은 다음과 같다.

① 미공개 중요정보 이용행위

가상자산사업자와 가상자산을 발행하는 자, 그리고 그 임직원·대리인으로서 그 직무와 관련하여 미공개 중요정보를 알게 된 자 및 주요주주 등의 자는 가상자산에 관한 미공개 중요정보(이용자의 투자 판단에 중대한 영향을 미칠 수 있는 정보로서 불특정다수인이 알 수 있도록 공개되기 전의 것)를 해당 가상자산의 매매, 그 밖의 거래에 이용하거나 타인에게 이용하게 하여서는 아니 된다.

② 시세조종 행위

누구든지 가상자산의 매매에 관하여 그 매매가 성황을 이루고 있는 듯이 잘못 알게 하거나, 그 밖에 타인에게 그릇된 판단을 하게 할 목적으로 위장거래나 현실거래 등에 의한 시세조종 행위를 하여서는 아니 된다.

③ 부정거래 행위

누구든지 가상자산의 매매, 그 밖의 거래와 관련하여 부정한 수단, 계획 또는 기교를 사용하는 행위를 하여서는 안 되고, 중요사항에 관하여 거짓의 기재 또는 표시를 하거나 타인에게

오해를 유발시키지 아니하기 위하여 필요한 중요사항의 기재 또는 표시가 누락된 문서, 그 밖의 기재 또는 표시를 사용하여 금전, 그 밖의 재산상의 이익을 얻고자 하는 행위, 가상자산의 매매, 그 밖의 거래를 유인할 목적으로 거짓의 시세를 이용하는 행위, 그리고 전자의 행위들을 위탁하거나 수탁하는 행위 등도 하여서는 아니 된다.

(3) 가상자산의 종류

가상자산의 종류와 관련해서 영국의 금융감독청(Financial Conduct Authority : FCA), 경제협력개발기구(OECD), 국제증권감독기구(IOSCO) 등에서는 보통 교환토큰(exchange token, 지불토큰 또는 가상화폐), 유틸리티토큰(utility token, 소비자토큰), 증권토큰(security token, 자산토큰)으로 분류한다. 교환토큰은 유통·교환을 목적으로 발행된 가상자산으로, 대체가능한 교환 단위라는 점에서 가상화폐라고도 불린다. 유틸리티토큰은 네트워크상의 재화 또는 용역에 접근할 수 있게 하는 권한을 부여한 가상자산인데, 일반적으로 투자자산이 아니기 때문에 의결권이나 이익배당청구권을 가지지는 않는다. 증권토큰은 자본시장 규제체계의 적용대상이 되는 증권으로, 특정 투자에 관련된 권리와 의무를 수반하는 가상자산이다.

구분	교환토큰	유틸리티토큰	증권토큰
정의	유통·교환을 목적으로 발행된 가상자산	네트워크상의 재화 또는 용역에 접근할 수 있게 하는 권한을 부여한 가상자산	증권으로서, 특정 투자에 관련된 권리와 의무를 수반하는 가상자산
주요 내용	탈 중앙화된 분산 네트워크에서 중개자 없이 거래. 자금세탁 방지 등의 규제가 있지만, 거래자 보호를 위해 규제체계를 더 정비할 필요가 있음.	순수 유틸리티토큰은 증권규제와 자금세탁방지 규제 대상이 아님. 증권토큰인지 유틸리티토큰 인지 쟁점이 되는 경우가 많음[ex : 리플(XRP) 사례].	기존 자본시장 규제체계의 강한 규제를 받음. 증권법의 규제하에 증권토큰 발행(STO) 가능.

우리나라에서도 가상자산의 범주에 대한 논의가 계속되고 있으며, 현재 암호화폐(또는 가상화폐)가 그 정의를 충족하고 있는 가운데, NFT에 대해서도 가상자산 해당 여부를 판단할 수 있는 가이드라인이 마련되었다.

가. 암호화폐

암호화폐는 비트코인(Bitcoin)과 알트코인(Alt coin)으로 나뉜다.

비트코인은 비트코인이라고 하는 탈 중앙화된 장부를 사용하면서 그 이용자에게 제공하는 인센티브로, 블록체인을 기반으로 하는 가장 대표적인 암호화폐이다. 비트코인 이외의 암호화폐를 알트코인이라고 하는데, 대체코인(Alternative coin)에서 비롯된 말이다.

2009년 비트코인 이후 다양한 암호화폐가 탄생하여, 2025년 2월 기준으로 약 1만 개 이상의 암호화폐가 유통되고 있다. 아래 표의 시가총액 순위를 살펴보면 비트코인(Bitcoin)과 이더리움(Ethereum), 리플(XRP), 테더(USDT), 솔라나(SOL) 등의 5개 암호화폐가 전체 시가총액의 78%가 넘는 비중을 차지하고 있음을 알 수 있고, 그 중에서도 비트코인의 시가총액 비중이 50%를 넘는다. 최근 미국에서 암호화폐에 상당히 우호적인 대통령이 취임하면서 암호화폐의 가격이 급등하였는데, 시가총액은 암호화폐의 높은 가치 변동성으로 인해 수시로 변한다. 여기서 주요 암호화폐의 개념을 알아보도록 한다.

| 주요 암호화폐 시가총액 비중(2025. 2. 2. 시세 기준) |

암호화폐	시가총액(₩)	비중(%)
비트코인(BTC)	2,856,675,953,423,130	56.4
이더리움(ETH)	539,446,404,218,777	10.6
리플(XRP)	236,400,342,375,809	4.7
테더(USDT)	203,183,722,982,736	4.0
솔라나(SOL)	149,618,401,773,849	3.0
총 시가총액	5,067,569,459,344,150	100

〈자료출처 : 코인마켓 캡〉

① 비트코인(BTC)

비트코인의 최초 발명자는 사토시 나카모토(Satoshi Nakamoto)라는 가명을 쓰는 인물로 알려져 있는데, 2008년 10월 31일, 나카모토는 비트코인의 백서를 발표하였다. 이 백서는 개인 간의 온라인 통화가 어떻게 구현될 수 있는지에 대해 상세히 설명한다. 여러 묶음으로 포장("블록"이라고 함)되고, 암호화 알고리즘으로 저장되는 분산화된 거래 장부를 사용할 것을 제안하였는데 이것이 바로 "블록체인"이라는 용어로 불리게 된다. 2009년 구현해낸 최초의 암호화폐로서의 그 희소성과 네임밸류(Name Value), 거래의 편의성 등의 장점으로 인해 비트코인은 전 세계 암호화폐에서 차지하는 시가총액 비중이 가장 크다.

비트코인 시스템은 중앙 저장소 또는 단일 관리자가 없어서 최초의 탈중앙화된 디지털통화라고 불리는데, 즉, 공유형(peer-to-peer)으로 거래는 중개자 없이 블록체인

소프트웨어를 이용하는 참여자(nodes)들 사이에 직접 이루어진다. 이런 거래들은 공유 네트워크상 참여자의 작업증명(proof-of-work)을 통해 검증되고 공개된 분산원장인 블록체인에 기록된다.

컴퓨터 참가자들(nodes) 간의 합의하에 참가자가 data block을 체인에 붙일 수 있게 하고, data block을 체인에 붙이면 그 인센티브인 비트코인 지급 증명서를 수여하는 형태로 이루어진다.

② 이더리움(ETH)

이더리움은 비트코인을 기반으로 만든 가장 대표적인 알트코인으로서, 2015년 비탈릭 부테린(Vitalik Buterin)이 개발하였는데, 공동 설립자는 총 8명이다. 블록체인 스마트 계약 플랫폼의 개념을 개척해냈다고 할 수 있는데, 비트코인에 사용된 핵심 기술인 블록체인에 화폐 거래기록뿐 아니라 계약서 등의 추가 정보를 기록할 수 있다는 점에 착안하여, SNS, 이메일, 전자투표 등 다양한 정보를 기록하는 시스템으로 스마트 계약 기능을 구현했다. 스마트 계약(smart contract)은 미리 프로그램되어 주어진 조건이 만족되면, 블록체인에 연동된 모든 컴퓨터에서 그 연산을 함께 실행하여 코인을 지급하는 자동 수행 프로그램 기반 계약이다.

인터넷에서 여러 당사자 간의 계약을 이행하는 데 필요한 조치를 자동으로 실행하는 컴퓨터 프로그램으로 계약자들 간에 신뢰할 수 있는 중개인에 대한 필요성을 감소시키도록 설계되었으며, 이에 따라 거래비용을 감소시키면서도 거래의 신뢰성을 증가시킨다.

이러한 smart contract 기능을 블록체인에 탑재하여 운용하는 탈중앙화된 블록체인이 바로 이더리움(Ethereum)이고 이더(ETH)는 이 블록체인에서 사용하는 암호화폐이다.

③ 테더(USDT)

테더는 미국 달러 가치를 추종하는 디지털 화폐로서, 2014년에 디지털 달러처럼 사용하는 안정적인 암호화폐 'Stable Coin'의 개념으로 출범하였다. 테더의 가치는 미국 달러 가격에 연동 내지는 고정되는 USDT만 존재하였으나, 점차 확대되어 유로화를 기반으로 한 EURT, 위안화를 기반으로 한 CNAT 등의 토큰도 생겨났는데, USDT의 사용량이 압도적이어서 테더라고 하면 보통 USDT를 지칭한다.

테더 토큰을 발행하는 테더 리미티드(Tether Limited)는 원래 테더 통화 전량을 테더 보유고에서 지원한다고 주장하였으나, 실제로는 예치한 달러보다 과도하게 발행했다는 논란이 있었다. 따라서, 2021년부터는 회계법인을 통해 "연결준비금 보고서에 대한 독립감사인 보고서" 형태로 충분한 자본을 보유하고 있다는 증명을 받고 있다.

④ 바이낸스코인(BNB)

바이낸스코인은 세계 최대 암호화폐 거래소인 바이낸스(홍콩 소재)가 만든 암호화폐로, 2017년에 총 2억 개가 발행됐으며 이 중 절반은 창업자와 직원, 투자자 등에 돌아갔고 나머지 1억 개만 시장에 공급됐다. 초기엔 디파이(DeFi·탈중앙화 금융) 블록체인 기술인 이더리움 기반으로 개발됐다가 2020년 8월부터는 바이낸스 자체 기술(바이낸스 스마트 체인)로 운영되고 있다.

바이낸스 블록체인은 비잔틴 결함 허용(BFT) 합의 매커니즘을 사용하기 때문에, BNB는 작업 증명 암호화폐와 달리 채굴이 불가능하고, 그 대신 블록의 유효성을 검증하여 네트워크를 안전하게 지키고 보상을 받는 검증자가 있다. 또한, BNB가 바이낸스 체인으로 이전하기 전에 바이낸스는 스마트 계약 소각 기능을 이용해서 이더리움 네트워크에 있는 코인을 소각했는데, 이때 바이낸스가 소각한 코인 양은 3개월에 걸쳐 거래소에서 이루어진 거래 횟수를 기준으로 계산했다. 하지만, 바이낸스 체인이 출범한 이후로는 이더리움에서 BNB 코인을 소각하지 않으며, 이제는 스마트 계약과 다르게 바이낸스 체인에서 정해진 명령어를 사용한다.

⑤ USD Coin(USDC)

USD 코인은 1:1의 비율로 미국 달러에 연동이 되어 있는 스테이블 코인으로, 현재 유통되고 있는 해당 암호화폐의 모든 단위는 보유고에 있는 현금과 단기 미국 국채가 혼합된 1달러에 의해 지원을 받는다고 보면 되는데, 이 자산의 뒤에 있는 센터 컨소시엄(Centre Consortium)은 USDC가 규제 금융기관들에 의해 발행된다고 말한다. 이 스테이블 코인은 지난 2018년 9월 한시적으로 출시되었는데, 전반적으로 가능한 많은 지갑, 교환, 서비스 제공업체 및 dApps에 의해 USDC가 수용되는 생태계를 조성하는 것이 이 코인의 목표이다.

센터 컨소시엄(Centre Consortium)의 창립 멤버사는 두 곳으로, 한 곳은 Peer-to-Peer 지불 서비스 회사인 서클(Circle)이고, 다른 한 곳은 암호화폐 거래소인 코인베이스(Coinbase)인데, USD 코인에서 신경 쓰는 것 중 하나는 투명성이다. 사용자들이 USDC 1개를 인출할 경우 아무 문제 없이 1달러를 받을 수 있는 수준의 보장을 제공하려고 하는데, 이를 위해 주요 회계법인이 보유하고 있는 현금의 수준이 유통되는 토큰의 수와 일치하는지를 확인하는 작업에 착수하였고, 이 부분을 확인했다고 밝힌 바 있다.

⑥ 리플(XRP)

금융거래를 위한 인터넷 프로토콜로 전 세계에서 다수 참여자가 진행하는 대량의 결제를 빠르게 처리할 수 있도록 하는 분산원장을 기반으로 한 실시간 총액 결제 시스템이다. XRP 프로토콜은 무료 오픈 소스로 개방되어 있어 누구든지 개발에 참여할 수 있다. XRP는 은행간 거래 원장을 P2P 방식으로 분산 저장하기 때문에, 누구든지 XRP의 송금 기록을 열람·복사·보관할 수 있지만, 개인정보보호를 위해 정확히 누가 누구에게 송금했는지는 알 수 없다. 내부 화폐로 동명의 토큰인 리플(XRP)을 사용하는데, XRP는 비트코인이나 이더리움 등 다른 암호화폐와 달리, 채굴(Mining) 방식을 사용하지 않는다. XRP는 프로토콜에 따라 총 1,000억 개가 일괄 생성되었으며, 더 이상 코인이 발행되지 않도록 설계되어 있다. 그에 따라 시간이 지나면서 XRP의 희소성으로 인한 가치상승을 예상하고 있다.

⑦ 도지(DOGE)

2013년 미국의 빌리 마커스와 잭슨 팔머가 만든 암호화폐로, '도지'는 개를 뜻하는 'dog'에 영문자 'e'를 붙여 만든 애칭으로, 암호화폐 유행에 대한 풍자적인 의미로 개발되었다. 블록체인을 기반으로 하는 알트코인의 하나이며, 화폐 단위는 '도지(DOGE)'이다. 도지코인은 블록체인 기술을 기반으로 비트코인처럼 거래소에서 구매하거나 컴퓨터 프로그램으로 '채굴(Mining)'할 수 있지만, 채굴총액이 정해져 있는 비트코인이나 다른 알트코인과 달리 채굴총액에 제한이 없다는 특징이 있다. 테슬라 최고경영자(CEO)인 머스크가 도지코인을 자신의 트위터에 언급하면서 도지코인 가격이 한때 폭등하기도 했다.

⑧ 솔라나(SOL)

솔라나는 블록체인 개발사인 솔라나 랩스가 개발한 퍼블릭 블록체인 플랫폼으로, 2020년 3월에 스위스 제네바에 소재한 솔라나 재단에서 출시하였다. 솔라나 프로토콜은 탈중앙화(DApp) 생성을 촉진하도록 설계되었는데, 이 프로토콜은 블록체인의 지분증명(PoS) 컨센서스에 결합된 역사증명(PoH) 컨센서스를 도입하는 하이브리드 컨센서스 모델을 추구한다. 노드 운영 시에 고성능 컴퓨터만 허용하여 초고속 고성능을 전면에 내세우는데, 모든 처리가 온라인으로 이루어지기 때문에 오프라인을 활용하는 코인들보다 압도적인 안정성을 자랑한다. 이러한 특징을 바탕으로 플랫폼 코인으로서 빠른 속도로 성장세와 규모 확장을 거듭하고 있다. 하지만, 2021년에 네트워크가 중단되는 등 네트워크 장애가 여러 번 발생하여 네트워크 불안정에 대한 회의적인 시각도 존재한다.

나. NFT

① NFT의 개념

NFT(Non Fungible Token)는 "대체 불가능한 토큰"이라는 뜻으로, 블록체인 기술을 이용해서 그림·게임·영상·부동산 등 기존 자산의 디지털 파일을 가리키는 디지털 주소를 토큰에 담아 그 디지털 자산의 고유한 원본성 및 소유주를 증명하는 용도로 사용되는 가상토큰을 말한다.

NFT는 블록체인을 이용하여 그 거래 내역을 영원히 남김으로써 고유성을 인정받고, 그 고유성을 지니기 때문에 동일한 토큰이 존재할 수 없다는 특징이 있다.

② NFT의 분류

가상자산 이용자 보호법이 시행되면서 NFT가 가상자산에 해당하는지에 대한 판단이 중요해졌다.

금융위는 2023년 2월에 "토큰 증권 가이드라인"을 발표한 데 이어 2024년 6월에 NFT의 가상자산 해당 여부를 판단하는 가이드라인을 발표하였다. 이에 따르면, NFT의 실질에 따라 자본시장법상 증권인지 여부를 먼저 판단하고, 증권에 해당하지 않는 경우에는 가상자산 이용자 보호법상의 가상자산에 해당하는지 여부를 판단하도록 했다.

만약 NFT가 증권에 해당하면 자본시장법상의 "증권" 관련 규제를 받아야 하고, 가상자산에 해당하는 경우에는 가상자산 이용자 보호법과 특정금융정보법을 적용하여야 하는데, 그 어디에도 해당하지 않는다면 자본시장법이나 가상자산 이용자 보호법, 특정금융정보법이 아닌 개별 법률의 규제를 받게 된다.

ⅰ) 증권 여부 판단 기준

자본시장법상 채무증권(채권 등), 지분증권(주식 등), 수익증권(펀드 등), 파생결합증권(ELS, ETN 등), 증권예탁증권(DR) 외에 투자계약증권(㉠투자자와 타인 간의 공동사업에 ㉡금전 등을 투자하고 ㉢주로 타인이 수행한 ㉣공동사업의 결과에 따른 손익을 귀속받는 계약상의 권리 ㉤투자자는 이익획득 목적)에 해당하는지 여부를 검토

ⅱ) 가상자산 여부 판단 기준

가상자산 이용자 보호법은 가상자산의 범위를 정의하면서 "수집을 주된 목적으로 하거나 거래 당사자 간에 거래의 확인을 위하여 수수하는 것 등과 같이 단일하게 존재하여 상호 간에 대체할 수 없는 전자적 증표(다만, 특정 재화나 서비스의 지급수단으로 사용될 수 있는 전자적 증표는 제외)"를 제외하도록 하여 가상자산에서 제외되는 NFT를 정의하였는데, 이를 기초로 아래 어느 하나에 해당될 경우 고유성 또는 대체 불가능성이 훼손되어 가상자산으로 분류될 가능성이 높은 것으로 판단하도록 하였다.

㉠ 대량 또는 대규모 시리즈로 발행되어 대체 가능성이 큰 경우

㉡ 분할이 가능하여 고유성이 크게 약화된 경우

㉢ 특정 재화나 서비스의 직·간접적인 지급수단으로 사용이 가능한 경우

㉣ 불특정인 간에 가상자산으로 교환이 가능하거나, 다른 가상자산과 연계하여 재화 또는 서비스의 지급이 가능한 경우

(4) 가상자산 ETF의 등장

ETF는 특정 지수 또는 특정 자산의 가격 움직임과 수익률이 연동되도록 설계된 집합투자기구로서 거래소시장에 상장되어 주식처럼 거래되는 금융상품이다.

가상자산 이용자와 그 거래 규모가 급증하는 등의 환경 변화에 따라 최근에 비트코인 같은 가상자산을 이러한 ETF의 기초자산으로 하는 현물 ETF를 상장 승인하는 나라가 늘고 있다. 이는 실질적으로 비트코인 같은 가상자산을 가상자산 거래소가 아닌 증권거래소에서 거래할 수 있게 함으로써 가상자산을 제도권 내에 편입하는 효과를 낸다.

비트코인 ETF는 2021년 캐나다에서 처음으로 출시되고 난 이후에 미국, 독일, 프랑스, 호주, 스위스, 리히텐슈타인 및 홍콩 등에서도 상장이 승인되었으며, 미국과 홍콩은 비트코인뿐만 아니라 이더리움 ETF의 상장까지 승인되어 여러 개의 가상자산 ETF 상품이 제도권 내에서 거래되고 있다.

이에 따라 우리나라도 세계적 추세에 보조를 맞추고 투자 기회 창출 등을 위해 가상자산 현물 ETF 발행에 관심을 가져야 한다는 목소리가 최근 정치권을 중심으로 이슈화되고 있다.

하지만, 기초자산에 내재된 리스크의 전이와 비효율적 자원배분, 예금 변동성 증가 등의 금융·경제적 리스크 및 예기치 못한 리스크의 발생 등에 대한 깊이 있는 검토가 필요할 것으로 보인다.

2) 가상자산의 회계처리

(1) 가상자산 계정과목 분류

국제회계기준위원회는 2019년 질의회신문을 통하여 가상자산을 미래 경제적 효익이 유입될 것으로 기대되는 자산으로 인정하였다. 하지만 비화폐성자산으로 구분하여 재고자산 또는 무형자산으로 분류하도록 하였는데, 2020년 한국회계기준원도 판매 목적으로 가지고 있는 것은 재고자산으로, 그 외의 목적으로 보유하는 것은 무형자산으로 분류하여 평가하도록 해석하였다.

> **K-IFRS 질의회신【2019-I-KQA017, 2019. 12. 10.】**
>
> **【제목】한국채택국제회계기준에서 가상통화 분류**
>
> (배경 및 질의)
> 1. 비트코인 등의 가상통화를 보유한 회사가 K-IFRS에 따라 재무제표를 작성하고 있다.

2. 회사가 보유한 가상통화는 보안을 위해 암호화되어 분산원장에 기록되었으며, 관할 기관(중앙 당국)이나 다른 당사자에 의해 발행되지 않았고, 보유자와 다른 당사자 간의 계약을 발생시키지 않는 특징을 가지고 있다.

3. 가상통화는 어떤 자산으로 분류하는가?

(회신)

4. 질의대상 가상통화(가상화폐 또는 암호화폐 등으로도 불림, 이하 '가상통화')를 통상적인 영업과정에서 판매목적으로 보유한다면 재고자산으로 분류하고, 그렇지 않다면 무형자산으로 분류한다.

(판단근거)

5. 회신대상은 ① 보안을 위해 암호화되어 분산원장에 기록되고, ② 관할 기관이나 다른 당사자에 의해 발행되지 않았으며, ③ 보유자와 다른 당사자 간의 계약을 발생시키지 않는 가상통화로 한정한다.

6. 가상통화는 현재 일반적인 교환의 수단으로 사용되지 않고 가치변동위험이 크며, 거래상대방에게서 현금 등 금융자산을 수취할 계약상의 권리에도 해당하지 않는다. 따라서 가상통화는 현금및현금성자산, 금융자산의 정의를 충족하지 않는다.

7. 질의대상회사가 통상적인 영업과정에서 판매를 위해 가상통화를 보유하고 있다면, 가상통화는 재고자산의 정의를 충족한다.

8. 가상통화는 물리적 실체가 없지만 식별가능한 비화폐성자산이며, 기업이 통제하고 미래 경제적효익이 그 기업이 유입될 것으로 기대되는 자산에 해당한다. 따라서 가상통화는 무형자산의 정의를 충족한다.

(2) 가상자산 공시

블록체인 기반 산업의 성장과 함께 가상자산 거래가 활발해지면서 가상자산 회계처리에 대한 기업·감사인 간 이견이 존재하고, 기업 간 비교가능성이 저해될 수 있다는 우려에 따라, 회계 투명성 제고를 위해 한국회계기준원은 2023년 10월 K-IFRS 제1001호 "재무제표의 표시"에 가상자산 보유자와 개발자, 사업자의 공시 요구사항을 신설하여 2024년 1월 1일 이후 처음 시작하는 사업연도부터 적용하도록 했다.

가. 가상자산 보유자

가상자산 보유자는 재무제표에 인식한 가상자산에 대해 아래 내용을 공시한다.

① 가상자산의 일반 정보(명칭, 특성, 수량 포함)

② 가상자산에 적용한 회계정책

③ 가상자산별 취득경로, 취득원가, 당기말 장부금액 및 공정가치 정보
④ 당기 중 가상자산 보유 또는 기중 거래(예 : 매각)에 따라 당기손익으로 인식한 금액과 그 분류
⑤ 보유 가상자산 관련 위험에 대한 정보(예 : 법적, 기술적, 물리적 위험 및 과거 유의적인 가격변동 등)와 중요한 계약 내용(예 : 권리 제한 등)

나. 가상자산 개발자

가상자산 개발자는 발행하는 가상자산에 대한 수량 등의 일반 정보를 포함하여 관련 회계정책과 진행 경과에 대한 아래의 내용을 공시한다.
① 발행 가상자산의 일반 정보(발행 규모, 유형, 특성 및 관련된 위험 포함)
② 가상자산 발행 관련 회계정책 및 진행 상황
③ 발행한 가상자산 매각 계약의 주요 내용
④ 발행한 가상자산 매각 관련 의무에 대한 기업의 판단 및 그 의무의 이행 상황
⑤ 발행한 가상자산 매각 관련 수익 인식의 시기 및 금액
⑥ 발행 후 내부 유보중인 가상자산의 수량, 회계정책, 중요한 계약내용 및 향후 활용계획
⑦ 발행 후 재취득한 가상자산의 경우, 재취득방식(예 : 매입 등), 수량, 적용한 회계정책 및 재무상태표에 인식한 금액

다. 가상자산사업자

가상자산사업자는 고객을 대신하여 보유하는 가상자산에 대해 아래 내용을 공시한다.
① 고객과 체결한 계약 내용(이용약관 포함)
② 고객을 대신하여 보유한 가상자산에 적용한 회계정책
③ 고객을 대신하여 보유한 가상자산의 공정가치 정보
④ 보관에 따른 위험(예 : 물리적 위험) 및 위험 관리 활동
⑤ 고객을 대신하여 보유하는 가상자산을 인터넷과 분리하여 보관하거나 외부에 보관한 경우 그 가상자산의 종류, 수량, 공정가치, 위탁한 외부기관에 대한 설명

3) 가상자산 관련 세제

개인의 가상자산 거래와 관련해 발생하는 소득에 대해 현재 우리나라 세법은 세금을 부과하지 않고 있다. 하지만, 2021년 1월 1일부터 시행된 소득세법 개정(2020. 12. 29.)을 통하여

특정금융정보법 제2조 제3호에 따른 가상자산을 양도하거나 대여함으로써 발생하는 소득을 "가상자산소득"으로 과세하도록 하고, 2022년부터 적용하기로 했었다. 이후에 적용 시기를 2023년, 2025년 등으로 늦추었다가, 그 시행 시기를 더 늦추어 2027년 1월 1일부터 시행하도록 하였다(소득세법 제21조 제1항 제27호).

(1) 소득세법

소득세법은 가상자산의 양도 또는 대여로 인해 발생하는 소득을 기타소득의 범위에 포함하여 과세하도록 하되 종합소득의 범위에서는 제외하여(소득세법 제14조 제3항 제8호 다목), 가상자산에서 소득이 발생한 경우에는 원천징수로 세금납부가 완료되도록 하고 그 시행 시기를 2027년 1월 1일 이후 양도 또는 대여하는 것으로 하였다.

다만, 그 과세최저한(소득세법 제84조 제3호)과 특례규정(소득세법 제64조의3 제2항)을 두어 가상자산소득을 250만원까지는 과세하지 않도록 하였으며, 또한 연 250만원을 초과하는 가상자산소득을 기타소득으로 과세할 때는 소득금액에서 250만원을 공제하고 난 후의 금액에 20%(지방소득세 2% 별도)의 세율을 적용하여 원천징수하도록 하였다.

가상자산소득을 계산할 때는 취득가액을 총평균법으로 평가하고, 거주자별로 그 취득가액과 부대비용을 필요경비로 하여 계산한다. 다만, 가상자산사업자를 통하지 아니하고 가상자산을 취득한 경우로서, 장부나 그 밖의 증명서류에 의하여 확인할 수 없는 경우 등의 사유로 실제 취득가액을 확인하기 곤란한 경우에는, 동종 가상자산 전체에 대해 양도가액의 일정 비율(최대 50%)을 곱하여 필요경비로 의제할 수 있다.

그리고, 2027년 1월 1일 이전에 이미 보유하고 있던 가상자산의 취득가액은 2026년 12월 31일 당시의 시가와 그 가상자산의 취득가액 중에서 큰 금액으로 한다. 이때 2026년 12월 31일 당시의 시가는 아래의 금액으로 한다(소득세법 제37조 및 동법 시행령 제88조).

① 「특정 금융거래정보의 보고 및 이용 등에 관한 법률」 제7조에 따라 신고가 수리된 가상자산사업자 중 국세청장이 고시하는 사업자(시가 고시 가상자산사업자)가 취급하는 가상자산의 경우 : 각 시가 고시 가상자산사업자가 2027년 1월 1일 0시 현재 가상자산별로 공시한 가상자산 가격의 평균
② 위 ① 외의 경우 : 가상자산사업자 등이 2027년 1월 1일 0시 현재 가상자산별로 공시한 가상자산 가격

이러한 가상자산소득은 비거주자의 국내원천소득에도 포함하여 기타소득으로 구분하고

소득 지급자(가상자산사업자 포함)는 아래 세율(지방소득세 별도)에 따라 원천징수하는데, 이때, 취득가액의 평가는 가상자산 주소별* 이동평균법으로 한다. 다만, 비거주자의 경우에는 가상자산사업자가 보관·관리하는 가상자산을 인출하는 경우를 포함한다 (소득세법 제119조 제12호 및 동법 제156조 제1항 제8호, 동법 시행령 제183조).

*가상자산의 전송기록 및 보관내역을 관리하는 고유식별번호

가. 가상자산의 필요경비가 확인되는 경우 : 지급금액의 100분의 10에 해당하는 금액과 시가에서 필요경비를 차감한 금액의 100분의 20에 해당하는 금액 중 적은 금액

나. 가상자산의 필요경비가 확인되지 아니한 경우 : 지급금액의 100분의 10

(2) 법인세법

가상자산은 국제회계기준에서 재고자산 또는 무형자산으로 분류하도록 함에 따라 법인세법은 그 평가 방법을 정하여 내국법인에 대해서 선입선출법으로 가상자산을 평가하도록 하고 있다.

> **법인세법 시행령 제77조 【가상자산의 평가】**
> 가상자산은 선입선출법에 따라 평가해야 한다. (2021. 2. 17. 개정. 대통령령 제31443호 부칙 제1조 2022년 1월 1일 시행)

법인의 가상자산소득은 각 사업연도 소득금액에 포함되어 포괄적으로 과세된다. 다만, 외국법인의 가상자산소득은 비거주자의 경우와 마찬가지로 국내원천소득 중 기타소득으로 분류하여 과세하고, 취득가액은 가상자산 주소별 이동평균법으로 평가한다. 또한, 비거주자와 마찬가지로 외국법인의 가상자산 소득에는 가상자산사업자가 보관·관리하는 가상자산을 인출하는 경우를 포함한다(법인세법 제93조 제10호 및 동법 제98조 제1항 제8호, 동법 시행령 제137조).

(3) 상속세 및 증여세법

가상자산이 과세 대상 자산으로 분류됨에 따라 상증법에서도 가상자산의 평가방법을 아래와 같이 정하여 2022년 1월 1일 이후부터 적용하도록 하였다(상증법 시행령 제60조 제2항).

① 「특정 금융거래정보의 보고 및 이용 등에 관한 법률」 제7조에 따라 신고가 수리된 가상자산사업자 중 국세청장이 고시하는 가상자산사업자*의 사업장에서 거래되는 가상자산
: 평가기준일 전·이후 각 1개월 동안에 해당 가상자산사업자가 공시하는 일 평균가액의 평균액

② 그 밖의 가상자산 : 위 ①에 해당하는 가상자산사업자 외의 가상자산사업자 및 이에 준하는 사업자의 사업장에서 공시하는 거래일의 일평균가액 또는 종료시각에 공시된 시세가액 등 합리적으로 인정되는 가액

* 가상자산 평가를 위한 가상자산사업자 고시(국세청고시 제2024-37호, 2024.12.28.)
1. 두나무(주) – 업비트
2. ㈜빗썸코리아 – 빗썸
3. ㈜코빗 – 코빗
4. ㈜코인원 – 코인원
5. ㈜스트리미-고팍스

이러한 가상자산 평가금액 산정의 어려움을 지원하기 위하여 국세청 홈택스에서는 "가상자산 일평균가액 조회" 화면을 신설하여 관련 정보를 제공한다.

(4) 부가가치세법

가상자산의 공급은 부가가치세 과세 대상에서 제외한다.

예규【부가가치세제과 – 145, 2021. 3. 2.】
가상자산의 공급은 부가가치세 과세 대상에 해당하지 아니함.
(질의)
가상자산의 공급이 부가가치세 과세 대상인지 여부
(회신)
가상자산의 공급은 부가가치세 과세 대상에 해당하지 아니함.

(5) 국세징수법

국세 수입을 확보하기 위한 국세의 징수에 필요한 사항을 규정하는 국세징수법은 가상자산의 압류절차를 규정하고 있는데, 국세의 징수를 위하여 가상자산을 압류하려는 경우 체납자뿐만 아니라 가상자산사업자 등 제3자가 체납자의 가상자산을 보관하고 있을 때에도 그 제3자에게 해당 가상자산의 이전을 문서로 요구할 수 있고, 요구받은 체납자 또는 그 제3자에게는 이에 대한 협조 의무를 부여하고 있다(국세징수법 제55조 및 동법 제66조).

(6) 기타

가. 가상자산의 교환 시 소득금액 계산
(소득세법 시행령 제88조, 동법 시행령 제183조, 법인세법 시행령 제129조)

가상자산의 교환·입고·인출 시 양도 또는 취득가액(입고·인출은 비거주자 또는 외국법인이 거래하는 경우에 한한다)은 거래의 기준이 되는 가상자산(기축가상자산)의 거래가액*에 교환비율을 적용하여 양도 또는 취득가액을 산정한다.

* 거래 시점에 코인마켓 사업자가 선택하는 시가 고시 가상자산사업자의 원화마켓에서 거래되는 기축 가상자산의 가격

나. 가상자산사업자의 자료 제출(소득세법 제164조의4, 법인세법 제120조의4)

가상자산소득 과세의 실효성 확보를 위하여 가상자산사업자에게 가상자산 거래내역 등의 제출 의무를 부과하였는데, 가상자산 이용자 보호법상 가상자산사업자는 소득세 및 법인세 부과에 필요한 가상자산 분기별 거래명세서 및 연간 거래집계표에 거래자의 인적 사항 및 거래금액 등을 기재하여 거래가 발생한 날이 속하는 분기 또는 연도의 종료일의 다음다음 달 말일까지 납세지 관할 세무서장에게 제출하여야 한다.

② 금 현물거래와 세제

1) 금 현물거래

　정부의 금 거래 양성화 계획에 따라 2014년 한국거래소에 금 현물시장을 개설하였는데, 금 시장 일반회원으로 가입한 금융투자업자와 자기매매회원으로 가입한 금 관련 실물 사업자(금 수입·생산·유통업체 및 세공업체 등)가 그 회원으로 참여한다.

(1) 매매대상 금지금

거래소 금 시장에서의 매매거래 대상 금지금(金地金)은 아래의 요건을 충족하여야 한다.
① 금괴(덩어리), 골드바 등 원재료 상태로서 벽돌 모양의 직육면체 또는 이와 유사한 형태일 것
② 순도 : 99.99%
③ 중량 : 1kg, 100g
④ 표면에 금지금 제련업자 명 또는 상표명, 순도, 중량, 제조번호 등이 각인되어 있을 것

(2) 매매거래 방법

가. 매매체결 방법

　금 시장은 주식시장과 동일하게 다수의 호가 간에 "가격 – 시간" 우선에 따른 경쟁매매 방식으로 매매거래 체결이 이루어진다. 다만, 시가 또는 종가 등의 결정을 위한 단일가 매매방식의 경우에는 "가격 – 매매목적 – 시간" 우선*에 따라 매매거래가 체결된다.

*매매목적 우선 : 가격이 동일한 호가 간에는 매매거래 목적이 산업용인 실물 사업자의 호가가 우선

　금 시장의 매매거래는 다음과 같은 두 가지 방식으로 체결된다.

① 단일가매매 방식

　일정시간 동안 접수한 모든 매도·매수 호가를 동시에 집중하여 가장 많이 체결시킬 수 있는 가격(합치가격)으로 매매체결하는 방식으로, 시가·종가 및 매매거래 중단 후 재개 시 최초가격 결정에 적용된다.

② 접속매매 방식

　매매체결이 가능한 호가가 유입(신규, 정정)되는 즉시 매매거래가 체결되는 방식으로,

단일가매매 이외 매매시간의 가격 결정에 적용된다.

나. 매매거래단위 및 호가

거래소 금 시장의 매매거래 및 호가수량 단위는 1g으로, 소량의 적은 금액으로도 금을 매매할 수 있다. 호가 가격의 단위는 10원으로 하며, 가격은 1g당 원화로 표시된다.

거래소 금 시장에서의 가격 및 수량 지정은 "지정가호가"만 가능하다.

1호가 당 제출할 수 있는 최대수량은 5kg이고, 직전 매매거래일의 종가를 기준가격으로 하는데, 이 기준가격은 당일의 가격제한폭(상·하한가 : ±10%)을 결정하는 데 기준이 되는 가격이다.

2) 금 현물거래 관련 세제(조세특례제한법 제126조의7)

금의 거래와 관련된 세제는 부가가치세와 관세 관련 내용이 있다.

(1) 부가가치세

금지금의 거래는 원칙적으로 부가가치세 과세 대상이다. 하지만 거래소 금 현물시장에서의 아래 금지금* 거래에 대해서는 부가가치세를 면세하고 있다(조세특례제한법 제126조의7 제1항).

* 금괴(덩어리)·골드바 등 원재료 상태로서 순도가 1만분의 9999 이상인 금

① 금지금을 공급하는 한국거래소 약관에서 정하는 금지금 공급사업자가 동 약관에서 지정 하는 보관기관에 금지금을 임치한 후 거래소 금 현물시장에서 매매거래를 통하여 최초 로 공급하는 금지금

② 위 ①에 따라 공급된 후 금 현물시장에서 매매거래되는 금지금

위 ①에서 정하는 방식으로 금지금 공급사업자가 금지금을 공급하는 경우 해당 금지금에 대하여 금지금 공급사업자가 부담한 부가가치세 매입세액은 매입세액공제 또는 환급에 대한 특례를 적용받을 수 있다

금지금 공급사업자는 이처럼 금 현물시장을 통하여 금지금을 공급하는 때에 보관기관을 공급받는 자로 하여 세금계산서를 발급하여야 하고, 당해 금지금의 대금을 결제하는 경우 보관기관은 해당 부가가치세를 제외하고 공급가액만을 입금하는 방법으로 금지금의 가액을 결제하여야 한다.

또한, 보관기관에 임치된 금지금을 금 현물시장에서 매매거래를 통하여 공급받아 보관

기관으로부터 인출하는 경우 해당 금지금의 인출은 부가가치세가 과세되는 재화의 공급으로 보고, 보관기관은 금지금을 인출하는 자에게 이동평균법을 준용하여 산출한 평균단가에 인출하는 금지금의 수량을 곱한 공급가액을 과세표준으로 하여 세율(10%)을 적용한 부가가치세액을 거래징수하고 납부하여야 한다. 다만, 금지금을 인출하는 자가 금 사업자인 경우에는 금 사업자가 자신의 부가가치세액만을 입금하는 방법으로 부가가치세액을 납부할 수 있다.

(2) 관세

관세는 국경을 넘는 재화에 대하여 보통 수입국의 정부가 조세수입을 증가시키거나 자국의 국내 산업을 보호할 목적으로 부과하는 조세인데, 우리 세법은 금지금 공급사업자가 금 현물시장에서 매매거래를 하기 위하여 2026년 12월 31일까지 수입 신고하는 금지금에 대하여는 그 관세를 면제하고 있다(조세특례제한법 제126조의7 제9항).

이처럼 관세를 면제받은 금지금 공급사업자는 해당 금지금을 보관기관에 임치하고 금 현물시장에서 매매거래를 하여야 하는데, 이를 이행하지 않거나 관세를 면제받은 금지금을 보관기관에 임치한 후에 금 현물시장에서 매매거래를 하지 아니하고 양도(또는 임대)하거나 인출하는 경우에는 면제받은 당해 관세를 징수한다.

또한, 금 현물시장에 공급하거나 금 현물시장에서 거래되는 금지금에 대해서는 소득세법 제163조 또는 법인세법 제121조에 따른 계산서의 발급을 면제한다(조세특례제한법 제126조의7 제7항).

③ ISA와 세제

1) ISA의 개념

ISA(Individual Savings Account)는 저금리·저성장 시대에 개인의 종합적 자산관리를 통한 재산형성을 지원하기 위하여 도입한 개인종합자산관리계좌로서, 한 계좌에서 다양한 금융상품을 운용할 수 있고, 또한 일정 요건 충족 시 세제 혜택도 부여하는 절세계좌이다. 2016년에 처음 신탁형과 일임형이 도입되었고, 2021년에는 국내 상장주식에 직접투자가 가능한 투자 중개형이 출시되었다.

(1) ISA 가입조건 등

이처럼 하나의 계좌로 예금과 적금, 주식, 펀드 등 다양한 금융상품에 투자하면서 절세 혜택까지 누릴 수 있는 계좌인 ISA는 가입 대상과 가입 한도 등의 여러 가지 조건을 두고 있다.

| ISA 가입조건 등 |

구분	내용
가입자격	19세 이상(근로소득자는 15세 이상)의 거주자 – 직전 3개년 금융소득종합과세 대상자는 제외
계좌개설	1인 1계좌
납입한도	연 2,000만원, 5년간 최대 1억원까지 납입 가능(납입한도 이월 가능) 단, 기존 소득공제장기펀드(연 600만원 限), 재형저축(분기 300만원 限)의 계약금액 차감 후 가입 가능
편입 가능 금융상품	1) 주식, 2) 채권, 3) 펀드, 4) 파생결합증권, 5) 예·적금 등 편입 가능 •(주식) 국내 상장주식, K-OTC 중소·중견기업 주식 •(채권) 국채, 지방채, 회사채 •(펀드) 집합투자증권(ETF 포함), 리츠(REITs) •(파생결합증권) ELS·DLS, ELB·DLB, ETN •(예금성 상품) 예금·적금·예탁금·예치금·RP
의무가입기간	3년

(2) ISA 유형

ISA는 소득별 가입 대상에 따라 일반형과 서민형, 농어민형이 있는데, 각 유형에 따라 비과세 혜택이 다르다. 또한, 그 운용방식에 따라 신탁형과 일임형, 그리고 투자 중개형 등으로 나눌 수 있는데, 신탁형은 투자자가 금융상품을 직접 선택하여 운용하는 방식이고, 일임형은 금융회사가 제시하는 모델포트폴리오에 의해서 운용이 되며, 투자 중개형은 투자자가 직접 금융상품에 운용하는데 국내 상장주식에의 직접투자가 가능하다.

| 가입 대상에 따른 ISA 분류 |

구분	19세 이상 거주자		15세 이상 19세 미만 거주자		농어민
	일반형	서민형	일반형	서민형	
가입대상*	조건 없음	근로소득 5천만원(종합소득 3천8백만원) 이하인 자**	직전연도 근로소득이 있는 자	근로소득 5천만원(종합소득 3천8백만원) 이하인 자**	종합소득 3천 8백만원 이하인 농어업인**

 * 가입일 또는 연장일이 속한 과세기간 직전 3개 과세기간 중 1회 이상 금융소득종합과세 대상자가 아닐 것
** 직전연도 소득 기준. 단, 1월~7월 가입자는 전전년도 소득 허용

| 운용 방식에 따른 ISA 분류 |

구분	신탁형	일임형	투자 중개형
투자방법	투자자가 구체적 운용지시	구체적 운용지시 없이 금융회사 제공 모델포트폴리오에 의한 투자	투자자가 직접 운용
포트폴리오 제시	금지(자문 형태는 가능)	허용	–
편입상품 교체	투자자 지시 필수	일임업자에 위임 가능	–
투자 가능 상품	예금, 펀드(ETF 포함), 파생결합증권, RP, MMDA 등	공모펀드(ETF 포함), RP, 파생결합증권 등	국내상장주식, 파생결합증권, 펀드(ETF 포함), RP, 채권, 상장리츠 등
특징	예금 가능, 주식·채권 불가	전문가에게 일임 수수료 높음	주식·채권 투자 가능, 예금 불가

* 투자자는 이 세 가지 중 하나의 형태로만 가입 가능

2) ISA 관련 세제(조세특례제한법 제91조의18)

거주자의 일반 금융상품 운용에 따른 이자소득과 배당소득에 대해서는 15.4%(지방소득세

1.4% 포함)의 소득세가 원천징수되지만, ISA는 운용을 통하여 발생한 손익을 통산한 금액에 대하여 가입 후 일정 기간이 지나면 비과세 또는 분리과세 혜택이 주어진다.

(1) ISA 계좌 내 손익에 대한 비과세

ISA 계좌 내에서 상품 간 또는 기간 간 발생 손익을 통산(이자소득, 배당소득 등의 합계액)하여 순손익에 대해 일반형 ISA에 대해서는 200만원, 서민형과 농어민형 ISA에 대해서는 400만원까지 비과세 혜택이 주어진다. 그리고 당해 비과세 한도를 초과하는 소득에 대해서는 9.9%(지방소득세 0.9% 포함)의 세율을 부과하고 분리과세한다.

구분	내용
세제혜택	손익 통산 비과세 : 일반형 – 200만원, 서민형 · 농어민형 – 400만원 비과세 한도 초과분 : 9.9%(지방소득세 0.9% 포함)로 분리과세
중도해지	① 사망, ② 해외이주법에 따른 해외 이주, ③ 천재지변, ④ 퇴직, ⑤ 사업장의 폐업, ⑥ 3개월 이상의 입원치료 또는 요양을 필요로 하는 상해 · 질병의 발생 등 외의 사유로 중도해지 시 과세특례 적용 소득세 상당액을 추징
중도인출	의무가입기간(3년) 경과 전 납입원금(가입일로부터 납입한 금액의 합계액)을 초과하지 않는 범위 내에서 자유로운 중도 인출 허용. 단, 납입원금 초과 시 '중도해지'로 간주(과세특례 적용 소득세 상당액 추징 등)

(2) ISA 만료 계좌 연금 전환금액의 추가 세액공제

ISA 계좌의 계약기간이 만료되고 동 만료일로부터 60일 이내에 해당 계좌 잔액의 일부 또는 전부를 연금계좌로 납입한 경우, 당해 전환금액의 10% 또는 300만원 중 적은 금액을 연금계좌 세액공제 대상이 되는 연금계좌 납입액에 포함하여 추가로 세액공제하도록 하는 세제 혜택을 부여하였는데, 이때 직전 과세기간과 해당 과세기간에 걸쳐 납입한 경우에는 300만원에서 직전 과세기간에 적용한 금액을 차감한 금액으로 한다(소득세법 제59조의3 제3항). 다만, ISA 전환금액 초과 한도는 다음 연도 납입액으로 전환할 수 없고 연금계좌로 전환한 연도에만 적용할 수 있다(소득세법 시행령 제118조의3).

관련세법

제106조의3 【금지금에 대한 부가가치세 과세특례】

제126조의7 【금 현물시장에서 거래되는 금지금에 대한 과세특례】

조세특례제한법 시행령

제106조의3 【금지금거래에 대한 부가가치세과세특례】

제121조의7 【금 현물시장에서 거래되는 금지금에 대한 과세특례】

상속세 및 증여세법

제60조 【평가의 원칙 등】

상속세 및 증여세법 시행령

제60조 【조건부 권리 등의 평가】

참고문헌 ●

부산테크노파크. 2020 부산 블록체인 발전포럼 자료.

김병일. "암호화폐 과세의 합리적인 모습은?"

한국거래소 홈페이지 시장안내/규정 · 제도

Daum백과

코인마켓 캡 홈페이지

금융감독원 홈페이지 금융상품 한눈에

금융투자협회 홈페이지 ISA다모아

김갑래. "미국과 EU의 가상자산거래자 보호제도의 시사점". 자본시장연구원

홍기훈. "가상경제와 가상자산, 어디까지 왔을까?". 코스콤

■ 이 해 성 (저자)

- 경영학박사(세무회계 전공)
- (현) 한국예탁결제원 근무
- (현) 제주대학교 회계학과 겸임교수
- 한국세무학회 제28대 이사
- 한국세무학회 우수학위논문상 수상
- 서울대학교 고급금융 과정(ABP 61기) 수료
- 동국대학교 회계학과 경영학박사
- 고려대학교 경영대학원 경영학석사
- 제주대학교 회계학과 경영학사
- 제주제일고등학교(제28회) 졸업

■ 김 명 호 (감수)

- (현) 김명호세무사 사무소
- 33회 세무사 시험 합격
- 중소기업청 비즈니스 지원단 역임
- 제주세무서 납세자보호위원회 위원 역임
- 제주특별자치도 교육청 투 · 융자심사위원
- 제주대학교 회계학과 출강(세법, 세무회계)

개정증보판　금융상품과 세제

2021년 7월 30일 초판 발행
2025년 3월 19일 4판 발행

저　자　이　　해　　성
감　수　김　　명　　호
발 행 인　이　　희　　태
발 행 처　**삼일피더블유씨솔루션**

서울특별시 용산구 한강대로 273 용산빌딩 4층
등록번호 : 1995. 6. 26. 제3-633호
전　　화 : (02) 3489-3100
F　A　X : (02) 3489-3141
I S B N : 979-11-6784-359-3　93320

저자협의
인지생략

※ '삼일인포마인'은 '삼일피더블유씨솔루션'의 단행본 브랜드입니다.
※ 파본은 교환하여 드립니다.

정가 40,000원